RÉPERTOIRE

UNIVERSEL ET RAISONNÉ

DE JURISPRUDENCE

CIVILE, CRIMINELLE,

CANONIQUE ET BÉNÉFICIALE.

Ouvrage de plusieurs Jurisconsultes :

Mis en ordre & publié par M. GUYOT, écuyer, ancien magistrat.

TOME TRENTIÈME.

A PARIS,

Chez
{
PANCKOUCKE, Hôtel de Thou, rue des Poitevins.
DUPUIS, rue de la Harpe, près de la rue Serpente.
}

Et se trouve chez les principaux libraires de France.

M. DCC. LXXIX.
Avec approbation & privilége du roi.

AVIS.

LA plupart des jurifconfultes nommés dans les divers articles du Répertoire, ayant fini le manufcrit des parties dont ils s'étoient chargés, il paroît que cet ouvrage s'étendra environ à foixante volumes *in-octavo*. Au refte, à quelque nombre qu'il puiffe s'étendre au delà, le libraire s'elt engagé à n'en faire payer que foixante volumes aux perfonnes qui s'en feront procuré un exemplaire avant la publication du dernier volume, & même fi l'ouvrage n'a que foixante volumes, elles n'en payeront que cinquante-fept, attendu que les trois derniers doivent leur être délivrés *gratis*. Le prix de chaque volume broché ou en feuille, eft de 4 livres 10 fous : on publie très-exactement huit volumes par année.

RÉPERTOIRE

UNIVERSEL ET RAISONNÉ

DE JURISPRUDENCE

CIVILE, CRIMINELLE,

CANONIQUE ET BÉNÉFICIALE.

H

HYPOTHÈQUE. C'eſt le droit qu'un créancier a dans la choſe qui appartient, ou qui a appartenu à ſon débiteur, & dont l'effet conſiſte à ſuivre cette choſe dans quelques mains qu'elle paſſe, afin de la faire vendre & d'être payé ſur le prix.

L'Hypothèque eſt une eſpèce de gage, la choſe hypothéquée étant obligée au payement de la dette. Elle a de commun avec le gage proprement dit : 1°. que l'une & l'autre ſont accordés aux créanciers pour ſûreté de leurs créances : 2°. que l'une & l'autre affectent la choſe qui y eſt ſujette, & qu'on ne peut pas engager la même choſe à un ſecond créancier au préjudice du premier.

L'Hypothèque diffère du gage proprement dit, en ce que : 1°. le terme d'Hypothèque s'applique

A ij

ordinairement aux immeubles, & celui de gage
aux meubles : 2°. que l'Hypothèque donne aux
créanciers le droit de suivre la chose hypothéquée
en quelques mains qu'elle passe, & de forcer le
détenteur à la délaisser pour être vendue, si mieux
il n'aime acquitter la dette, ce qui est à son choix.
Au contraire, suivant le droit commun le meuble
n'a pas de suite par Hypothèque, excepté en un
cas ; lorsque le créancier ayant déjà été mis en possession du gage, on le lui a enlevé furtivement,
il a une action pour se le faire rendre, & conserve
son droit sur la chose, en prouvant toutefois qu'elle
lui a été dérobée ; car la remise volontaire détrui-
roit l'impression du gage : 3°. l'Hypothèque se constitue sans tradition ; elle comprend seulement l'obligation tacite de délaisser la chose hypothéquée, à
défaut de payement de la part du débiteur ; mais
le gage ne peut subsister sans tradition ; le créancier n'a de sûreté que quand il est en possession
du gage. Un acte par lequel un débiteur se seroit
obligé à donner à son créancier des effets en nantissement, ne donneroit pas à ce créancier un droit
de gage sur ces effets, quoiqu'ils fussent désignés
dans l'obligation, & que le débiteur les eût en sa
possession lors du contrat, par la raison que meuble
n'a pas de suite par Hypothèque, & que la personne obligée a toujours été maîtresse d'en frustrer
son créancier.

A ne considérer l'Hypothèque que par rapport
à son effet, on peut dire qu'il n'y en a qu'une
espèce ; car l'effet de toute Hypothèque est de
donner au créancier un droit dans les immeubles
de son débiteur pour sûreté de sa dette. Mais si
on la considère par rapport à la manière de la constituer, on en peut distinguer de trois sortes.

1°. Celle qui réfulte des actes paffés devant notaires.

2°. Celle qui réfulte des jugemens.

3°. Celle que la loi a établie.

On divife encore l'Hypothèque en fimple & en privilégiée. L'Hypothèque fimple ne donne au créancier d'autre préférence que celle de fa date, fuivant la règle, *le premier en date eft payé le premier*. L'Hypothèque privilégiée ne fuit pas l'ordre des dates; mais elle fait que le créancier eft préféré à tous autres, même antérieurs, parce que le privilége a fon fondement dans la caufe de l'obligation.

L'Hypothèque fe divife encore en générale & en fpéciale.

Avant d'entrer dans l'examen de ces différentes efpèces d'Hypothèque, nous verrons quelles perfonnes peuvent obliger leurs biens, & quelles chofes font fufceptibles d'Hypothèques.

L'Hypothèque étant toujours l'acceffoire de quelque contrat, & ayant pour objet de donner au créancier une fûreté pour fon payement; & ce payement ne pouvant s'effectuer malgré le débiteur que par la vente de l'immeuble hypothéqué, il en réfulte que l'Hypothèque tend à une aliénation, & qu'il n'y a que ceux qui font capables de contracter & d'aliéner qui puiffent hypothéquer leurs biens. Le mineur que la loi regarde comme n'ayant pas un jugement affez fain pour fe conduire dans fes affaires, ne peut s'obliger ni hypothéquer fes biens; mais le peut-il avec l'affiftance de fon tuteur? Le tuteur peut-il, fans avis de parens & fans décret du juge, hypothéquer les biens de fon mineur? On peut dire que la conftitution d'Hypothèque eft une efpèce d'aliénation, & que le tu-

teur ne peut pas vendre les immeubles de son pu-
pile sans décret du juge rendu en connoissance de
cause; que s'il pouvoit hypothéquer, il feroit indirectement, & par le moyen d'un créancier, ce
que la loi lui défend de faire directement. Cependant il faut convenir que le mineur s'oblige valablement avec l'assistance de son tuteur : or, si
l'obligation est valable, on n'en peut pas retrancher l'Hypothèque, ni priver un créancier légitime de sa sûreté, d'autant que le mineur a la faculté de se faire restituer contre son obligation, si
ses biens ont été hypothéqués sans nécessité, & si
la cause de l'obligation n'a pas tourné à son profit.
La loi accorde au tuteur une Hypothèque tacite
sur les biens des mineurs, pour les avances qui
lui sont allouées dans son compte de tutele; d'où
il suit que le tuteur peut les hypothéquer, quoiqu'il ne puisse pas les vendre.

En pays coutumier, les femmes sont soumises,
à la puissance maritale ; elles sont incapables de
faire aucun acte ni aucun contrat, si elles ne
sont spécialement autorisées de leur mari. Le terme
d'autorisation est une formalité si essentielle, que
si on avoit manqué de l'exprimer dans l'acte passé
par une femme mariée, cet acte seroit nul, d'une
nullité absolue. La présence du mari, son consentement, sa signature ne pourroient couvrir le
vice de cette omission. Ce vice se perpétue même
après la mort du mari, quoique la femme soit
devenue usante de ses droits, *sui juris*, pour me
servir des expressions de la loi, parce que son incapacité est telle pendant le mariage, qu'on la
regarde comme ne pouvant exister dans l'ordre
social sans l'autorisation de son mari : il faut donc
quand elle a recouvré sa capacité, qu'elle donne

un nouvel être à l'obligation qu'elle a contractée ; & ce n'est que du jour de sa ratification que son obligation a commencé à valoir, & qu'elle a pu donner à son créancier une Hypothèque sur les biens.

Il faut excepter de cette règle la coutume de Bayonne, où la femme n'est pas absolument inhabile à contracter sans l'autorisation de son mari. Le défaut d'autorisation fait seulement qu'on ne peut pas exécuter les biens de la femme pendant la vie du mari, auquel cette obligation ne peut être opposée. Mais cessant l'intérêt du mari, l'obligation de la femme est valable, & le créancier peut faire valoir son Hypothèque du jour de l'obligation ; parce que dans cette coutume le défaut d'autorisation du mari est un vice qui n'est relatif qu'à lui.

D'où il suit que dans cette coutume il suffit au créancier d'avoir le consentement du mari, & que l'expression de l'autorisation n'est pas essentielle pour la validité de l'acte ; car la femme étant par elle-même habile à contracter, a pu avec le consentement de son mari obliger les biens de la communauté.

Il est cependant des cas où la femme peut s'obliger & hypothéquer ses biens sans l'autorisation de son mari : 1°. lorsqu'elle est marchande publique. Elle n'est réputée marchande publique que quand elle fait un commerce séparé de celui de son mari. Si elle fait le même commerce, elle ne s'oblige pas ; mais on peut, suivant les circonstances, la regarder comme la factrice de son mari : par exemple, si elle tient le comptoir ; dans ce cas elle peut obliger son mari.

2°. Lorsque sur le refus du mari, elle s'est fait

autoriser par justice, l'Hypothèque a lieu du jour
de l'obligation; mais le créancier ne peut exercer
son droit sur les biens de la femme qu'après la dissolution du mariage. Il en est de même lorsqu'elle a été condamnée à des dommages & intérêts, pour réparation de quelques délits qu'elle
a commis.

3°. Lorsque l'obligation de la femme a tourné
au profit du mari ou de la communauté : car
quoique l'obligation de la femme soit nulle, suivant la rigueur du droit, le créancier peut opposer
au mari l'exception de fraude. L'équité naturelle
ne permet pas que le mari abuse de l'autorité de
la loi pour s'enrichir aux dépens d'un tiers.

Mais en ce cas la femme sera-t-elle obligée, &
ses biens seront-ils hypothéqués ? Je pense que
non : car l'obligation de la femme est toujours
nulle à cause de son incapacité. Si l'on donne un
effet à l'obligation, c'est par la raison que le mari
en a profité. La femme n'a fait que l'affaire de son
mari qui est obligé, non pas en vertu de l'acte
qui est nul, mais par le fait même qu'il en a profité (*). Au reste, c'est au créancier qui propose

---

(*) La puissance maritale a beaucoup d'analogie avec la
puissance paternelle des Romains. Suivant le droit Romain,
lorsque le fils ou l'esclave s'étoient obligés, & que l'obligation avoit tourné au profit du père ou du maître, le
créancier avoit contre le père ou contre le maître l'action de
in rem verso, qui avoit le même effet que l'action *negotiorum gestorum*; en sorte que le créancier étoit censé avoir contracté avec le père ou le maître lui-même.

*Si hi qui in potestate alienâ sunt, nihil in peculio
habent, vel habeant non in solidum ; tamen teneantur qui
eas habent in potestate, si in rem eorum quod acceptum est
conversum sit quam cum ipsis potius contractum videatur.*
L. 1. ff. de *in rem verso.*

l'exception de dol à prouver que la caufe de l'obligation a tourné au profit du mari.

Une femme peut-elle s'obliger fans l'autorifation de fon mari pour le tirer de prifon. L'affirmative a été jugée par arrêt du 27 août 1564 ? Il paroît dans l'efpèce de cet arrêt, qu'un mari prifonnier pour dette avoit donné une procuration à fa femme pour s'obliger & vendre une métairie, pour les deniers en provenans être employés au payement des dettes du mari, fans que pour cet effet la femme fût particulièrement autorifée. Elle vendit en qualité de fondée de procuration, & s'obligea à la garantie du contrat. Le mari fortit de prifon, & étant décédé peu après infolvable, la femme fut pourfuivie pour la garantie de la chofe vendue, qui fe trouvoit hypothéquée à d'autres créanciers. Elle obtint des lettres de refcifion contre cette claufe de garantie, fondées fur la nullité réfultante du défaut d'autorifation de fon mari. Le défendeur lui oppofoit que le pouvoir donné par le mari de vendre emportoit autorifation, & que la garantie étoit une conféquence du pouvoir de vendre; que l'autorifation étant requife en faveur du mari, il n'étoit pas raifonnable de la retorquer contre lui, étant vraifemblable qu'il avoit eu la volonté d'autorifer fa femme, & que c'eft la volonté qui autorife & non les paroles:

Cette action appartenoit au créancier, quoique le père ou le maître n'euffent pas ratifié l'obligation. *Recte Pomponius ait; five ratum habeat fervi contractum dominus five non, de in rem verfo effe actionem.* L. 5. §. 1. ff. cod.

Une femme dont le mari eft abfent s'oblige valablement pour conftituer des dots à fes filles, fuivant leur condition, parce qu'elle acquitte par-là une obligation naturelle, & qu'elle agit pour fon mari.

que la femme étoit capable de s'obliger pour tirer
son mari de prison, parce qu'on n'auroit pu avoir
une autorisation valable d'un mari prisonnier.

Il paroîtroit d'après cet arrêt, que l'autorisation
du mari n'est requise que pour son intérêt, & que
le défaut d'autorisation n'opère qu'une nullité relative au mari : cependant le contraire est certain.
Selon nos mœurs, la femme passe en la puissance
de son mari ; elle n'a plus d'état par elle-même ;
l'intérêt du mari ne peut être le seul motif de l'interdiction que la loi a prononcée contre elle : la
preuve en résulte de ce que quand il n'y a pas de
communauté, & que la femme est autorisée à
jouir de ses biens, elle ne peut cependant s'engager
elle seule pour cause qui affecte ses immeubles ;
lors même qu'elle est séparée de corps & de biens,
elle a besoin de l'autorisation de son mari dans toutes
les obligations qui peuvent emporter aliénation.

L'article 223 de la coutume de Paris prononce
la nullité absolue des actes qu'elle contracte ; elle
n'a pas même besoin de lettres pour les résoudre,
parce que la nullité est prononcée par la coutume.
Si la loi lui accordoit une simple restitution, on
pourroit dire qu'elle a la faculté de contracter, &
que l'état des actes qu'elle passe dépend de l'événement & des circonstances des actes mêmes ;
mais la loi est précise ; elle est absolue. Si l'intérêt
du mari étoit le seul motif de l'interdiction de la
femme, l'autorisation ne seroit pas nécessaire ; il
suffiroit que l'obligation ne lui fît souffrir aucun
préjudice, & qu'elle fût faite de son consentement ; cependant il est de principe que l'un &
l'autre ne suffisent pas, & que l'autorisation ne
peut être en termes trop expressifs.

L'ordonnance des donations, art. 9, veut que

les femmes ne puiſſent accepter aucune donation
ſans être autoriſées par leurs maris, ou par juſtice
à leur refus. Elle ne diſtingue pas les donations
onéreuſes de celles qui ſont purement lucratives ;
celles qui tombent dans la communauté & dont
le mari profite, de celles qui n'y tombent pas ; d'où
il ſuit que les femmes ſont abſolument incapables
de contracter.

La circonſtance que le mari eſt en priſon ne
lève pas cette interdiction. C'eſt une erreur de
croire qu'un mari ne peut ni autoriſer ſa femme,
ni contracter étant en priſon. Quand l'empriſonnement eſt légitime, c'eſt un moyen de droit
dont le créancier peut uſer ſans injuſtice. Le débiteur qui ne peut ſe plaindre de l'empriſonnement, ne peut pas ſe faire reſtituer contre les engagemens qu'il a pris pour en ſortir, quand ces
engagemens ne contiennent pas de léſion, & qu'il
ne paroît pas que le créancier ait abuſé de la détention de ſon débiteur pour le forcer à s'obliger
au delà de ce qu'il doit légitimement. Le motif de
l'empriſonnement eſt de procurer au créancier ſon
payement. S'il ſe relâche de ſes droits ; s'il conſent
de traiter avec ſon débiteur, on ne doit pas lui en
faire un crime, & le débiteur doit être capable de
tous les actes qui lui procurent ſon élargiſſement.

La loi *julia de fundo dotali* défend aux maris
d'hypothéquer, la dot de leurs femmes, même
de leur conſentement. Cette loi eſt ſuivie dans
tous les parlemens de pays de droit écrit ; elle
étoit même ſuivie au parlement de Paris, pour
les pays de droit écrit de ſon reſſort ; mais elle a
été abrogée pour le Lyonnois, le Forez & le
Beaujollois par la déclaration du mois d'avril
1664, qui a permis aux maris d'aliéner & d'hy-

pothéquer la dot de leurs femme , pourvu que ce fût de leur consentement.

A l'égard des biens paraphernaux, c'est-à-dire qui ne sont pas compris dans la dot , il étoit permis aux femmes , suivant les loix Romaines , de les hypothéquer pour leurs affaires particulières , même sans le consentement de leurs maris. Cela · s'observe encore aux parlement de Toulouse , d'Aix , de Bordeaux; mais dans les pays de droit écrit du ressort des parlemens de Paris & de Dijon , il faut que la femme soit autorisée par son mari, pour qu'elle puisse hypothéquer ses biens paraphernaux.

· Suivant les loix Romaines , les femmes ne pouvoient non plus s'obliger ni hypothéquer leurs biens pour un autre , en vertu du senatus-consulte Velleïen. Cette règle souffroit cependant quelques exceptions ; la première , quand après deux années elles confirmoient leurs obligations, pourvu qu'elles ne se fussent pas obligées pour leurs maris , auquel cas la ratification même après les deux années ne pouvoit faire valoir leur obligation ; la seconde , quand la femme avoit renoncé expressément au bénéfice du senatus-consulte Velleïen ; la troisième , quand elle s'étoit obligée par devoir ou par un sentiment de tendresse naturelle , comme dans le cas où elle s'obligeoit pour tirer son père de prison.

Cette loi fut observée par toute la France jusqu'à l'ordonnance de 1606 , qui déclara les obligations des femmes,en faveur des tiers valables , quoiqu'elles n'eussent pas renoncé au senatus-consulte Velleïen. Cette loi a été enregistrée au parlement de Paris & à celui de Dijon ; c'est pourquoi dans les pays de droit écrit du ressort de ces deux parlemens, les femmes peuvent hypothéquer leurs biens en s'obligeant pour un tiers, même pour leurs maris.

Le fenatus-confulte Velleïen eſt fuivi dans les autres parlemens de droit écrit ; mais dans quelques-uns , comme au parlement de Bordeaux, la femme eſt obligée de prendre des lettres de refciſion contre fon obligation ; & par conféquent il faut qu'elle les obtienne dans les dix années depuis que l'aête a été paſſé. Quand la femme s'eſt obligée pour fon mari , les dix années pour la reſtitution ne commencent à courir que du jour de la mort du mari. Dans d'autres, comme au parlement de Grenoble, l'obligation eſt regardée comme nulle par l'autorité de la loi feule, fans avoir befoin de lettres de refciſion.

En Normandie une femme ne peut s'obliger, ni aliéner fes biens que pour certains cas; pour payer la rançon de fon mari , ou pour le tirer de priſon , lorſqu'il y a été mis pour caufe non civile. La coutume de cette province diſtingue entre les caufes civiles & criminelles, parce que, pour une caufe civile , on peut faire ceſſion de biens, & qu'elle veut que la femme ne puiſſe s'obliger que quand le mari n'a pas d'autres moyens pour fe rédimer : on peut en conclure que fi le mari étoit emprifonné pour une caufe civile , pour laquelle il ne pourroit pas faire ceſſion, comme s'il étoit reliquataire envers le roi, la femme s'obligeroit valablement pour le faire fortir de priſon.

Elle peut encore s'obliger , hypothéquer & aliéner fes biens, pour fe procurer fa nourriture, celle de fon mari, de fon père, de fa mère ou de fes enfans qui fe trouvent dans une extrême néceſſité ; mais dans ces cas-là même , pour que l'Hypothèque & l'aliénation foient valables , il faut qu'elle obtienne une permiſſion en juſtice , ſur un avis de parens.

Hors ces cas , la coutume fait une diſtinction entre les biens dotaux , c'eſt-à-dire ceux que la femme a apportés en ſe mariant , & ceux qui lui ſont échus depuis , lorſque les biens dotaux ont été aliénés en totalité ou en partie. Si les deniers provenans de l'aliénation n'ont pas tourné au profit de la femme , elle en a récompenſe ſur les biens de ſon mari , & Hypothèque pour cette récompenſe du jour de ſon contrat de mariage. Si les biens du mari ne ſont pas ſuffiſans , elle a ſon recours contre les détenteurs de ſes biens dotaux , & les détenteurs ont l'option de les lui délaiſſer ou de lui en payer le prix ſuivant l'eſtimation de ce qu'ils valoient lors du décès du mari.

Et quant aux biens autres que ceux compris en la dot , s'ils ſont aliénés par la femme & le mari enſemble , ou par la femme du conſentement & avec l'autoriſation de ſon mari , & que le prix provenant de la vente n'ait pas tourné au profit de la femme , elle en a récompenſe ſur les biens de ſon mari ; mais ſon Hypothèque ſur les biens de ſon mari ne commence que du jour de l'aliénation ; & ſi le mari décédoit inſolvable , elle auroit un recours ſubſidiaire contre les détenteurs de ces biens , leſquels en ſeroient quittes en en payant le juſte prix , eu égard à ce qu'ils valoient lors du contrat.

La coutume de Normandie s'écarte encore du droit commun , en ce que , ſuivant l'article 126 des placités, » la femme ſéparée de biens peut » ſans autorité, ni permiſſion de juſtice, & ſans

» l'avis & confentement de fon mari, vendre &
» hypothéquer fes meubles préfens & à venir,
» de quelque valeur qu'ils foient, & les immeu-
» bles par elle acquis depuis fa féparation, fans
» qu'il foit befoin d'en faire remploi «.

La coutume de Montargis (*) & celle de Du-
nois (**) permettent à la femme féparée de contracter & difpofer de fes biens-meubles & immeubles, de même qu'elle le pourroit faire fi
elle n'étoit pas mariée.

En pays de droit écrit, les enfans même majeurs qui font foumis à la puiflance paternelle
ne peuvent hypothéquer leurs biens préfens ni
à venir pour caufe de prêt ; les obligations qu'ils
contractent font nulles & ne peuvent avoir
d'effet, même après que la puiflance paternelle
a ceffé, en vertu du fenatus-confulte Macédonien,
à moins que le créancier ne prouve que l'argent qu'il a prêté a tourné au profit du père ;
car dans ce cas le fils n'auroit été que l'agent
de fon père ; le père feroit cenfé avoir emprunté
par le miniftère de fon fils.

En général, il faut toujours confidérer fi l'o-
bligation a tourné au profit de celui en faveur
duquel la prohibition eft faite : ainfi quoique le
mineur ne puiffe contracter, ni s'obliger fans
l'affiftance de fon tuteur, cependant s'il a employé utilement à fes affaires l'argent qu'il a emprunté, il ne fera pas recevable à demander à
être reftitué contre fon obligation, parce qu'il
feroit contraire à l'équité qu'il s'enrichit au
préjudice d'un tiers ; mais s'il a diffipé l'argent,
& qu'il n'en ait pas fait un emploi avantageux,

(*) Chap. 8, art. 6.
(**) Art. 58.

fon obligation pourra être refcindée, & l'Hypothèque réfultante de fon obligation fera nulle.

L'églife ne peut conftituer de droits réels fur
fes biens, ni par conféquent les hypothéquer que
pour caufe de néceffité. Quant aux règles à obferver pour conftater la néceffité, on met de la
différence entre les communautés & les fimples
bénéficiers. Les chapitres, colléges & communau-
rés empruntent valablement à rente ou autrement, lorfqu'ils s'obligent, en vertu d'une délibération en bonne forme, ou avec la permiffion
des fupérieurs réguliers, fuivant que les ftatuts
des différens ordres le requièrent.

Les fimples bénéficiers ne peuvent engager les
biens de leurs bénéfices fans caufe, foit par néceffité, foit pour l'utilité du bénéfice en lui-même,
& il faut qu'ils obfervent les folemnités requifes
pour l'aliénation des biens de l'églife.

Les communautés d'habitans ne peuvent engager ni hypothéquer leurs biens patrimoniaux &
d'octroi, ni emprunter aucune fomme de deniers, fi
ce n'eft en cas de pefte, logement & uftenfiles des
troupes & réédifications des nefs des églifes ;
l'emprunt même pour ces caufes doit être autorifé par un arrêt du confeil, rendu fur l'avis
de l'intendant auquel les communautés font obligées de communiquer leurs délibérations.

Il arrive fouvent qu'outre l'Hypothèque, le
créancier exige de fon débiteur une caution, d'où
naît la queftion, fi le débiteur a Hypothèque fur
le bien de la caution, quoique l'obligation du
débiteur principal foit nulle. Pour la réfoudre, il
faut diftinguer fi la nullité procède de la caufe
de l'obligation, ou fi elle provient de l'incapacité du débiteur. Dans le premier cas, l'obligation

tion de la caution fuit le fort de l'obligation du débiteur principal. Au fecond cas, l'obligation de la caution fubfifte, quoique celle du débiteur principal foit annullée ou refcindée. Par exemple, lorfque la nullité eft fondée fur ce que la chofe qui faifoit la matière du contrat n'étoit pas dans le commerce, comme fi on a vendu un droit de patronage qui eft inféparable de la terre ou de la perfonne, ou fi la reftitution eft fondée fur le dol, la fraude, la violence ou pour léfion d'outre moitié, la nullité ou la reftitution profite également au principal débiteur & à la caution. Mais fi la nullité eft fondée fur l'incapacité du principal débiteur, la caution n'eft pas déchargée, quoiqu'elle ne puiffe avoir fon recours contre le débiteur principal, parce que le créancier n'a exigé un cautionnement que pour affurer l'exécution de fon contrat, lequel n'eft nul que relativement aux perfonnes incapables, & non pas relativement à la caution qui pouvoit s'obliger : ainfi l'obligation paffée par un mineur fans l'affiftance de fon curateur, ou par une femme non autorifée de fon mari, fera nulle à leur égard (*), & cependant la caution

***

(*) La coutume de Bretagne en contient une difpofition expreffe L'article 184 porte : » obligation peut être faite par » autrui, pourvu que la perfonne qui s'oblige foit capable, » encore que celui pour lequel il s'oblige foit incapable de » s'obliger, foient mineurs, prodigues, furieux ou autres » contre lefquels ceux qui fe font obligés n'auront aucun » recours, finon qu'il fe vérifiât que l'obligation eût tourné » à leur profit «.

Cet article fut ajouté lors de la réformation de l'avis de

& fes biens feront obligés. Il faut cependant obferver qu'au parlement de Paris on décharge la
caution de la femme qui s'eft obligée fans l'autorifation de fon mari.

Suivant notre droit François , l'Hypothèque
procède du titre plutôt que de la convention. On
nomme conventionnelle celle qui réfulte d'un
contrat. Elle eft tellement d'ufage , qu'elle feroit
fuppléée quand on auroit omis de la ftipuler ; elle
comprend tous les biens préfens & à venir.

Il arrive quelquefois qu'on Hypothèque fpécialement une certaine maifon ou un certain héritage ; mais cette Hypothèque ne donne pas plus
de droit au créancier que l'Hypothèque générale ;
elle lui eft même défavantageufe , en ce qu'on
peut obliger ce créancier à difcuter les biens qui
lui font fpécialement hypothéqués avant de fe
prendre fur les autres. En effet, on peut confidérer l'effet de l Hypothéque fpéciale dans trois
circonftances différentes : 1°. par rapport aux
créanciers antérieurs : 2°. par rapport au débiteur : 3°. par rapport aux créanciers poftérieurs.

Les créanciers antérieurs exercent leurs droits
fur tous les biens indiftinctement , leur débiteur
n'ayant pas pu leur préjudicier par une conftitution d'Hypothèque fpéciale poftérieure.

Le débiteur peut avoir intérêt à forcer fon
créancier à difcuter l'immeuble qui lui a été
fpécialement hypothéqué ; par exemple , fi cet

d'Argentré, comme il le dit lui-même, pour lever les difficultés qui fe rencontrent à ce fujet parmi les interprètes du
droit.

immeuble n'étoit qu'une simple roture, & que le
créancier eût saisi réellement un fief, une terre
titrée, dont le débiteur porte le nom. Mais les
créanciers postérieurs n'ont pas d'intérêt à demander la discussion dont ils doivent avancer les
frais, & qui retarde les poursuites, & par conséquent les moyens d'être payé.

Pour éviter les embarras & les longueurs
qu'entraîne ordinairement cette discussion, on
stipule que l'Hypothèque spéciale ne dérogera pas
à la générale, & par-là l'Hypothèque spéciale n'est
plus qu'une simple désignation des objets, qui sert
à les faire connoître au créancier, sans le gêner
dans la discussion des biens du débiteur. Cette
dérogation est même si ordinaire que Domat
pense qu'elle doit toujours être sous entendue.

Il ne suffit pas que l'obligation pour produire
Hypothèque soit constatée par l'écriture des
parties; que la date soit certaine par le contrôle
ou par la mort du débiteur; l'acte qui la contient doit être authentique; & pour qu'un acte
soit authentique, il faut qu'il ait été reçu par
un notaire & deux témoins, ou par deux notaires dans l'étendue de leur ressort. Ne confondez
pas le titre authentique avec le titre exécutoire.
L'authenticité est une qualité intrinsèque de l'acte;
c'est la foi qui lui est due, la certitude qu'il
donne de sa date & des conventions des parties.
Cette foi & cette certitude résultent du caractère
de l'officier qui a reçu l'acte. La qualité de titre
exécutoire est extrinsèque; elle dépend de la
forme. Un acte est authentique aussi-tôt qu'il est
reçu par le notaire, & quoiqu'il ne soit encore
qu'en minute; mais il n'est exécutoire que

quand il est transcrit en forme de grosse, intitulé du nom du juge, & revêtu du sceau de la juridiction. L'Hypothèque résulte de l'authenticité; elle est acquise du jour que l'acte est daté, & non pas du jour qu'il a été mis en forme exécutoire.

On sent bien que l'Hypothèque donnant un droit dans la chose qui fait préférer le plus ancien créancier, on ne devoit pas laisser au pouvoir du débiteur d'accorder Hypothèque sur ses biens par un écrit sous seing privé, de favoriser un second créancier qui n'auroit consenti à prêter son argent qu'en lui donnant par l'antidate la priorité d'Hypothèque; on ne pouvoit pas laisser au débiteur les moyens de commettre la fraude, de préjudicier à un tiers, & de détruire un droit qui étoit déjà acquis. Mais il n'est pas aussi aisé de rendre raison pourquoi, quand la date est certaine, soit par le contrôle, soit par la mort du débiteur, le créancier n'a pas Hypothèque du jour de la mort du débiteur; car les contrats sont volontaires dans leur principe : l'Hypothèque n'est qu'une sûreté pour le créancier; c'est un accessoire du contrat; les notaires ne sont que les rédacteurs de la volonté des parties. Il semble que quand il n'y a pas lieu de craindre la fraude, on devroit donner aux actes sous seing privé toute l'étendue que les parties ont voulu leur donner, & en assurer l'exécution. Cette nécessité d'avoir recours aux notaires pour acquérir Hypothèque, fait que l'on confond souvent le titre exécutoire avec le titre authentique. Mais la confusion cessera si l'on veut faire attention à ce qui se pratiquoit anciennement. L'invention de l'Hypothèque a précédé de beaucoup l'établissement du contrôle, & naturellement aucun créancier ne devoit compter sur la mort de son débiteur pour assurer sa créance. Les contractans se retiroient devant le juge, lequel commettoit des notaires pour rédiger les conventions des parties, comme il commettoit des greffiers pour rédiger les sentences. De là la ressemblance qui se trouve dans la forme des contrats & dans celle des sentences dont les grosses doivent être également intitulées du nom du juge, & scellées du sceau de la juridiction. Les notaires font donc comme les greffiers des officiers de justice ; & c'est vraisemblablement par cette raison que les actes des notaires sont exécutoires comme les sentences. Dans des besoins d'état, on chercha à tirer profit des notariats comme des greffes ; on les déclara dépendans du domaine. Philippe-le-Bel, par une ordonnance de 1302, interdit aux baillis & sénéchaux la faculté de créer des notaires ; on donna à ferme les notariats & les greffes, ensuite on les aliéna ; enfin, on en créa tant, qu'en 1510 Louis XII fut obligé d'en réduire le nombre. François premier, par son ordonnance de 1535, article 5, déclara nuls tous traités concernant les héritages, rentes & autres matières réelles qui ne seroient pas reçus par des notaires royaux. Cette ordonnance devoit rendre inutile le ministère des notaires des seigneurs ; cependant il ne paroît pas qu'elle ait été suivie. Les notaires des justices seigneuriales sont restés en possession de recevoir tous les contrats de vente, d'échange, & de donner l'Hypothèque. L'ordonnance de 1542 a confirmé aux seigneurs le droit de tabellionnage & de sceau dans l'étendue de leur justice. B iij

Pour qu'une obligation produife Hypothèque, il. faut que le notaire l'ait reçue dans l'étendue de fon reffort, parce que, comme officier public, fa capacité eft bornée par fes provifions; qu'elle ceffe hors des limites de fon territoire, & qu'il n'eft plus qu'un homme privé.

Mais par un privilége particulier, les notaires du châtelet de Paris, d'Orléans & de Montpellier, ont le droit d'inftrumenter & de recevoir des actes dans toute l'étendue du royaume.

C'étoit une queftion, fi les notaires fubalternes pouvoient recevoir des actes entre perfonnes qui n'étoient pas domiciliées dans leur reffort, & fi leurs actes emportoient Hypothèque fur tous les biens qu'elles avoient dans le royaume ? La jurifprudence a long-temps varié; mais elle eft à préfent fixée; & l'on juge au parlement de Paris que leurs actes emportent Hypothèque par-tout le royaume, pourvu qu'ils les aient reçus dans l'étendue de leur territoire. Quoique les contractans ne foient pas domiciliés dans le détroit de la juridiction où ils font immatriculés, le miniftère des notaires eft toujours volontaire; & on peut leur appliquer les principes de la compétence, par rapport aux juges, lefquels, dans les matières qui font de leur compétence, peuvent connoître des caufes entre perfonnes qui ne font pas leurs jufticiables, pourvu que ces perfonnes fe préfentent volontairement, & confentent à plaider devant eux.

Cette queftion a été jugée par arrêt du 14 juillet 1672. Dans l'efpèce, Etienne & David Verdale, habitans de la ville de Niort, avoient emprunté du fieur de Bourneuf une fomme de 2650 livres; l'obligation avoit été paffée devant un notaire du marquifat de Fors en Poitou, lieu du domicile du créancier.

Depuis l'obligation, Etienne Verdale donna en échange au fieur Dumeflier des héritages hypothéqués à la créance du fieur de Bourneuf, pour une maifon fife à Niort. Le contrat en fut paffé pardevant des notaires royaux.

Le fieur de Bourneuf fils étant aux droits de fon père, fit affigner le fieur Dumeflier, acquéreur, en déclaration d'Hypothèque, pardevant le juge de Niort. Ce juge le débouta de fa demande, fur le fondement que l'obligation ayant été reçue par des notaires fubalternes, elle n'avoit pu lui donner Hypothèque fur des biens fitués hors l'étendue du reffort du notaire. Appel à la cour.

Pour l'appelant, on difoit qu'une obligation paffée devant un notaire fubalterne dans fon reffort, avoit Hypothèque du jour de fa date, foit que l'une des parties contractantes fût domiciliée dans le diftrict du notaire, foit que ni l'une ni l'autre n'y fuffent domiciliées. On prouvoit cette propofition par trois moyens : 1°. par le pouvoir des notaires en général : 2°. par la difpofition de la coutume de Poitou : 3°. par la jurifprudence des arrêts.

Le pouvoir d'un notaire royal ou fubalterne ne dépend pas du domicile des parties ; c'eft la provifion de cet officier, fon inftitution & fa réception qui impriment en lui cette qualité publique, & le rendent capable de recevoir des contrats entre toutes fortes de perfonnes, pourvu qu'il inftrumente dans fon reffort : c'eft là qu'on peut le confidérer comme un juge dans fon tribunal ; alors fes contrats portent Hypothèque, même hors de son détroit, & entre parties qui n'y sont pas domiciliées.

Il faut distinguer dans un contrat la convention, l'Hypothèque & l'exécution. La convention sous seing privé oblige les particuliers entre eux; mais pour que ces conventions aient leur effet envers des tiers, il faut l'intervention des notaires; & pour l'exécution il faut donner à l'acte la forme prescrite par les ordonnances, & le revêtir du sceau.

Le sceau d'une juridiction subalterne n'est exécutoire que dans le ressort de la juridiction; mais l'Hypothèque s'étend sur tous les biens du royaume: la raison de cette différence est que l'Hypothèque est l'accessoire de l'obligation; qu'elle naît de la convention expresse ou tacite; qu'il suffit qu'on puisse donner une foi entière à l'acte, parce que ce n'est que pour assurer la date & prévenir les fraudes qu'on est obligé de recourir aux notaires, qui ne sont que les ministres de la loi, pour rédiger la volonté des parties.

Quant à l'exécution, il faut recourir à l'autorité publique, parce que personne ne peut se faire justice, & qu'on ne peut employer de force légitime que celle de l'autorité publique: or, l'autorité de ces justices subalternes ne s'étend que dans leur ressort. On ne peut donc pas régler l'extension de l'Hypothèque sur celle de l'exécution, puisque l'une & l'autre n'ont rien de commun, & se gouvernent par des maximes si différentes. On ne nie pas que le contrat du notaire subalterne ne puisse produire Hypothèque; on veut seulement restreindre cette faculté à de certaines limites; mais si cette prétention avoit lieu, il faudroit que les seigneurs n'eussent obtenu leur juridiction de nos rois qu'avec cette réserve. Or, comme on ne voit pas cette exception particulière, on doit suivre le droit commun, qui veut que tous les notaires, comme personnes publiques, donnent Hypothèque par leurs contrats, en quelques lieux que les contractans soient domiciliés & que leurs biens soient situés, sans faire distinction entre les notaires royaux & les subalternes, puisqu'ils doivent tous leur institution à une même puissance, les premiers immédiatement, & les autres médiatement, par la concession des justices que le roi a faite aux seigneurs.

On argumentoit des dispositions particulières de la coutume de Poitou, & on citoit un arrêt rapporté par M. Bouguier, qui avoit jugé qu'un contrat passé par un notaire subalterne entre personnes qui n'étoient pas de son ressort, produisoit Hypothèque, dont M. Bouguier donne deux raisons : la première, que l'Hypothèque dépend de la convention des parties & procède du contrat, lequel étant du droit des gens à raison de la liberté & du commerce, doit avoir son effet sur les biens des contractans, qui ont subi la juridiction volontaire du lieu où ils ont été passés : la seconde, que ce seroit retrancher grandement la liberté de contracter par ceux qui se trouveroient ensemble prêts à passer un contrat dans un certain endroit. On citoit encore un autre arrêt du 30 août 1638, rendu *consultis classibus.*

Pour l'intimé, on soutenoit que les notaires subalternes n'ont aucun pouvoir hors leur territoire, ni entre personnes qui n'y sont pas domiciliées. Il ne paroît pas, disoit-on, que les rois aient jamais donné aux seigneurs le droit de créer des notaires ; ils ont seulement souffert cette usur-

pation : mais quand cette tolérance & la longue
poffeffion feroient des titres fuffifans pour autorifer l'établiffement des notaires fubalternes, il ne
s'enfuivroit pas de là qu'ils puffent donner Hypothèque, puifque c'eft un droit réfervé aux notaires royaux par l'ordonnance de François I, de
l'an 1535.

Quand les feigneurs auroient la faculté de créer
ces officiers, ils ne pourroient donner Hypothèque
qu'entre leurs jufticiables. Si quelques arrêts leur
ont permis d'affecter des biens hors de leur reffort,
c'eft que l'action perfonnelle, comme la plus noble, doit emporter l'hypothéquaire ; c'eft tout l'avantage qu'on peut leur donner : auffi eft-il jufte qu'on
faffe quelque différence entre les notaires royaux
& les fubalternes. L'ordonnance de 1539 les a diftingués : elle a déterminé que les obligations paffées fous fcel royal feroient exécutoires par-tout
le royaume ; & quant à celles qui font paffées fous
fceaux authentiques, elles feroient exécutoires
contre les obligés, & fur tous leurs biens, quelque
part qu'ils fuffent affis.

Le terme exécutoire qui fe trouve dans l'ordonnance, emporte avec foi l'exécution parée &
l'Hypothèque ; puifque la véritable exécution d'un
contrat confifte dans l'Hypothèque & dans la
faculté de fe faire payer fur les immeubles de
l'obligé.

Les principales raifons de l'intimé rouloient fur
des équivoques ; auffi on n'y eut pas égard. La
fentence du juge de Niort fut infirmée, & la demande en déclaration d'Hypothèque jugée valable.
Depuis, il a été rendu une foule d'autres arrêts
femblables ; en forte qu'il n'y a plus lieu de douter
que les contrats reçus par les notaires fubalternes

ne donnent Hypothèque fur les biens fitués hors de
leur reffort, quoique paffés entre perfonnes qui
n'y avoient pas leur domicile, pourvu qu'ils les
aient reçus dans l'étendue de leur juridiction.

Avant l'édit du mois de décembre 1691, les
notaires eccléfiaftiques étoient commis par les archevêques & évêques chacun dans leur diocèfe :
& comme la juridiction eccléfiaftique ne s'étend
pas fur le temporel, les archevêques & évêques
ne pouvoient pas donner aux notaires qu'ils commettoient le droit d'hypothéquer les immeubles
fur lefquels ils n'avoient ni pouvoir ni autorité.
L'édit du mois de décembre 1691 a fupprimé
ces notaires, & en a créé d'autres royaux & apoftoliques, dont les actes fcellés d'un fcel aux armes
du roi en placard de cire rouge, portent Hypothèque comme ceux des autres notaires royaux.

Les actes paffés devant notaires en pays étrangers n'emportent pas Hypothèque en France. Il faut
excepter de cette règle ceux qui font paffés en Sar-
daigne, lefquels emportent Hypothèque fur les
biens de France, en vertu d'un traité particulier
fait entre les deux puiffances, revêtu de lettres-
patentes enregiftrées le 24 feptembre 1760.

Dans quelques coutumes, comme celles de
Reims & de Vermandois, il ne fuffifoit pas d'avoir
un titre paffé devant notaires; il falloit encore,
pour acquérir Hypothèque, fe faire nantir dans
la juridiction du lieu où étoient fitués les biens. Ce
nantiffement étoit une efpèce de mife en poffeffion fictive, & l'on n'étoit pas colloqué dans l'ordre, fuivant la date de fon Hypothèque, mais
fuivant celle de fon nantiffement. Cette formalité
a été abrogée par l'article 35 de l'édit du mois de
juin 1771, qui a établi les lettres de ratification

pour suppléer aux décrets volontaires, dont il a pareillement abrogé l'usage.

L'Hypothèque judiciaire est purement de notre droit François : elle étoit inconnue dans le droit Romain ; car il ne faut pas la confondre avec le gage judiciaire, qui est reçu parmi nous. Le gage judiciaire ne s'acquéroit dans le droit Romain que par la saisie des biens du débiteur, faite par un exécuteur ou appariteur que le magistrat commettoit à cet effet. On entend de même parmi nous, par gage judiciaire, les immeubles saisis réellement, à l'administration desquels il a été établi un commissaire, & dont il a été fait des baux en justice. Les meubles deviennent de même par la saisie & l'établissement du gardien un gage judiciaire.

L'Hypothèque judiciaire procède du jugement, sans exécution ni appréhension de fait. Le débiteur demeure, comme à l'égard de l'Hypothèque conventionnelle, en possession de la chose hypothéquée ; au lieu que le gage judiciaire ne peut s'acquérir, à moins que le débiteur ne soit dépossédé, & ses biens mis sous la main & l'autorité de la justice ; car tant qu'on n'a pas établi de commissaire ou de gardien aux biens saisis, le débiteur n'est pas dépossédé, & il n'y a pas de gage judiciaire. Quand on dit que le débiteur doit être dépossédé, on n'entend parler que d'une dépossession de fait ; car jusqu'à la vente, le débiteur conserve toujours la possession de droit : il peut prescrire, intenter la complainte, & il rentre dans tous ses droits en payant ses créanciers.

L'Hypothèque judiciaire comprend tous les biens présens & à venir, au lieu que le gage judiciaire ne comprend que ceux qui ont été saisis.

Les obligations fous feing privé emportent Hypothèque du jour qu'elles ont été reconnues en juftice, ou tenues pour reconnues, même par une fentence par défaut. Si le débiteur dénie fa fignature, le créancier qui l'a fait vérifier a Hypothèque du jour de la dénégation.

Les fentences des officiaux & les jugemens rendus en pays étrangers ne donnent pas Hypothèque fur les biens des condamnés fitués en France : les premières, parce que les officiaux n'ont pas d'autorité fur le temporel : les fecondes, parce que les juges étrangers n'ont pas d'autorité en France.

M. Pothier, dans fes œuvres pofthumes, dit que les fentences des arbitres ne portent Hypothèque que du jour de l'homologation. La raifon qu'il en donne, eft que les arbitres n'ont aucune autorité publique, & par conféquent que leurs fentences ne peuvent produire Hypothèque jufqu'à ce qu'elles aient reçu cette autorité par l'homologation. Je crois au contraire que l'Hypothèque doit remonter à la date du compromis paffé devant notaires ; car c'eft de cet acte que réfulte le pouvoir des arbitres & l'obligation des parties : c'eft par cet acte qu'elles fe font engagées à exécuter ce qui feroit décidé par les arbitres. Le notaire qui a reçu le compromis lui donne le caractère d'authenticité qui produit l'Hypothèque.

La loi feule, en certains cas, donne auffi une Hypothèque au créancier fur les biens de fon débiteur. On appelle cette Hypothèque tacite, parce qu'elle a fon fondement dans la loi fans le fecours d'aucune convention. Telle eft celle qui appartient au mineur pour le reliquat de fon compte, du jour que le tuteur a accepté la charge. Les mineurs ont la même Hypothèque fur les biens de ceux qui, n'ayant pas été légitimement nommés tuteurs, en ont fait les fonctions du jour qu'ils se sont immiscés.

En Normandie, pour que le mineur conserve son Hypothèque sur les biens de son tuteur du jour de la tutelle, il faut, suivant l'article 76 du réglement du parlement de Rouen pour les tutelles, qu'il forme contre son tuteur sa demande à fin de reddition de compte dans les dix ans du jour de sa majorité, autrement il n'auroit plus d'Hypothèque sur les biens de son tuteur que du jour de sa demande.

Il faut observer que dans cette coutume ceux qui ont nommé le tuteur sont garans de son administration, & que le pupille, après avoir discuté les biens de son tuteur, a un recours subsidiaire contre chacun des nominateurs qui sont obligés personnellement pour leur part & portion au payement du reliquat; mais s'il a laissé passer dix ans sans demander son compte, il perd ce recours subsidiaire, & ne peut plus agir contre les nominateurs.

En Bretagne, les nominateurs sont aussi garans du tuteur. Suivant Sauvageau, il suffit pour leur décharge, qu'il ait été solvable au temps de la nomination.

Le parlement de Paris n'accorde l'Hypothèque au tuteur sur les biens de son pupille, que du jour de la clôture du compte. Dans les pays de droit écrit & au parlement de Normandie, l'Hypothèque est réciproque entre le mineur & le tuteur, avec cette exception, qu'en Normandie, suivant l'article 77 du réglement qu'on vient de citer, le tuteur doit former sa demande dans les trois ans du jour que le compte a été ap-

puré ; les trois ans expirés , il n'a plus Hypothèque que du jour qu'il a commencé ses poursuites pour être payé.

Les administrateurs & les marguilliers comptables font , par rapport aux hôpitaux & aux
fabriques , ce que les tuteurs font par rapport
aux pupilles. Tous les biens qu'ils ont au moment
qu'ils entrent en fonction , & ceux qu'ils acquièrent par la suite font tacitement hypothéqués au
payement du reliquat de leur compte.

L'église a de même une Hypothèque tacite sur les
biens des bénéficiers, pour les dégradations qu'ils
ont occasionnées, ou pour les réparations qu'ils ont
négligé de faire dans les biens dépendans de leurs
bénéfices.

L'article 17 du titre 2 de l'ordonnance du
mois d'août 1747 accorde au substitué une
Hypothèque tacite sur les biens libres du grevé
qui a négligé de faire emploi ou remploi des
sommes mobilières qu'il a touchées, tant pour
les capitaux qui font dus au substitué, que pour
ses dépens, dommages & intérêts, à compter
du jour que le grevé a recueilli les biens substitués.

Cette Hypothèque a lieu à l'égard du grevé,
de ses héritiers , donataires ou légataires , quoique la substitution n'ait pas été insinuée, publiée,
ni enregistrée , parce que ces sortes de personnes
ne peuvent pas opposer le défaut d'insinuation ;
mais cette Hypothèque est inefficace à l'égard des
créanciers & des acquéreurs à titre onéreux , parce
qu'une substitution qui n'a été ni publiée ni enregistrée n'a pas d'effet à leur égard.

En pays coutumier, la femme qui s'est mariée
sans avoir auparavant réglé ses conventions par
un contrat, a une Hypothèque tacite sur les biens

de fon mari, du jour de la célébration de fon mariage. On fuit cependant un ordre particulier pour fes reprifes, fuivant le degré de faveur qu'on y a attaché ; elle eft d'abord colloquée pour fa dot. Dans certains cas, le douaire paffe avant le remploi des propres ; dans d'autres, il ne vient qu'après. On diftingue fi l'aliénation a été volontaire, ou fi elle a été forcée. Au premier cas, quand la femme a vendu fes propres conjointement avec fon mari, elle n'eft colloquée pour fon remploi qu'après le douaire, parce que le douaire étant propre aux enfans, on n'a pas voulu les priver d'une dernière reffource que la loi leur affure. Au fecond cas, lorfque le mari a reçu le rachat des rentes, comme on ne peut rien imputer à la femme qui n'a pu forcer fon mari à faire emploi, elle eft colloquée comme pour fa dot.

Enfuite vient l'indemnité pour les dettes que la femme a contractées avec fon mari, &, en dernier lieu, le préciput.

On ne peut s'empêcher d'obferver que cette Hypothèque pour l'indemnité de la femme du jour du contrat ou de la célébration, eft une porte ouverte aux fraudes, par le moyen de laquelle on peut avantager des créanciers poftérieurs, au préjudice des premiers ; car les créanciers poftérieurs qui ont la femme pour obligée, font colloqués fur fes reprifes, qu'elle exerce jufqu'à ce qu'elle forte indemne. On épuife par-là tous les biens du mari, & les créanciers qui n'ont pas la femme pour obligée, font fruftrés quoique antérieurs à ceux qui font payés. C'eft pourquoi il eft prudent de ne pas contracter avec un homme marié, à moins que la femme ne con-
fente

fente à s'obliger avec lui, ou que ce foit pour quelque caufe privilégiée.

En Normandie & en Bretagne, la femme n'a Hypothèque fur les biens de fon mari, pour le remploi de fes propres aliénés, que du jour de l'aliénation.

Suivant la jurifprudence du parlément de Touloufe, la femme a pour la reftitution de fa dot, une Hypothèque privilégiée fur les biens de fon mari, & elle eft préférée aux autres créanciers même antérieurs au mariage. Dans les autres pays de droit écrit, elle n'a Hypothèque pour fa dot & fes autres gains nuptiaux que du jour de la célébration, quand il n'y a pas de contrat de mariage.

L'ordonnance du mois d'août 1747 accorde à la femme un recours fubfidiaire, à défaut de biens libres, & une Hypothèque tacite fur les biens de fon mari, grevés de fubftitution, pour la reftitution de fa dot & pour fon douaire ou autre droit qui en tient lieu, fuivant l'ufage des différens pays, & pour les intérêts qui lui en font dus. Mais ce recours fubfidiaire & cette Hypothèque tacite n'ont lieu qu'en certains cas : 1°. lorfque l'auteur de la fubftitution eft un afcendant : 2°. fi c'eft un parent collatéral ou étranger, lorfqu'il a appelé pour recueillir la fubftitution les enfans du grevé, parce qu'il eft préfumé avoir voulu que le grevé pût affurer la dot d'une femme. L'Hypothèque tacite & le recours fubfidiaire n'ont lieu à l'égard du douaire que jufqu'à concurrence du coutumier.

Cette Hypothèque eft accordée à toutes les femmes & dans tous les degrés de fubftitution ; en forte que fi un grevé a époufé fucceffivement plufieurs femmes, les héritiers des prédécédées exercent leurs droits fur les biens fubftitués, comme elles l'auroient fait pour la reftitution de leurs dots ; & s'il y a des enfans, ils les exercent pour leurs douaires.

Si la fubftitution eft faite au profit des enfans du premier lit, les feconds mariages ne peuvent pas leur préjudicier, & les fecondes femmes ou leurs enfans ne peuvent pas exercer le recours fubfidiaire que la loi leur accorde au préjudice des fubftitués.

Le roi a une Hypothèque tacite fur les biens dont les comptables étoient propriétaires, à l'époque de leurs provifions ou commiffions, s'ils ne font pas en titre d'office. Il a de plus un privilége fur le prix de l'office, fur les meubles & fur les immeubles que le comptable a acquis depuis fa geftion.

Les comptables exercent les mêmes droits & la même Hypothèque fur les biens de leurs commis.

La confiance qu'on eft forcé de donner aux officiers publics a fait établir une Hypothèque tacite fur le prix de leurs offices, pour ce qui regarde les faits de leur charge. Cette Hypothèque eft préférée à celle du vendeur de l'office, ou de ceux qui ont prêté des deniers pour l'acquérir, parce qu'elle eft fondée fur un intérêt public, fur la néceffité où l'on eft de recourir à ces officiers. Il faut obferver qu'on n'entend par faits de charge, que les infidélités commifes par l'officier dans les fonctions qui font de fon caractère d'officier public. Par exemple, fi un receveur des confignations avoit diffipé les deniers qui lui ont été confignés, un huiffier, l'argent qui lui a été payé lorfqu'il étoit fur le point de faifir & exécuter les meubles d'un débiteur, les créanciers ont un privilége fur le prix de l'office du recevent des consignations ou de l'huissier. Mais si le fait n'est pas un de ceux qui sont essentiellement attachés au titre de l'officier qu'on a employé, s'il a agi comme un homme de confiance, comme un mandataire ; alors l'intérêt public cesse, son ministère n'étoit pas nécessaire. Le créancier doit s'imputer d'avoir mal placé sa confiance. Ainsi les dépôts qui se font chez les notaires, ne sont que de confiance, parce que leur ministère n'est pas de recevoir des dépôts, mais de rédiger les conventions des particuliers. L'infidélité du notaire ne sera pas regardée comme fait de charge ; mais s'il a égaré une minute, ou commis dans la rédaction des actes quelque faute qui donne lieu à des dommages & intérêts contre lui, son office est tacitement hypothéqué au payement de ces dommages & intérêts.

La question si dans un procès criminel la partie civile a pour ses dommages & intérêts une Hypothèque tacite sur les biens du condamné, du jour du délit, ou seulement du jour de sa condamnation, quoique traitée par nombre d'auteurs, est encore très-douteuse. Il est certain que celui qui commet un crime ou un délit s'oblige par le seul fait à le réparer. Par cette raison, quelques auteurs ont décidé que l'Hypothèque sur les biens du condamné est acquise du jour du délit. D'autres ont pensé que l'obligation seule ne produisoit pas Hypothèque, mais qu'il falloit que cette obligation fût rendue publique par les procédures ; en conséquence ils n'accordent l'Hypothèque que depuis que les procédures ont rendu le délit public : mais leur décision n'a aucun fondement ; car il n'est pas nécessaire pour acquérir Hypothèque, que l'obligation soit rendue publique : d'autres, fondant leur décifion fur les difpofitions de l'ordonnance de Moulins , penfent que l'Hypothèque n'eft acquife que par le jugement de condamnation.

Mornac dit que les jurifconfultes de fon temps diftinguoient les crimes graves , & accordoient l'Hypothèque tacite du jour qu'ils auroient été commis, & la refufoient pour les délits plus légers ; mais cette diftinction des crimes graves ne change rien à la nature de l'obligation ; elle opère bien pour faire infliger une peine plus ou moins forte ; la réparation fera de même proportionnée : cette diftinction fera toujours indifférente à la queftion de favoir quand l'Hypothèque commencera à avoir cours ; car le plus ou le moins ne fait rien, & la décifion doit être la même pour une grande comme pour une petite fomme.

Il y en a qui ont diftingué les vols des autres crimes , & regardant les voleurs comme des efpèces d'adminiftrateurs du bien d'autrui, ils ont décidé que les immeubles des voleurs qui fe font rendus adminiftrateurs par un crime, devoient être hypothéqués , tant pour la reftitution de ce qui avoit été volé , que pour les dommages & intérêts du jour des premières procédures.

Regarder un voleur comme un adminiftrateur du bien d'autrui , c'eft confondre toutes les idées. En effet , on appelle voleur celui qui prend le bien d'autrui pour en faire fon profit ; & l'on appelle adminiftrateur celui qui gère pour un autre , & qui doit rendre compte. C'eft le crime qui donne lieu aux réparations civiles, pour le vol comme pour les autres crimes : cette diftinction du vol n'eft donc qu'une fubtilité.

Nous croyons devoir rejeter toutes ces diftinctions intermédiaires , & réduire la queftion à ce point ; où il faut accorder l'Hypothèque tacite pour les réparations civiles du jour que le crime a été commis , ou rejeter abfolument l'Hypothèque tacite , pour n'accorder que celle qui réfulte du jugement de condamnation , aux termes des ordonnances de 1539 & de Moulins.

La coutume de Bretagne , article 178 , décide en termes exprès , que les biens de celui qui a commis un délit font hypothéqués à la réparation du jour que le délit a été commis.

Il paroît jufte d'étendre la difpofition de cette coutume à celles qui n'en ont pas. Y a-t-il rien de plus jufte en effet , que d'accorder à un créancier toute la fûreté qu'il peut avoir pour le payement de ce qui lui eft dû? On peut dire que c'eft l'efprit de notre droit François , qui ne refufe l'Hypothèque qu'aux obligations fous feing privé ; encore quand l'écriture a été déniée , nos ordonnances donnent Hypothèque du jour de la dénégation. Pourquoi la refufera-t-on pour les réparations civiles , du jour que le crime a été commis ? On ne peut pas craindre la fraude , puifque ces réparations ne peuvent être adjugées qu'après que le procès a été inftruit & le coupable convaincu de fon crime. Quelques arrêts , à la vérité , font contraires à notre opinion ; mais auffi on en peut citer plufieurs qui lui font favorables.

La même difficulté fubfiftoit autrefois pour les amendes auxquelles les criminels font condamnés envers le roi. D'anciens arrêts avoient fait remonter l'Hypothèque pour l'amende au jour que le crime avoit été commis. Cette jurifprudence avoit été confirmée par une déclaration du roi du 21 mars 1671 , & par un édit du mois de février 1691 ; mais ces difpofitions ont été

abrogées par une déclaration du 13 juillet 1700,
d'après laquelle le roi n'a Hypothèque sur les
biens des condamnés que du jour du jugement
de condamnation.

Il semble d'abord qu'on peut appliquer la même
décision aux dommages & intérêts, & aux réparations civiles, car ils ont une source commune.
L'amende est une réparation publique envers le
roi, comme les dommages & intérêts sont des
réparations envers les particuliers du crime qui a
été commis. Cependant il y a beaucoup de différence à faire entre ces deux espèces de réparations;
car les dommages & intérêts sont dus en vertu
du quasi-contrat auquel le crime a donné lieu,
& qui produit une obligation personnelle contre
le coupable; obligation qui peut subsister avec
l'Hypothèque, quoiqu'elle ne soit pas encore liquidée, & qu'elle ne doive l'être que par le jugement
de condamnation; de même que l'Hypothèque
du mineur sur les biens de son tuteur, subsiste du
jour de l'acte de tutelle; celle de la femme sur les
biens de son mari, & celle du substitué sur les
biens du grevé, quoique la créance du mineur ne
puisse être liquidée que par le compte de tutelle;
celle de la femme après la dissolution du mariage
ou de la communauté; & celle du substitué, lors
de l'ouverture de la substitution. Le particulier
pour ses dommages & intérêts, est préféré au roi;
parce que l'amende est une peine, & qu'une peine
ne peut subsister qu'après qu'elle a été infligée:
il ne suffit pas qu'elle ait été encourue. Ce qui
prouve évidemment cette distinction, c'est que si
le coupable meurt pendant l'instruction du procès,
on ne condamne pas ses héritiers à l'amende
comme on les condamne aux dommages & intérêts de la partie civile.

Dans les partages tous les lots font garans les uns des autres, & chacun a une Hypothèque tacite fur les lots de fes co-partageans, encore que le partage foit fous feing privé, & qu'on ait omis de la ftipuler, parce qu'elle eft de la nature de l'acte; de même que la garantie eft une fuite & une conféquence du contrat d'échange. Les partages font même des efpèces d'échange; car pendant l'indivifion chacun a droit pour partie fur le tout & fur chaque partie du tout : pour faire ceffer l'indivifion, les partageans s'abandonnent les droits qu'ils avoient fur les lots les uns des autres. Ceci s'éclaircira par un exemple. Suppofez une fucceffion dans laquelle il fe trouve une maifon à la ville, une ferme à la campagne, & deux héritiers pour la partager : chacun d'eux a droit pour moitié dans la maifon & dans la ferme. Si, lors du partage, l'un prend la maifon & l'autre la ferme, celui qui prend la maifon abandonne les droits qu'il avoit pour moitié fur la ferme, & l'autre les droits qu'il avoit pour moitié dans la maifon. Il fe fait donc entre eux une efpèce d'échange, qui renferme toujours la condition tacite, que chacun jouira paifiblement des biens compris dans fon lot. Si l'un d'eux fouffre éviction, la condition du partage manque à fon égard, & il a fon recours contre fon co-partageant. Ce droit de recours eft même quelque chofe de plus que l'Hypothèque; le défaut de la condition fait revivre fon droit de propriété fur l'héritage échu au lot de fon co-partageant, jufqu'à concurrence de ce qui lui manque pour être égalé à lui.

Cette Hypothèque tacite ne s'étend que fur les biens qui ont été partagés; & pour avoir Hypothèque fur les autres, il faut que le partage ait été fait en juſtice ou pardevant notaires.

En Normandie, ſuivant l'article 136 des plaçités, toute obligation porte Hypothèque du jour du décès de l'obligé, quoiqu'elle n'ait été reconnue ni en juſtice, ni pardevant notaire, ni controlée. Les biens de l'héritier ſont auſſi hypothéqués; les contrats & jugemens qui étoient exécutoires contre le défunt, le ſont de même contre lui & ſur ſes biens, ſans qu'il ſoit néceſſaire de les faire déclarer tels.

Dans les parlemens de Bordeaux, Touloufe, Grenoble & Provence, les biens de l'héritier ſont tacitement hypothéqués par le ſeul fait de l'appréhenſion de l'hérédité.

Au contraire, ſuivant la juriſprudence du parlement de Paris, le créancier du défunt n'a d'Hypothèque ſur les biens de l'héritier, que du jour qu'il a fait déclarer ſes titres exécutoires contre lui, ou que cet héritier les a reconnus en paſſant un titre nouvel devant notaires. Les créanciers chirographaires n'acquièrent Hypothèque qu'après avoir fait reconnoître leurs créances en juſtice avec l'héritier.

La juriſprudence du parlement de Paris diffère encore de celle du parlement de Rouen ſur l'Hypothèque de la caution qui a payé pour le débiteur principal. Au parlement de Paris, la caution a Hypothèque ſur tous les biens du principal débiteur, tant pour le principal que pour les intérêts, du jour du cautionnement paſſé devant notaires; par la raiſon que le cautionnement emporte avec lui une obligation tacite de la part du principal obligé, de rembourſer la caution de ce qu'elle ſera obligée de payer. Au parlement de Rouen, on ne donne

à la caution qui a payé des arrérages pour le principal débiteur, Hypothèque que du jour des payemens ; encore faut-il que la caution n'ait payé que
fur la pourfuite du créancier, qu'elle ait dénoncé
cette pourfuite au principal obligé, & qu'il lui
ait été donné acte de cette dénonciation en juftice ;
autrement elle n'auroit Hypothèque pour fes intérêts que du jour qu'elle en auroit formé la demande.

Les légataires ont pour leur legs une Hypothèque tacite fur les biens du défunt ; mais ils ne
peuvent exercer cette Hypothèque qu'après que
toutes les dettes même chirographaires de la
fucceffion ont été acquittées.

Le vendeur a pour le payement de fon prix une
Hypothèque privilégiée fur la chofe qu'il a vendue.

Les ouvriers ont auffi une Hypothèque privilégiée fur la partie des bâtimens auxquels ils ont
travaillé ; le charpentier fur la charpente, le cou-
vreur fur la couverture, ainfi des autres : mais
ils font obligés pour conftater leurs ouvrages,
d'en rapporter des procès-verbaux de vifite & de
réception.

Les immeubles réels font le fiége le plus fixe
& le plus certain de l'Hypothèque, parce qu'ils ne
peuvent être dénaturés, que le créancier peut toujours les reconnoître & les fuivre en quelques
mains qu'ils paffent.

Les meubles au contraire font périffables, faciles à dénaturer, aifés à confondre : le débiteur
qui les conferve toujours en fa poffeffion peut les
aliéner. On peut facilement en dérober la trace
aux créanciers ; c'eft pourquoi nous ne fuivons pas,
à l'égard des meubles, les difpofitions du droit
Romain : au contraire, c'eft une règle certaine

parmi nous, que meuble n'a pas de fuite par Hypothèque.

Le parlement de Rouen & celui de Touloufe admettent cependant l'Hypothèque des meubles; mais cette Hypothèque eft très-imparfaite ; elle ne donne pas aux créanciers le droit de fuite, quand le débiteur les a mis hors de fes mains ; feulement quand ils ont été faifis fur le débiteur, le prix s'en diftribue aux créanciers par ordre d'Hypothèque.

Non-feulement on peut hypothéquer le corps des immeubles, mais même les droits réels qui en dépendent. Ainfi on peut hypothéquer une rente foncière, un droit de champart, &c. parce que ces droits font des efpèces de domaines directs, établis fur les héritages, & qui les repréfentent.

On peut de même hypothéquer un droit d'ufufruit. Si les créanciers le font vendre, le prix s'en diftribuera par ordre d'Hypothèque : mais fi au lieu de le vendre, les créanciers jugent qu'il leur foit plus avantageux de continuer à percevoir les fruits, les deniers en provénans feront-ils diftribués par ordre d'Hypothèque ? On dira que le droit des créanciers fe borne à de fimples fruits dont on ne peut jouir qu'après qu'ils ont été féparés de la terre : lorfque par cette féparation ils font devenus meubles, le prix qui en provient ne repréfente que des meubles, & doit par conféquent être diftribué entre tous les créanciers. On peut répondre qu'un droit d'ufufruit affecte la chofe ; que c'eft un droit dans la chofe, & par conféquent un droit réel comme celui de la propriété. Si l'ufufruitier n'a pas la difpofition de l'immeuble, le propriétaire ne peut pas non plus en difpofer au préjudice de l'ufufruitier. Pendant la faifie réelle, & jufqu'à la vente par décret, le débiteur

eft toujours propriétaire. Le prix des baux judiciaires, qui repréfente les fruits des héritages faifis,
fe diftribue par ordre d'Hypothèque : or , on peut
confidérer ces baux judiciaires comme une efpèce
d'ufufruit momentanée ; d'où l'on peut conclure
que les deniers qui proviennent d'un droit d'ufufruit , depuis la faifie réelle , doivent être diftribués par ordre d'Hypothèque.

Les bois de haute-futaie font hypothéqués avec
le fonds fur lequel ils font plantés, parce qu'alors
ils ne font qu'un avec ce fonds ; mais ils ne peuvent pas être hypothéqués féparément du fonds ;
car , quoiqu'à certains égards ils foient regardés
comme des immeubles ; que le mari foit obligé
de faire remploi de ceux qui appartenoient à fa
femme & qui ont été vendus pendant la communauté, comme d'un propre ; que ces bois n'appartiennent ni à l'ufufruitier , ni à l'emphitéote ;
que les gens de main-morte ne puiffent les vendre,
fans obferver les formalités néceffaires pour la
vente des immeubles, & qu'ils foient obligés de
faire emploi du prix ; ce ne font que des fruits de
la terre, tardifs à la vérité ; & comme ils ne peuvent être vendus qu'en les coupant & en les féparant du fol , ce qui les rend meubles , ils n'ont
pas de fuite par Hypothèque, & le prix s'en diftribue
comme d'un meuble.

Les rentes conftituées ne font de leur nature ni
meubles ni immeubles. A l'égard du créancier,
c'eft un droit d'exiger tous les ans une certaine
fomme à caufe d'un capital qu'il a payé , & dont
il ne peut exiger le remboursement. A l'égard du
débiteur, c'eft une obligation de payer une certaine fomme à caufe du capital qu'il a reçu , fi
mieux il n'aime rembourfer ce capital. Comme ce

capital produit des intérêts que l'on peut comparer
à des fruits civils , aux loyers d'une maison , &
qu'anciennement on ne pouvoit constituer de rente
sans assignat sur quelque héritage , cela les a
fait réputer immeubles dans certaines coutumes,
comme à Paris, à Orléans, &c. Dans ces coutumes les
rentes constituées sont susceptibles d'Hypothèque :
dans d'autres , comme à Troyes , elles sont réputées
meubles , & n'ont pas de suite par Hypothèque.

C'est la coutume du domicile du créancier qui
détermine si la rente doit être réputée meuble ou
immeuble. Il faut en excepter les rentes sur le
roi, qui sont réglées, non par la coutume du domicile du créancier , mais par celle de Paris, où
les bureaux sont établis.

La nature de la rente change quand le créancier
change de domicile. Supposez un rentier domicilié à Paris, où les rentes constituées sont réputées
immeubles ; s'il va s'établir à Troyes, sa rente devient meuble ; mais ce changement de domicile
ne change pas la nature de la rente à l'égard de
celui qui avoit acquis Hypothèque pendant que
le débiteur étoit domicilié à Paris; parce qu'il ne
doit pas dépendre de la volonté d'un particulier de
changer la condition de son créancier , & de préjudicier à un tiers.

Les offices forment une autre espèce de bien,
qui a ses règles particulières , & qu'on ne peut bien
entendre , si l'on ne connoît leur nature & les différentes opérations de finance, par le moyen desquels ils sont entrés dans le commerce.

L'office considéré en lui-même, abstraction faite
de la finance qui y est attachée, est une fonction
publique que le roi donne pouvoir à quelqu'un
de remplir. Loiseau le définit dignité avec fonc-

tion publique; parce que tout officier doit jouir de la confidération attachée à fon état; confidération qui doit être fondée fur l'opinion, l'eftime & la confiance du public; ce qui fait que ceux qui ne font pas bien famés font incapables de poffeder des offices.

L'office n'étant autre chofe que le pouvoir de faire des fonctions publiques, & toute fonction publique étant une émanation de l'autorité fouveraine, il n'y a que le roi qui puiffe créer des officiers. Ce droit eft de l'effence de la fouveraineté; il ne peut être aliéné ni concédé à perfonne irrévocablement. Des particuliers ne peuvent donc faire des officiers capables de remplir des fonctions publiques qu'en vertu d'une conceffion expreffe ou tacite du roi. Nous difons tacite, parce que quand le roi accorde un droit de juftice à quelqu'un, cette conceffion comprend le pouvoir d'inftituer des officiers pour l'exercer. Ces officiers font des efpèces de délégués qui tiennent immédiatement leur pouvoir des feigneurs, & médiatement du roi.

Tout office demande une aptitude & une capacité propres pour en remplir les fonctions, qui font plus ou moins étendues, ou plus ou moins confidérables. Il eft par conféquent de l'intérêt public que ces fonctions ne foient pas confiées indiftinctement à toutes fortes de perfonnes. Il ne fuffit pas que le fujet jouiffe d'une bonne réputation, il faut encore qu'il ait la fcience & le génie néceffaires pour remplir fon état. L'office confidéré en lui même n'eft donc pas un objet de commerce, dont la propriété puiffe être tranfmife par la volonté des fimples particuliers, & en vertu d'un traité fait entre eux. Il faut que celui qui veut remplir un office ait recours à l'autorité du roi, & qu'il en obtienne des provisions, ou de ceux qui ont reçu du roi le pouvoir d'en donner : il faut encore qu'il se fasse recevoir ; car ce n'est que par la réception qu'il est jugé capable, & qu'il est vraiment fait officier ; jusqu'à ce moment il n'a qu'une espérance qui peut s'évanouir ; car s'il n'est pas reçu après l'examen, ses provisions lui deviennent inutiles.

Les offices considérés sous ce rapport n'ont tous qu'une même nature, parce qu'ils ne consistent tous qu'en fonctions publiques ; mais considérés par rapport à la finance, on en distingue quatre espèces différentes.

Les offices domaniaux.

Les offices qui tombent aux parties casuelles.

Les offices héréditaires.

Et les offices de la maison du roi.

Les offices domaniaux sont ceux qui ont été déclarés faire partie du domaine, & qui ont été aliénés avec faculté perpétuelle de rachat.

· Ces sortes d'offices peuvent être possédés par des femmes, des enfans, qui en commettent l'exercice à des personnes capables d'en faire les fonctions. Ils sont réputés immeubles comme les rentes constituées, & sont susceptibles d'Hypothèque.

Les principes relatifs aux offices sujets à tomber aux parties casuelles, sont plus compliqués : leur nature a fait long-tems la matière d'un problème qui a été résolu par l'édit du mois de février 1683. L'Hypothèque dont ils sont susceptibles est la plus foible sûreté, qui demande le plus de précaution, qui exige du créancier qui veut conserver son droit, une attention & une surveillance continuelle. Malgré toutes ces précautions le créancier, même privilégié, court encore des risques;

le titulaire peut commettre quelques délits dans l'exercice de son office, des faits de charge donnant lieu à des dommages & intérêts, qui sont préférés sur le prix de l'office au préjudice du bailleur de fonds.

D'abord, tous les offices furent révocables à volonté ; ensuite on les donna à vie. Ceux qui avoient assez de protection obtenoient du prince la permission de les résigner, ou des survivances. Ces résignations, comme celles des offices, devoient être gratuites ; & l'on observa long-temps de faire jurer par les récipiendaires, qu'ils n'avoient rien payé pour obtenir leur office ; mais ce serment étoit souvent éludé. Louis XI voyant que les courtisans vendoient leur protection, & tiroient profit des résignations & des grâces qu'ils obtenoient de la facilité de nos rois, voulut tourner au profit de l'état qui se trouvoit alors chargé de dettes, le bénéfice que ses courtisans tiroient des offices. On vendit d'abord les offices de finance.

François I, par les mêmes raisons, établit le bureau des parties casuelles, où se vendoient toutes sortes d'offices de judicature & de finance. Ces sortes de ventes ont éprouvé bien des variations jusqu'à l'établissement de la paulette (*).

Cette espèce de commerce qu'on a introduit n'est pas une aliénation proprement dite, comme celle des offices domaniaux. Ils sont toujours restés en la collation & disposition du roi, qui est le maître d'accorder les provisions à ceux qu'il juge les plus capables, pourvu toutefois que ceux

_____

(*) On peut voir toutes ces variations dans Loiseau, dans Renusson, & dans la conférence des ordonnances.

qui veulent fe faire pourvoir aient traité avec les
anciens titulaires, & les aient fatisfaits, ou leurs
repréfentans.

D'abord, il fut permis de réfigner en payant
finance, à la charge que le réfignant furviviort
quarante jours depuis fa réfignation. Si le titulaire
décédoit fans avoir réfigné, ou après avoir réfigné,
mais pendant les quarante jours, à compter de la
date du payement de la finance, l'office rentroit
dans la main du roi, ou autrement, tomboit aux
parties cafuelles.

Henri IV, par fon édit du mois de décembre
1604, appelé vulgairement l'édit de Pauler, accorda la difpenfe des quarante jours de furvie à
ceux qui voudroient payer quatre deniers pour
livre de la valeur de leur office, chaque année,
pendant le mois de janvier, jufques & compris
le 15 février. Il accorda en même temps à ceux
qui auroient payé cette finance, & en cas de
décès, à leurs veuves & héritiers, le pouvoir de
difpofer de leur office, en payant feulement le
huitième denier de la valeur pour la réfignation.

A l'égard de ceux qui ne voudroient pas payer
l'annuel, il leur fut permis de réfigner, en payant
pour leur réfignation le quart denier de la valeur
de leur office, à la charge de furvivre pendant
quarante jours.

Louis XIII, par fon édit du mois de juillet
1620, ordonna que tous les officiers, tant de
judicature que de finance, dont les offices entrent
aux parties cafuelles, feroient difpenfés des quarante jours, en payant, par forme de prêt, aux
parties cafuelles, le vingtième denier de l'évaluation de leur office, lequel prêt feroit réduit
& précompté fur la première réfignation des
offices,

offices, & en outre, à la charge de payer par
chacun an le centième denier de cette évaluation,
& qu'au moyen de cette finance, les offices de
ceux qui décéderoient pendant l'année pour
laquelle ils auroient payé l'annuel, ne pourroient
être déclarés vacans ni impétrables, mais appar-
tiendroient aux veuves & héritiers, pour en
disposer suivant leur volonté, en payant pour la
résignation de ces offices, le huitième denier
de leur évaluation, sur ce déduit le vingtième
denier par eux prêté.

Ce prêt, qui n'avoit été établi d'abord que
pour neuf années, a depuis été continué jusqu'en
1772 qu'il a été abrogé par l'article 19 de l'édit
du mois de février 1771, qui a établi le centième denier sur les offices, au lieu du prêt &
de l'annuel (*).

Par l'article 18 du même édit, le roi s'est ré-
servé, en cas de vacance des offices par mort,
résignation ou autrement, la faculté d'en disposer
en faveur de telles personnes qu'il jugeroit con-

(*) Article 19 de l'édit du mois de février 1771 : » Et
» pour que les droits qui nous sont dus pour raison des
» offices casuels, puissent être à l'avenir réglés & perçus
» d'une manière plus simple, plus uniforme & plus favo-
» rable à nos sujets ; voulons qu'à compter du premier no-
» vembre 1772, les pourvus desdits offices soient admis à
» les conserver, en payant annuellement en nos revenus
» casuels le centième denier dudit prix auquel ils auront
» été fixés par les susdits rôles ou état général, & que
» ledit droit nous tienne lieu à l'avenir & à perpétuité de
» ceux de prêt & annuel. Voulons en outre que le droit
» de résignation ou nomination desdits offices, demeure
» irrévocablement fixé au vingt-quatrième de leur fixation,
» & deux sous pour livre, &c. «

venable. Il a ordonné en conséquence que celui
qui se présenteroit pour remplir un office, seroit
tenu de remettre au trésorier des parties casuelles
l'acte de résignation, démission ou nomination
audit office, le nom en blanc, ensemble le titre
en vertu duquel ledit acte auroit été passé, pour
être ledit acte de résignation, démission ou nomination rempli du nom de celui qu'il auroit
plu au roi d'agréer, à la charge par lui de rem-
bourser au propriétaire de l'office le montant
de la fixation ou le prix porté par ledit titre.

On voit par ce qui vient d'être dit, qu'il n'y
a que la finance des offices qui soit dans le
commerce. A ne les considérer que par rapport
à cette finance, il semble qu'ils devroient être
réputés meubles. Cependant comme l'office produit des émolumens & des profits au titulaire,
les rédacteurs de la coutume de Paris en ont
fait une espèce particulière de biens tout à la
fois meuble & immeuble. Ils ont dit dans l'article 95 :

,, Office venal est réputé immeuble, & a suite
,, par Hypothèque, quand il est saisi sur le débi-
,, teur par autorité de justice, par avant résigna-
,, tion admise & provision faite au profit d'un
,, tiers, & peut-être crié & adjugé par décret ;
,, & toutefois les deniers provenans de l'adju-
,, dication sont sujets à contribution comme
,, meubles entre les créanciers opposans qui vien-
,, nent pour ce regard à déconfiture au sou la
,, livre ".

L'édit du mois de février 1683 a levé l'am-
biguité de cet article de la coutume : il a ordonné qu'après la saisie réelle enregistrée, le titulaire de l'office ne pourroit traiter qu'en présence

des faififfans & des oppofans à la faifie réelle, & que le traité fait par l'officier feroit nul, s'il n'étoit homologué avec les créanciers.

Il a établi deux ordres de créanciers, & a diftingué les oppofans au fceau de ceux qui auroient négligé d'y former oppofition. Les oppofans au fceau font préférés à tous les autres créanciers, & les deniers provenans de la vente de l'office font d'abord diftribués entre eux, fuivant l'ordre ordinaire, favoir, les privilégiés fur l'office font colloqués par préférence, enfuite les hypothéquaires fuivant la date de leur Hypothèque. Les chirographaires, en cas de déconfiture, contribuent entre eux, & s'il refte des deniers après que les créanciers oppofans au fceau ont été payés, ils font diftribués dans le même ordre aux créanciers oppofans à la faifie réelle feulement.

Depuis l'édit de 1683, les offices ont donc été fufceptibles d'une véritable Hypothèque : Hypothèque qui ne donne, comme on l'a déjà dit, qu'une foible fûreté, puifqu'il faut que le créancier veille fans ceffe, en formant tous les ans oppofition au fceau ; car le fceau des provifions purge les Hypothèques. Il faut encore qu'il veille au payement du centième denier ; car fi le débiteur ne l'acquitte pas tous les ans, & fi le créancier ne le paye pas, le débiteur court rifque de perdre fa finance, & le créancier d'être privé de fon droit. Pour prévenir cette perte, il a été permis aux créanciers, par l'arrêt du confeil du 6 juillet 1772, de payer le centième denier pour leurs débiteurs. Ils ont, à caufe de ce payement, un privilége fur le prix de l'office.

Le même arrêt du confeil accorde encore aux créanciers privilégiés fur les offices une faveur particulière. Il est assez ordinaire que la veuve & les enfans du titulaire dont l'office est tombé aux parties casuelles, obtiennent la préférence & & une remise sur la finance. Cette préférence & cette remise sont des grâces personnelles, dont les enfans profitent sans se porter héritiers ; cependant le roi ordonne que s'il se trouvoit des créanciers privilégiés sur des offices tombés vacans, & qu'il n'y eût pas d'ailleurs dans la succession de l'officier décédé de quoi les remplir de leurs créances privilégiées, les enfans & plus proches parens ne pourront profiter de la préférence & faveur qui leur est accordée, qu'à la charge de faire état auxdits créanciers du bénéfice qui proviendra de la remise accordée sur la taxe desdits offices, & sans qu'ils puissent y rien prétendre qu'après que lesdits créanciers seront remplis de leurs créances privilégiées.

Les veuves qui n'ont pas renoncé à la communauté, jouissent pour moitié de la remise que le roi accorde sur la finance. Celles qui ne sont pas communes en bien, ou qui ont renoncé à la communauté, n'y prennent aucune part, à moins que leur dot ne se trouve constituée sur ces offices, ou qu'il n'y ait pas d'ailleurs dans la succession de leurs maris de quoi les remplir : mais dans tous les cas, les enfans ne sont pas tenus envers elle au delà de la moitié du bénéfice de la remise.

L'hérédité qui avoit été attribuée à certains offices, a été révoquée par l'article 20 de l'édit du mois de février 1771.

Les offices de la maison du roi ou des princes, les gouvernemens de province, & tous ceux qui sont de la même nature, auxquels il n'y a pas

de finance, ne font pas fufceptibles d'Hypothèque, quoique le roi en accorde fouvent la fur-
vivance & des brevets de retenue.

On peut hypothéquer fon bien pour quelque
dette que ce foit, pourvu qu'elle ne foit pas
contraire aux loix ou aux bonnes mœurs. On le
peut non feulement pour fa propre dette, mais
pour celle d'autrui, pour une dette condition-
nelle, dont l'événement eft encore en fufpens;
en forte que fi la condition arrive, l'Hypothèque aura de même que l'obligation un effet
rétroactif.

L'effet de l'Hypothèque eft que les biens du
débiteur font engagés à fes créanciers, pour fûreté de leur dû : engagement qui donne aux
créanciers le droit de les fuivre en quelques mains
qu'ils paffent; d'où naît l'action hypothéquaire.

Cette action peut-être confidérée fous trois
rapports différens : 1°. à l'égard du débiteur : 2°.
à l'égard de la veuve ou de fes héritiers : 3°. à
l'égard du tiers détenteur.

Par rapport au débiteur, notre pratique eft
différente de celle des Romains. Suivant le droit
Romain, le créancier étoit obligé d'intenter
l'action d'Hypothèque contre le débiteur, par
laquelle il concluoit à ce que celui-ci fût tenu de
lui abandonner les biens hypothéqués pour les
vendre, & être payé fur le prix.

Suivant notre jurifprudence, le créancier porteur d'un titre exécutoire peut, après un commandement, faire faifir réellement les immeubles de fon débiteur, & en pourfuivre la vente
par décret. Quand l'exécution fe fait hors le
reffort de la juridiction du notaire qui a reçu
l'acte, ou du juge qui a rendu le jugement, il

faut obtenir permiſſion du juge du lieu où ſe faîr l'exécution, ou des lettres de *pareatis*, leſquelles s'accordent ſans connoiſſance de cauſe, pourvu que le titre ſoit revêtu des formalités extrinſèques néceſſaires pour le rendre exécutoire d'ailleurs.

.A l'égard de la veuve , il faut diſtinguer ſi elle s'eſt obligée conjointement avec ſon mari , ſi `elle eſt commune , ou ſi elle a renoncé à la communauté.

Si la veuve s'eſt obligée conjointement avec ſon mari , on peut procéder directement contre elle, par ſaiſie de ſes immeubles, comme on auroit fait contre ſon mari, parce qu'elle eſt de même principale obligée.

Si elle ne s'eſt pas obligée perſonnellement , & qu'elle ne le ſoit qu'en qualité de commune, il faut faire déclarer les titres exécutoires contre elle, avant de pouvoir ſaiſir réellement les immeubles échus en ſon lot. Il en eſt de même à l'égard des héritiers , parce que , ſuivant le droit commun de la France, les titres ne ſont exécutoires que contre ceux qui ont été parties aux actes.

Si la veuve a renoncé à la communauté, on ne peut la conſidérer que comme une étrangère & comme tout autre tiers détenteur , ſuppoſé qu'on lui ait abandonné quelque immeuble de la ſucceſſion en payement de ſes repriſes.

A l'égard du tiers détenteur, on ne peut pas faire déclarer les titres du débiteur exécutoires contre lui, parce qu'il n'eſt pas obligé perſonnellement, & qu'il n'y a que les biens qu'il poſſède qui ſoient obligés. Il faut donc intenter contre lui l'action hypothéquaire proprement dite.

. Cette action peut avoir deux objets ; l'un de conferver fon Hypothèque , & d'empêcher le cours de la prefcription. Dans ce cas , le créancier affigne le tiers détenteur, à l'effet feulement de voir déclarer les immeubles qu'il pofsède affectés à fa créance. Cette efpèce d'action hypothéquaire eft défignée dans nos auteurs fous le nom d'action d'interruption : l'autre a pour objet non feulement de faire déclarer les immeubles hypothéqués , mais encore de faire condamner le tiers détenteur à les délaiffer pour être vendus, & le créancier payé fur le prix , fi mieux n'aime le tiers détenteur acquitter la dette.

` Cette action eft purement réelle ; elle ne peut être intentée que contre celui qui pofsède *animo domini*, comme propriétaire, & non contre ceux qui n'ont qu'une poffeffion précaire, comme les fermiers , les locataires , les fequeftres , &c.

Lorfque le débiteur a conftitué un ufufruit au profit d'un tiers, & a aliéné le corps de l'héritage à un autre, on peut intenter l'action hypothéquaire contre le propriétaire de l'héritage & contre l'ufufruitier ; mais on ne pourroit pas l'intenter contre l'ufufruitier feul. Il en eft de même lorfque l'héritage a été donné à cens, à bail emphitéotique, ou à rente foncière, depuis la conftitution d'Hypothèque. Le créancier peut agir tant contre le propriétaire du domaine direct, que contre ceux qui ont le domaine utile, parce que tous ces droits font réels, fufceptibles d'Hypothèque , qu'ils diminuent la valeur des héritages qui en font chargés, & que le débiteur ne peut changer la condition de fon créancier , de quelque manière qu'il aliène fon héritage.

Le tiers détenteur n'étant pas obligé perfon-

D iv

nellement, ne peut être condamné qu'à délaisser l'héritage dans l'état où il se trouve. Il n'est pas tenu des dégradations qu'il y a faites avant la demande ; car il a pu user & abuser de sa chose : quand il auroit tiré du profit des dégradations, comme s'il avoit abattu des bois de haute-sutaie, & qu'il les eût vendus, il n'est pas obligé de rapporter le prix qu'il en a reçu.

Quand ces bois abattus feroient encore sur la place, le créancier ne pourroit y prétendre de droit ; car étant devenus meubles, ils n'ont pas de suite par Hypothèque : mais l'acquéreur est obligé de rapporter les fruits, & de tenir compte des dégradations qu'il a faites depuis la demande en déclaration d'Hypothèque.

Le tiers détenteur assigné en déclaration d'Hypothèque, a la faculté de payer, de se faire subroger aux droits de créancier, & de retenir l'héritage. S'il ne veut pas payer, il est obligé de délaisser l'héritage en justice. On crée à cet héritage un curateur sur lequel il est saisi réellement, crié & adjugé comme un bien vacant.

On dit comme un bien vacant, parce que réellement il n'appartient plus à personne ; le débiteur a perdu son droit de propriété en le vendant, & l'acquéreur en le délaissant ; & le créancier n'a qu'un droit d'Hypothèque, qui consiste à le faire vendre ; c'est pourquoi le délaissement doit être fait en justice, à la conservation des droits de qui il appartiendra, personne n'étant partie capable pour recevoir ce délaissement.

Le tiers détenteur peut proposer contre la demande en déclaration d'Hypothèque l'exception de discussion.

L'Hypothèque s'éteint : 1°. par l'extinction de la chofe hypothéquée.

2°. Par la confufion ou confolidation lorfque le créancier hypothéquaire acquiert la propriété de la chofe hypothéquée.

3°. Par la réfolution du droit de celui qui a conftitué l'Hypothèque.

4°. Par l'extinction de la dette pour laquelle l'Hypothèque a été conftituée.

5°. Par la remife expreffe ou tacite de l'Hypothèque.

6°. Par la prefcription.

7°. Par le décret.

8°. Par les lettres de ratification.

Lorfque la chofe hypothéquée vient à périr, l'Hypothèque s'éteint avec elle; car l'Hypothèque étant un droit dans la chofe, un accident, un acceffoire de la chofe, elle ne peut fubfifter fans le principal. Par exemple, fi j'ai Hypothèque fur une rente conftituée, & que cette rente foit rachetée avant que j'aye formé oppofition entre les mains du débiteur, je n'ai aucun recours contre ce débiteur ; car il eft de l'effence des rentes conftituées, que les débiteurs les puiffent racheter quand il leur plaît, & le créancier n'a pu, en hypothéquant fa rente, préjudicier au débiteur.

Le créancier hypothéquaire n'a d'autre moyen en ce cas pour conferver fon droit, que de faire oppofition entre les mains du débiteur de la rente. Cette oppofition n'empêche pas le débiteur de faire fon rembourfement; mais il eft obligé d'y appeler le créancier oppofant, lequel peut demander que les deniers du rembourfement foient confignés, jufqu'à ce qu'il en foit fait emploi pour fûreté de fa créance.

Le fceau des provifions purge les Hypothèques fur les offices qui périffent réellement pour les créanciers qui ont négligé d'y former oppofition ; car, comme on l'a établi plus haut, ce n'eft pas l'office en lui-même, mais feulement la finance qui eft dans le commerce. Or cette finance n'eft plus qu'une fomme mobilière & exigible qui n'eft plus fufceptible d'Hypothèque quand le créancier a négligé de former fon oppofition avant le fceau des provifions.

L'Hypothèque affecte toute la chofe & chaque partie de la chofe hypothéquée ; c'eft pourquoi, fi la chofe eft périe en partie, ce qui refte eft encore hypothéqué à la totalité de la dette. Par exemple, fi une maifon a été incendiée, le fol & les débris demeurent toujours hypothéqués ; les matériaux reftés fur la place confervent toujours l'impreffion de l'Hypothèque, lorfqu'ils paroiffent deftinés à la reconftruction de l'édifice, parce que, fuivant M. Pothier, leur deftination les fait confidérer comme partie de l'immeuble dont ils ont été féparés.

L'Hypothèque s'éteint par la confufion, lorfque le créancier acquiert la chofe qui lui étoit hypothéquée ; car l'Hypothèque eft néceffairement un droit en la chofe d'autrui, qui fait que cette chofe nous eft obligée comme une efpèce de caution ou de gage, pour fûreté de ce qui nous eft dû. Or, une chofe ne peut tout à la fois appartenir & fervir de gage à la même perfonne.

Mais pour que la confufion opère l'extinction de l'Hypothèque, il faut que l'acquifition foit irrévocable ; car fi elle vient à être réfolue de quelque manière que ce foit, pour une caufe poftérieure à l'Hypothèque, le droit du créancier reprend fa force. Par exemple, fi ayant acheté une maifon, un parent lignager a exercé fur moi le retrait; fi m'ayant donné un héritage, la donation a été revoquée par furvenance d'enfans; fi je l'ai acquis à la charge de réméré, & que le réméré ait été exercé, ou que les biens foient chargés d'une fubftitution qui s'eft ouverte, dans tous ces cas, l'Hypothèque que j'avois fur ces héritages renaît, parce que l'acquifition que j'en avois faite, a été révoquée par une caufe antérieure à mon contrat d'acquifition.

Mais que doit-on décider fi la réfolution naît d'une caufe poftérieure au contrat d'acquifition, comme fi une donation eft révoquée pour caufe d'ingratitude ?

M. Pothier décide que l'Hypothèque ne revivra pas, parce qu'en ce cas le donataire eft dépouillé par fon fait. Il eft vrai que l'Hypothèque a été détruite irrévocablement par la confufion ; mais comme la dette n'a pas laiffé de fubfifter, elle prendra un nouvel être par une autre raifon : c'eft que la propriété retournant au débiteur, les biens compris en la donation recevront l'impreffion de l'Hypothèque, comme s'il les eût acquis de tout autre étranger, parce que l'Hypothèque générale s'acquiert dans notre droit fans convention, fans ftipulation, & par la feule force du titre.

Il faut décider de même, quoique le donateur ne rentre pas dans la poffeffion des biens compris dans la donation qui a été révoquée, comme s'il a vendu ou cédé fes droits à un tiers, qui ait fait déclarer la donation révoquée; car quoique le donateur n'ait pas pris la poffeffion réelle & corporelle de ces biens, il avoit un droit acquis qu'il a cédé : or ce droit étoit immobilier, puiſqu'il tendoit à avoir des héritages ; il étoit par conféquent fuſceptible d'Hypothèque , & a reçu l'impreſſion de celle du donataire. Le nouvel acquéreur ou le ceſſionnaire n'a pu agir que comme étant au droit du donateur, que comme un mandataire en ſa propre cauſe : après le jugement qui a déclaré la donation révoquée , le droit du donateur s'eſt réaliſé , & l'Hypothèque eſt reſtée ſur la choſe.

La confuſion s'opère encore lorſque le tiers détenteur eſt ſubrogé aux droits du créancier.

L'Hypothèque s'éteint par l'extinction de la dette principale ; il y a cependant quelques exceptions à cette règle : 1°. lorſqu'on détruit la première obligation pour en ſubſtituer auſſi-tôt une autre, comme dans la novation , on peut réſerver pour l'exécution de la ſeconde obligation la même Hypothèque qu'avoit la première.

2°. Lorſqu'un tiers détenteur paye un créancier , & ſe fait ſubroger à ſes droits, la dette eſt éteinte à l'égard du créancier, & les biens du tiers détenteur ſont libérés de l'Hypothèque ; mais l'obligation & l'Hypothèque ſubſiſtent toujours à l'égard du principal débiteur contre lequel le tiers détenteur a ſon recours.

La compenſation opère auſſi l'extinction parfaite de la dette & de l'Hypothèque. Mais pour que la compenſation ait lieu , il faut que la ſomme qu'on veut compenſer ſoit exigible , qu'elle ſoit liquide, c'eſt-à-dire, qu'elle ſoit conſtante , & ne puiſſe être conteſtée légitimement.

L'Hypothèque ne peut ſurvivre à la dette principale dont elle eſt l'acceſſoire ; mais elle peut être détruite , quoique l'obligation principale subsiste encore : ce qui arrive lorsque le créancier a remis son droit à l'acquéreur de l'immeuble qui y étoit sujet ; lorsqu'il a dissimulé frauduleusement, pour tromper l'acquéreur ou un créancier postérieur, comme si un particulier avoit vendu un héritage franc & quitte d'Hypothèque, quoiqu'il fût déja hypothéqué à une autre personne, qui étoit partie au contrat. La dissimulation de ce créancier doit être comparée à la fraude, & il sera privé de son droit d'Hypothèque sur les biens vendus, non pas par la présomption de la remise de son droit, mais parce qu'il est complice du stellionat, & que par cette raison il doit être condamné, solidairement avec le débiteur, aux dommages & intérêts de l'acquéreur. Or comme ce seroit sa demande à fin de déclaration d'Hypothèque qui donneroit lieu aux dommages & intérêts, il ne peut la former contre l'acquéreur.

Hors le cas d'une dissimulation frauduleuse de l'espèce de celle qu'on vient de rapporter, le créancier hypothéquaire n'est pas censé avoir remis son droit pour avoir été présent, & avoir signé un contrat qui contient une nouvelle Hypothèque au profit d'un tiers.

Il est censé avoir fait une remise tacite de son Hypothèque, lorsqu'il a consenti à l'aliénation de la chose hypothéquée, sans en faire une réserve expresse ; par la raison que le débiteur n'ayant pas besoin du consentement de son créancier pour aliéner ses héritages avec la charge des Hypothèques, le consentement du créancier ne peut paroître requis & donné pour une autre fin que pour remettre son Hypothèque. Mais il faut que ce consentement soit formel ; il ne suf-

firoit pas qu'il eût figné l'acte : la fimple fignature pourroit être regardée comme une furprife
qui n'auroit pas d'effet.

Lorfque le premier créancier a confenti que
le débiteur obligeât la chofe déjà hypothéquée à
un fecond, on ne préfume pas en ce cas qu'il
ait voulu remettre abfolument fon droit, mais
feulement céder l'avantage de la priorité au nouveau créancier.

L'Hypothèque s'éteint par la prefcription, fuivant la jurifprudence du parlement de Paris,
conforme aux difpofitions du droit Romain :
lorfque l'action hypothéquaire eft jointe à l'action
perfonnelle, elle ne fe prefcrit que par quarante
ans. Lorfqu'elle n'eft point accompagnée de l'action perfonnelle, elle fe prefcrit par trente ans,
c'eft-à-dire qu'un tiers détenteur ne peut être
affigné en déclaration d'Hypothèque, quoiqu'il
ne repréfente pas de titre. S'il a titre & bonne
foi, il prefcrit dans la coutume de Paris par
dix ans entre préfens, & par vingt ans entre
abfens.

L'Hypothèque peut être prefcrite, quoique la
dette principale fubfifte, lorfque le tiers détenteur a joui pendant le temps déterminé par la coutume fans interruption.

La prefciption ne court pas contre ceux qui
ne peuvent agir; tels que la femme pendant la
vie de fon mari, ou les enfans du vivant de
leur père; qui ne peuvent agir pour la confervation de leur douaire; car tant que le mari eft
vivant, il eft incertain fi le douaire aura lieu;
c'eft un droit éventuel; c'eft un gain de furvie
qui ne doit avoir fon effet qu'en cas de prédécès
du père. Il feroit contre les bonnes mœurs, qu'une

femme ou des enfans priffent des précautions
pour s'affurer l'exercice de leur droit : ces précautions préfageroient la mort d'une perfonne dont
ils doivent fouhaiter la vie.

On peut appliquer la même décifion au fubftitué, qui n'a qu'une fimple efpérance qui peut
s'évanouir s'il meurt avant le grévé.

La prefcription ne court pas contre les mineurs,
quoique pourvus de tuteurs ; car le mineur ne
peut agir par lui-même à caufe de la foibleffe de
fon âge, & la négligence de fon tuteur ne peut
pas lui préjudicier.

Quoique l'églife foit à certains égards confidérée comme les mineurs, cependant on prefcrit
contre elle par quarante ans.

Dans quelques coutumes, comme Anjou,
Touraine, Maine, Lodunois, celui qui a poffédé pendant cinq ans avec titre & bonne foi,
prefcrit contre l'Hypothèque à laquelle l'immeuble
qu'il a acquis étoit affujetti : on appelle cette
prefcription le tenement de cinq ans ; elle court
contre les abfens & même contre l'églife.

L'Hypothèque eft encore purgée par le décret:
on voit dans le droit Romain qu'il y avoit trois
efpèces de ventes forcées ; la première du gage
conventionnel ; la feconde du gage judiciaire ; la
troifième du gage prétorien.

Le gage ou l'Hypothèque conventionnel donnoit par fa nature au créancier le droit de le
vendre. Quand il ne l'avoit pas en fa poffeffion,
il intentoit contre le débiteur l'action hypothéquaire, pour fe le faire remettre ; & après une
fommation de payer, il faifoit publier la vente
dans les quartiers de la ville les plus fréquentés ;
il la dénonçoit au débiteur, & enfuite vendoit

lui-même sans recourir au magistrat, & sans user du ministère d'aucun officier public.

· Il n'y avoit que le premier créancier hypothéquaire qui avoit droit de vendre; la vente faite par un créancier postérieur ne préjudicioit pas au premier; mais celle qui étoit faite par le premier purgeoit toutes les Hypothèques; car l'Hypothèque emportant le droit de vendre, le créancier avoit en conséquence celui de transférer la propriété, & le débiteur n'avoit pû accorder les mêmes droits à personne au préjudice du premier.

Lorsqu'il y avoit plusieurs créanciers hypothéquaires, & que le premier ne vouloit pas vendre, les créanciers postérieurs ne pouvoient le forcer; ils n'avoient d'autre ressource que de lui offrir son payement, afin d'être subrogés en ses droits & de pouvoir vendre : de là est venu le droit d'offrir, qui a encore lieu parmi nous, quoique notre jurisprudence soit différente à cet égard.

Ce droit d'offrir est avantageux en certains cas. Par exemple, lorsqu'un créancier voit que les frais d'un décret absorberont le prix de la vente, & qu'il ne sera pas colloqué utilement dans l'ordre, il offre aux créanciers privilégiés ou à ceux qui le précèdent en Hypothèque le remboursement de leurs créances, & par là il se met dans le cas que les biens de son débiteur lui soient adjugés pour le prix qu'ils seront estimés par experts, si mieux n'aiment les créanciers postérieurs lui donner caution de les faire monter à si haut prix, qu'il puisse être payé de son principal, de ses intérêts & de ses frais.

· Cette jurisprudence a été introduite par un motif d'équité, pour que les frais du décret ne

tournassent

tournaffent pas au détriment des créanciers, fans que le débiteur en retirât aucune utilité.

Les formalités pour la vente du gage judiciaire étoient différentes. Un créancier qui avoit obtenu une condamnation contre fon débiteur, étoit obligé de retourner devant le magiftrat pour la faire exécuter. Le magiftrat commettoit un appariteur ou fergent pour faifir des biens du débiteur jufqu'à concurrence des condamnations prononcées contre lui. Cette exécution eft exprimée dans le droit par ces mots, *pignora capere*; parce que le débiteur acquéroit un droit de gage ou Hypothèque fur les biens faifis, ce qui n'avoit pas moins de force que le gage conventionnel, l'autorité du magiftrat fupléant à la convention.

Il falloit difcuter les meubles avant de faifir les immeubles, ce qui s'obfervoit auffi parmi nous autrefois, & s'obferve encore en Lorraine.

La vente fe faifoit publiquement par l'appariteur, exécuteur de la fentence, au plus offrant & dernier enchériffeur. Le créancier pouvoit fe rendre adjudicataire; au lieu qu'il ne pouvoit acquérir le gage conventionnel, parce que faifant lui-même la vente, il ne pouvoit tout à la fois être vendeur & acquéreur.

Lorfqu'il ne fe préfentoit pas d'acquéreur, ou lorfque ceux qui fe préfentoient n'offroient pas un prix fuffifant, le créancier obtenoit du prince la permiffion de retenir le gage en toute propriété. Juftinien ordonna qu'on ne pourroit obtenir ce privilége que deux ans après les fommations faites au débiteur de retirer fon gage. Il accorda encore au débiteur deux autres années pour rentrer dans fes biens, en remboursant au créancier le prin-

·cipal & les intérêts de la dette, avec les frais d'exé-cution & de vente.

꒦ Il s'eſt établi une juriſprudence à peu près ſem-blable dans le parlement de Touloufe, qui a été confirmée par une déclaration du roi du 16 janvier 1736, fuivant laquelle le débiteur, ou ſes enfans, peuvent faire rabattre le décret, & rentrer dans les biens vendus dans les 10 ans du jour que l'ad-judicataire a été mis en poſſeſſion.

Suivant la juriſprudence du même parlement, le créancier qui n'a pas été utilement colloqué, peut ſe pourvoir contre l'adjudicataire, lorſque cet adjudicataire étoit lui-même créancier, & l'obliger à lui céder le bien, en lui rendant le prix principal de l'adjudication & les frais: c'eſt ce qu'on appelle le droit d'offrir dans ce parlement.

Le gage prétorien s'acquéroit en vertu d'un dé-cret du préteur qui envoyoit les créanciers en poſſeſſion des biens de leur débiteur fugitif. Cet envoi en poſſeſſion avoit beaucoup de reſ-ſemblance avec ce qui ſe pratique parmi nous lorſqu'un débiteur a pris la fuite.

Après un certain temps écoulé depuis l'envoi en poſſeſſion ſans que le débiteur reparût, les créan-ciers s'aſſembloient devant le préteur pour faire nommer un maître ou ſyndic, afin de vendre les biens. Ce ſyndic faiſoit publier la vente; il traitoit avec les acquéreurs qui ſe préſentoient; enſuite les créanciers s'aſſembloient une troiſième fois de-vant le préteur, pour régler l'ordre & les condi-tions de l'adjudication. Enfin on adjugeoit à l'ac-quéreur le patrimoine du débiteur, ſes meubles, immeubles & actions. Cet acquéreur devenoit par-là une eſpèce de ſucceſſeur à titre univerſel, contre lequel les créanciers exerçoient leurs actions pour être payés suivant la contribution qui avoit été arrêtée entre eux. On dit, suivant la contribution, parce que cet envoi en possession n'avoit lieu qu'à l'égard des créanciers chirographaires, & par conséquent cette dernière forme de vente ne purgeoit pas les Hypothèques. Par la suite, au lieu de vendre tout le patrimoine du débiteur, on créoit un curateur sur lequel les biens étoient vendus.

Parmi nous, les créanciers sont obligés de recourir à l'autorité de la justice pour faire vendre les biens de leurs débiteurs, à moins que les débiteurs, en les leur abandonnant, ne leur aient donné un pouvoir spécial de vendre : en ce cas les créanciers ne sont que des fondés de pouvoir du débiteur.

Les solemnités du décret ayant été observées, le créancier qui n'y a pas formé opposition, est censé, par une présomption de droit que les jurisconsultes appellent *juris & de jure*, avoir eu connoissance de la vente, & avoir fait remise de son droit, & son Hypothèque est purgée.

Les décrets ne purgent cependant pas les droits qui ne sont pas ouverts, c'est-à-dire, qui sont incertains au temps de sa confection. Il ne purge pas le douaire pendant la vie du mari, parce qu'il est incertain s'il aura jamais lieu. Il en est de même des substitutions, parce qu'il est incertain si le substitué survivra au grevé.

Mais il faut s'opposer pour conserver les droits qui sont certains, quoique le payement n'en soit pas exigible : par exemple, le créancier d'une rente constituée, ou d'une obligation dont le terme n'est pas échu, doit faire opposition au décret pour conserver son Hypothèque.

E ij

Le tuteur doit s'oppofer pour fon mineur, parce que les mineurs dans cette matière, ne font pas traités plus favorablement que les majeurs ; le décret purge leurs Hypothèques, & ils n'ont de recours que contre leurs tuteurs.

Après la mort du père, les enfans douairiers doivent s'oppofer pour le fonds du douaire qui leur eft acquis, quoique la jouiffance en appartienne à la mère.

Cette fûreté qu'on trouvoit dans les acquifitions par décret, a fait dire qu'il n'y avoit pas de propriété plus folide que celle qu'on acquéroit par cette voie ; & pour fe procurer le même avantage, on introduifit les décrets volontaires pour purger les Hypothèques, à l'exemple des décrets forcés. Enfuite, on a remarqué que les longueurs & les formalités du décret gênoient le commerce des rentes fur le roi, lefquelles fe trouvoient quelquefois tellement divifées, que les frais abforboient fouvent une grande partie du capital. On a trouvé plus commode d'établir les lettres de ratification, dont le fceau opère le même effet que celui des offices, & purge les Hypothèques.

Depuis, à l'exemple de ces lettres, il en a été établi d'autres pour purger les Hypothèques des immeubles tant réels que fictifs, par l'édit du mois de juin 1771 qui a abrogé la formalité des décrets volontaires.

Ces lettres diffèrent, quant à la forme, des décrets volontaires ; mais au fond elles produifent les mêmes effets : au contraire, quoiqu'elles paroiffent convenir, quant à la forme, avec le fceau des offices, au fond elles renferment des différences effentielles.

Voyons d'abord en quoi elles conviennent avec

les décrets volontaires, qu'on ne peut bien connoître sans entrer dans l'examen sommaire des motifs qui ont donné naissance à la solemnité des décrets forcés dont ils étoient l'image.

Un débiteur, en s'obligeant, oblige tous ses biens ; de là cette maxime, qu'il n'y a de biens que ce qui reste après les dettes payées. Un débiteur ne peut se regarder comme possédant tranquillement, puisqu'à chaque instant ses créanciers peuvent le dépouiller. Il n'est pas du sujet que l'on traite d'entrer dans le détail des conditions qu'un créancier doit remplir ; mais seulement de pénétrer les raisons qui ont fait établir les décrets & les formalités qu'ils renferment.

Faute de payement, le créancier fait saisir réellement les immeubles de son débiteur ; on établit un commissaire au régime de ces biens, on en fait des baux : la justice les tient sous sa main, & les possède pour la sûreté des créanciers jusqu'à l'adjudication. Lors de l'adjudication, la justice vend pour le débiteur ; elle fait ce qu'il devroit faire lui-même pour payer ses dettes.

La justice vendant pour le débiteur, il semble qu'elle ne devroit pas transporter à l'acquéreur plus de droit que le débiteur, s'il eût vendu lui-même. Mais le décret annonce que le débiteur penche vers sa ruine, & qu'on ne doit plus avoir confiance en lui. Si la vente par décret ne mettoit les acquéreurs à l'abri de toute éviction, il ne se présenteroit personne pour acquérir ; ou s'il se présentoit quelqu'un, il ne se détermineroit qu'autant qu'il trouveroit dans la vilité du prix de quoi s'indemniser des hasards qu'il consentiroit de cou-

rir, ce qui cauferoit un préjudice notable aux débiteurs & aux créanciers.

Il a donc fallu pour l'intérêt public mettre les
adjudicataires à l'abri de toute éviction ; mais
d'un autre côté, il falloit ménager les intérêts de
ceux qui avoient des droits dans ces biens ; ce qui
a donné lieu aux criées, dont le but est d'annoncer
au public que les héritages du particulier dé-
nommé font à vendre par décret ; de faire connoître ces héritages, & d'avertir ceux qui ont quelque intérêt de veiller à la confervation de leurs
droits. Les criées faifoient donc une des principales
formalités des décrets. Ces criées demandoient la
plus grande attention ; la moindre omiffion pouvoit faire annuller toute la procédure.

L'édit du mois de février 1771 a établi une
règle beaucoup plus fimple, & qui remplit le
même objet.

Par l'article 8, il est dit : » Sera tenu l'acqué-
» reur, avant le fceau defdites lettres de ratifica-
» tions, de dépofer au greffe du bailliage ou féné-
» chauffée, dans le reffort duquel feront fitués
» les héritages vendus. le contrat de vente d'iceux ;
» comme auffi le greffier dudit bailliage & féné-
» chauffée fera tenu, dans les trois jours dudit dé-
» pôt, d'inférer dans un tableau qui fera à cet effet
» placé dans l'auditoire, un extrait dudit contrat,
» quant à la tranflation de propriété feulement,
» prix & condition d'icelle, lequel reftera expofé
» pendant deux mois, & avant l'expiration de ce
» délai ne pourront être obtenues fur ledit contrat
» aucunes lettres de ratification «.

On voit que fi les folemnités pour parvenir
à l'obtention des lettres de ratification, diffèrent,

quant à la forme, de celles des décrets, elles remplissent le même objet. L'expofition du contrat portant aliénation, annonce aux créanciers que les biens fujets à leur Hypothèque font vendus, & les avertit de veiller à la confervation de leurs droits. Cette publicité équivaut à une interpellation ; elle met les créanciers hypothéquaires en demeure ; elle fait préfumer qu'ils ont eu connoiffance de la vente ; ils ne peuvent plus prétexter de caufe d'abfence, ni d'ignorance ; & lorfqu'ils ont négligé de former oppofition au fceau des lettres de ratification, ils font cenfés avoir remis leurs droits par une préfomption *juris & de jure*. Leur négligence eft comparée à la fraude, & l'ignorance qu'ils allégueroient eft, aux yeux de la loi, fi craffe, qu'elle eft intolérable (*).

(*) *Si eo tempore quò prædium diftrahebatur, programmate admoniti creditores, cùm præfentes effent, jus fuum executi non funt ; poffunt videri obligationem pigno is amififfe. L. 6. cod. de remiffione pignoris.*

Les lettres de ratification ont un rapport très-intime avec les appropriances par bannies établies par la coutume de Bretagne, & on peut appliquer aux lettres de ratification ce que d'Argentré a dit des appropriances.

Les folemnités des bannies, dit cet auteur, ont été inventées en faveur des acquéreurs, & pour qu'ils ne fuffent pas dupes, ignorant les droits que des tiers pourroient avoir dans les biens qu'ils ont acquis.

Les bannies tirent leur force des publications répétées . . . . d'où l'on infère le confentement de celui qui les a laiffé faire fans s'y oppofer ; il eft convaincu par-là d'une ignorance craffe & intolérable ; car avoir méprifé l'autorité de la loi, c'eft avoir confenti à la remife de fon droit, ou avoir commis un délit qui ne doit pas tourner au préjudice de l'acquéreur, qui a fait tout ce qui dépendoit de lui.

Reperte hæc rationes quibus emptoribus & acquirentibus

On peut obtenir des lettres de ratification fur toutes fortes de contrats tranflatifs de propriété, comme vente, échange, inféodation, accenfement, bail à rente, emphytéofe, donation, dation en payement.

Cette faculté eft accordée à tous les acquéreurs à titre particulier; mais elle eft inutile aux acquéreurs à titre univerfel. L'héritier ne peut pas purger les Hypothèques fur les biens dépendans d'une fucceffion qui lui eft échue, par la raifon qu'il eft obligé perfonnellement, & qu'il repréfente le défunt. En cela il n'y a pas de différence entre l'héritier pur & fimple, & l'héritier par bénéfice d'inventaire; parce que tant que l'héritier bénéficiaire tire du profit d'une fucceffion, & qu'il n'a pas rendu compte, il eft confidéré comme héritier pur & fimple. Mais fi un héritier bénéficiaire a acquis un héritage dépendant de la fucceffion, il peut, comme tout autre étranger, obtenir des lettres de ratification fur fon acquifition. Il eft évident que cette queftion ne peut naître que quand il a acquis par licitation; car s'il eft feul, il ne peut fe vendre à lui-même; & s'il a acquis en vertu

---

fuccurreretur... *ne ignorantia fraudari acquirentes contingeret*.... *approprimentum per bannimenta; quod ediĉtale placet appellare, quia ediĉtis conflit*.... *vim accipit & rererĉtis ediĉtis & monicionibus*... *unde confenfus patientis colligitur aut fupina ignorantia ideoque intoleranda convincitur*..... *contempfiffe igitur confuetudinis autoritatem, eft contempfiffe, aut flagitium feciffe in re propria; nec acquirenti fraudi effe debet, fi poft tot folemnia litem recufat*.... *quia negligentia cujufquam fraudi effe non debet & juftiffima ejus excufatio qui fecit quod in fe fuit, quominùs impendentis perpetuò faxi metum fuftineret.*

d'un décret forcé, il n'a pas befoin de lettres de ratification.

Il eft indifférent que la licitation ait été faite à l'amiable entre les co-héritiers feulement, ou que les étrangers aient été admis à enchérir ; car dans l'un & dans l'autre cas les raifons font les mêmes. A la vérité, l'héritier qui s'eft rendu adjudicataire étoit vendeur pour la part qu'il avoit par indivis dans l'immeuble vendu ; mais la vente étoit forcée. Toutes les fois qu'on pofsède par indivis un im-meuble qui ne peut fe partager fans détérioration, un des propriétaires peut forcer fes co-propriétaires à le vendre par licitation. Le prix dépend toujours de la volonté de tiers intéreffés ; & la circonftance qu'on a admis des étrangers à enchérir, ne change rien à la nature de l'acte. L'héritier bénéficiaire, adjudicataire par licitation, pofsède en vertu d'un titre particulier : il peut donc purger les Hypo-thèques fur fon acquifition ; & dans le cas où il eft tenu de rendre compte, il n'eft obligé de rapporter que la portion du prix dont il a profité.

Ce qu'on vient de dire de l'héritier bénéficiaire s'applique également au légataire univerfel. Ils ont cela de commun, que ni l'un ni l'autre ne font tenus des dettes au delà des forces de la fuccef-fion. Ils différent feulement en ce que l'héritier n'a ce privilége que par une exception qui déroge à la nature de fon titre, au lieu que le légataire univerfel a ce privilége par fa qualité feule, parce que fon titre procède de la libéralité du défunt, & qu'il répugne à l'idée d'une libéralité qu'elle puiffe être à charge à celui qui en eft l'objet.

La veuve ne peut avoir recours aux lettres de ratification pour purger les Hipothèques des immeubles qu'elle pofsède comme commune ; parce qu'en cette qualité, elle eft obligée perfonnellement, jufqu'à concurrence de ce qu'elle profite de la communauté ; mais rien n'empêche qu'elle n'en obtienne pour purger les Hypothèques de ceux qui lui ont été abandonnés en payement de fes reprifes.

Les lettres de ratification s'obtiennent, à l'égard des immeubles réels & des rentes foncières, dans les chancelleries établies près les bailliages & les fénéchauffées, dans le reffort defquels les immeublesfont fitués, & à l'égard des rentes conftituées, dans les chancelleries des juftices où les vendeurs font domiciliés.

Et pour que les acquéreurs puiffent être affurés du domicile de celui qui a vendu la rente conftituée, l'édit du mois de juin 1771, veut, article 11, qu'il foit tenu de juftifier de fon domicile, pendant les trois dernières années qui auront précédé la vente, & de faire certifier ce domicile, foit par le contrat de vente, foit par un acte féparé paffé devant notaires, & figné de deux témoins connus & domiciliés.

Lorfque les immeubles ou les héritages fujets aux rentes foncières font fitués dans le reffort de différens bailliages ou fénéchauffées, il faut dépofer un extrait du contrat d'acquifition au greffe de chacune des juridictions où reffortiffent ces immeubles, & obtenir des lettres de ratification dans chacune des chancelleries qui y font établies ; faute de quoi les acquéreurs feroient fujets aux Hypothèques des créanciers des vendeurs, à caufe des immeubles qui fe trouveroient fitués dans l'étendue des bailliages ou fénéchauffées où

les lettres de ratification n'auroient pas été fcellées.
Il faut excepter de cette règle les fiefs, à l'égard
defquels il fuffit d'obtenir des lettres dans la
chancellerie établie près la juridiction où reffortit
le chef-lieu.

L'effet des lettres de ratification eft de purger
les Hypothèques de ceux qui ont négligé de
former oppofition au fceau, de même que le
fceau des provifions purge les Hypothèques fur
les offices. Nous obferverons cependant que quoique le fceau des lettres de ratification foit comparé à celui des provifions des offices, ils diffèrent effentiellement l'un de l'autre.

Les immeubles réels & les rentes font dans
le commerce; la propriété s'en tranfmet en vertu
du contrat paffé entre le vendeur & l'acquéreur;
& par la volonté feule des contractans; les lettres de ratification n'opèrent rien quant au contrat
en lui-même; il n'a pas befoin de confirmation
pour être valable; il fe foutient par fa propre
force; les lettres ne font qu'en affurer l'exécution & garantir l'acquéreur des troubles que des
créanciers hypothéquaires pourroient apporter à
fa jouiffance. Les créanciers font mis en demeure
par la publicité qu'on a donnée au contrat, &
les lettres font le complément des formalités
requifes pour opérer la libération des héritages.

Il n'en eft pas de même des offices. Le roi
peut refufer la démiffion du titulaire, quand il
juge fes fervices néceffaires pour le bien public;
car un office eft une charge publique; & le refus
du roi eft plus honorable qu'il ne caufe de cha-
grin à celui qui l'éprouve. Le roi peut auffi refufer des provifions à celui qui a traité; car quoiqu'on ne puiffe obtenir des provifions qu'après

le traité, il faut que celui qui se présente soit jugé par le roi capable de remplir les fonctions qui doivent lui être confiées. Les offices ne sont donc pas proprement dans le commerce, comme ont l'a déjà prouvé plus haut. Le titulaire qui veut vendre, remet son office dans la main du roi. L'office y rentre comme dans sa source & & sa cause primitive. Le roi le confère au résignataire ou à tout autre, seulement à condition par le nouveau pourvu, d'accomplir le traité fait avec le résignant & à la charge des oppositions s'il y en a au sceau. Mais le résignant ne transfère pas la propriété à son résignataire, comme dans la vente des immeubles le vendeur la transfère à l'acquéreur.

Dans la vente des offices, ce sont les provisions qui rendent le titulaire propriétaire, au lieu que les lettres de ratification ne transfèrent pas de propriété à l'acquéreur ; elles effacent seulement les impressions de l'Hypothèque sur les biens qu'il a acquis.

Les lettres de ratification purgent les Hypothèques de toutes personnes, des mineurs, des interdits, des absens, des gens de main-morte, des femmes en puissance de mari, sauf le recours de ces personnes contre les tuteurs, curateurs, les administrateurs ou les maris qui ont négligé de former opposition au sceau (*).

_____

(*) *Modèle des lettres de ratification :*
Louis, par la grace de dieu, roi de de France & de Navarre, à tous ceux qui ces présentes lettres verront ; Salut. N. (*le nom & la demeure de l'acquéreur*) nous a fait exposer que par contrat passé devant M. . . . . & son confrère notaires à Paris, le 9 février 1778, dûment insinué, il a

Elles ne purgent pas les droits qui ne font pas

acquis de M . . . . . (*les noms , la qualité & la demeure du vendeur*) deux maifons contiguës, fifes à Paris rue de . . ., aux charges, claufes & conditions accoutumées, & moyennant la fomme de . . . ., pour en jouir en toute propriété, fes hoirs & ayans caufe , comme de chofe lui appartenant, à compter du jour du contrat, lefquelles deux maifons appartenoient audit vendeur, comme les ayant acquifes de N . . . ., par contrat du 23 feptembre 1755, fuivi d'un décret volontaire du châtelet adjugé le 24 mars 1756, & ainfi qu'il eft plus au long énoncé audit contrat, dont extrait en exécution de notre édit du mois de juin 1771, a été expofé pendant deux mois en l'audience du châtelet de Paris, fuivant le certificat de Duprez, greffier, du 24 avril dernier, demeuré annexé à la minute des préfentes ; & pour par l'expofant jouir defdites maifons , s'en mettre en poffeffion & en purger les Hypothèques, fuivant & conformément à l'édit du mois de juin 1771 , nous a tres-humblement fait fupplier de vouloir bien lui accorder nos lettres fur ce néceffaires. A ces caufes, de l'avis de notre confeil qui a vu le contrat & autres pièces ci-attachées fous le contre-fcel de notre chancellerie , nous avons ratifié ledit contrat ; voulons qu'il foit exécuté fuivant fa forme & teneur ; ce faifant, que ledit expofant, fes hoirs ou ayans caufe foient & demeurent propriétaires incommutables defdites deux maifons, circonftances & dépendances, en jouiffent & difpofent comme de chofes à eux appartenantes, purgées de tous priviléges & Hypothèques, conformément a notre arrêt du mois de juin 1771. Mandons à nos confeillers en notre châtelet de Paris, qu'ils aient à faire jouir ledit expofant de l'effet des préfentes. Car tel eft notre plaifir : en témoin de quoi nous avons fait mettre notre fcel en cefdites préfentes. Données à Paris le 5 mai, l'an de grace 1778 , & de notre règne le cinquième.

Sur le repli eft écrit : Par le Roi, Le Lurez.

Quand il y a des oppofitions on met :
Scellé à la charge des oppofitions, le . . . . .

Signé Guillet.

ouverts comme le douaire , pendant la vie du mari , ni l'Hypothèque du subſtitué, pendant la la vie du grevé.

Elles ne purgent pas non plus la propriété ni les autres vices qui peuvent ſe rencontrer dans l'aliénation ; ainſi on peut, après le ſceau des lettres , intenter contre les acquéreurs toute action en revendication , demander la nullité & la reſciſion des contrats.

Comme le roi n'eſt pas cenſé accorder de privilége contre lui-même , les lettres de ratification ne purgent pas les Hypothèques qu'il a ſur les biens des comptables , à moins que les contrats d'acquiſition n'aient été ſignifiés aux procureurs-généraux des chambres des comptes , dans le reſſort deſquels les immeubles vendus ſont ſitués, & que les acquéreurs aient obtenu leur conſentement par écrit ſur la groſſe du contrat ſur lequel les lettres de ratification doivent être expédiées ; & les procureurs-généraux ne peuvent donner leur conſentement à l'expédition des let-

---

Lorſqu'il a été donné main-levée des oppoſitions , on en fait mention au dos des lettres dans cette forme :

Au moyen des mains-levées à moi rapportées & enregiſtrées au bureau des Hypothèques ſur les immeubles, au vol. . . . n°. . . . des préſentes lettres , qui avoient été ſcellées à la charge de treize oppoſitions, ſont déchargées des douze ci-deſſus notées , celle de (*le nom de celui qui n'a pas donné main-levée*) ſubſiſtante. A Paris, ce . . . .

Signé, MONNOT.

Et au moyen de la main-levée de l'oppoſition de . . . , à moi rapportée & enregiſtrée cejourd'hui au vol. . . n°. . . les préſentes lettres ſont totalement déchargées des treize oppoſitions, à la charge deſquelles elles avoient été ſcellées. A Paris, ce . . . .

Signé, MONNOT.

tres de ratification, qu'après qu'il leur a été justifié de l'appurement des comptes du vendeur.

Pour empêcher l'effet des lettres de ratification, il est nécessaire de former opposition au sceau entre les mains du conservateur des Hypothèques. L'opposition doit contenir les noms de baptême, de famille, la qualité & la demeure du créancier opposant & du débiteur, avec élection de domicile dans le lieu où est situé le bureau du conservateur des Hypothèques. Cette élection de domicile ne cesse pas par le décès du procureur chez lequel il a été élu, & ne peut être changée que par une nouvelle dans le même lieu.

Le conservateur des Hypothèques doit avoir un registre en papier timbré, dont les feuillets doivent être cotés par premier & dernier, & paraphés à chaque page par le lieutenant-général du siége, ou autre officier, suivant l'ordre du tableau sur lequel il doit inscrire, sans aucun blanc ni interlignes, toutes les oppositions qui sont formées entre ses mains, à peine de faux, de 1500 livres d'amende, & de tous dépens, dommages & intérêts des parties.

L'opposition doit être datée & visée par le conservateur, qui doit faire mention si elle est faite avant ou après midi. En cas de changement de domicile, la nouvelle élection doit être enregistrée à la marge de l'opposition, & visée par le conservateur, de même que l'opposition, à peine de nullité.

Les conservateurs sont tenus de délivrer à toute réquisition des extraits de leurs registres, contenant le jour & la date des oppositions, le registre, ainsi que le feuillet où elles auront été enregiſtrées, & s'il n'y a pas d'oppoſition, d'en donner un certificat.

Avant de préſenter au ſceau les lettres, les conſervateurs des Hypothèques doivent faire mention, ſur le repli, s'il y a des oppoſitions; en ce cas, les lettres ſont ſcellées à la charge des oppoſitions ſubſiſtantes; & s'il y avoit quelques oppoſitions ſubſiſtantes avant le ſceau, dont les conſervateurs n'auroient pas fait mention, ils en ſeroient reſponſables envers l'oppoſant qui n'auroit pas été colloqué utilement dans l'ordre juſqu'à concurrence de la valeur de l'immeuble mentionné aux lettres.

En cas de vente par décret forcé, les oppoſitions faites entre les mains des conſervateurs des Hypothèques valent comme ſi elles étoient faites au décret, & les ſaiſiſſans ſont obligés de dénoncer au moins un mois avant l'adjudication, leur ſaiſie réelle aux oppoſans, aux domiciles par eux élus, à peine de nullité de la procédure du décret vis-à-vis des oppoſans, entre les mains des conſervateurs des Hypothèques, & de tous dépens, dommages & intérêts deſdits créanciers oppoſans.

Les ſyndics des créanciers unis faiſant en leur qualité oppoſition au ſceau, conſervent les droits de tous les créanciers.

L'acquéreur eſt-il obligé de s'oppoſer au ſceau pour la conſervation des Hypothèques réſultantes de ſon contrat d'acquiſition? Cette queſtion a été agitée pluſieurs fois avant l'édit du mois de février 1771, qui a abrogé les décrets volontaires; & il a été jugé par différens arrêts que l'acquéreur n'étoit pas obligé de former oppoſition au décret qu'il faiſoit pourſuivre ſur lui.

C'eſt

C'eſt une erreur, dit de Laurière ſur l'article 134 de la coutume de Paris, de ſoutenir que l'acquéreur eſt obligé de s'oppoſer à ſon propre décret, pour conſerver ſes Hypothèques. Si cela étoit, il faudroit dire que l'acquéreur, en faiſant un décret volontaire ſur lui, agiroit contre lui-même, puiſqu'il agiroit pour purger la choſe des Hypothèques qu'il a deſſus, & dont il a beſoin pour ſe défendre contre les créanciers poſtérieurs à lui, s'il s'en trouvoit qui fuſſent oppoſans à ſon décret.

Il arriveroit encore qu'en faiſant faire ſon décret & s'y oppoſant, il demanderoit en même temps & l'extinction & la conſervation de ſes propres Hypothèques, ce qui ſeroit abſurde. Il faut donc tenir pour principe inconteſtable, que l'acquéreur qui fait un décret volontaire ſur lui, agit uniquement à deux fins.

La première, de faire autoriſer, homologuer ou confirmer ſon contrat d'acquiſition & en même temps ſes Hypothèques.

Et la ſeconde, de purger la choſe acquiſe des Hypothèques des autres créanciers qui lui font obſtacle.

La preuve de ce que l'on avance ici, ſe tire de la clauſe qu'on met toujours dans les décrets volontaires, que c'eſt *pour jouir par l'acquéreur des fonds adjugés conformément à l'acquiſition qu'il en a faite*; lequel contrat, avec la préſente adjudication, ne lui ſervira que d'un ſeul & même titre d'acquiſition.

Or, de ce que le contrat d'acquiſition & le décret volontaire ne font qu'un ſeul & même titre, & de ce que le décret porte & ordonne que l'acquéreur jouira du fonds acquis, conformément à fon contrat, il s'enfuit évidemment que le décret ne fait autre chofe, comme on l'a dit, que confirmer & homologuer le contrat d'acquifition ; & par conféquent, les Hypothèques que l'acquéreur y a ftipulées en fa faveur, & qu'il s'y eft réfervées. Cela étant, comment feroit-il poffible que le décret volontaire confirmât tellement le contrat d'acquifition, qu'il ne fût avec lui qu'un feul & même titre, fi le décret détruifoit & purgeoit les Hypothèques réfervées & ftipulées par le contrat ? On trouve un arrêt du 24 mars 1676, un fecond du premier août 1686, & une fentence du 15 décembre 1721 qui ont jugé que l'acquéreur n'étoit pas tenu de s'oppofer à fon décret : ces raifons & ces décifions s'appliquent également aux lettres de ratification qui font établies en faveur des acquéreurs, & pour fuppléer aux décrets volontaires.

L'oppofition au fceau a l'effet de la demande en déclaration d'Hypothèque ou de l'action d'interruption ; elle arrête celui du fceau ; elle empêche que l'Hypothèque ne foit purgée à l'égard de l'oppofant qui demeure confervé dans tous fes droits.

L'article 9 de l'édit du mois de juin 1771 accorde à tous créanciers légitimes du vendeur le droit de fe préfenter au greffe, pour y faire recevoir une foumiffion d'augmenter le prix de la vente au moins d'un dixième du prix principal, & dans le cas de furenchère par un autre créancier du vendeur, d'un vingtième en fus du prix principal par chaque furenchériffeur, enfemble de reftituer à l'acquéreur les frais & loyaux coûts, & du tout donner bonne & fuffifante caution, qui doit être reçue pardevant le lieutenant-général ou autre officier du fiége, fuivant l'ordre du tableau. Cette loi accorde pareillement la faculté à l'acquéreur de conferver l'objet vendu, en parfourniffant le plus haut prix auquel il a été porté.

Les décrets volontaires devenoient forcés ; comme perfonne ne l'ignore, lorfqu'un créancier furenchériffoit ; mais un décret volontaire étoit une vente forcée fimulée, que la furenchère rendoit réelle, & le créancier qui furenchériffoit devenoit acquéreur. L'édit du mois de février, en changeant la forme, a confervé la chofe. Le créancier qui enchérit, exerce une efpèce de retrait fur l'acquéreur ; & comme ce retrait a pour fondement fon Hypothèque fur la chofe, & qu'il n'enchérit que pour avoir fon payement, l'édit accorde à l'acquéreur la faculté de conferver fon acquifition en parfourniffant le plus haut prix. Cette difpofition eft fondée fur les principes de la matière hypothéquaire & de l'équité naturelle ; car le créancier ayant un droit dans la chofe vendue, le débiteur n'a pas pu, en l'aliénant au deffous de fa valeur, préjudicier à fon créancier.

Il n'y a que les créanciers hypothéquaires ou privilégiés qui foient reçus à enchérir, parce qu'il n'y a qu'eux qui aient le droit de fuivre la chofe en quelques mains qu'elle paffe. Les chirographaires n'ont pas le même droit, puifqu'ils n'ont pas pris les mêmes précautions pour fe procurer leur fûreté. Si tous les créanciers indiftinctement étoient admis à enchérir, comme l'article 9 de l'édit du mois de février 1771, pris dans toute l'étendue des termes, femble l'annoncer, la prévoyance de l'acquéreur qui a cherché à fe procurer une jouiffance paifible tourneroit contre lui-même ; car s'il n'eut pas pris de lettres de ratification, les créanciers chirographaires ne pourroient pas le troubler dans sa jouissance, ni soutenir que la vente a été faite à vil prix, à moins que le débiteur ne fût en banqueroute & qu'on ne prouvât la fraude.

Les créanciers hypothéquaires qui veulent enchérir, doivent faire leur soumission au greffe avant le sceau des lettres de ratification; car à l'égard des créanciers, les lettres confirment la vente dans tout son contenu.

Lorsque l'aliénation est faite à titre de vente, & que le prix est payable aussi-tôt après le sceau des lettres de ratification, les oppositions au sceau équivalent à une saisie-arrêt entre les mains de l'acquéreur.

Mais si l'aliénation n'est pas faite moyennant un prix, que ce soit à titre d'échange, de donation, d'inféodation ou de bail à rente foncière, ou si elle est faite moyennant un prix pour lequel l'acquéreur a constitué une rente, il faut de deux choses l'une, ou que les lettres ne soient scellées qu'après avoir obtenu les mains-levées des opposans, ce qui paroît plus régulier, ou si les lettres sont scellées à la charge des oppositions, que les créanciers soient conservés dans leurs droits, & puissent intenter l'action hypothéquaire, comme s'il n'y eût pas eu de lettres de ratification.

Il n'est pas prudent d'en obtenir dans ce dernier cas, avant d'avoir eu la main-levée des oppositions, parce que ces lettres n'empêcheroient pas que le donataire ne fût évincé, & il courroit risque de perdre les frais que l'obtention de ces lettres lui auroit occasionnés.

Le créancier d'une rente constituée, opposant au sceau des lettres de ratification, peut-il exiger ſon rembourſement ? On peut dire que ſuivant la-nature des rentes conſtituées, le débiteur ne peut pas être forcé à en faire le rembourſement ; que le créancier eſt conſervé dans ſon Hypothèque au moyen de ſon oppoſition au ſceau, & qu'il ne riſque rien puiſqu'il a deux obligés au lieu d'un. Cependant il faut convenir que la condition du créancier eſt changée ; qu'on la rendroit par là plus pénible, puiſqu'il faudroit qu'il veillât à la-fois ſur pluſieurs débiteurs, & qu'on n'a pu lui en donner un autre malgré lui ; enfin, que ſui-vant l'édit du mois de février 1771, le ſceau des lettres de ratification doit produire le même effet que le ſceau des proviſions des offices : or c'eſt un point conſtant que le ſceau à l'égard des offices, fait que le rembourſement eſt forcé, & que cela s'obſervoit de même lors des décrets volontaires.

Entre les créanciers oppoſans au ſceau, les privilégiés ſont les premiers payés ſur le prix de la vente. Après les privilégiés, les hypo-théquaires ſont colloqués ſuivant l'ordre & le rang de leurs Hypothèques ; & s'il reſte des deniers après l'entier payement des créanciers privilégiés, & hypothéquaires, la diſtribution s'en fait entre les créanciers chirographaires oppoſans, par pré-férence aux créanciers privilégiés & hypothé-quaires qui ont négligé de faire oppoſition.

On obſervera ici, que quand dans une diſcuſ-ſion de biens on a fait l'ordre avant la contribu-tion, on ne laiſſe pas de faire entrer fictivement dans la contribution les créanciers hypothéquaires utilement colloqués pour le montant de leurs créances, & l'on diſtribue la ſomme qui leur revient aux créanciers hypothéquaires, ſur leſquels les fonds provenans du prix des immeubles ont manqué.

Cette jurisprudence est fondée sur ce qu'anciennement le créancier étoit obligé de discuter les meubles du débiteur avant de saisir réellement ses immeubles ; que la nécessité de discuter les meubles n'a été abrogée par l'ordonnance de 1539, qu'en faveur des créanciers, & pour ôter aux débiteurs l'occasion de faire une multitude de chicanes ; & sur ce que, quand un homme est en faillite, & qu'il y a déconfiture, les droits des créanciers sont immeubles à l'instant de la faillite. Or dans cet instant tous les créanciers ont un droit égal sur le mobilier ; tous devroient donc entrer dans la contribution , & les créanciers hypothéquaires prennent d'autant moins dans le prix des immeubles. Quand on a suivi une autre marche , & qu'on a commencé par l'ordre , on donne aux créanciers hypothéquaires , sur lesquels les fonds manquent , & qui souffriroient par conséquent de cette interversion , la part que les premiers auroient prise dans la contribution , & l'on répare par là le préjudice que les derniers souffriroient.

Voyez les titres 1, 2, 3, 4, 5, 6 *du livre* 20 *du digeste ; les titres* 14, 15, 16, 17, 18, 19, 20, 21, 22, 23, 24, 25, 26, 28, 30, 31 *du livre* 8 *du code ; Corvinus , sur ces titres du code ; Pandectæ Justinianæ ; Cujas ; Neguzantius de pignoribus & Hypothecis ; les loix civiles de Domat ; Despeisses ; le traité des Hypothèques de Basnage , & celui de M. Pothier ; Goujet , des Hypothèques ; le traité de la vente des immeubles par décret, de d'Hericourt , &c.* Voyez aussi les articles ORDRE, COLLOCATION, DISTRIBU-

TION, Décret, Opposition, Privilége, Adjudication, Vente, Office, Assurance.

(*Article de M. la Forest , avocat au parlement.*)

PREMIÈRE ADDITION à l'article Hypothèque.

N'y a-t-il plus depuis l'édit du mois de juin
1771, touchant la confervation des Hypothèques,
d'autres moyens de conferver fes droits que par
l'oppofition au fceau des lettres de ratification ? Cet
édit a-t-il abrogé toutes les autres voies de conferver les Hypothèques fur les immeubles réels ou
fictifs aliénés, de forte qu'il faille aujourd'hui, à
peine de déchéance de fes droits & de fes Hypothèques, prendre la voie de cette oppofition, exclufivement à toute autre voie? Comme il s'eft
élevé plufieurs conteftations à ce fujet, on a cru
devoir examiner cette queftion.

On dit d'abord que la demande en déclaration
d'Hypothèque, n'ayant point été abrogée par l'édit
du mois de juin 1771, ni par aucune autre loi,
n'a rien perdu, ni pu perdre de fon efficacité par
la publication de cet édit ; elle a continué depuis
comme avant cet édit, d'être exercée par les créanciers hypothéquaires, & de produire tout fon
effet.

Quel eft l'objet de l'édit de juin 1771 ? De fup-
primer les longues & embarraffantes formalités auxquelles les décrets volontaires étoient affujettis,
& de faire que les lettres de ratification tinffent
lieu de ces décrets. L'édit abroge donc feulement
les décrets volontaires, introduits pour fuppléer
au défaut d'une loi que le bien général follicitoit ;
mais il n'abroge que cela.

F iv

Cette loi, que le bien général follicitoit, l'édit du mois de juin 1771 ne peut point la remplacer, parce que le bien qu'il produit n'eſt pas univerſel: l'obtention des lettres de ratification étant trop coûteuſe, la vente d'une multitude de petits objets, immeubles réels & fictifs, qui ne peuvent être acquis avec ſolidité, ne pourra jamais avoir lieu; les frais des lettres de ratification en abſorberoient le prix & au delà.

Si l'on conſidère la date de l'édit du mois de juin 1771, & ſon objet, on verra qu'il eſt relatif à l'édit du mois de février précédent, portant réglement pour la procédure; & qu'il ſe borne à remplacer les décrets volontaires que cet édit abroge.

Le roi annonce dans le préambule, que cette loi avoit commencé à avoir une partie de ſon exécution, par l'édit du mois de mars 1673, portant établiſſement des greffes & enregiſtremens des oppoſitions, pour conſerver la préférence aux Hypothèques; mais que la forme qui avoit été donnée à cet établiſſement, ayant rencontré des difficultés dans ſon exécution, il a été révoqué par autre édit du mois d'avril 1674; que voulant faire revivre un projet auſſi utile en lui donnant une forme nouvelle, qui pût en rendre l'exécution plus facile, plus aſſurée, & d'un avantage plus général, le roi s'eſt déterminé d'autant plus volontiers à prendre ce parti, *qu'il facilitera la vente d'une quantité de petits objets & immeubles réels & fictifs, qui ne peuvent être acquis avec ſolidité, parce que les frais du plus ſimple décret volontaire en abſorberoient le prix & au delà;* qu'il a cru ne pouvoir prendre pour cet effet de meilleurs modèles que l'établiſſement des offices de conſervateurs des Hypothèques des rentes fur les tailles, aides & gabelles, & autres rentes conftituées, dont le public retire une utilité que le temps & l'expérience ne font que rendre plus fenfibles.

Tels font exactement les motifs de l'édit du mois de juin 1771.

L'article 2 porte, que » tous propriétaires d'im-
» meubles réels ou fictifs, par acquifition, échan-
» ges, licitations, ou autres titres tranflatifs de
» propriété, qui voudront purger les Hypothèques
» dont les immeubles feront grevés, feront tenus
» de prendre à chaque mutation des lettres de ra-
» tification «.

L'article 7, que » les lettres de ratification
» purgeront les Hypothèques & priviléges, à
» l'égard de tous les créanciers des vendeurs qui
» auront négligé de faire leur oppofition dans la
» forme prefcrite avant le fceau d'icelles ; & les
» acquéreurs d'immeubles qui auront pris de fem-
» blables lettres de ratification en demeureront
» propriétaires incommutables, fans être tenus
» des dettes des précédens propriétaires, fous quel-
» que prétexte que ce foit ; ainfi & de la même
» manière que les acquéreurs des offices & des
» rentes conftituées par le roi, font libérés de
» toutes dettes par l'effet des provifions & des
» lettres de ratification qui s'expédient en la grande
» chancellerie, fans que néanmoins les lettres de
» ratification puiffent donner aux acquéreurs, rela-
» tivement à la propriété, droits réels, fonciers,
» fervitudes, & autres, plus de droits que n'en
» auront les vendeurs, l'effet defdites lettres étant
» reftreint à purger les priviléges & Hypothèques
» feulement «.

L'article 8, que » l'acquéreur fera tenu avant

» le fceau des lettres de ratification, de dépofer
» au greffe du bailliage ou fénéchauffée, dans le
» reffort duquel feront fitués les héritages vendus,
» le contrat de vente d'iceux ; comme auffi le
» greffier dudit bailliage & fénéchauffée fera tenu
» dans les trois jours dudit dépôt, d'inférer dans
» un tableau qui fera à cet effet placé dans l'audi-
» toire, un extrait dudit contrat. Quant à la tranf-
» lation de propriété feulement, prix & condi-
» tion d'icelle, lequel reftera expofé pendant deux
» mois, & avant l'expiration defquels ne pour-
» ront être obtenues fur ledit contrat aucunes lettres
» de ratification «.

L'article 15, que » les créanciers, & tous ceux
» qui prétendront droits de privilége & Hypo-
» thèque, à quelque titre que ce foit, fur les im-
» meubles tant réels que fictifs de leurs débiteurs,
» de quelque nature que foient les immeubles,
» & en quelque coutume qu'ils foient fitués, fe-
» ront tenus de former leur oppofition entre les
» mains du confervateur, à l'effet par les créanciers
» de conferver leurs Hypothèques & priviléges
» lors des mutations de propriété des immeubles
» & des lettres de ratification qui feront prifes
» fur lefdites mutations par les nouveaux pro-
» priétaires «.

L'article 17, que » toutes perfonnes, de quel-
» que qualité qu'elles foient, même les mineurs,
» feront tenus de former oppofition dans la forme
» prefcrite, fous peine de déchéance de leurs Hy-
» pothèques «.

L'article 35 contient l'abrogation de l'ufage des
faifines & nantiffemens pour acquérir Hypothèque
& préférence, & dérogation à cet effet à toutes
coutumes & ufages contraires.

Enfin, l'article 36 abroge pareillement l'usage des décrets volontaires, sans que pour aucune cause, ni sans aucun prétexte il puisse en être fait à l'avenir, à peine de nullité d'iceux, & veut que les lettres de ratification tiennent lieu des décrets volontaires prescrits par l'article 18 du titre 12 de l'édit portant réglement de la procédure du mois de février 1771.

D'après cette analyse, on voit que l'édit autorise les acquéreurs des immeubles, soit réels, soit fictifs, à purger les Hypothèques de ces immeubles, en observant certaines formalités prescrites; mais ce droit que le souverain accorde à l'acquéreur est de pure faculté. L'acquéreur peut s'en servir si bon lui semble, & dans le temps qu'il le voudra; mais il peut pareillement se dispenser d'en faire usage. Si donc cette loi n'est pas impérative pour les acquéreurs, si elle laisse à leur volonté de remplir ou de ne pas remplir les formalités prescrites; pourquoi voudroit-on que les créanciers hypothéquaires restassent dans l'incertitude, au risque de perdre leurs priviléges & leurs droits? Pourquoi voudroit-on qu'ils attendissent à faire un acte conservatoire de leurs Hypothèques, qu'il plût à l'acquéreur de présenter son contrat d'acquisition au bureau des Hypothèques. S'il plaît à celui-ci de n'obtenir des lettres de ratification que douze ans après le contrat de vente, & que la prescription s'opère en dix ans entre présens, comme dans la coutume d'Auxerre; il arrivera qu'en général tous les créanciers hypothéquaires & autres se verront privés du privilége de leur créance, sans pouvoir la conserver par aucun acte: ce n'est pas là sans doute l'intention du législateur.

L'équité & la justice font de l'essence des bonnes loix. Une loi qui seroit introduite en faveur d'un nombre d'hommes seulement , quoique l'objet intéressât l'universalité des sujets , seroit destituée de justice & d'équité , contraire aux droits même du légiflateur & à ceux de l'état. Tel seroit cependant l'édit du mois de juin 1771 concernant les Hypothèques, s'il étoit vrai que les créanciers n'ont plus, depuis cet édit, d'autres moyens de conserver leurs Hypothèques, que de former opposition au sceau des lettres de ratification ; mais cet édit n'oblige pas l'acquéreur de prendre des lettres de ratification ; il ne prescrit pas même le temps, où jugeant à propos d'en demander, il doit en obtenir : il ne contient , comme on l'a dit, qu'une pure faculté accordée à l'acquéreur, à qui il est libre d'en user ou de n'en point user.

Il faudroit, pour anéantir ou rendre sans effet toute demande en déclaration d'Hypothèque , que l'édit du mois de juin 1771 , imposât aux acquéreurs l'obligation dans un délai marqué, de porter leurs contrats d'acquisition au bureau du conservateur des Hypothèques, & de faire sceller les lettres de ratification après que la vente auroit été appendue pendant deux mois au tableau exposé dans la salle publique du bailliage royal, dans le ressort duquel les biens vendus sont situés , à peine d'une grosse amende qu'il auroit plu au roi de fixer , ou de nullité de la vente. Il faudroit en outre que cet édit obligeât tous les créanciers de former opposition aux lettres de ratification dans un délai marqué, & abrogeât tous autres moyens de conserver les Hypothèques; & ce ne seroit qu'autant que l'édit de 1771 contiendroit toutes ces dispositions & autres qui y seroient relatives , que les acquéreurs pourroient en argumenter en leur faveur. Or, ces clauses ne se trouvent point dans l'édit; tout ce qu'il prescrit est de former opposition par les créanciers au bureau des Hypothèques, avant que les lettres de ratification aient été scellées.

Mais si l'acquéreur ne prend point de lettres de ratification; s'il se contente de posséder & de laisser écouler le temps jusqu'à ce qu'il ait acquis la prescription, le créancier hypothéquaire qui voit les immeubles de son créancier aliéné, restera-t-il tranquillement dans l'incertitude, sans faire d'acte conservatoire? Non, sans doute : aussi l'édit n'abroge-t-il pas les différens moyens que peuvent avoir les créanciers de conserver leurs Hypothèques : il n'abroge que la saisine & le nantissement dans les coutumes où elles sont en usage, afin de conserver les Hypothèques, & généralement tous les décrets volontaires; & ce n'est, car on ne peut trop le répéter, que pour tenir lieu des décrets volontaires, que la formalité des lettres de ratification a été établie par l'édit de juin 1771.

Comme les décrets volontaires n'étoient pas généralement établis, mais seulement usités lorsqu'il s'agissoit de la vente d'un immeuble d'un prix considérable, au moins au delà des frais du décret volontaire; il faut dire que les lettres de ratification ne sont ni d'une nécessité absolue, ni même d'un usage général, puisqu'étant très-coûteuses, les acquéreurs n'en obtiennent qu'autant que les immeubles vendus sont de quelque importance, ou qu'ils s'y voyent, en quelque sorte, forcés par la crainte d'une éviction, ou des demandes en déclaration d'Hypothèque

L'édit, en ne déclarant les Hypothèques purgée,

qu'après l'obtention & le fcel des lettres de ratification, laiffe toujours aux créanciers hypothéquaires & autres la faculté de former leurs
demandes contre l'acquéreur ; car la voie de
l'oppofition aux lettres de ratification qu'il leur
offre, ne leur ôte pas les autres moyens de conferver leurs droits ; c'eft feulement un moyen de
plus qu'elle leur donne, mais qui ne dure que
jufqu'au fceau des lettres de ratification.

Les voies de conferver fon Hypothèque uſi-
tées dans le royaume, font de droit public,
& elles ne peuvent par conféquent être abrogées
que par une loi publique, qui les déclare telles
expreffément. Or l'édit de 1771, ni aucune autre
loi ne contient cette abrogation : cet édit même
les fuppofe toujours exiftantes, & les laiffe dans
toute leur force.

La queftion qui vient d'être difcutée, s'eft
préfentée plufieurs fois, & le parlement de Paris
a jugé que l'édit du mois de juin 1771 n'avoit
point abrogé la demande en déclaration d'Hypothèque, & notamment, par un arrêt rendu en
la tournelle civile le 18 juillet 1776. Les parties plaidantes étoient Boutandin & Gayot ; l'appel étoit d'une fentence du bailliage de la Roche-
Foucaud, qui a été confirmée par cet arrêt, lequel, fans s'arrêter ni avoir égard aux lettres de
ratification obtenues par Boutandin, a adopté
la demande en déclaration d'Hypothèque formée
contre lui par Gayot.

L'intention du légiflateur dans l'édit du mois
de juin 1771, étant que le contrat de vente foit
appendu à un tableau dans la falle d'audience
des bailliages près defquels font établis les con-
fervateurs des Hypothèques, ne peut pas être

fans effet. Le légiflateur a voulu que la vente
fût publique pendant deux mois ; mais il a voulu
auffi qu'il fût facile à tout le monde de s'affurer par fes yeux de l'exiftence de la vente ;
ce n'eft même que pour cela qu'il a ordonné
que la vente fût appendue à un tableau dans
la falle d'audience. Si donc les bailliages royaux
tiennent pendant leurs vacations les portes
de leur falle d'audience fermées (& la plupart
les tiennent fermées) ; il fera impoffible aux créanciers de s'affurer d'une vente d'immeubles fur
lefquels porte leur Hypothèque.

Les vacations étant en général de deux mois
& demi dans les bailliages, il peut arriver qu'un
acquéreur qui veut purger les Hypothèques de
l'immeuble acquis à l'infu de tous les créanciers
hypothéquaires & autres, préfente fon contrat
d'acquifition au confervateur des Hypothèques,
le lendemain de la clôture du palais, ou le fecond jour des vacations. Les deux mois d'appen-
fion au tableau public des ventes feront écou-
lés avant la fin des vacations de la rentrée du
palais ; de forte qu'au moyen d'une certaine
clandeftinité dont un acquéreur adroit faura
faire ufage, il arrivera que tous les créanciers
feront privés de leurs Hypothèques, fans qu'il
leur ait été poffible de s'en défendre. Or, on le
répète avec confiance, l'intention du légiflateur
n'a pas été qu'une partie de fes fujets fût léfée
par une loi qui donneroit une fi grande ouverture à la fraude : & elle n'a pas été telle, parce
qu'elle n'a pas pu l'être, parce que le légiflateur
veut également le bien de tous les citoyens, &
non qu'une partie s'enrichiffe aux dépens de l'autre.
Une loi dont une partie des hommes abuferoit

pour tromper l'autre, seroit effentiellement injufte.

(*Cette première addition eft de M. TRUCHON,
avocat au parlement*).

SECONDE ADDITION à l'article HYPOTHÈQUE.

La jurifprudence des Pays-Bas renferme des
particularités remarquables fur la matière des
Hypothèques. L'édit du mois de juin 1771, &
la déclaration du 23 juin de l'année fuivante,
n'ont été enregiftrées dans aucun des tribunaux
de ces provinces : en conféquence on y fuit
encore tous les principes que ces deux loix ont
abrogés dans les coutumes de Picardie, de Vermandois, de Senlis, &c. Mais comme en traitant l'article DEVOIRS DE LOI, nous avons réfervé
le détail de tous les effets des faifines & défai-
fines pour l'article NANTISSEMENT, nous nous
bornerons ici à renvoyer à ce mot.

(*Cette feconde addition eft de M. MERLIN,
avocat au parlement.*)

I (*).

IDES, NONES ET CALENDES. Cette manière de compter les jours, empruntée des Romains, eft encore en ufage dans plufieurs chancelleries de l'Europe, notamment dans celle de
Rome. Cet ufage n'exifte plus en France. Mais
on le fuivoit anciennement, & tous les jours on

___

(*) On a placé les mots qui ont pour lettre initiale la
voyelle *I*, avant ceux qui commencent par la confonne J.
Nous faifons cet avertiffement, à caufe que dans la plupart
des dictionnaires on a mal-à-propos mélangé les articles qui
commencent par ces deux lettres.

voit

voit d'anciens actes datés par Ides, nones & calendes ; il eft donc important de connoître cette manière de compter, & de pouvoir la réduire à celle que nous fuivons aujourd'hui.

Ces trois noms font ceux dont fe fervoient nos ancêtres à l'imitation des Romains, pour marquer tous les jours du mois. Ils appeloient calendes, comme tout le monde fait, le premier de chaque mois, en ajoutant le nom du mois & celui des calendes : par exemple, *calendis januarii, calendis februarii* pour le premier du mois de janvier, ou de février. Ils défignoient les jours fuivans par ceux d'avant les nones, & ils appeloient nones le cinquième jour de chaque mois, excepté en mars, mai, juillet & octobre. Dans ces quatre mois, les nones, *nonis*, marquoient le feptième jour : *nonis martii* le fept de mars, &c. Dans les huit mois où *nonis* marque le cinquième jour, le fecond eft défigné par *quarto nonas* ou iv. *nonas*, c'eft-à-dire, *quarto die ante nonas*, le quatrième jour avant les nones. On fupprime ordinairement les mots *die & ante*. Le troifième jour de ces huit mois eft défigné par *tertio* ou iii. *nonas*. Le quatrième par *pridie* ou ii. *nonas*, & enfin le cinquième par *nonis*. En mars, mai, juillet & octobre, le fecond du mois eft marqué par *fexto* ou vi. *nonas*; le troifième par *quinto* ou v. *nonas*; le quatrième par *quarto* ou iv. *nonas*; le cinquième par *tertio* ou iii. *nonas*; le fixième par *pridie*, en abrégé *prid.* ou *pr.* & en chiffre ii. *nonas*, & enfuite le feptième par *nonis*. On croit que le mot *nona* vient de ce qu'il marque le neuvième jour avant les Ides de chaque mois.

En effet les Ides, *idibus*, marquent le quin-

zième de mars, de mai, de juillet & d'octobre
qui font les quatre mois, comme nous venon
de le dire, où *nonis* marque le feptième du
mois; dans les huit autres, où *nonis* marque le
cinquième du mois, *idibus* marque le treizième
ainfi dans les uns & dans les autres, l'*idibu*
marque toujours le neuvième jour après les nones
Quant aux fept jours pleins qui fe trouvent renfermés entre les nones & les Ides, & que nou
comptons aujourd'hui par 8, 9, 10, 11, 12
13, 14, en mars, en mai, en juillet & er
octobre; les Romains & les anciens, à leur exemple, comptoient *octavo* ou. VIII. *idus*, *feptime*
ou VII. *idus*, *fexto* ou VI. *idus*, *quinto* ou V
idus, *quarto* ou IV. *idus*, *pridie* ou II. *idus*,
en fous-entendant toujours *ante*, comme nous
l'avons dit en parlant des nones. Pour les autres
huit mois, où les nones marquent le cinquième,
au lieu de notre 6, 7, 8, 9, 10, 11 & 12 du
mois, les Romains & nos anciens comptoient
octavo idus, *feptimo*, & le refte jufqu'à *pridie*
idus, qui défignoit dans huit mois le douzième
jour, au lieu qu'il défignoit le quatorzième dans
les autres quatre mois, mars, mai, juillet &
octobre. Le mot *idus* vient du Tofcan *iduare*, en
latin *dividere*, divifer, parce que le jour des Ides
partageoit les mois à peu près en deux parties
égales.

Tous les jours depuis les Ides jufqu'à la fin
du mois fuivant; par exemple, le quatorzième
de janvier, qui étoit le lendemain des Ides du
même mois, étoit défigné par *decimo nono*, ou
XIX *kalendas*, ou *ante kalendas februarii*, le
quinzième, *decimo octavo* ou XVIII. *kalenda*
februarii, & tous les autres jours de fuite, en

rétrogradant toujours jufqu'à *pridie*, ou II. *kalen-das februarii*, qui marquoit le 31 janvier, comme les Ides marquent en certains mois le treizième jour, ainfi que nous l'avons dit, en d'autres le quinzième, & que tous les mois n'ont pas un égal nombre de jours; le *decimo nono* ou XIX. *kalendas*, ne convient pas toujours au lendemain des Ides; il n'y convient qu'en janvier, en août & en décembre; *decimo fexto* ou XVI. en février; *decimo feptimo* ou XVII. en mars, en mai, en juillet & en octobre; *decimo octavo* ou XVIII. en avril, en juin, en feptembre & en novembre.

(*Article de M. H***, avocat au parlement.*)

IDOINE. Terme qui n'eft ufité qu'au barreau, & qui fignifie propre à quelque chofe. *Voyez* CAPACITÉ.

IGNORANCE. L'Ignorance confidérée en elle-même, eft diftinguée de l'erreur : l'Ignorance n'eft qu'une privation d'idées ou de connoiffances; mais l'erreur eft la non-conformité ou oppofition de nos idées avec la nature ou l'état des chofes.

L'Ignorance confidérée comme principe de nos actions, ne diffère prefque pas de l'erreur; elles fe trouvent prefque toujours mêlées enfemble, & comme confondues; en forte que ce que l'on dit de l'une, doit également s'appliquer à l'autre.

L'Ignorance & l'erreur font de plufieurs fortes. Il faut en marquer les différentes efpèces.

1°. L'Ignorance & l'erreur envifagées relative-ment à leur objet, font de droit ou de fait.

2°. Par rapport à leur origine, elles font volon-taires ou involontaires, vincibles ou invincibles.

3°. Eu égard à leur influence fur les actions ou

fur les affaires des hommes, elles font effentielle ou accidentelles.

L'Ignorance ou l'erreur eft de droit ou de fait fuivant que l'on fe trompe ou fur la difpofition d'une loi, ou fur un fait. Ce feroit, par exemple une erreur de droit, fi un homme s'imaginoit qu'i peut époufer une femme mariée du vivant de fon mari. Mais ce feroit une erreur de fait que de croire qu'on peut époufer une telle femme, parce qu'on la prend pour une perfonne libre, tandi qu'elle eft engagée dans les liens d'un autre mariage.

L'Ignorance dans laquelle on fe trouve par fa faute, ou l'erreur contractée par négligence, & dont on fe feroit garanti fi l'on eût pris tous les foins dont on étoit capable, eft une Ignorance volontaire, ou une erreur vincible. Ainfi, lorf-qu'une loi eft enregiftrée & publiée, celui qui en ignore ou qui en interprète mal les difpofitions, eft coupable d'une Ignorance volontaire, ou d'une erreur vincible, parce qu'il ne tient qu'à lui de faire ufage de fa raifon, ou de fe procurer les lumières néceffaires pour éviter l'une ou l'autre. Mais l'Ignorance eft involontaire, & l'erreur invin-cible, fi elles font telles que l'on n'ait pu s'en garantir, ni s'en relever même avec tous les foins moralement poffibles : telle eft, par exemple, l'Ignorance d'une loi qui n'eft point encore publiée.

Enfin, l'on entend par erreur ou Ignorance ef-fentielle, celle qui a pour objet quelque circonf-tance néceffaire dans l'affaire dont il s'agit, & qui par-là influe tellement dans cette affaire, qu'elle n'auroit point eu lieu fi l'on eût été inftruit de la véritable nature ou état des chofes. Ainfi, c'eft une erreur effentielle que d'acheter du métal doré que l'on croit être de l'or, parce qu'on ne contracte que dans la fausse opinion que la matière achetée est de l'or, & que l'on ne contracteroit pas si l'on savoit que ce n'est qu'un métal doré.

L'erreur ou l'Ignorance est accidentelle, lorsqu'elle n'a par elle-même aucune liaison nécessaire avec l'affaire dont il s'agit, & que par conséquent elle ne sauroit être considérée comme la vraie cause de l'action. Telle seroit, par exemple, l'erreur d'un homme qui épouseroit une femme qu'il croiroit riche, & qui néanmoins se trouveroit pauvre.

Chacune de ces espèces d'erreur ou d'Ignorance produit des effets particuliers dont il faut donner le détail. Nous parlerons d'abord de l'Ignorance de droit, & ensuite de l'Ignorance de fait ; & nous rapporterons à ces deux points de vue tout ce qui concerne les autres divisions que nous venons d'indiquer.

De l'Ignorance de droit.

On met communément l'Ignorance ou l'erreur de droit au rang des fautes lourdes ; & c'est parce qu'on l'envisage sous ce point de vue, qu'on dit en général qu'elle n'excuse personne : mais cette règle a ses exceptions comme toutes les autres. Nous allons parcourir les cas où elle a lieu, & ceux à l'égard desquels elle est sans application.

Les préceptes de la loi naturelle & du droit des gens sont gravés dans tous les cœurs : il ne faut pour s'en instruire, que rentrer en soi-même, & faire usage de sa raison. On ne peut donc les ignorer que par une négligence coupable ; & comme il est de principe, suivant ce qu'on verra ci-après, que l'Ignorance grossière, & en quelque sorte affeétée, né doit jamais être un motif d'excufe, il eft inconteftable qu'on ne peut échapper aux peines établies contre les infraéteurs du droit naturel ou des gens, fous prérexte qu'on en a ignoré les difpofitions. Ainfi; dit la loi 2, au code *de in jus vocando*, un fils qui appelle fon père en juftice, fans en avoir obtenu la permiffion du préteur, ne fera point exempté de l'amende de cinquante écus d'or, par cela feul qu'il aura ignoré la défenfe, parce que le droit naturel devoit l'inftruire fuffifamment de la déférence & du refpeét qu'il doit à l'auteur de fes jours. Ainfi, dit encore la loi 38, au digefte, *ad legem juliam de adulteriis*, celui qui, par erreur de droit, a commis un incefte avec fa belle-mère, fa bru, ou la fille de fa femme, fubira la peine infligée contre ce crime, comme s'il l'avoit commis de mauvaife foi.

Ce que nous difons du droit naturel ou des gens, s'applique également aux difpofitions du droit civil, qui ne font que l'adopter ou le confirmer.

A l'égard du droit civil proprement dit, il faut diftinguer s'il intéreffe l'ordre public, le gouvernement, la police, ou s'il ne concerne que les intérêts des particuliers entre eux.

Dans le premier cas, il eft conftant que l'Ignorance n'excufe point; & ce principe doit être admis non feulement par rapport au droit public univerfel, c'eft-à-dire, commun à tout un royaume, mais auffi par rapport au droit public local, c'eft à-dire, borné au territoire d'une province, d'une ville, d'un bourg. Quelques doéteurs ont à la vérité foutenu qu'il étoit permis d'ignorer les ftatuts locaux, fur-tout en matière de police; mais leur opinion n'eft fondée que fur une mauvaife interprétation de la loi dernière, au digeste, *de decretis ab ordine facien-dis.* Il suffit de lire ce texte pour s'en convaincre. Voici comme il est conçu :

Municipii lege ita cautum erat, si quis extrà collegium judicio experiri voluerit, ipso collegio prohibeatur, & solvat drachmas mille. *Quæsitum est an pœnam sustinere debeat qui ignorans adversùs decretum fecit. Respondit & hujusmodi pœnas adversùs scientes paratas esse.*

Puisque cette loi, disent les auteurs cités, ne soumet aux peines du statut dont elle parle, que ceux qui en ont connoissance, *scientes*, il est évident qu'elle en exempte virtuellement les personnes qui l'ignorent.

Cette conséquence seroit assez exacte si le principe dont elle part étoit bien constant : mais il est vraisemblable, pour ne pas dire certain, que le texte dont il s'agit est corrompu ; & qu'au lieu de *scientes*, il faut lire *inscientes* ; autrement la construction de la phrase seroit ridicule La loi demande d'abord si l'Ignorance du réglement municipal peut excuser l'infracteur ; & dans le système que nous combattons, elle répondroit que la peine est établie *même contre les personnes qui connoissent ce réglement*, ET ADVERSUS SCIENTES. On sent combien la particule & seroit déplacée avec *scientes* : si ce dernier mot n'étoit pas corrompu, il seroit précédé de *TANTUM*, *seulement* : mais avec &, on ne peut lire que *inscientes* ; & suivant cette correction, le sens de la loi est que la peine établie par le réglement, a lieu même contre ceux qui l'ignorent.

Remarquez cependant que l'Ignorance du droit civil-public seroit un juste motif d'excuse, si elle étoit involontaire ou invincible dans sa cause &

dans fon origine : encore ne faut-il pas ici entendre les mots *involontaire* & *invincible* à toute rigueur. Pour juger de la poſſibilité de s'inſtruire, & de l'étendue des ſoins que l'on doit prendre pour cela, il faut conſidérer ce qui ſe peut ou ne ſe peut pas moralement ; & dans cette appréciation on doit avoir des égards pour l'humanité en général, pour la nature de la choſe dont il s'agit, pour le caractère & l'état de la perſonne, &c. Il ſeroit difficile de donner là-deſſus des règles certaines & invariables ; c'eſt à la prudence des légiſlateurs & des juges à peſer toutes les circonſtances, & à modifier ſur ce pied-là l'imputation des actions ou des omiſſions qui ſont les ſuites de l'Ignorance ou de l'erreur.

Le droit Romain contient ſur cette matière pluſieurs déciſions qu'il ſeroit ſans doute dangereux d'appliquer indifféremment à d'autres cas qui paroîtroient ſemblables.

La loi 15, au dig. *ad legem Corneliam de falſis*, porte qu'une femme qui, par les ordres de ſa mère, a écrit elle-même un legs que celle-ci lui laiſſoit dans ſon teſtament, ne doit point ſubir la peine du faux, ſi elle a ignoré que cela fût défendu.

La loi 38, § 2, au dig. *ad legem Juliam de adulteriis*, excuſe la femme qui, par ignorance de droit, a commis un inceſte défendu par les loix civiles ſeulement.

La loi 7, § 4, au dig. *de juridictione*, exempte des peines établies contre ceux qui gâtent ou ſuppriment des affiches, les perſonnes qui le font par ſimplicité & défaut de connoiſſances, *per ſimplicitatem & ruſticitatem*.

Suivant la loi 2, § 1, au dig. *ſi quis in jus*

vocatus non iverit, l'amende dont le préteur puniſſoit la contumace n'avoit pas lieu contre les perſonnes dont les facultés naturellement bornées avoient encore manqué de culture par un défaut d'éducation.

· Un héritier qui, ſachant que le teſtateur avoit été tué, ouvroit le teſtament avant qu'on n'eût appliqué les eſclaves à la torture, & qu'on n'eût exécuté les coupables, s'expoſoit régulièrement à des peines très-févères, prononcées par le ſénatus-conſulte Silanien ; mais l'Ignorance des diſpoſitions de ce ſénatus-conſulte étoit pour lui un motif d'excuſe, s'il étoit d'un état à la faire préſumer : c'eſt ce que porte la loi 3 , § 22, d. *ad ſenatus-conſultum Silanianum.*

· Quelquefois l'Ignorance de droit fait mitiger la peine. C'eſt ainſi que chez les Romains un particulier qui, de ſon autorité privée, employoit la force ouverte pour retirer des mains d'un détenteur injuſte une choſe qui lui appartenoit légitimement, croyant que les voies de fait lui fuſſent permiſes en pareil cas, étoit ſeulement condamné à perdre ſa choſe, ſans pour cela être expoſé aux peines des vols commis avec violence.

· Cette mitigation de peine pour erreur de droit, doit ſur-tout avoir lieu à l'égard des loix tombées dans un oubli preſque général. En voici un exemple remarquable.

Une jeune villageoiſe du Cambreſis étoit accuſée d'avoir détruit ſon enfant, ſur le ſeul motif que cet enfant étoit mort ſans qu'elle eût déclaré préablement ni ſa groſſeſſe, ni ſon accouchement. Les premiers juges l'avoient condamnée à mort, conformément à l'édit de Henri II, du mois de février 1556, enregiſtré au parlement de Flandre le 30 juin 1708, en vertu d'une déclaration du 25 février précédent : mais fur l'appel, on a confidéré que cet édit n'avoir jamais été publié au prône de la meffe paroiffiale du lieu, quoique la déclaration ordonne à tous les curés & vicaires de le faire de trois mois en trois mois ; en conféquence le parlement de Flandre a feulement condamné la fille au banniffement ; & il a enjoint de nouveau aux curés & vicaires du reffort, d'être à l'avenir plus exacts à publier les loix citées. L'arrêt a été rendu au mois de juillet ou d'août 1775.

L'Ignorance des ftatuts & réglemens de police eft préfumée involontaire, & conféquemment digne d'excufe dans un étranger arrivé nouvellement dans un endroit. Mais après un certain temps de féjour, l'étranger ne diffère plus à cet égard du citoyen. Voici ce que dit à ce fujet M. Boullenois en fes obfervations fur Rodemburg, tome 1, page 160.

» Je me fuis trouvé un jour à l'audience de
» police, tenue par M. d'Argenfon vers l'an
» 1716. Un Vénitien avoit été cité pardevant lui
» pour avoir donné à jouer à des jeux défendus.
» Il lui demanda depuis quel temps il demeuroit
» dans le royaume ; & ce Vénitien lui ayant ré-
» pondu qu'il y avoit fix mois, M. d'Argenfon lui
» dit : *Vous devez favoir que les étrangers n'ont*
» *que fix femaines pour apprendre les réglemens*
» *de police :* en conféquence de quoi il le con-
» damna à une amende, mais fort légère. C'eft
» précifément par rapport à ces fortes de régle-
» mens de police qu'il a été dit : *Intrafti urbem,*
» *ambula juxtà ritum ejus ;* & il eft certain qu'une
» demeure continuelle pendant un certain temps
» exclut toute préfomption d'Ignorance : *Præfump-*
» *tio fcientiæ proveniens ex habitatione & morâ*

» *diurnâ factâ in loco, Ignorantiam excludit.* Maf-
» cardus de generali ſtatutorum interpretatione,
» concl. 6, n. 144.

» Il eſt vrai que la fixation du temps conve-
» nable & propre à fonder cette préſomption,
» dépend un peu de l'arbitrage du juge & de ſa
» ſageſſe : *Præſumitur autem ſciens ex longâ con-*
» *verſatione in eodem loco, quod eſt in judicis*
» *arbitrio,* dit M. Dumoulin, C. de ſtatutis ;
» mais le principe n'en eſt pas moins certain en
» lui-même «.

En matière de droit privé, l'Ignorance n'eſt
jamais excuſable lorſqu'il s'agit de gagner ou d'acquérir : *Juris Ignorantia non prodeſt acquirere vo-*
lentibus, dit la loi 7, au digeſte, *de juris & facti*
Ignorantiâ : c'eſt pourquoi l'erreur de droit ne
peut ſervir à la preſcription : la loi 4 du même
titre en contient une déciſion formelle ; & la loi
2, §. 15, *pro emptore,* nous en fournit un exemple,
en déclarant que celui qui a acheté d'un pupille
un bien dont celui-ci n'étoit pas propriétaire, ne
peut le preſcrire comme poſſeſſeur de bonne foi,
ſous prétexte qu'il a cru qu'un pupille pouvoit
diſpoſer de ſes biens ſans l'autorité de ſon tuteur.

Les femmes ne ſont pas exemptées de la règle
que nous venons d'établir : *Juris error nec fœminis*
in compendiis prodeſt : ce ſont les termes de la loi
8, *de juris & facti Ignorantiâ.*

Les mineurs ſont plus privilégiés : il leur eſt
permis d'ignorer le droit, lors même qu'il eſt queſtion de gagner (*).

_____

(*) Minoribus viginti quinque annis jus ignorare per-
miſſum eſt. *L. 9. pr.* D. *de juris & facti ignorantiâ.*
Quamvis in lucro nec fœminis jus ignorantibus ſubve-

Il en eſt de même des ſoldats : ainſi quoique l'ancien droit Romain limitât à une année la faculté d'appréhender une ſucceſſion à laquelle on étoit appelé, ce temps ne couroit pas contre un ſoldat, fils de famille, qui attendoit après le conſentement de ſon père pour accepter l'hérédité d'un autre ſoldat, ignorant qu'il pouvoit faire cette acceptation de ſon propre mouvement. C'eſt ce que décide le §. 2 de la loi citée.

On dit communément que l'Ignorance de droit ne nuit point lorſqu'il s'agit de perdre. Cet axiome a beſoin d'être expliqué.

On diſtingue en droit deux ſortes de pertes: l'une s'appelle *damnum amittendæ rei* : elle ſe dit du cas où, ſans être dépouillé du domaine de la choſe, on eſt cenſé l'avoir déjà perdue, ſoit parce qu'on eſt obligé de la livrer, ſoit parce qu'elle ſe trouve entre les mains d'un tiers poſſeſſeur. L'autre eſpèce de perte s'appelle *damnum amiſſæ rei* ; & elle a lieu lorſqu'on a perdu tout droit dans la choſe.

L'Ignorance de droit ne nuit point par rapport à la première eſpèce de perte : *Omnibus error juris in damnis amittendæ rei ſuæ non nocet.* C'eſt la déciſion expreſſe de la loi 8 du titre cité.

Ainſi une perſonne qui, par erreur de droit, auroit cru pendant pluſieurs années qu'une hérédité à laquelle elle eſt appelée appartenoit à une autre, ne ſeroit pas pour cela non-recevable à la revendiquer : & réciproquement, celui qui, pa

---

niri ſoleat : attamen contrà ætatem adhuc imperfectam lo cum hoc non habere retrò principum ſtatuta declaran *L. 11. C. eod. tit.*

une erreur de la même nature, s'est cru héritier du défunt, & a perçu en conséquence les fruits de la succession pendant plusieurs années, ne peut être poursuivi pour la restitution des fruits qu'il a consommés de bonne foi, sans s'en trouver plus riche au temps de la demande formée contre lui, parce qu'il faudroit pour remplir l'objet de cette restitution, qu'il tirât sur ses propres fonds ; & qu'ainsi l'obligation de restituer doit être considérée comme *damnum amittendæ rei*. C'est ce que décide en propres termes la loi 25, §. 6 & 11, au digeste, *de petitione hereditatis.*

Par la même raison, lorsqu'un héritier déchargé par le testateur de donner caution dans un cas où cette obligation est de droit, s'imagine faussement que sa décharge n'est pas valable, & donne caution par suite de cette erreur, il peut, étant détrompé, agir pour faire libérer ses fidéjusseurs. C'est l'espèce & la décision de la loi première, au digeste, *ut in possessionem legatorum*, &c.

En général on peut dire que toute obligation contractée par erreur de droit, & destituée de toute autre cause juste & raisonnable, ne mérite aucune considération.

On trouve à l'article ERREUR plusieurs espèces décidées par ce principe.

A l'égard des pertes consistant *in damnis rei jam amissæ*, quelques interprètes, & après eux l'auteur de l'article que nous venons de citer, conviennent que l'Ignorance de droit ne peut servir de fondement à une répétition, quand on a eu une juste raison de payer ou de livrer la chose : mais ils prétendent que l'Ignorance de droit ne préjudicie pas, quand le payement qu'on a fait n'a d'autre cause que cette Ignorance. Cette distinction leur paroît néceffaire pour concilier les loix entre elles; mais il eft aifé de faire voir qu'elle heurte directement les textes les plus précis, & qu'il ne s'en trouve aucun dont on puiffe l'étayer.

La loi 10, au code, *de juris & facti Ignorantiâ*, porte : *Si quis jus ignorans indebitam pecuniam folverit, ceffat repetitio*. Ces paroles font trop générales pour qu'on puiffe les reftreindre au cas où celui qui a payé par erreur de droit, avoit d'ailleurs une jufte raifon de le faire.

Auffi voyons-nous, 1°. dans la loi 2 du même titre, qu'un enfant majeur qui a renoncé par erreur de droit à la fucceffion de fa mère, n'eft plus recevable dans la fuite à la réclamer : 2°. dans la loi 3, ff. *ad fenatus-confultum Macedonianum*, que l'on ne peut pas écarter l'exception du fénatus confulte Macédonien, par le prétexte qu'on fe feroit trompé fur le droit, en regardant comme émancipé le fils de famille à qui l'on a prêté de l'argent : 3°. dans la loi 29, §. 1, *mandati*, qu'un fidéjuffeur ne peut pas répéter à la charge du créancier ce qu'il lui a payé, dans la perfuafion qu'il étoit obligé valablement, tandis qu'il ne l'étoit point du tout.

Dans ces trois efpèces, il n'y a point de répétition à exercer, quoique l'erreur de droit foit la feule caufe impulfive du payement.

Vinnius & les partifans de fon fyftême oppofent la loi 7, ff. *de juris & facti Ignorantiâ*, conçue en ces termes : *Juris Ignorantia. ... SUUM petentibus non nocet.*

Cette loi prouve à la vérité, que l'erreur de droit ne nuit jamais *in damnis amittendæ rei*, ce que nous avons nous-même établi ci-deffus ; mais c'eft abufer des termes dans lefquels elle s'énonce, que d'en conclure que l'erreur de droit n'empêche pas de répéter un bien, un effet, une somme dont on s'eſt deſſaiſi par la tradition.

Le mot *ſuum* ne peut caractériſer une choſe qu'on a payée induement ; car après le payement elle n'eſt plus en la propriété du débiteur putatif : dès ce moment, celui-ci ne peut plus la dire *ſienne* ; & cela eſt ſi vrai, que dans les cas où la répétition eſt permiſe, ce n'eſt point par une action réelle qu'on l'exerce, mais par une action perſonnelle, appelée en droit *condictio indebiti*.

On objecte encore que celui qui reçoit ce qui ne lui eſt pas dû, n'eſt pas plus favorable que celui qui paye ce qu'il ne doit pas : mais c'eſt préciſément de cette parité de condition que réſulte le défaut de pouvoir répéter ; car *in pari cauſâ poſſeſſor præferendus eſt.*

On inſiſte, & l'on dit que dans notre ſyſtême il faudroit admettre qu'une obligation peut ſubſiſter ſans cauſe ; car, ajoute-t-on, c'eſt la même choſe qu'il n'y ait pas de cauſe, ou que la cauſe ſoit fauſſe. Cette conſéquence réſulteroit effectivement de notre ſyſtême, ſi nous prétendions que l'Ignorance de droit nuit *in damnis amittendæ rei* ; mais nous ſoutenons ſeulement qu'elle nuit *in damnis amiſſæ rei*, ce qui eſt bien différent. Sans doute une obligation ne peut ſubſiſter ni ſans cauſe, ni avec une cauſe fauſſe ; & c'eſt pour cela qu'une perſonne obligée par erreur de droit doit régulièrement être diſpenſée de l'exécution du contrat : mais ſi cette perſonne paye aveuglément, la tradition faite par elle à titre de payement formera un obſtacle invincible à toute eſpèce de répétition de ſa part.

Reſte à ſavoir ſi cette juriſprudence doit encore

être admife dans nos mœurs. Grotius en fon introduction à la jurifprudence de Hollande , & Van-
leuwen en fon livre intitulé *cenfura Forenfis* , foutiennent la négative ; mais leur opinion eft rejetée
par Voet en fon commentaire fur le digefte. La
raifon fur laquelle il fe fonde , eft que la jurifprudence dont il s'agit n'a rien de contraire à l'équité :
en effet, en partant du principe que perfonne n'eft
préfumé ignorer le droit, on doit fuppofer que
celui qui paye ou livre une chofe que la loi l'autorifoit à retenir dans fon domaine , l'a fait avec
connoiffance , & dans l'intention de ne point ufer
de fes droits.

Nous trouvons dans Augeard un arrêt du parlement de Paris du 11 février 1707, qui a confirmé ce fentiment. Il s'agiffoit de favoir fi l'acquéreur d'un ufufruit pouvoit répéter les lods &
ventes qu'il avoit payés , croyant que le tranfport
d'un pareil droit y donnoit lieu. M. Portail , avocat-général , qui portoit la parole dans cette caufe,
obferva que les droits de mutation n'étoient point
exigibles pour un ufufruit ; mais que l'acquéreur
les ayant payés par Ignorance de droit, fon erreur
le rendoit non-recevable dans la répétition qu'il
en faifoit : cela a été ainfi jugé par l'arrêt.

Il y a cependant des perfonnes à qui l'Ignorance
de droit ne nuit pas, même *in damnis amiffæ rei.*
Tels font d'abord les mineurs , à qui , fuivant les
textes cités plus haut, il eft permis d'ignorer le
droit lors même qu'il s'agit d'acquérir, à plus forte
raifon lorfqu'il eft queftion de perdre. Auffi la loi
2 , au code, *fi adversùs folutionem,* décide-t-elle
qu'ils peuvent répéter ce qu'ils ont payé induement par erreur de droit. C'eft de là que dérive
la faculté que leur accorde la loi 11, §. 7, ff.

de

de minoribus, de pourſuivre les fils de famille à qui ils ont prêté de l'argent, ſans que ceux-ci puiſ-ſent leur oppoſer l'exception du ſénatus-conſulte Macédonien.

Les ſoldats ſont traités à certains égards comme les mineurs. La loi première, *C. de juris & faĉti Ignorantiâ*, leur permet de faire valoir après un jugement de condamnation, les défenſes péremp-toires qu'ils ont omiſes par erreur de droit dans le cours de l'inſtance. La loi 3, *C. de veĉtigalibus & commiſſis*, exempte de confiſcation les effets des ſoldats dont ils omettent, par erreur de droit ou autrement, de faire les déclarations aux bu-reaux des droits du prince. La loi dernière, *C. de jure deliberandi*, déclare que les ſoldats qui n'auront pas obſervé exaĉtement toutes les for-malités requiſes pour appréhender une ſucceſſion par bénéfice d'inventaire, ne ſeront pas pour cela réputés héritiers purs & ſimples, & qu'ils ne ſe-ront tenus des dettes du défunt, que juſqu'à concur-rence des biens qu'ils auront trouvés dans l'hérédité.

Remarquez que des trois loix citées, il n'y en a pas une dont la déciſion ſoit admiſe dans notre juriſprudence; nous avons même dans les Pays-Bas une déclaration des archiducs Albert & Iſabelle, du 21 avril 1614, qui défend de diſ-tinguer en matière de bénéfice d'inventaire, les ſoldats d'avec les autres citoyens.

Régulièrement les femmes ne peuvent pas re-venir de ce qu'elles ont fait par erreur de droit. Ainſi nous voyons dans la loi 2, *C. de juris & faĉti Ignorantiâ*, qu'elles ne peuvent pas récla-mer une ſucceſſion, même en ligne direĉte, après y avoir renoncé. La loi ſuivante les déclare pa-

reillement non-recevables à demander la poffeffio
des biens d'un défunt, après le temps détermin
pour former cette demande, quoiqu'elles l'aien
laiffé écouler par Ignorance de droit. Les loix on
cependant marqué certains cas où une pareill
Ignorance les excufe ; mais on ne peut en étendr
la difpofition à d'autres (*). L'un de ces cas ef
lorfqu'une femme a payé par erreur de droi
ce à quoi elle s'étoit obligé par un cautionnement foumis au fénatus-confulte Velléien : la lo
9, C. *ad fenatus-confultum Velleianum*, lu
permet d'en faire la répétition à la charge du
créancier. Les autres cas font relatifs au droi
public : nous en avons parlé ci-deffus.

De l'Ignorance de fait.

L'Ignorance de fait eft de deux fortes, vraifemblable ou craffe. Elle eft prefque toujours
vraifemblable, quand il s'agit de faits étrangers,
parce que la loi ne nous oblige pas à une recherche fcrupuleufe, ni à une examen appro-
fondi des affaires des autres : c'eft pourquoi l'Ignorance de ces fortes de faits fe préfume toujours;
& c'eft à celui qui allègue le contraire à vérifier
ce qu'il foutient (**).

L'Ignorance craffe fe dit tant par rapport aux

(*) Ne paffim liceat mulieribus omnes contractus fuo
retractare in his quæ prætermiferint vel Ignoraverint : fta-
tuimus fi per Ignorantiam juris damnum aliquod circà jus
vel fubftantiam fuam patiantur, in his tantùm cafibus in
quibus præteritarum legum auctoritas eis fuffragatur, fub-
veniri. L. 13, C. *de juris & facti Ignorantiâ*.

(**) L. 21, D. *de probationibus* L. 23, C. *eod. tit.*

faits étrangers dont la notoriété eft publique (*),
que par rapport aux faits perfonnels (**).

Obfervez néanmoins que l'Ignorance de faits
perfonnels peut quelquefois être vraifemblable ;
c'eft ce qui a lieu principalement lorfque les faits
font anciens ou fort compliqués.

L'Ignorance vraifemblable excufe toujours, foit
qu'il s'agiffe de faits étrangers ou de faits perfonnels.

Ainfi un homme qui époufe une femme qu'il
ignore être mariée à un autre , ne fe rend point
coupable d'adultère. Celui qui a eu commerce
avec une parente dont il ignoroit le rapport de
confanguinité qu'elle avoit avec lui, ne doit point
être puni comme inceftueux. Celui qui injurie
un fils de famille qu'il croyoit émancipé , ne doit
point être condamné à faire réparation au père,
il fuffit qu'il la faffe au fils. Ces trois décifions
font confignées dans les loix 1 2 , D. *ad legem Juliam
de adulteriis* , 4 , code *de inceftis* , & 1 8 , §. 4 ,
D. *de injuriis*.

Si vous m'avez vendu une chofe qui m'appartenoit fans que je l'euffe reconnue, & que par
mon ordre vous l'ayez livrée à un autre , mon
erreur n'empêche pas que je ne la revendique

_____

(*) Sed facti Ignorantia ira demùm cuique non nocet,
fi non ei fumma negligentia objiciatur. Quid enim fi omnes
in civitate fciant quod ille folus ignorat ? & recte labeo de-
finit fcientiam neque curiofiffimi neque negligentiffimi hominis accipiendam : verùm ejus qui eam rem diligenter in-
quirendo notam habere poffit. L. 9, § 2. D. *de juris & facti
Ignorantiâ*.

(**) Plurimùm intereft utrùm quis de alterius causâ
& facto non fciat, an de jure fuo ignoret. L. 3 , D. *eod. tit.*

losque je suis détrompé. C'est la disposition de la loi 15, §. 2, D. *de contrahendâ emptione.*

Celui qui en partant pour un voyage, a enfoui son argent, n'est pas censé en avoir perdu la possession, par cela seul, qu'étant de retour, il ne peut plus se souvenir de l'endroit, où il l'a caché. La loi 44, D. *de acquirendâ vel omittendâ possessione,* le décide ainsi.

Celui qui par erreur a avoué en justice un fait qu'il reconnoît ensuite pour faux, peut se rétracter en levant en chancellerie des lettres de rescision. C'est ce qui résulte des loix 1 & 2, D. *de confessis*; mais dans ce cas il faut qu'il prouve son erreur, c'est-à-dire, que la chose est autrement qu'il ne l'a avancée, quand même il s'agiroit d'une simple négative. Le parlement de Flandre l'a ainsi jugé par arrêts des 15 mars 1691, & 29 octobre 1692.

Les lettres de rescision doivent être levées & signifiées dans les dix ans de l'erreur commise. Augeard rapporte à ce sujet une espèce fort remarquable.

Par une transaction du 5 décembre 1694, on avoit fait renoncer Marie-Thérèse de Lescours de Savignac, à la succession de Marie-Thérèse d'Allemagne, son aïeule, moyennant une pension de 150 livres par chaque année. Elle prit dans les dix ans des lettres de rescision contre cette transaction; mais au lieu d'y dire qu'on l'avoit fait renoncer à la succession, de la dame d'Allemagne, on exposa que c'étoit à la succession de François de Lescours, son père, dont il n'étoit pas fait mention dans la transaction. La nécessité de réformer cette erreur lui fit prendre de nouvelles lettres le 16 mai 1705. Le marquis de Pers, avec qui la tranſaction avoit été paſſée, prétendoit que la demoiſelle de Savignac étoit non-recevable dans ſes premières lettres de reſciſion, attendu qu'elle avoit fait une fauſſe allégation, & que ce défaut ne pouvoit pas ſe réparer par de ſecondes lettres, parce qu'elles n'avoient été priſes qu'après les dix années du jour de la tranſaction. La demoiſelle de Savignac répondoit qu'ayant pris ſes premières lettres dans les dix ans, & les ayant par erreur appliquées à la ſucceſſion de ſon père, au lieu de celle de ſon aïeule, dont il étoit uniquement queſtion dans la tranſaction, elle avoit pu faire réformer cette erreur par de nouvelles lettres, même après les dix ans.

Sur cette conteſtation intervint ſentence en la ſénéchauſſée de Montmorillon le 27 août 1705, qui déclara la demoiſelle de Savignac recevable dans ſes lettres. Cette ſentence fut confirmée par arrêt du 4 ſeptembre 1708, rendu en la cinquième chambre des enquêtes, au rapport de M. de Bailleul de Chaſteau-Gontier.

L'Ignorance vraiſemblable n'eſt point ſeulement un motif d'excuſe, lorſqu'il s'agit d'échapper à une peine ou d'éviter la perte de ſon bien, elle peut encore ſervir de titre pour quelque gain ou acquiſition. La preuve en réſulte de l'approbation expreſſe que les loix donnent à la preſcription ; car la bonne foi ſans laquelle on ne peut pas preſcrire, ne peut être fondée que ſur une erreur de fait, en ce qu'on ſuppoſe fauſſement que celui dont on acquiert à titre d'achat, d'échange, de donation, &c. eſt propriétaire. Voyez les loix 4 & 8, D. *de Ignorantiâ juris & facti*, & les loix 2, §. 15 & 11, D. *pro emptore*.

H iij

En matière de conventions, on diſtingue ſi l'erreur vraiſemblable eſt eſſentielle ou accidentelle : au premier cas elle annulle la convention; au ſecond, elle la laiſſe ſubſiſter. Mais la difficulté eſt de ſavoir quand elle doit être conſidérée comme eſſentielle, ou quand elle doit ſeulement paſſer pour accidentelle.

On convient généralement que l'erreur eſt eſſentielle, lorſqu'elle tombe ſur l'objet même de la convention. C'eſt principalement en ce cas qu'il eſt vrai de dire avec la loi, *non videntur qui errant, conſentire.* Ainſi ſi quelqu'un entend me vendre une choſe, & que j'entende la recevoir à titre de prêt, ou par préſent, il ne ſe forme entre lui & moi ni vente, ni prêt, ni donation : ſi quelqu'un entend me vendre ou me donner une certaine choſe, & que j'entende acheter ou recevoir de lui une autre choſe, il n'y a ni vente ni donation : ſi quelqu'un entend me vendre une choſe pour un certain prix, & que j'entende l'acheter pour un moindre prix, il n'y a point de vente (*); car dans tous ces cas il n'y a pas de conſentement (**).

L'erreur eſt encore regardée comme eſſentielle,

(*) Il en ſeroit autrement ſi vous aviez entendu me vendre pour un prix inférieur à celui pour lequel je croyois acheter : dans ce cas, *la vente ſubſiſteroit pour le prix que vous auriez entendu,* parce qu'alors je ſerois cenſé y avoir conſenti, ſuivant la maxime : *Que le plus renferme le moins.* Voyez la loi 52, D. *locati.*

(**) Sive in ipſâ emptione diſſentiam, ſive in pretio, ſive in quo alio, emptio imperfecta eſt. Si ego me fundum emere putarem Cornelianum, tu mihi te vendere Sempronianum putaſti, quia in corpore diſſenſimus, emptio nulla eſt. L. 9, D. *de contrahendâ emptione.*

lorſqu'elle tombe ſur la qualité de la choſe qui en fait la ſubſtance, & que les contractans ont eue principalement en vue. C'eſt pourquoi ſi voulant acheter une paire de boucles d'or, j'achète de vous une paire de boucles que vous me préſentez pour être d'or, quoiqu'elles ne ſoient que de cuivre doré, l'erreur dans laquelle j'ai été détruit mon conſentement & notre convention, quand même vous n'auriez eu aucun deſſein de me tromper, parce que j'ai voulu acheter des boucles d'or, & non pas des boucles de cuivre doré. C'eſt ce qui réſulte de la loi 41, §. 1, D. *de contrahendâ emptione* (*).

Remarquez cependant que s'il étoit queſtion d'un contrat, dans lequel il importât toujours à la partie ſtipulante d'avoir la choſe telle qu'elle eſt, l'erreur ſur la qualité ſubſtantielle de cette choſe ne vicieroit pas le contrat. Ainſi lorſque croyant recevoir de vous à titre de donation, une paire de boucles d'or, j'en reçois une de cuivre doré, la donation n'en ſubſiſte pas moins. Pareillement, ſi un débiteur donne en gage à ſon créancier une pièce de métal doré que celui-ci prend pour de l'or, le contrat de gage qui s'eſt formé entre les parties ne reçoit aucune atteinte de cette erreur (**).

(*) *Voici les termes de cette loi :*

Menſam argento coopertam mihi Ignoranti pro ſolidâ vendidiſti imprudens, nulla eſt emptio, pecuniaque eo nomine data condicetur.

(**) Si id quod aurum putabam cùm æs eſſet ſtipulatus de te fuero, teneberis mihi æris hujus nomine; quoniam in corpore conſenſerimus. L. 22. D. *de verborum obligationibus.*

Si quis cùm æs pignori daret, affirmavit hoc aurum eſſe,

L'erreur eſt accidentelle, & par conſéquent n'annulle point la convention, lorſqu'elle ne tombe que ſur quelque qualité accidentelle de la choſe : ſeulement elle donne lieu en certains cas à l'action redhibitoire, ou à celle appelée en droit *quanti minoris*, c'eſt-à-dire, en diminution de prix. Par exemple, vous me vendez une prairie qui renferme quantité d'herbes venimeuſes, & qui par là peut nuire à mes beſtiaux ; vous me vendez un cheval que je crois ſain, & qui néanmoins eſt attaqué de la pouſſe, de la morve ou de la courbature ; vous me vendez un héritage comme fief, & qui néanmoins n'a pas d'autre qualité que celle de roture ; dans tous ces cas & une infinité d'autres ſemblables, la vente ne ſera point nulle, mais je pourrai intenter contre vous l'action redhibitoire, dont l'effet ſera de vous obliger à reprendre ce que vous m'avez vendu, & à me rendre mon argent. Cette différence a échappé à des auteurs fort inſtruits ; mais elle eſt marquée très-clairement dans les loix Romaines, qui forment notre droit commun à cet égard. Voyez GARANTIE, REDHIBITOIRE (action).

L'erreur ſur la perſonne avec qui l'on contracte eſt-elle eſſentielle ou accidentelle, ou en d'autres termes, détruit-elle le conſentement, ou laiſſe-t-elle ſubſiſter la convention ? Il faut diſtinguer :

Toutes les fois que la conſidération de la perſonne avec qui l'on veut contracter, influe pour

---

& ita pignori dederit, videndum erit an æs pignori obligaverit : & numquid quia in corpus conſenſum eſt pignori eſſe videatur, quod magis eſt. L. 1. §. 2. D. *de pignoratitiâ actione.*

quelque chofe dans le contrat qu'on a intention
de faire, l'erreur fur la perfonne eft regardée
comme effentielle, & en cette qualité elle forme
obftacle au confentement & à la convention.
Par exemple, fi voulant faire une donation à
Pierre, je la fais à Jacques que je prends pour
Pierre, cette donation eft nulle, parce que mon
affection pour Pierre étoit le motif de la libéralité que je voulois exercer à fon égard.

Par la même raifon, fi croyant époufer une
femme, on en époufe une autre, le mariage eft
nul, parce que la confidération de la perfonne
eft le feul motif déterminant dans un contrat de
cette nature. Il y a plus, quoiqu'on tienne pour
conftant que l'erreur fur la qualité ou la fortune
ne porte aucune atteinte à la validité du mariage,
fi néanmoins une pareille erreur emportoit une
erreur fur la perfonne, le mariage feroit nul.
Par exemple, fi un homme époufe une fille de
baffe condition, qu'on lui dit être la fille d'un
tel feigneur & héritière de fes biens, la furprife
qu'on lui a faite emporte une erreur quant à
la perfonne & annulle le mariage. C'eft ce qu'é-
tablit faint Thomas, *in 4. fentent. dift.* 30, *qu.* 1.
Et » c'eft fur ce fondement (dit le rédacteur des
conférences de Paris, tome 4, page 416 &
fuivantes), » que l'official de Paris, il y a quel-
» ques années, déclara nul un mariage contracté
» par une veuve, féduite par de faux amis, avec
» un valet de chambre qui venoit de quitter la
» livrée, & dont on lui avoit caché le nom &
» la qualité «. Voyez l'article EMPECHEMENS.

Lorfque la confidération de la perfonne avec
qui l'on croyoit contracter, n'eft entrée pour rien
dans le contrat, & que ce contrat fe feroit éga-

lement fait avec quelque autre perſonne que ce
pût être , l'erreur doit être regardée comme accidentelle , & le contrat doit ſubſiſter. Par exemple,
j'ai acheté chez un libraire un livre en feuilles,
qu'il s'eſt obligé de me livrer relié : quoique ce
libraire en me le vendant m'ait pris pour un
autre à qui je reſſemble , il n'en eſt pas moins
tenu d'accomplir le marché , parce que lui étant
indifférent de débiter ſa marchandiſe à Pierre ou
à Jacques , ce n'eſt pas préciſément & perſonnellement à celui pour lequel il me prenoit qu'il
a voulu vendre , mais en général à la perſonne
qui lui donneroit le prix qu'il demandoit.

L'erreur dans le motif annulle-t-elle la convention ? Puffendorf ſoutient qu'elle l'annulle , loiſ-
que l'on a fait part à celui avec qui l'on con-
tractoit du motif erroné par lequel on étoit
porté à contracter. Par exemple , dit-il , ſur un
faux avis de la mort de mes chevaux , j'en ai
acheté d'autres , en faiſant part dans la conver-
ſation , à mon vendeur , de la nouvelle que j'avois
reçue : dans ce cas , continue-t-il , lorſque j'aurai
eu avis de la fauſſeté de la nouvelle , je pourrai
me diſpenſer de tenir le marché , pourvu qu'il
n'ait pas encore été exécuté de part ni d'autre,
& à la charge par moi de dédommager le vendeur de la perte que peut lui occaſionner l'inexécution du marché.

Barbeyrac fait très-bien ſentir l'inconſéquence
de ce ſyſtême. S'il étoit vrai (dit après lui M.
Pothier) que nous euſſions fait dépendre notre
convention de la vérité de la nouvelle que
j'avois eue , la nouvelle ſe trouvant fauſſe , la
convention ſeroit abſolument nulle , *defectu con-*
ditionis ; & le vendeur ne pourroit par conſéquent

point prétendre de dommages-intérêts pour son inexécution.

Barbeyrac décide ensuite, & avec raison, que l'erreur dans le motif ne vicie pas la convention. En effet, si en matière de legs la fausseté du motif que le testateur a prêté à sa disposition n'en empêche pas la validité, comme le déclarent une foule de loix ; à combien plus forte raison en doit-il être de même dans les conventions ? » Parce que, dit M. Pothier, il y a beaucoup » moins lieu de présumer que lès parties ayent » voulu faire dépendre leur convention de la » vérité de ce motif, comme d'une condition ; » les conditions devant s'interpréter *pro ut sonant*, » & les conditions qui n'y peuvent être appo- » sées que par la volonté des deux parties, » devant s'y suppléer bien plus difficilement que » dans les legs «.

L'Ignorance crasse ne peut passer régulièrement pour un motif d'excuse, soit qu'elle ait pour objet des faits personnels, ou qu'elle ne tombe que sur des faits étrangers. C'est la décision expresse d'une loi citée plus haut : *Sed facti Ignorantia ita demùm cuique non nocet, si non ei summa negligentia objiciatur. Quid enim si omnes in civitate sciant, quod ille solus ignorat ?* L. 9, §. 2, D. *de juris & facti Ignorantiâ.*

Ces mots *ita demùm cuique non nocet, si, &c.* nous font voir que non-seulement l'Ignorance crasse peut former obstacle à un gain ou à une acquisition, mais même qu'elle peut nuire lorsqu'il s'agit de perdre. Ce n'est donc pas d'une Ignorance crasse, comme l'ont cru quelques interprètes, mais d'une Ignorance vraisemblable que doit être entendue la décision de la loi 22, D. *de condictione indebiti*, portant en substance :

qu'on peut répéter ce qu'on a payé induement par erreur de son propre fait (*) : ou si l'on veut appliquer cette décision au cas d'une Ignorance crasse, il faut dire que dans l'espèce dont elle parle, la répétition est permise, parce que le payement a été fait, non à celui envers qui on se croyoit faussement obligé, mais à un tiers appelé en droit *adjectus solutionis gratiâ* ; lequel n'ayant pas acquis par ce payement la propriété de la chose, cette propriété doit nécessairement être restée à celui qui a payé par erreur ; de sorte que dans le cas de cette loi, il ne s'agit pas *de damno rei amissæ*, mais *de damno amittendæ rei* ; ce qui ne doit pas empêcher la répétition en matière d'erreur de fait, puisqu'elle ne l'empêche pas en matière d'erreur de droit, comme on l'a fait voir ci-dessus.

Du principe que l'Ignorance crasse nuit & ne mérite pas excuse, il résulte qu'un acheteur n'est pas fondé à se pourvoir en redhibition, ni même en diminution de prix, sur le prétexte qu'il a ignoré des défauts visibles & apparens de la chose par lui achetée. C'est ce que décide expressément la loi 48, §. 3, D. *de ædilitio edicto.*

La distinction de l'Ignorance vraisemblable d'avec l'Ignorance crasse, est d'un grand usage, lorsqu'il s'agit de la validité de contrats ou d'autres actes faits avec ou devant une personne qui n'avoit point les qualités qu'on lui supposoit, & sans lesquelles néanmoins on ne pouvoit ni contracter, ni agir avec ou devant elle. C'est alors principalement qu'il est vrai de dire avec

_____

(*) *Voici les termes de cette loi :*
Sed & si me putem tibi aut Titio promisisse, cùm aut neutrum factum sit, aut Titii persona in stipulatione comprehensa non sit, & Titio solvero, repetere à Titio potero.

une des loix citées ci-deſſus, *facti Ignorantia ita demùm cuique non nocet, ſi non ei ſumma negligentia objiciatur. Quid enim ſi omnes in civitate ſciant quod ille ſolus ignorat ?*

Ainſi le défaut d'autoriſation paternelle ne peut annuller un contrat fait avec un enfant de famille majeur, qui paſſe dans l'eſprit de tout le monde pour émancipé & capable de s'obliger ; mais le contrat ſeroit nul, ſi c'étoit par une erreur craſſe ou preſque volontaire qu'on eût regardé le fils de famille comme jouiſſant de ſes droits, parce qu'alors la maxime, *qui cùm alio contrahit vel eſt vel eſſe debet non ignarus conditionis ejus,* reprend tout ſon empire. Ces deux points ſont ainſi réglés par la loi 3, D. *ad ſenatus-conſultum Macedonianum* (*).

C'eſt par une ſuite du même principe que Juſtinien décide en ſes inſtitutes, qu'un teſtament auquel on a employé pour témoin un eſclave qui paſſoit dans l'opinion de tout le monde pour libre, ne laiſſe pas d'être valable.

Le parlement de Dijon a auſſi jugé par arrêt du 3 février 1656, qu'on ne pouvoit arguer un teſtament de nullité, ſur le ſeul fondement que l'un des témoins avoit été condamné au banniſſement, parce que ſa condamnation étoit généralement ignorée.

Lorſqu'il s'agit d'actes faits par le miniſtère d'officiers publics que l'on ignoroit être incapables d'y procéder, il ne ſuffit pas que l'erreur

---

(*) *Voici les termes de cette loi :*

Si quis patrem familiàs eſſe crediderit, non vanâ ſimplicitate deceptus, nec juris Ignorantiâ ; ſed quia publicè pater familiàs pleriſque videbatur, ſic agebat, ſic contrahebat, ſic muneribus fungebatur, ceſſabit ſenatus-conſultum.

soit générale, il faut encore qu'elle soit fondée sur un titre coloré, c'est-à-dire, donné par celui à qui en appartient le pouvoir. C'est ce qu'établissent très bien Zoëz & Voët en leurs commentaires sur le digeste. Voyez ce qu'on a dit là-dessus au mot ERREUR, & ajoutez que la jurisprudence des tribunaux a confirmé dans tous les temps le principe que l'erreur commune & fondée sur un titre coloré, fait valider tous les actes passés par un officier incapable ou incompétent. Brodeau sur Louet en rapporte deux arrêts du parlement de Paris; l'un du 30 décembre 1604, confirmatif d'un testament passé devant un commis du tabellion de Lorris, mineur de 25 ans; l'autre du 30 juin 1608, confirmatif d'un codicille passé devant un notaire hors du territoire dans lequel il avoit droit d'instrumenter.

Le parlement de Flandre paroît avoir jugé le contraire dans deux cas semblables à ce dernier. Il s'agissoit dans l'un du testament de Jean Laurent, fait à Hainecourt, village du Cambrésis; & dans l'autre, du testament du nommé Coupez, fait à Cambrai, devant un notaire d'Artois, de la résidence de Cantimpré-lez-Cambrai; ces deux actes furent déclarés nuls par arrêts des 20 février 1766 & 5 août 1767, quoiqu'on alléguât la possession du notaire d'instrumenter en Cambrésis, & l'erreur publique qui en étoit résultée.

Il faut que dans l'une & l'autre espèce, il se soit trouvé des circonstances qui aient écarté l'application du principe que nous venons d'établir; car le parlement de Flandre a fait connoître par plusieurs arrêts, qu'il admet ce principe comme les autres tribunaux. En voici deux qui méritent une attention particulière.

Le fieur Maujot avoit pourfuivi le décret du fief de Leval, appartenant au fieur Fretin, fon débiteur : le fieur de la Potenerie, la demoifelle de Launoy, mineure, & confors, s'étoient oppofés à ce décret, fur le fondement d'une fubftitution dont le fief étoit chargé à leur profit ; mais le défaut d'enregiftrement les avoit fait déclarer non-recevables par arrêt du 19 mars 1750. Le fieur de Villeneuve ayant enfuite époufé la demoifelle de Launoy, fe pourvut contre cet arrêt par la voie de la requête civile, fur le fondement que fa femme n'avoit pas été valablement défendue ; il prétendoit que le décret étoit nul dans la forme, parce que l'huiflier Berthé qui avoit fait la faifie & les criées, n'avoit jamais eu de provifions pour exercer fon office ; que le parlement l'avoit feulement autorifé par arrêt du 14 mars 1740, à en faire les fonctions pendant fix mois, & que toutes les prorogations qu'il avoit obtenues depuis, avoient fini en 1744, antérieurement au décret dont il s'agifloit. Le fieur Maujot & les autres créanciers intervenans répondirent que Berthé exerçoit publiquement les fonctions d'huiflier au temps du décret ; qu'ainfi perfonne n'avoit pu foupçonner qu'il fût fans provifion ; que c'étoit par conféquent le cas de la maxime *error communis jus facit*, attendu fur-tout qu'il ne s'étoit immifcé primitivement dans les fonctions d'huiflier qu'en vertu d'une autorifation particulière du parlement. Par arrêt rendu en 1751, le fieur de Villeneuve fut débouté de l'entérinement de fa requête civile, & condamné aux dépens.

Le fieur Darthois, notaire à Condé en Hainaut, avoit reçu un teftament à Crefpin, village de la Prévôté-le-Comte de Valenciennes. Après

la mort du teftateur, les héritiers légaux fe pourvurent à l'échévinage de Valenciennes, pour
demander la nullité de cet acte : ils fe fondè-
rent fur ce que le notaire qui en avoit été le
miniftre, avoit inftrumenté hors de la juridiction
pour laquelle il étoit établi.

Dans le même temps, les notaires de Valenciennes donnèrent une requête au parlement de
Douai, pour qu'il fût fait défenfes aux notaires
de Condé de faire aucune fonction dépendante
de leurs offices dans les villages de Crefpin,
Thivecelle & autres de la Prévôté-le-Comte de
Valenciennes. Les notaires de Condé répondirent
que ceux de Valenciennes n'étoient point reconnus
pour notaires de la Prévôté-le-Comte ; que leurs
provifions n'y avoient jamais été enregiftrées ; qu'ils
n'y avoient même pas prêté ferment ; que depuis la
création de leurs offices, eux notaires de Condé,
avoient toujours inftrumenté concurremment avec
ceux de Valenciennes dans les villages dont il
s'agiffoit, & en conféquence ils demandèrent à
être renvoyés de la demande de leurs adverfaires.
Par l'arrêt qui intervint fur cette contestation, il
fut fait défenfes aux notaires de Condé d'inftrumenter dans le reffort de la Prévôté-le-Comte.

Les héritiers légaux ne manquèrent pas de fe
prévaloir de cette décifion, pour faire annuller le
teftament reçu par le fieur Darthois ; mais les
héritiers inftitués répondirent qu'au temps de la
confection de cet acte, tout le monde étoit dans
la perfuafion que les notaires de Condé pouvoient
inftrumenter à Crefpin ; que cette erreur étant
générale, devoit faire valider le teftament ; qu'autrement ce feroit jeter le trouble & la confufion
dans toutes les familles. Les héritiers légaux ré-
pliquèrent

pliquèrent que l'erreur n'étoit pas vraisemblable
ni de bonne foi , puisqu'une ordonnance de M.
de Séchelles , intendant de Hainaut , avoit fait
défenses aux notaires de Condé d'instrumenter
dans la Prévôté-le Comte de Valenciennes. Les
héritiers institués répondirent que cette ordonnance étoit émanée d'un juge incompétent ; que
d'ailleurs elle n'avoit été ni publiée, ni affichée ;
qu'ainsi elle n'avoit ni interrompu la possession
des notaires de Condé ; ni détrompé le public.

Les prévôt & échevins de Valenciennes déclarent le testament nul par sentence du 18 mars
1766 ; mais cette sentence a été infirmée , &
le testament jugé valable par arrêt du 11 mai
1768, au rapport de M. Malotau.

*Voyez le digeste , tit. de juris & facti Igno-
rantiâ , & tit. de condictione indebiti , avec les
commentaires de Zoëz, de Voët, &c.; le commentaire
de Brunneman , sur le code ; Cujas sur les questions
d'Afriquain ; les observations pratiques de Gayl ;
les loix civiles de Domat ; le traité des obligations
de Pothier ; les arrêts d'Augeard ; le tome 5 des
œuvres de M. d'Aguesseau ; les plaidoyers de
Cochin , &c.* Voyez aussi les articles ERREUR ,
LOI , POLICE , OBLIGATION , VENTE , &c.

(*Article de M. MERLIN , avocat au parlement de Flandre.*)

ILE. C'est un espace de terre entourée d'eau.

Nous n'admettons pas , comme les Romains,
les alluvions & les accroissemens au profit des
propriétaires riverains , soit par les changemens
qui peuvent survenir dans le lit des rivières ,
soit relativement aux Iles & îlots qui peuvent
s'y former.

Tome XXX.   I

Chez eux le lit & les bords des fleuves & rivières étoient censés faire partie des héritages riverains ; & par une suite de ces maximes, le terrain qu'un fleuve ajoutoit à ces héritages, appartenoit à ceux qui en étoient propriétaires; ils réunissoient de même à leurs possessions le lit que le fleuve abandonnoit, & lorsqu'il se formoit une Ile dans le milieu de son lit, les riverains y avoient un droit égal, & en partageoient la propriété.

Suivant nos principes, les rivières navigables, leur lit, rives, & tous les terrains qui peuvent s'y former, appartiennent au roi, à raison de sa souveraineté : c'est la disposition précise de l'article 41 du titre 27 de l'ordonnance des eaux & forêts de 1669, qui a dissipé tous les doutes que l'on cherchoit à faire naître dans plusieurs provinces, sur le fondement des énonciations qui se rencontroient dans les anciennes concessions.

Les rivières qui ne sont pas navigables, ou qui ne le sont que par artifice, appartiennent aux seigneurs hauts-justiciers, dans le territoire desquels elles coulent ; les Iles, îlots & attérissemens qui s'y forment, leur appartiennent également à raison de leur haute-justice, & les propriétaires riverains ne peuvent y rien prétendre.

Ces principes sont fondés sur ce que parmi nous les possessions sont limitées, & que le propriétaire possédant une terre dont la mesure est fixe & déterminée, il ne peut prétendre d'accroissemens : c'est ce que nous indique cette règle de Loysel, dans ses institutes coutumières : la rivière ôte & donne *au haut-justicier* ; ce qui s'entend, la rivière ôte au propriétaire, & donne au haut-justicier.

Il est cependant des circonstances dans lesquelles le propriétaire ne peut être évincé, comme lorsque le terrain que l'eau a coupé n'est point absolument & entièrement détaché du corps de l'héritage, ou lorsqu'il est uniquement sujet à des inondations.

Dans ce cas, ni la forme, ni la substance du fonds ne sont point changés; le lit du fleuve est toujours de même; l'irruption dès eaux n'opère point une cessation de propriété, mais une simple suspension de l'exercice de ce droit : suspension qui ne dure qu'autant que l'eau couvre la superficie du terrain.

Par des lettres-patentes de 1539, François premier ordonna qu'il seroit procédé à la recherche des Iles du Rhône.

En 1572, Charles IX établit des commissaires pour informer des entreprises sur les Iles des rivières de Seine, Loire, Garonne, Marne, Dordogne & autres, avec ordre de les réunir au domaine s'il n'y avoit titre au contraire, & ensuite de les donner à ferme, ou en faire des baux à cens & rentes, suivant qu'il seroit trouvé plus utile.

Une déclaration du mois de mars 1664 ordonna la recherche des détenteurs des Iles, accroissemens, péages, moulins, &c.

Un édit du mois d'avril 1668 maintint dans ces différens droits ceux qui en jouissoient depuis plus de cent années, à la charge de payer au domaine, par forme de reconnoissance, une redevance annuelle, sur le pied de la valeur du vingtième du revenu.

Une déclaration du mois d'avril 1683 contient quatre dispositions principales.

I ij

La première confirme purement & simplement la propriété de ceux qui peuvent rapporter des titres authentiques antérieurs à 1566, tels que des inféodations, contrats d'aliénation, engagemens, aveux & dénombremens rendus au roi, & reçus sans blâme.

La seconde confirme les églises & monastères de fondation royale, auxquels les droits ont été donnés par cause de fondation & dotation.

La troisième confirme les possesseurs avant le premier avril 1566, dans leurs possessions, en payant annuellement le vingtième du revenu annuel, indépendamment des droits seigneuriaux, rentes & redevances dont ils peuvent se trouver chargés, tant envers le roi ou les engagistes de son domaine, qu'envers les seigneurs particuliers.

La quatrième réunit au domaine tous les droits de ceux qui ne sont pas dans le cas des trois articles précédens.

La plupart des possesseurs & détenteurs se trouvèrent dans l'impossibilité de rapporter des titres du genre de ceux qu'exigeoit la déclaration de 1683, & sur-tout ceux des provinces de Languedoc & de Bretagne.

Il intervint sur leurs instances deux déclarations des mois d'avril 1686 & août 1689, qui confirmèrent tous les possesseurs & détenteurs indistinctement des Iles & crémens, à la charge de payer, par forme de deniers d'entrée, les sommes comprises dans les rôles arrêtés au conseil, & un droit de champart, sauf à ceux qui soutiendroient leurs titres valables, au terme de la déclaration de 1683, d'en faire leur déclaration, & que s'ils se trouvoient fondés, ces Iles seroient réunies,

& les possesseurs condamnés à la restitution des fruits depuis vingt-neuf années.

Les détenteurs des autres provinces du royaume n'étant pas plus en état que ceux de Bretagne & de Languedoc, de justifier de titres conformes à la déclaration de 1683, il intervint en 1693 un édit général pour tout le royaume.

Cet édit maintint & confirma tous les détenteurs, propriétaires ou possesseurs qui pourroient rapporter des titres de propriété ou de possession. antérieurs au premier avril 1566, dans la possession des Iles & î'ots, même dans les crémens futurs, en payant une année de revenu, ou le vingtième de la valeur actuelle, à leur choix, avec les deux sous pour livre, & annuellement une redevance seigneuriale de cinq sous par arpent des Iles & autres semblables biens, & pareille redevance sur chaque droit de pêche, péage, passage, &c. par forme de surcens, outre & par-dessus les censives & autres rentes & droits dont ils pourroient être chargés envers le domaine, ou envers d'autres seigneurs.

Ceux qui n'avoient aucun titre de propriété ou de possession avant le premier avril 1566, furent maintenus en payant deux années de revenu, ou le dixième de la valeur actuelle des biens & droits à leur choix, avec les deux sous pour livre, & une pareille redevance annuelle de cinq sous.

Les seigneurs particuliers furent pareillement confirmés dans la perception des censives, portant lods & ventes, & des rentes seigneuriales ou foncières qu'ils avoient accoutumé de prendre & percevoir sur quelques-uns de ces droits & biens, en vertu de leurs aveux, dénombremens

ou autres titres , en payant le dixième de la valeur
en fonds des mêmes droits de cenfives , lods &
ventes , & rentes feigneuriales ou foncières.

Les églifes & monaftères des fondations royales , furent confirmées, fans payer aucune chofe ,
dans la poffeffion & jouiffance de ce qui étoit
compris dans le titre de leur fondation ou dotation ; & à l'égard des objets qui n'y étoient
pas compris , ou qui étoient fortis de leurs
mains , même pour les crémens , ils furent dès-
lors affujettis au payement du vingtième ou
dixième de la valeur , comme les autres poffeffeurs & détenteurs , & à la redevance annuelle
de cinq fous.

On excepta les Iles & crémens déjà compris
dans les rôles arrêtés au confeil , en conféquence
des déclarations de 1686 & 1689 , & en même
temps , pour rendre la condition des poffeffeurs
égale à celle des autres détenteurs , & affranchir
les biens des champarts & redevances impofés
en conféquence de ces déclarations qui pourroient
en empêcher la culture & le commerce , même de
celles impofées en conféquence de la déclaration
de 1683 , le roi en quitta & déchargea-les poffeffeurs , en payant le principal des champarts &
redevances au denier dix-huit , & pareille redevance de cinq fous.

Il fut ordonné que ces taxes feroient payées fuivant les rôles arrêtés au confeil , avec les deux fous
pour livre , entre les mains du prépofé ; favoir ,
les fommes principales , fur les quittances de
garde du tréfor royal ; le tiers , quinzaine après
la fignification de l'extrait des rôles , & les deux
autres tiers en deux payemens , de deux mois
en deux mois , & les deux fous pour livre , fur

fur les quittances du prépofé au recouvrement.

Il n'avoit été fait aucune mention dans les édits que l'on vient de rappeler, des Iles, îlots, crémens & attériffemens formés par la mer, qui n'appartenoient pas moins au roi que ceux des fleuves & rivières navigables.

Un édit du mois de février 1710, maintint & confirma dans leur poffeffion & jouiffance les détenteurs, propriétaires & poffeffeurs de ces Iles & îlots, à la charge de payer au roi deux années du revenu, ou le dixième de la valeur, avec une redevance annuelle de cinq fous par arpent des Iles, îlots, crémens, attériffemens, lais & relais de la mer.

Les feules églifes & monaftères de fondation royale ont été exceptés de cette difpofition, pour ce qui eft compris dans leurs titres de fondations & dotations.

Enfin, par arrêt du 7 feptembre 1722, rendu fur le dire de l'infpecteur du domaine, les fermiers ont été autorifés à fe mettre en poffeffion des Iles, îlots, attériffemens & droits qui avoient été formés ou établis depuis l'édit de 1693, ou dont les anciens propriétaires ou poffeffeurs n'avoient point fatisfait au payement des fommes portées par cet édit.

Par arrêt du 22 janvier 1726, rendu entre la ville d'Avignon, le fyndic de la province de Languedoc & la communauté des Angles, il a été ordonné que le roi demeureroit maintenu, ainfi que les rois fes prédéceffeurs l'avoient toujours été, comme rois de France, dans l'ancien droit & poffeffion immémoriale de la fouveraineté & de la propriété du fleuve du Rhône, d'un bord à l'autre, tant dans fon ancien que nouveau lit, par tout son cours, & des Iles, îlots, crémens & attériffemens qui s'y forment, & qui font partie de la province de Languedoc.

· Par un autre arrêt du 10 février 1728, le conseil confirma celui du 22 janvier 1726, & jugea que lorfqu'un terrain avoit été inondé & avoit fait partie du lit de la rivière pendant plus de dix ans, il appartenoit au roi lorfque l'eau venoit à s'en retirer, fans que ceux qui prétendoient avoir été propriétaires avant l'inondation, puffent alléguer que la motte ferme qui n'avoit pas été inondée, leur avoit confervé la propriété de ce qui avoit été inondé pendant plus de dix ans.

ILES FRANÇOISES DE · L'AMÉRIQUE. Voyez COLONIE, INDE, GUINÉE, ENTREPOT, &c.

· IMMATRICULER. C'eft mettre dans la matricule, inférer dans le regiftre.

Les nouveaux officiers font reçus & immatriculés dans les fiéges où ils exercent leurs fonctions.

Les nouveaux propriétaires des rentes affignées fur les revenus du roi, fe font Immatriculer par les payeurs, pour pouvoir toucher les rentes. Voyez MATRICULE.

IMMEUBLES. Il fe dit des biens en fonds qui ne peuvent être tranfportés d'un lieu à un autre, comme font les terres, prés, bois, vignes & les maifons.

· Il y a néanmoins certains biens qui fans avoir de corps matériel, ni de fituation fixe, font réputés Immeubles par fiction, tels que les droits réels, comme cens, rentes fon ières, champart, fervitude; & tels font encore les offices; tels font aufli, dans certaines coutumes, les rentes conftituées, lefquelles dans d'autres font réputées meubles.

Il ne faut pas confondre les chofes qui fervent à garnir une maifon, une métairie, avec celles qui font partie de cette maifon ou métairie : les premières font des meubles, & les fecondes des Immeubles. Ainfi les chevaux, les beftiaux, les inftrumens qui fervent à l'agriculture, font des meubles; & au contraire, les chofes qui font adhérentes à une métairie ou héritage, & qui y font pour perpétuelle demeure, font partie de cette métairie ou héritage, & font par conféquent des Immeubles. C'eft en conformité de cette règle que l'article 90 de la coutume de Paris a mis au rang des Immeubles les moulins à eau ou à vent, & les preffoirs, lorfqu'ils ne peuvent être enlevés fans être défaffemblés.

Mais cette décifion de la coutume de Paris ne s'applique pas aux moulins conftruits fur des bateaux : ceux-ci font meubles.

Les échalas auxquels les vignes font attachées, font cenfés faire partie de l'héritage, & font fur ce fondement réputés Immeubles, même pendant l'hiver, quoiqu'alors ils foient féparés de la vigne : la raifon en eft que cette féparation n'eft que momentanée, & ne doit par conféquent pas changer la nature de la chofe.

Obfervez toutefois que des échalas n'acquièrent a qualité d'Immeubles que quand on les unit à la vigne : c'eft pourquoi lorfqu'ils font nouvellement apportés dans une maifon de vigne, & qu'ils n'ont point encore fervi à la vigne, ils font meubles.

Les fumiers d'une métairie ne pouvant être divertis par le fermier, font cenfés faire partie de a métairie, comme y étant pour perpétuelle demeure, & font en conféquence réputés immeubles

C'eft par la même raifon de la perpétuelle demeure, que la coutume de Lorraine, & la jurifprudence des arrêts réputent Immeubles l'artille-
rie du château, les arquebufes à crocs, &c.

La même règle s'applique aux ornemens d'une
chapelle, aux vafes facrés, & aux autres chofes
qui fervent au fervice divin.

Mais les poiffons, les pigeons, les lapins qui
appartiennent à quelqu'un, font-ils meubles ou
Immeubles ? Il faut diftinguer : Tandis que les poiffons font dans un étang, que les pigeons font dans
un colombier, & les lapins dans une garenne, ils
font cenfés faire partie de l'étang, du colombier &
de la garenne, & comme tels réputés Immeubles;
mais lorfque le poiffon eft dans un réfervoir, &
que les pigeons ou les lapins fe trouvent renfermés
dans un clapier, ils font meubles.

Les Immeubles fe règlent par la loi du lieu où
ils font fitués. Ils font fufceptibles d'hypothèque.

En cas de vente, le vendeur peut être reftitué
lorfqu'il y a léfion d'outre moitié du jufte prix.

Si le poffeffeur d'un Immeuble eft troublé, il
peut intenter complainte.

Le retrait lignager a lieu pour tous les Immeubles réels, tels que les héritages, & même pour
certains immeubles fictifs, tels que les cens &
rentes foncières non rachetables ; mais les offices,
les rentes conftituées à prix d'argent, & les rentes
foncières rachetables ne font pas fujets à retrait.

Le retrait féodal n'a lieu que pour les Immeubles réels, & droits incorporels tenus en fiefs.

On appelle *Immeubles ameublis*, ceux qu'on
répute meubles par fiction; ce qui ne fe pratique
que pour faire entrer en communauté des Immeubles qui fans cette fiction n'y entreroient pas.

Le droit de centième denier eſt dû à chaque mutation d'Immeubles réels, à l'exception de celles qui ont lieu en ligne directe, ſoit par contrat & en faveur du mariage, ſoit par donation à cauſe de mort, ou par ſucceſſion *ab inteſtat*.

Voyez la coutume de Paris & les commenta-teurs ; le Brun, traité des ſucceſſions ; Renuſſon, traité des propres ; de Saligny, ſur la coutume de Vitry ; l'édit du mois de décembre 1703 ; les dé-clarations du 19 juillet 1704 & du 20 mars 1708, &c. Voyez auſſi les articles MEUBLES, OFFICES, RENTES, PROPRES, ACQUÊTS, BIENS, CENTIÈME DENIER, SUCCESSION, &c.

IMMIXTION. Action de s'immiſcer dans une ſucceſſion.

Chez les Romains, l'Immixtion ne ſe diſoit que par rapport aux héritiers ſiens. Lorſque les héri-tiers étrangers faiſoient acte d'héritier, cela s'ap-peloit *adition d'hérédité*.

Parmi nous, l'adition d'hérédité ſemble s'en-tendre de tout acte exprès, par lequel on prend qualité d'héritier ; & Immixtion eſt tout acte par lequel un héritier préſomptif agit, comme s'il avoit pris qualité ; de ſorte que l'Immixtion opère le même effet que l'adition d'hérédité.

IMMUNITÉ. Ce mot ſignifie l'exemption de quelque charge publique, devoir ou impoſition : il vient du mot latin *munus*. Les juriſconſultes Romains l'ont employé pour ſignifier la même choſe (*).

(*) *Munus tribus modis dicitur : Uno donum & indè*

L'*Immunité* eſt perſonnelle où réelle , ſelon qu'elle eſt accordée aux choſes où aux perſonnes. On ſe ſervoit autrefois de ce mot pour ſigni-fier l'eſpèce d'exemption dont jouiſſoient certaines claſſes de citoyens : on diſoit l'*Immunité* des gens de guerre ; l'*Immunité* des conſeillers des cours ſouveraines ; l'*Immunité* des officiers de la maiſon du roi ; l'*Immunité* des officiers domeſtiques des enfans de la maiſon de France ; l'*Immunité* des eccléſiaſtiques ; l'*Immunité* des villes capitales; l'*Immunité* des communautés, &c. &c. (*). Aujour-d'hui l'uſage paroît avoir conſacré ce mot pour ſignifier quelquefois l'exemption dont jouiſſent les villes & communes , & ſpécialement celle dont jouiſſent les eccléſiaſtiques & le clergé.

Immunités eccléſiaſtiques.

On appelle *Immunités eccléſiaſtiques* les privi-léges & les exemptions accordés à l'égliſe & au clergé par les ſouverains : nous diſons *accordés*, parce que les eccléſiaſtiques , le clergé, les com-munautés ſéculières & régulières du royaume ne peuvent jouir d'aucun privilége , d'aucune exemp-tion, qu'autant qu'ils leur ont été *accordés* expreſ-ſément par nos rois.

La queſtion des Immunités eccléſiaſtiques a été ſouvent agitée ; mais elle n'a jamais été traitée avec aſſez de déſintéreſſement. Ceux qui ont écrit

---

munera dici , dari , mittive : altero opus , quod cùm remit-tatur vacationem militiæ munerifque preſtat ; indè Immu-nitatem appellari : tertio , officium . . . . . Leg. 18 , *dig.* de verborum ſignif.

(*) Voyez les plaidoyers de le Bret , & biblioth. du droit François , au mot *Immunités.*

pour ou contre depuis une vingtaine d'années, ou
font allés au delà du vrai, ou ont cherché à le maf-
quer & à le dérober au public qui prenoit le plus
vif intérêt à cette queftion. Ecartons donc tout préjugé, tout efprit de parti. Il importe au bien public
qu'on puiffe la décider, & qu'elle foit en effet
décidée irrévocablement par les feuls principes de
la juftice & de la vérité.

Les guides que nous allons fuivre en traitant
cette queftion, font des principes du droit naturel,
des maximes du droit public, & les monumens
de l'hiftoire. Le droit naturel nous apprend que les
membres d'un corps, d'une fociété, d'un état,
doivent contribuer au foutien de ce corps, de la
fociété, de l'état. Le droit public peut feul nous
éclairer fur la mife proportionnelle, fur l'étendue
que doit avoir le tribut. L'hiftoire nous inftruira
de ce que l'on doit faire à cet égard, par ce qui a
été fait.

Le droit naturel développe les relations effentielles entre le clergé & l'état politique, l'obligation du clergé de contribuer aux charges & aux
befoins de l'état politique, & le droit de l'état
politique pour exiger du clergé cette contribution.
Le droit public découvre ces bornes refpectables que la main de dieu a pofée entre les deux
puiffances, & qu'elle a affermie contre tous les
efforts de l'ambition & de l'intérêt.

L'étude du paffé mène à la connoiffance du
préfent, & fouvent même à la fcience de l'avenir.
Le but de l'hiftoire eft donc de nous montrer les
hommes dans tous les points de vue, & dans les
pofitions différentes, où le contrafte & le jeu de
leurs idées, de leurs fentimens, de leurs opinions,
de leurs paffions, les place fucceffivement. Si l'hif-

toire nous retrace des temps où l'on a abandonné
les anciennes maximes par ignorance & par foiblesse, elle nous fait voir, même dans ces temps
malheureux, des témoins irréprochables de la vérité ; elle nous éclaire autant par les fautes de nos
prédéceffeurs que par les lumières qu'ils nous ont
tranfmifes, & par les bons exemples qu'ils nous
ont laiffé à fuivre.

Ce traité fe divife en deux parties : la première
eft toute de droit ; la feconde, de fait. Nous exa-
minerons dans la première les principes qui doivent
décider de l'Immunité du clergé ; & nous rapporterons, dans la feconde, ce qui s'eft pratiqué en matière
d'impofitions fur les biens de l'églife, depuis la
naiffance du chriftianifme jufqu'à nos jours.

Etat de la queftion.

Deux fortes d'Immunités font prétendues par
le clergé ; l'une perfonnelle, & l'autre réelle : la
première, pour les perfonnes qui font confacrées à
dieu dans le clergé féculier & régulier : la feconde,
pour les biens que l'églife pofsède. Le clergé foutient que l'une & l'autre Immunité lui appartient
effentiellement & par état, & qu'il en a toujours
joui en conféquence.

On ne peut fe fouftraire à un droit commun,
à une obligation générale qu'à trois titres ; en vertu
d'un droit particulier, en conféquence de quelque
conceffion fpéciale, & par le feul fait de la poffeffion. Il paroît que le clergé veut cumuler ces
trois fortes de titres : les Immunités, les exemptions & franchifes qu'il réclame, les fuppofent
tous.

PREMIÈRE PARTIE.

§. I. *Principes de droit naturel & positif sur les Immunités.*

Les jurisconsultes définissent la loi naturelle, *les rapports essentiels des hommes entre eux, lesquels dérivent de la raison primitive.* Cette loi est écrite dans le cœur de tous les hommes, par la main même de l'être qui leur a donné l'existence.

Si les hommes n'étoient pas aveuglés par leurs passions & par leurs préjugés, ils liroient au dedans d'eux-mêmes leurs droits & leurs obligations : mais leur raison étant obscurcie, il a fallu l'éclairer, les rappeler à la loi naturelle, & la leur faire observer. D'après la loi naturelle, d'après les devoirs des hommes & leurs véritables intérêts, la sagesse a dicté à cet effet les loix politiques & civiles : l'autorité leur a donné l'authenticité. Ainsi la loi naturelle ayant son principe dans l'essence même des hommes, les législateurs & les souverains n'en sont que les interprètes & les commentateurs : d'où il suit qu'ils ne peuvent ni l'abroger, ni en affranchir à perpétuité, parce que le droit qui résulte de la loi naturelle est inaliénable & imprescriptible comme elle.

S'il arrive, dans de certaines circonstances, que le souverain dispense de ce droit ou y renonce, ce n'est jamais que pour un temps, & non à perpétuité, parce qu'il n'en a que l'exercice & l'usage. Son successeur, ou lui-même, peuvent y rentrer, quand la justice ou les besoins de la société l'exigent. Si donc ce droit est inaltérable, par la raison qu'il est essentiel aux hommes, & qu'il appartient en commun à la fociété, nulle poffeffion, quelque ancienne qu'elle puiffe être, ne peut le détruire, fans renverfer en même temps tous les principes & les fondemens mêmes de la fociété.

La juftice diftributive eft le premier de tous les principes, de tous les fondemens de la fociété : ce principe eft fondé fur le droit naturel qu'a chaque fociété, & chaque membre de cette fociété d'être régi avec équité pour la défenfe commune, pour le bonheur général & fon avantage particulier, & fur le droit pofitif, qui a confirmé le droit naturel, en établiffant les fociétés fous le gouvernement, foit d'un feul, foit de plufieurs.

Le droit de conquête, qui eft le plus fort de tous, ne peut, aux yeux de la juftice & de la raifon, changer ce premier principe de droit naturel; il ne peut ôter au peuple conquis le droit de gouverner par le conquérant devenu fon chef. Tous les autres droits qui tranfmettent la puiffance fouveraine par élection ou par fucceffion, le peuvent encore moins, par la raifon que les hommes n'ont voulu, ni pu fe foumettre à des loix contraires à leur bonheur & aux droits qu'ils tiennent de leur effence.

Ainfi les exemptions obtenues & acquifes au préjudice de ces droits par quelques membres du corps politique, font nulles, fi elles tendent à détruire la juftice diftributive : elles font abufives fi elles l'affoibliffent confidérablement ; ou ce ne font que des exceptions admiffibles feulement, lorfqu'elles procurent au refte de la fociété un bien fupérieur au mal qu'elles peuvent faire à quelques-uns de fes membres. Cette condition manque-t-elle, ou ceffe-t-elle d'exifter ? Alors il faut les révoquer ; le fouverain eft lui-même intéreffé à leur

leur révocation , parce que la juſtice diſtributive
eſt le fondement le plus ſolide de ſa puiſſance &
de l'obéïſſance de ſes ſujets, comme elle eſt le gage
de la ſociété & du bonheur de ſes membres.

La ſociété donne à tous en général , & à chacun
en particulier, les mêmes droits : elle leur impoſe
les mêmes obligations. Comment ſeroit-il poſſible
que quelques-uns de ces membres, qui participent à tous les avantages de la ſociété, ne duſſent
ni en ſupporter les charges , ni l'aider en ſes beſoins ? L'exemption prétendue par une partie des
ſujets d'un état au préjudice des autres, eſt donc
éverſive des principes conſtitutifs de cet état.

L'état eſt la collection ou aſſemblage des citoyens réunis ſous les mêmes loix & ſous la même
puiſſance temporelle ; & , ſous un autre aſpect,
qui repréſente ce corps moral d'une manière moins
abſtraite , & comme perpétuellement en action,
c'eſt la conſervation habituelle & actuelle de notre
être & de notre bien-être, le centre où tendent
les principes de notre conſervation & de notre
bonheur. Comme le ſentiment agit plus ſûrement
ſur tous les hommes, on a fixé d'après lui dans
leurs cœurs la relation de l'intérêt général à l'intérêt perſonnel : de là le mot de *patrie* , ſynonyme
de celui d'état. L'état eſt un terme philoſophique
qui ne rend à l'eſprit que l'objet & les effets de
la ſociété, mais la patrie expreſſion plus ſenſible,
rappelle au cœur les droits de la ſociété ſur tous
les hommes , & leurs devoirs envers elle.

Auſſi, les ſecours que la patrie exige de chacun
de ſes membres ne ſont-ils que l'expreſſion eſſentielle de leurs devoirs ; ce devroit être celle de
leurs ſentimens. Ces ſecours ſont néceſſaires pour
conſerver l'état , & maintenir leur bien-être : d'où

il fuit que l'idée d'exemption de toute impo
fition eft contradictoire avec la notion d'état &
de patrie, avec les devoirs facrés qu'ils impo
fent, avec les premiers fentimens que tout ci
toyen leur doit pour prix de la fûreté & du bon
heur qu'ils lui procurent. Sans mife réelle or
induftrielle, il ne pourroit avoir ni droit, ni par
à ces avantages.

La réunion des forces particulières forment ce
qu'on appelle *état politique*; c'eft là fon effence
d'après laquelle il exifte, & fans laquelle il ne
peut exifter. L'état politique a donc droit d'exiger
de tous les membres qui le compofent, la réunion
des forces qui le conftituent; s'il n'avoit pas ce
droit fur quelques-uns d'eux; fi quelques particuliers étoient difpenfés de cette obligation,
l'état & ces particuliers n'auroient plus entre eux
les rapports qui leur font effentiels.

Les forces particulières font ou perfonnelles
comme les foins & les travaux civils ou militaires;
ou réelles, comme les revenus des fonds ou de
l'induftrie. L'état politique étant formé de la
réunion des unes & des autres, il a effentiellement fur elles un droit égal. La fûreté des états,
leurs befoins & leurs charges toujours fubfiftans,
exigent que la réunion des forces réelles foit
actuelle & permanente : cette réunion fe fait
par la voie des impofitions ordinaires; &, dans les
charges & les befoins qui furviennent par des
impofitions extraordinaires.

Tous les hommes rempliffent fur cet objet
leur obligation. Le cultivateur met dans la fociété
des travaux utiles & pénibles, fouvent plus utiles
à fes compatriotes qu'à lui-même; l'artifan & le
commerçant y mettent leurs peines & leur in-

'duſtrie; l'homme d'état ſes ſoins & ſa vigilance; le ſavant, l'homme de lettres & le philoſophe, leur application, leurs veilles, leurs recherches & leurs réflexions; le magiſtrat, l'étude des loix, la diſcuſſion des affaires des particuliers, la diſ-penſation de la juſtice; le militaire enfin, ſes fatigues, ſon ſang & ſa vie; après avoir aidé la ſociété par la contribution perſonnelle de leurs travaux & de leurs ſoins, tous l'aident encore d'une portion de leurs biens.

L'état n'eſt point dans l'égliſe, mais l'égliſe eſt dans l'état, qui exiſtoit avant elle, & qui l'a reçue dans ſon ſein (*), c'eſt-à-dire que tous ceux qui embraſſent le chriſtianiſme, ne ceſſent point d'être membres de l'état; que les liens qui les y attachent, ne ſont point rompus par la profeſſion de cette religion; que les devoirs ré-ciproques entre eux & le ſouverain ſubſiſtent dans toute leur étendue; & que, comme le ſouverain leur doit toujours juſtice, protection & défenſe, ils ne peuvent lui refuſer l'obéiſſance ni les ſe-cours néceſſaires pour la défenſe de la patrie contre les ennemis du dehors, & pour le maintien de la paix entre ſes membres au dedans.

Il ne faut pas confondre le clergé avec l'égliſe, & prendre une partie pour le tout. L'égliſe eſt l'aſſemblée des fidèles, c'eſt-à-dire des perſonnes qui font profeſſion de la foi chrétienne, qui par-ticipent aux mêmes ſacremens, & qui, ſous la conduite des paſteurs légitimes, forment un ſeul corps, dont Jéſus-Chriſt 'eſt le fondateur &

(*) *Non enim eſt reſpublicâ in eecleſiâ, ſed ecoleſia in republicâ.* S. Optat. contr. Parmen. L. 2.

K ij

le chef. Les eccléfiaftiques font ces pafteurs légitimes qui compofent ce qu'on appelle le clergé.
L'églife ne jouit d'aucune Immunité, d'aucune
exemption. Les eccléfiaftiques & le clergé qui en
font les chefs & les miniftres, en jouiffent-ils?
Ont-ils des titres pour déroger au droit naturel
& à l'obligation qui en réfulte, c'eft-à-dire de
fe fouftraire aux charges de l'état dont ils font
membres?

Ils n'en ont aucun, relativement à leur inftitution.

Le but de la miffion de Jéfus-Chrift étoit d'é-
tablir le royaume de Dieu dans le cœur des
hommes, & de former fur la terre un peuple
qui lui fût agréable par la pratique des bonnes
œuvres. Les miniftres qu'il a conftitués pour continuer fon œuvre, font envoyés de la même manière qu'il avoit été lui-même envoyé par fon
père.

Ainfi, la fin qu'ils doivent fe propofer, eft la
fanctification des ames en cette vie, & leur
falut éternel dans l'autre.

Jéfus-Chrift a promis à fes apôtres (*), que
ce qu'ils auront délié fur la terre, fera délié dans
le ciel, & que ce qu'ils auront lié, le fera pareillement dans le ciel. Il les a affurés que les
péchés feront remis ou retenus (**) à ceux à qui
ils les remettront ou retiendront. En les laiffant en
ce monde, il leur dit bien (***) que toute puiffance
lui a été donnée dans le ciel & fur la terre;
mais il a borné celle qu'il leur communique à
inftruire & à baptifer.

_____

(*) Matth. ch. 18, verf. 18.
(**) S. Jean, ch. 20, verf. 22.
(***) S. Matth. ch. 18, verf. 18.

Voilà les diférens titres de l'inſtitution des
miniſtres de l'égliſe, & les pouvoirs qu'ils ont
reçus de leur auteur : ces pouvoirs ſont ſpirituels;
ils ne s'étendent que ſur les ames.

Jéſus-Chriſt n'a donné à ſes miniſtres aucun
droit ſur les biens temporels : au contraire, il
leur a défendu de ſe faire des tréſors ſur la
terre (*). Il ne veut point qu'ils portent ni
or, ni argent dans leur bourſe, ni ſac pour le
voyage, ni deux tuniques, ni bâton ; mais qu'ils
ſe contentent de ce qui leur ſera donné pour leur
ſubſiſtance (**). L'égliſe en un mot n'eſt point
de ce monde ; elle y eſt étrangère, & n'y prétend rien. Son origine eſt du ciel ; c'eſt ſa patrie :
là, tendent tous ſes déſirs, toutes ſes eſpérances.
Ici-bas, elle ne poſsède que la foi ; c'eſt le ſeul
bien qui lui ſoit propre : *nihil ecclesia niſi fidem
poſſidet; hos reditus præbet, hos fructus* (***). Elle
n'en connoît point d'autre qui lui appartienne,
en vertu de ſon établiſſement, & auquel elle ait
droit par la conceſſion de ſon auteur : ſes miniſtres n'ont point d'autre fonds qui leur ait été
aſſuré par leur inſtitution.

L'établiſſement de l'égliſe ſur la terre n'a rien
dérangé dans l'ordre des ſociétés civiles. Les
hommes naiſſent citoyens avant de devenir chrétiens. La qualité de fidèle ajoute une nouvelle
obligation d'obéir aux loix de l'état : & nous avons
l'avantage que, bien loin que la doctrine du
chriſtianiſme, telle que Jéſus-Chriſt & les apôtres
l'ont enſeignée, ſoit oppoſée aux loix de l'état,

(*) S. Matth. ch. 6. verſ. 19.
(**) *Ibid.* ch. 8. verſ. 9,
(***) S. Amb. epit. 31.

elle fert au contraire à nous rendre plus exacts à les pratiquer & à les fanctifier par la pureté du motif.

Ainfi la liberté que Jéfus - Chrift procure dans l'églife, n'eft point un affranchiffement des loix & des charges des états, dans lefquels les chrétiens paffent le temps de leur pélerinage; c'eft feulement une exemption du joug des obfervances mofaiques, & une délivrance de la fervitude du péché.

Ainfi les fouverains & les magiftrats font demeurés en poffeffion de tous les droits qui leur étoient acquis fur ceux qu'ils gouvernent. Les biens de leurs fujets n'ont point changé de nature; ils n'ont point été affranchis de la contribution aux charges de l'état auxquelles ils font affectés.

Ainfi donc l'évangile, loin d'anéantir ou même d'affoiblir cette fubordination, l'a cimentée & rendue plus forte. En ordonnant de rendre à Dieu ce qui eft à Dieu, Jéfus-Chrift a prefcrit en même temps de rendre à Céfar ce qui appartient à Céfar (*). Pour nous y porter plus efficacement, il nous donne l'exemple de la foumiffion; il fait payer pour lui & pour faint Pierre, le tribut (**) que les empereurs Romains exigeoient de tous les habitans de la Judée : il opère même un miracle plutôt que de manquer à ce devoir, en faifant trouver à fon apôtre, dans la bouche d'un poiffon, un argent qu'il n'avoit point.

La fubordination aux princes, & l'obligation de payer le tribut, a fait un des principaux ar-

(*) S. Matth. ch. 22. verf. 20.
(**) Ibid, 17.

ticles de la prédication des apôtres. *Que toute ame soit soumise* (*), dit saint Paul, *aux puissances supérieures ; car il n'y a point de puissance qui ne vienne de Dieu ; c'est lui qui a établi toutes celles qui sont sur la terre. Le prince est le ministre de Dieu , pour vous favoriser dans le bien : si vous faites le mal , vous avez raison de craindre , parce que ce n'est pas en vain qu'il porte l'épée ; il est le ministre de Dieu pour exercer sa vengeance , en punissant celui qui fait mal. Ainsi , puisque c'est une nécessité , soumettez-vous non seulement par la crainte du châtiment, mais aussi par un devoir de conscience : c'est pour cette raison que vous payez le tribut aux princes , parce qu'ils sont les ministres de Dieu , qu'ils servent pour cela même. Rendez donc à chacun ce qui lui est dû, le tribut à qui vous devez le tribut , les impôts à qui vous devez les impôts , la crainte à qui vous devez la crainte , & l'honneur à qui vous devez l'honneur.*

Dans l'épître à Tite (**) , le même apôtre lui recommande d'avertir ceux qu'il instruira, d'être soumis aux princes & aux magistrats, de leur rendre l'obéissance, & d'être prêts à faire toute bonne œuvre, c'est-à-dire, disposés à faire tout ce qu'ils commandent, pourvu qu'il ne soit point contraire à la loi de Dieu.

Saint Pierre donne les mêmes instructions. Il exige (***) que les fidèles soient soumis, pour l'amour de Dieu, à toutes sortes de personnes, soit au prince comme souverain, soit aux gou-

(*) Epit. aux Romains, ch. 13, verf. 1 & suiv.
(**) Ch. 3, verf. 1.
(***) Ep. 1, ch. 2, verf. 13.

K iv

verneurs, comme à ceux qui font envoyés de
fa part, pour punir ceux qui font le mal, &
traiter favorablement ceux qui font le bien.

Saint Judde met au rang des plus grands crimes, le mépris des puiffances, & le refus de fe
foumettre à leurs ordres (*).

Il faut obferver que les expreffions de Jéfus-
Chrift & celles de fes apôtres font générales,
qu'elles comprennent indiftinctement toutes fortes
de perfonnes. Le miniftre de l'églife, comme
le fimple fidèle, y trouve une loi à laquelle il
doit être également foumis.

C'eft ainfi que ce précepte a toujours été entendu. Les faints évêques qui l'expliquoient au
peuple, ne le propofoient point comme une loi
à laquelle il fût feul foumis ; ils l'étendoient à
tous les membres de l'églife, & fe comprenoient
eux-mêmes fous fon obligation (**).

Saint Chrifoftôme s'exprime là-deffus d'une manière très-claire & très-précife Il fait remarquer
à fes auditeurs, dans une de fes homélies fur
l'épître de faint Paul aux Romains (***), que
cet apôtre recommande à toutes perfonnes d'être
foumifes aux puiffances, & de payer les tributs
& les impôts à qui ils font dus, pour faire voir
que Jéfus-Chrift n'a point établi fes loix pour
troubler & déranger l'ordre des fociétés politiques,
mais au contraire pour les mieux régler; que cette
loi eft impofée non feulement aux féculiers, mais
auffi aux prêtres & aux moines ; ce qui eft
marqué, dit-il, par l'expreffion générale de faint

____

(*) Ep. de S. Jude, verf. 8.
(**) S. Aug. *de cathechif. rud.* cap. 31.
(***) Homél. 23, cap. 13.

Paul : que toute perfonne foit foumife aux puiffances fupérieures ; c'eft-à-dire que vous devez
y être foumis, foit que vous foyez apôtre, foit
que vous foyez évangélifte ou prophète, quelque
rang enfin que vous teniez dans l'églife : *Facit
autem (apoftolus) hoc ideò, ut oftendat Chriftum
leges fuas non ad hoc induxiffe, ut politias ever-
tat, fed ut eas meliùs inftituat. . . . quod ifta
imperentur omnibus & facerdotibus & monachis,
non folùm fæcularibus, id quod ftatim in exordio
declarat, cùm dicit : omnis anima poteftatibus
fupereminentibus fubdita fit, etiamfi apoftolus fis,
fi evangelifta, fi propheta, five quisquis tandem
fueris.*

Il eft donc juftifié par l'examen des titres du
chriftianifme, que Jéfus-Chrift n'a donné à fon
églife aucun droit fur les biens de la terre ; qu'il
n'a point affranchi fes miniftres ni les biens
qu'ils pofsèdent de la contribution aux charges
de l'état, & qu'il a fait au contraire à tous fes
difciples, foit pafteurs ou fidèles, un devoir &
une obligation de payer le tribut & les impôts
à qui ils font dus ; d'où il faut conclure que
l'Immunité prétendue, foit perfonnelle, foit réelle,
n'eft point de fa nature effentielle à l'églife, &
qu'elle ne dérive point de fa conftitution.

Les défenfeurs de l'Immunité ne trouvant rien
qui l'appuie dans la conftitution de l'églife, ont
recours à la deftination des biens dont on l'a en-
richie (*). Ils prétendent que ces biens confacrés à Dieu par le don qui en a été fait à l'églife,
ne peuvent plus être appliqués à d'autres ufages,

(*) Remontr. du Clergé de 1749.

fans une profanation facrilège. Cette maxime eft fufpecte par cela même qu'elle a trop d'étendue. Les eccléfiaftiques appelés au miniftère de l'églife, font confacrés à Dieu. Cette confécration eft plus réelle & plus fainte que celle des biens dont on a enrichi l'églife ; elle n'a cependant point la force de fouftraire leur perfonne à l'autorité légitime des princes , dans les états defquels ils exercent leurs fonctions. Avant d'être eccléfiaftiques , ils font citoyens & membres de la fociété civile. Les liens qui les y uniffent ne font point rompus par l'ordination ; les devoirs qui en naiffent fubfiftent en leur entier : & comme l'état ne ceffe pas de leur devoir la juftice & la protection , leur dépendance de fes loix & de fon autorité ne peut pas ceffer non plus.

Cette même raifon s'applique néceffairement aux biens qu'ils poffèdent : nous naiffons membres de la fociété civile , enfuite nous fommes faits chrétiens. Le droit que notre naiffance nous donne aux droits de cette fociété , nous affujettit à fes charges : nos biens y font affectés comme nos perfonnes ; il ne peut être permis d'en difpofer à fon préjudice. La deftination particulière que nous en pouvons faire, ne change point leur nature ; la donation qui s'en fait à l'églife, leur confécration à Dieu, ne les affranchit point des droits que l'état avoit acquis fur eux. Jamais une donation n'eut la force d'éteindre une obligation antérieure légitimement contractée ; on ne tranfmet par elle que le droit qu'on a fur la chofe donnée. L'acquifition que fait le clergé par don ou par achat de fonds chargés de cens & rentes envers des particuliers , n'a jamais été affranchie de ces cens & rentes. L'état qui eft

plus privilégié que des particuliers, auroit-il donc
en ceci moins de faveur ? Peut-il jamais perdre
ses droits ? Non.

Dans les premiers siècles du christianisme,
on étoit persuadé que la consécration n'avoit
point anéanti les obligations antérieures. Ceux
que leur naissance assujettissoit aux charges des
villes, s'ils étoient élevés à la cléricature, en étoient
retirés pour exercer ces charges profanes, conformément aux loix des empereurs, contre lesquelles on ne trouve aucune réclamation de la
part des évêques. De même, on reconnoissoit
que la donation faite à l'église ne changeoit point
la nature des biens donnés ; les évêques en refusoient la donation, ou ne l'acceptoient que
sous la condition d'acquitter envers l'état les
charges imposées sur ces biens. Saint Augustin
en fournit la preuve.

Rome & Constantinople tiroient de l'Egypte
& d'Afrique les bleds nécessaires pour la subsistance de leurs habitans. Il y avoit dans ces
deux provinces de l'empire Romain des gens
chargés d'en faire le transport, qui répondoient
à l'état des grains qu'ils conduisoient ; les biens
fonds qu'ils possédoient étoient même affectés à
la sûreté du transport. Si les vaisseaux venoient
à périr par un naufrage, on obligeoit les propriétaires de livrer les matelots échappés pour
être appliqués à la question ; s'ils le refusoient,
ou si par l'examen on découvroit que le naufrage
étoit arrivé par la faute de l'équipage, ils étoient
condamnés à indemniser l'état de toute la perte.
Le propriétaire d'un de ces vaisseaux de transport,
nommé Boniface, avoit légué à l'église d'Hippone
les biens qu'il possédoit. Saint-Augustin, qui

étoit évêque de cette ville , refufa le legs ; il ne crut pas qu'il convînt à l'églife d'accepter des fonds fujets à des charges de cette nature; il rendit même compte des motifs de fon refus à fon peuple dans un de fes fermons, fuivant l'ufage qui s'obfervoit alors (*).

Les défenfeurs de l'Immunité ont invoqué le droit naturel à l'appui de leurs prétentions; mais ce droit ne fournit aucun principe qui tende à exempter les poffeffions du clergé des impofitions auxquelles les charges de l'état font fujettes. Tous les hommes qui font ufage de leur raifon, adopteront cette maxime d'équité naturelle, que ceux qui participent aux avantages d'une fociété, doivent en fupporter les charges, & que quiconque eft intéreffé à la confervation & à la défenfe d'un état, eft tenu de contribuer aux dépenfes néceffaires à l'une & à l'autre. Or, les eccléfiaftiques font membres de l'état; ils font partie de la fociété civile ; ils n'ont pas moins d'intérêts que les autres citoyens à la paix & au bonheur de l'état ; ils ne doivent donc point être difpenfés de la preftation du tribut, ni des impofitions, fans lefquelles il ne pourroit fe conferver ni fe défendre.

Le droit divin pofitif n'eft pas non plus favorable à l'Immunité eccléfiaftique. Ce droit eft configné dans l'ancien & le nouveau teftament ; mais ni l'un ni l'autre teftament ne nous offre aucun texte qui exempte les clercs des charges communes.

Les Lévites, dont l'exemple eft fans ceffe dans la

_____

(*) S. Aug. ferm. 49 de divers.

bouche des défenseurs de l'Immunité, n'avoient point
eu de partage avec leurs frères dans la terre pro-
mise (*) ; mais ce défaut de partage, qui n'a de
rapport qu'aux fonds, n'excluoit point les tributs
personnels. Dieu, en ne voulant point qu'ils par-
tageassent avec les autres Israélites le pays de Cha-
naan, avoit néanmoins pourvu abondamment à leur
subsistance & à leur entretien. Leur tribu étoit la
moins nombreuse d'Israël, & elle avoit seule sans travail & sans dépense la dixième partie de toutes les ré-
coltes du pays (**). Les prémices de tous les fruits
de la terre lui appartenoient (***). Dieu leur avoit
de plus abandonné toutes les offrandes du peuple
(****) & toutes les choses vouées sous l'anathême,
sans en excepter les fonds (*****). Outre les qua-
rante-huit villes qui leur avoient été données avec
leurs banlieues, au milieu des autres tributs
(******), ils avoient encore la liberté d'acquérir
des fonds (*******). Cette tribu étant ainsi la plus
riche des douze, il n'est point à présumer qu'elle
fût exempte de toute imposition. Pour l'assurer,
il faudroit du moins trouver dans la loi une ordonnance précise qui l'en déchargeât. Quelques
recherches que l'on fasse dans les livres de l'Exode,
du Lévitique, des Nombres & du Deutéronome,
on n'y trouve aucun texte où cette exemption
soit marquée ; il paroît au contraire qu'ils furent
assujettis aux mêmes impositions que le reste des
Israélites.

_____

(*) Num. ch. 18, verf. 20.
(**) *Ibid.* verf. 21.
(***) *Ibid.* ch. 18, verf. 11.
(****) *Ibid.* verf. 9.
(*****) *Ibid.* verf. 14.
(******) *Ibid.* verf. 35.
(*******) Jérém. cap. 32. 9.

Le feul tribut auquel les livres faints nous apprennent que les Ifraélites furent foumis tant que le gouvernement Théocratique fubfifta parmi eux & avant qu'ils euffent des rois, fut la capitation du demi-ficle, qui pouvoit revenir à 16 fous ou environ de notre monnoie. Dieu la leur avoit impofée comme une reconnoiffance de fon fouverain domaine fur eux, & ils avoient deftiné l'argent qui en provenoit à l'entretien du tabernacle (*). Schickard (**) , fuivi de Selden & de plufieurs autres favans, penfe que les lévites ne furent point exempts de ce tribut. En effet, ils durent être compris dans le dénombrement que dieu avoit ordonné à Moïfe de faire de tous les enfans d'Ifraël qui avoient atteint l'âge de vingt ans, pour parvenir à fon impofition ; car dieu ne lui défendit point de les faire entrer dans ce dénombrement ; & il n'y avoit point alors de raifon qui pût difpenfer Moïfe de les compter avec les autres Ifraélites. Les Lévites n'avoient aucun titre particulier qui les diftinguât du refte de leurs frères. Dieu n'avoit point encore manifefté le deffein qu'il avoit de les en féparer, pour les attacher à fon culte & au fervice de fon tabernacle : il ne le fit qu'après, lorfque, obéiffant à l'ordre de Moïfe, ils eurent témoigné leur zèle pour lui, en faifant paffer au fil de l'épée trois mille adorateurs du veau d'or : Moïfe leur dit alors qu'ils avoient confacré leurs mains au feigneur (***).

Les Lévites, compris dans le dénombrement, furent

(*) Exode 30. 12. & feq.
(**) Schcikard. juf. Reg. hebr. cap, 3. theor. 11. n°. 84
(***) Exod. 32. 28.

donc obligés de payer à dieu la capitation du demi-ficle; & tous ceux dont les noms furent pris alors, la payèrent : on ne peut affoiblir cette preuve qu'en foutenant que ce dénombrement eft le même que celui qui eft rapporté dans le premier chapitre du livre des nombres (*), où dieu défendit expreffément à Moïfe de faire entrer les Lévites. Mais ces deux dénombremens ont des caractères trop différens pour pouvoir être confondus; le premier fut fait avant que dieu eût donné les tables de la loi, & avant l'érection du tabernacle, à la conftruction duquel fut employé l'argent qui fe recueillit de la capitation impofée (*) en conféquence de ce dénombrement. Le fecond ne fe fit que plufieurs mois après, lorfque dieu eut donné, pour la feconde fois, à Moïfe, les tables de la loi, que le tabernacle fut entièrement achevé, & que Moïfe eut propofé toutes fes loix (***).

L'objet du premier dénombrement étoit commun à tous les Ifraélites qui étoient tenus tous fans exception de reconnoître le fouverain domaine de dieu fur eux : la capitation que dieu y exige d'eux, eft comme le prix de leur vie, au moyen duquel il s'engage à les délivrer des châtimens extraordinaires & à leur être propice ; au lieu que dans le fecond dénombrement, dieu ne fe propofe que de régler l'ordre dans lequel ils devoient marcher à la guerre (***). Les Lévites, exempts du fervice militaire, à caufe des

(*) Num. 1, 2.
(**) Jofeph, antiq. lib. 3. ch. 8. n°. 2.
(***) *Ibid.* ch. 12. n°. 4.
(****) Num. 1. 45.

fonctions particulières du tabernacle auquel dieu les deftinoit , ne devoient point être compris dans ce dénombrement : auffi dieu avertit-il Moïfe & Aaron de ne les point compter avec les autres : cet avertiffement particulier , qui n'eft point donné dans l'Exode , eft une nouvelle preuve qu'ils entrèrent dans le dénombrement qui y eft rapporté , & payèrent le demi-ficle.

Quand les Ifraélites , laffés du gouvernement Théocratique , voulurent avoir des rois comme les autres nations , ils furent affujettis comme elles à d'autres tributs. Samuel leur repréfenta que leurs rois prendroient la dîme de leurs maifons , de leurs vendanges & de leurs troupeaux (*).

On voit fous le regne de David des collecteurs de tributs dans les villes & dans les bourgs (**) ; ces tributs devinrent fi onéreux fous celui de Salomon , que leurs excès auxquels Roboam ne voulut point remédier , fut la caufe qui détermina dix tribus à fe fouftraire de fon obéiffance (***). Enfin , il n'y a dans tous les livres de l'ancien teftament aucun texte qui nous affure que les Lévites ne fupportèrent point leur part de ces tributs.

Jofephe eft le feul auteur qui nous dife (****) que , confacrés au miniftère du temple , les Lévites étoient exempts de toute autre chofe. Mais l'endroit où il le dit , fait voir qu'il n'applique cette exemption qu'au fervice militaire dont dieu

---

(*) L. Reg. 8. 15.
(**) 1. Paralip. 27. 25.
(***) III. Reg. 12. 4.
(****) Jofeph. antiq. lib. 3. ch. 12. n°. 4.

les avoient effectivement dispensés ; car c'est immédiatement après avoir rapporté le second dénombrement, dont l'objet étoit de connoître le
nombre de ceux qui étoient en état de porter les
armes, dans lequel dieu défendit à Moïse de
comprendre les lévites, qu'il fait cette remarque.

Au surplus, quand même l'exemption de toutes
impositions seroit aussi constante qu'elle l'est peu
à l'égard des lévites, elle ne formeroit pas un titre
pour les ecclésiastiques; on ne pourroit la regarder que comme une loi de police particulière au
gouvernement Judaïque, dont on ne pourroit
tirer avantage qu'après avoir prouvé que Jésus-
Christ, en établissant l'église, a formé le plan de
son gouvernement sur celui des Israélites.

Dans le nouveau testament, l'évangile, loin
de fournir aucun texte qui puisse servir de fondement à l'Immunité ecclésiastique, contient au
contraire le principe général que Jésus-Christ a
fait à tous ses disciples, sans distinction de pas-
teurs & de fideles, de rendre à César ce qui lui
est dû, c'est à-dire, de payer exactement aux
souverains les tributs que la défense de l'état,
dont ils sont chargés, les met dans la nécessité
d'imposer à leurs sujets. Pour leur inculquer d'une
manière plus persuasive l'obligation d'accomplir
ce précepte, il leur a donné l'exemple, en faisant
payer pour lui & pour saint Pierre, le premier &
le chef de tous ses ministres, l'impôt que les
Romains levoient sur tous les Juifs, après que
leur pays eut été réduit en province Romaine.
C'est de ce tribut-là qu'il s'agissoit en cette occasion, & non de celui du demi-sicle qui se payoit
par chaque Juif, pour l'entretien du temple. Pour

s'en convaincre, il s'uffit de faire attention à la question proposée à saint Pierre : ,, De qui est-ce ,, que les rois de la terre reçoivent les tributs & ,, les impôts (*) ,, ? C'étoit donc un tribut demandé & levé au nom du souverain du pays. La liberté dont il est parlé, dans la réplique faite à saint Pierre, est une liberté & une exemption propre & particulière à Jésus-Christ, qui ne pouvoit être communiquée ni à saint Pierre, ni aux autres ministres de l'évangile.

L'Immunité ecclésiastique ne peut avoir de source que dans la concession des princes & le consentement des sociétés. L'église ne possède des biens, elle n'en jouit que de la même manière qu'en jouissent les particuliers, que par le même droit qui est le fondement de leur possession, c'est-à-dire, en vertu des loix civiles. Or, suivant ces loix, tous les biens qui sont dans l'état, sont sous la puissance, sous la protection du magistrat séculier, qui a conservé, nonobstant l'introduction du christianisme & l'établissement du ministère ecclésiastique, l'autorité de faire sur ces biens · tous les réglemens qu'exige la nécessité publique.

Le seul titre d'exemption des tributs, connu par saint Ambroise, est une renonciation absolue à tous biens sur la terre : ,, Si vous ne voulez ,, point, disoit-il, être le sujet de César, renon- ,, cez donc à la possession des biens de ce monde; ,, car si vous en possédez, vous êtes sujet de ,, César; si vous voulez ne rien devoir aux

(*) Matth. 17. 23.

» princes de la terre , abandonnez tout pour
» fuivre Jéfus-Chrift '(*) «.

Saint Auguftin affure que l'églife pofsède les
biens qui lui ont été donnés , non par le droit
divin , mais en vertu du droit humain , établi
par les princes & les fociétés civiles : » Otez ,
» dit-il, le droit des empereurs ; qui ofera dire :
» Ce fonds eft à moi , cet efclave m'appartient,
» je fuis propriétaire de cette maifon ? Ne dites
» point : Qu'ai-je de commun avec le prince ? car
» ce n'eft qu'en vertu des droits du prince que vous
» poffédez des biens (**) «.

Si les eccléfiaftiques ne ceffent point par leur
confécration à dieu d'être membres de l'état ; fi donc
ils ne pofsèdent leurs biens que par l'autorité des
princes ; s'ils font foumis à leurs loix, à leurs
réglemens ; ils ne peuvent être difpenfés des
charges perfonnelles établies , & de la preftation
du tribut réel , que par un privilége particulier
émané de leur autorité : un privilége auffi extraordinaire ne fe préfume point ; il faut en juftifier ;
il faut rapporter le titre primordial de la conceffion. Or , jufqu'ici on ne voit pas que le clergé
ait produit ce titre ; il ne fe défend que par la
poffeffion qu'il foutient être auffi ancienne que
l'églife. Il faut convenir qu'une poffeffion conftante , uniforme , non interrompue qui remon-
teroit à des temps auffi reculés , auroit la force
de faire préfumer le titre primordial & d'en
fuppléer la repréfentation.

L'examen de la prétention du clergé étant
purement de fait , il faut voir fi elle eft fondée,

(*) S. Amb. lib. 9. in Luc. lib. 10. c. 20.
(**) S. Aug. tract. 6. in C. 1. Joan.

ſi elle eſt auſſi réelle & auſſi ancienne qu'il l'annonce.

SECONDE PARTIE

Examen de la poſſeſſion prétendue des Immunités eccléſiaſtiques.

La double Immunité eccléſiaſtique , dont le clergé prétend jouir, exige que nous examinions ſéparément les titres & la poſſeſſion de chacune. Cet examen va faire la matière de deux para-graphes.

Dans le premier , on examinera l'Immunité perſonnelle ; & dans le ſecond , l'Immunité réelle : celui-ci aura plus d'étendue que l'autre, parce que l'Immunité réelle eſt plus controverſée.

§. I. *Examen de l'Immunité perſonnelle.*

On chercheroit en vain dans les trois premiers ſiècles de l'égliſe , l'Immunité eccléſiaſtique per-ſonnelle. Le clergé étoit ſoumis aux mêmes char-ges que tous les autres membres de la ſociété civile; mais le chriſtianiſme étant devenu la re-ligion de l'état ſous l'empereur Conſtantin, ſes miniſtres en devinrent des parties néceſſaires ; & l'état , pour les ſervices importans qu'il en reti-roit, ſe trouva chargé de leur ſubſiſtance ; il fut même obligé , pour concilier à leur perſonne le reſpect des peuples , de leur accorder des exemp-tions particulières.

La reconnoiſſance exige d'ailleurs que ceux qui rendent des ſervices diſtingués à l'état ſoient ré-compenſés par des exemptions, des droits, ou des priviléges particuliers : c'eſt ſur ce fondement que les militaires & les officiers de judicature ont toujours obtenu de grandes prérogatives, & qu'ils font même ftipendiés aux dépens de l'état. Les miniftres de la religion, dont les fonctions ne font ni moins importantes, ni moins utiles, ont pareillement dû trouver dans leur miniftère des prérogatives, des diftinctions, & une fub-fiftance honnête & raifonnable : l'état & le fouverain ne leur doivent rien au delà ; & s'ils les leur ont accordées, ils ont rempli à leur égard tous les devoirs que la juftice & la recon-noiffance leur impofoient.

Or, l'empereur Conftantin & fes fucceffeurs ont décoré les eccléfiaftiques de plufieurs privi-léges qui tendoient à attirer de la part des peuples la confidération néceffaire pour l'exercice utile du faint miniftère, & leur laiffer libre tout le temps de vaquer entièrement à fes fonctions.

Les évêques furent d'abord exemptés de com-paroître devant les juges féculiers pour rendre té-moignage. Lorfque leur dépofition étoit néceffaire, le juge étoit obligé d'envoyer chez l'évêque quel-ques-uns de fes officiers pour recevoir fa dépofi-tion (*) : on les difpenfa même dans la fuite de prêter ferment; on fe contenta qu'ils dépofaffent en préfence du livre des évangiles (**).

L'ufage établi par les loix Romaines étoit d'ap-pliquer les témoins à la queftion, pour les forcer, par les tourmens, de découvrir ce qu'ils favoient concernant l'affaire fur laquelle on les interrogeoit. Les prêtres furent difpenfés de la rigueur de cette

---

(*) Cod. Juft. lib. 1. tit. 13. l. 7.
(**) Juftin. nov. 123. ch. 17.

loi ; mais les clercs inférieurs y demeurèrent affujettis (*).

De tous les priviléges que les princes chrétiens
ont accordés aux eccléfiaftiques, en différens temps,
par refpect pour la religion, & pour ne pas les
diftraire de leurs fonctions faintes, le plus important eft celui que nous appelons par excellence le
privilége clérical. L'églife a reçu de Jéfus-Chrift
une autorité refpectable, mais qui eft toute fpirituelle : elle n'a, par fon inftitution, ni tribunal
extérieur, ni officiers de juftice, ni droit de co-
action pour faire exécuter fes loix & fes jugemens.
Les princes chrétiens, nos rois fur-tout, lui ont
permis d'avoir des tribunaux, de nommer des officiaux, de prononcer des jugemens avec tout
l'appareil judiciaire, & avec l'affurance qu'ils feront foutenus de toute la force du bras féculier.
La matière de ces jugemens eft tout ce qui eft du
reffort de l'autorité fpirituelle, toute action perfonnelle intentée contre les eccléfiaftiques, toute
accufation formée contre eux pour des délits *communs* ; & c'eft improprement qu'ils font ainfi appelés : ce que nous avons dit jufqu'ici, a prouvé qu'ils
devroient plutôt être appelés *privilégiés.*

Les empereurs de Rome & de Conftantinople
exemptèrent bien tous les clercs en général de la juridiction féculière dans les caufes qui n'intéreffoient
que la foi, la difcipline & l'ordre eccléfiaftique,
dont ils attribuèrent la connoiffance aux affemblées
eccléfiaftiques ; mais pour toutes celles qui intéreffoient l'état & l'ordre public, ces princes voulurent qu'ils reftaffent foumis à leur juridiction
comme les autres fujets de l'empire (**).

(*) Cod. Theod. lib. 11. tit. 39 l. 10.
(**) S. Amb. epit. 32.

Il paroît cependant que les évêques eurent à cet égard un privilége particulier; car l'empereur Constance, par une loi publiée l'an 355, défendit de les accuser dans les jugemens publics. Cet empereur ordonna que les accusations qu'on voudroit intenter contre eux, seroient portées devant d'autres évêques (*), c'est-à-dire devant les conciles.

Une autre distinction très-importante, accordée au clergé, fut une exemption générale de toutes les fonctions civiles & personnelles que les autres citoyens étoient obligés de remplir. Il reçut ce privilége de Constantin, qui déclara l'accorder afin que les ministres de l'église n'étant plus détournés du service de dieu, pussent y vaquer sans en être distraits à l'avenir en aucune manière (**).

Il faut observer que lorsque ce privilége fut accordé, il étoit peu onéreux aux villes, parce que l'église moins nombreuse qu'elle ne l'a été depuis, avoit besoin de moins de ministres. L'église s'étant accrue par la protection de Constantin, il fallut augmenter en proportion le nombre des clercs, & soustraire aux charges publiques un plus grand nombre de personnes qui y étoient soumises: par là, le fardeau des autres citoyens se trouva augmenté; il leur devint même insupportable: de sorte que Constantin qui avoit accordé le privilége, se vit forcé de le restreindre: il défendit donc d'en laisser jouir indifféremment tous ceux qui le réclameroient à titre de cléricature (***). Pour prevenir l'abus, il ne permit aux évêques d'ordonner

***

(*) Cod. Theod. lib. 16. tit. 2. l. 12.
(**) *Ibid.* l. 2. 7. *& toto titulo.*
(***) *Ibid.* l. 6.

des clercs que pour remplacer ceux qui feroient morts ; & leur défendit de les choifir dans les familles municipales, ni parmi ceux qui avoient affez de biens pour remplir les charges publiques : il voulut même que s'il s'élevoit à cette occafion, des difficultés entre le clergé & les bourgeois d'une ville, le clerc, que fa naiffance ou fon bien affujettiffoit aux fonctions municipales, quittât la cléricature, & fût rendu à fa ville, parce qu'il convient, difoit cet empereur, que les charges du fiècle foient fupportées par les riches, & qu'il n'y ait que les pauvres qui foient nourris aux dépens de l'églife (*). On voit par ce réglement, que les fideles, pour être promus aux ordres, étoient obligés d'abandonner leurs biens.

Conftance, fils & fucceffeur de Conftantin, fit des changemens à cette loi ; il permit aux évêques de jouir de l'Immunité pleine & entière, en confervant leur patrimoine. Il accorda la même faveur aux prêtres, aux diacres, aux fous-diacres, & aux autres clercs qui auroient été promus aux ordres eccléfiaftiques, fur le confentement de toute leur décurie, donné librement & en préfence du juge (**).

Valentinien I reftreignit en 364 le privilége accordé par Conftance (***). Il voulut que tous les clercs ordonnés, même du confentement du peuple, cédaffent leurs biens à leurs parens ou à leur décurie, à peine d'être retirés du clergé, & rendus à cette décurie pour en fupporter les charges. Quelques villes prétendirent donner un effet

(*) Ibid. l. 6.
(**) Ibid. lib. 49.
(***) Ibid. lib. 12. tit. 1. l. 59.

rétroactif à cette loi ; mais cet empereur en donna une seconde l'an 371, qui fixa l'effet de la première à l'époque de son élévation à l'empire (*).

Valentinien II fut encore obligé de s'expliquer fur cette exemption. Il ne voulut permettre à personne de se consacrer à dieu dans le clergé, qu'après avoir satisfait à tous les devoirs envers sa patrie ; & il ordonna que quiconque se feroit agréger dans le clergé, substitueroit une personne à sa place, à qui il donneroit tout son bien pour acquitter les charges de sa ville (**).

Cette loi fut éludée comme les autres l'avoient été. Théodose se vit forcé l'an 388 de publier une nouvelle loi pour obliger tous les clercs, adoptés dans le clergé avant son second consulat, de renoncer à leurs biens, & de les abandonner à leurs enfans, à leurs proches parens, ou à leur décurie (***).

On ne poussera pas plus loin les citations. Il y a dans le corps de Droit plusieurs autres loix sur ce privilége particulier, qui démontrent comme celles que l'on vient de rapporter, que les princes qui l'avoient accordé, ne le jugeoient point révocable de sa nature. Toutes ces loix nous apprennent ce qu'on pensoit alors & de la personne & des biens des ecclésiastiques. Celles qui se faisoient au préjudice d'un tiers, n'étoient point jugées irrévocables : on ne regardoit point alors comme une profanation sacrilége de rappeler dans la société pour en supporter les charges, ceux qui, ayant des engagemens antérieurs formés par leur naissance ou par la nature de leurs biens, s'étoient confa-

(*) *Ibid.* lib. 16. tit. 2. l. 2 & 19.
(**) *Ibid.* lib. 12. tit. 1. l. 99.
(***) *Ibid.* lib. 121.

créés au fervice de l'églife par leur entrée dans le
clergé.

On ne s'arrêtera pas à détailler les charges perfonnelles dont le clergé a été exempté par les
princes chrétiens en différens temps; il fuffit de
dire qu'il jouit aujourd'hui de l'exemption du fervice militaire, de celle de logement des gens de
guerre, des tutelles & curatelles, des corvées &
des travaux publics que l'on impofe au menu
peuple : telle eft encore la prérogative de ne pouvoir être emprifonné pour dettes civiles.

A ces priviléges, & à d'autres dont nous allons
parler, nos rois ont joint le plus grand honneur
qu'ils puffent accorder au clergé ; celui de former
le premier ordre de l'état, & d'être plus diftingué
que la noblefte & la magiftrature même dans les
états provinciaux qui n'ont aucune relation avec
la religion, & qui n'intéreffent que la fociété
civile.

L'exemption de la taille eft encore une Immunité perfonnelle. Dans le reffort de la cour des
aides de Paris, & dans celui des autres cours, où
la taille n'eft pas réelle, ce privilége emporte non
feulement l'exemption perfonnelle, mais encore
la faculté d'exploiter fon bien par fes mains & par fes
domeftiques, avec un certain nombre de charrues.

Les eccléfiaftiques, & toutes les communautés
féculières ou régulières du royaume, établies par
des lettres-patentes duement enregiftrées dans les
cours, jouiffent de l'exemption de la taille, fous
les conditions & fuivant les reftrictions portées par
les ordonnances, édits & réglemens.

Par l'article 129 de l'ordonnance d'Orléans, les
eccléfiaftiques ne jouiffoient que d'une fimple

exemption perfonnelle de taille, & leur privilége
pour l'exploitation étoit reftreint aux biens de
leurs bénéfices, fous la condition expreffe qu'ils
y réfideroient.

Dans la fuite, nos rois ont accordé différens priviléges & exemptions aux eccléfiaftiques, relativement à la taille. On peut voir à ce fujet l'édit
du mois de janvier 1600 ; le réglement du mois
de mars de la même année, & l'enregiftrement
qui en a été fait à la cour des aides de Paris le 11
avril fuivant ; l'édit du mois de janvier 1634, &
l'enregiftrement fait en la cour des aides de Paris
le 8 avril fuivant ; la déclaration du 16 avril 1643 ;
celle du 12 février 1663 ; les lettres de Juffion
fur cette dernière déclaration ; & enfin l'édit du
mois de mars 1667, enregiftré en la cour des aides
de Paris le 20 avril fuivant (*).

En conféquence de ces édits & déclarations, il
s'eft introduit trois maximes conftantes.

La première, que les eccléfiaftiques, tant féculiers que réguliers, n'ont de priviléges pour exploiter par leurs mains ou domeftiques, jufqu'à
concurrence de quatre charrues, qu'une de leurs
fermes en une feule paroiffe : ce qui s'entend qu'ils
ne peuvent pas engranger en deux différentes paroiffes ; car rien n'empêcheroit qu'ils ne puffent, en
n'engrangeant que dans une feule paroiffe, exploiter
des terres fituées dans des paroiffes contiguës dé-
pendantes de leur ferme.

La feconde maxime eft que, par rapport aux
eccléfiaftiques féculiers, leur privilége n'a lieu,
à l'égard de leur patrimoine, que pour les im-

***

(*) Recueil de jurifp. canon. au mot *Privilége*.

meubles à eux échus en ligne directe, foit par fucceffion ou donation, & non pour leurs acquêts, ni pour les biens à eux échus par fucceffion ou donation en collatérale.

La troifième, que ce privilége n'a lieu tant à l'égard des eccléfiaftiques réguliers ou féculiers, que par rapport à l'ancien patrimoine de l'églife, & non pour les acquifitions.

Les deux premières maximes ont été confir- mées par plufieurs arrêts de la cour des aides de Paris, entre autres par un arrêt de réglemen du 5 mai 1724, qui ordonne que tous ecclé- fiaftiques & toutes les communautés féculières & régulières feront impofables & pourront être compris aux rôles des tailles, pour raifon des acquifitions par eux faites, & pour raifon des immeubles qui leur échoiront par fucceffion & donation collatérale (*).

Il y a deux autres arrêts de cette même cour, confirmatifs de la troifième maxime, l'un du 20 juillet 1736, l'autre du 22 février 1737.

Il faut obferver que les eccléfiaftiques féculiers peuvent cependant ufer de leurs priviléges fur les biens qui compofent leur titre clérical, quoique ce titre ait été conftitué par un collatéral, & même par un étranger, pourvu qu'il n'excède pas là fixation ordinaire des titres cléricaux. Le titre clérical ou facerdotal tient lieu de bénéfice; il en a les priviléges & toutes les prérogatives.

§. II. *Examen de l'Immunité réelle.*

L'Immunité ayant été fort agitée dans ces der-

_____

(*) *Ibid,*

niers temps, il faut avant tout fixer l'état de la question d'après les remontrances du clergé, présentées au roi le 24 août 1749, & celles qu'a présentées l'assemblée du clergé de 1750.

Les évêques ont donc fixé cet objet, en assurant avec confiance, que *le clergé est exempt de toutes sortes d'impositions de quelque nature qu'elles soient*, mais ils n'ont pas développé avec la même précision les fondemens de cette étrange prétention ; tantôt ils semblent vouloir persuader que ce privilége est un droit essentiel à l'église, sans lequel elle ne pourroit subsister, c'est du moins la conséquence qui naît de leurs expressions. *La dignité de l'épiscopat, l'honneur du sacerdoce, l'intérêt même de la religion, les obligent de défendre ces Immunités*. Le moment où ils seront assujettis aux contributions, *sera le terme fatal du repos de l'église, & l'époque de son avilissement ; alors l'église perdra son ancien état & sa première beauté*. D'autres fois ils ne réclament en leur faveur que la possession, laquelle ils disent être, dans un endroit, aussi ancienne que l'église, *parce qu'on a senti dans tous les temps qu'on ne pouvoit faire respecter la religion sans honorer ses ministres*, mais qu'ils paroissent cependant, dans un autre, ne vouloir faire remonter que jusqu'au commencement du sixième siècle. *L'époque de ce privilége sacré*, selon eux, *est la fondation de la monarchie ; le clergé en a joui paisiblement depuis Clovis jusqu'à présent*. Est-ce Clovis qui l'a accordé au clergé, ou le clergé en jouissoit-il avant ce prince ? C'est sur quoi ils n'ont pas jugé à propos de s'expliquer.

Démêlons, s'il est possible, ce que l'on doit

penfer de l'établiffement de l'Immunité eccléfiaftique.

Comme le clergé ne rapporte point le titre
conftitutif · de fon Immunité, il faut examiner
la poffeffion qu'il allegue. Pour procéder avec ordre
dans cet examen, nous allons ranger. les principaux faits concernant l'Immunité des biens de
l'églife fous différentes époques.

La première époque comprendra l'état de
l'églife fous les empereurs païens.

La feconde s'étendra depuis Conftantin
jufqu'à l'empereur Juftinien, dans le fixième fiècle.

. La troifième reprendra les faits de l'hiftoire
eccléfiaftique de France, relatifs à l'Immunité,
depuis Clovis jufqu'au douzième fiècle.

La quatrième s'étendra depuis le douzième
fiècle jufqu'à François I.

La cinquième, depuis le feizième fiècle jufqu'en 1711.

Enfin, la fixième & dernière contiendra
le précis de ce qui s'eft paffé à cet égard depuis
1711 jufqu'à ce jour.

PREMIÈRE ÉPOQUE.

. Comme elle ne préfente point de faits,
elle ne demande qu'une réflexion fort courte.
Sous les empereurs & fous les rois païens, l'églife
ne poffédoit point d'immeubles, ou fi elle en
avoit, comme l'abbé Fleury le prétend, elle ne
pouvoit les poffeder que fous les noms empruntés
de quelques chrétiens. Elle n'étoit pas autorifée
dans l'empire Romain & dans les royaumes idolâtres ; les fouverains ne la connoiffoient que pour
la perfécuter ; ils étoient bien éloignés de lui per-

mettre de faire des acquisitions, & de former un établissement solide. Dans cette situation, l'église ne pouvoit échapper au moindre impôt ; le fait est évident : on ne dira pas que les princes chrétiens peuvent exiger des impôts des biens de l'église, parce que les princes païens en ont exigé ; mais on peut dire au clergé avec un père de l'église : » Si vous avez payé le tribut » aux princes qui vous perfécutoient, vous de-» vez encore plus le payer aux fouverains qui » vous ont comblé de bienfaits, & qui vous » protègent «.

SECONDE ÉPOQUE.

Avant de rapporter les loix des empereurs Romains fur les Immunités, il faut faire connoître celles qui ont permis à l'église de poffécer des biens fonds.

Constantin en rendant le christianifme la religion dominante de l'état, se trouva chargé de la subsiftance des ministres qui devenoient néceffaires au culte public ; il eut foin de la leur affurer de différentes manières.

1°. Sur le fifc, il affigna au clergé des fommes à prendre fur le tréfor public, comme on le voit dans une lettre adreffée à Cicilien évêque de Carthage (*).

2°. Il fit diftribuer à toutes les églises du bled des greniers publics (**). Cette diftribution continua jufqu'à l'empereur Julien, qui, par averfion

(*) Eufeb. hift. ecclef. lib. 10. ch. 6.
(**) Theod. hift. ecclef. lib. 1. ch. 11. & Sozom. hift. lib. 5. ch. 6.

pour la religion chrétienne, supprima cette libéralité. Jovien son successeur la rétablit en
partie, & ordonna qu'on rendît aux églises le
tiers du grain que Constantin leur avoit accordé
(*). Cet ordre fut confirmé par l'empereur Marcien, & ensuite par Justinien, qui inséra dans
son code la loi que Marcien avoit publiée à ce
sujet (**).

3°. Il donna à l'église tous les biens des
martyrs & des confesseurs qui avoient été con-
fisqués pendant les persécutions; il voulut que,
s'il ne se trouvoit point de parens à qui ils
pussent être restitués, l'église du lieu où ils
avoient souffert, en fût mise en possession (***,

Les temples des idôles & tout ce qu'ils renfermoient, étoient adjugés au fisc, par les loi
qui interdirent aux païens l'exercice de la religion,
mais il y en eut plusieurs qui furent donnés ensuite
à l'église avec toutes leurs dépendances (****

Suivant une loi publiée par Honnorius en 411,
les lieux appartenans aux hérétiques, avec les bien
qui avoient été donnés à leurs églises, furer
abandonnés aux catholiques, & les évêques au-
torisés à s'en mettre en possession (*****). Ce fu
en vertu de cette loi que les églises catholique
d'Afrique s'emparèrent des biens des églis
des Donatistes; que saint Cirille fit fermer le
églises des Novatiens, enleva tous leurs vase

(*) Théod. lib. 1. chap. 11.
(**) Cod. Justin. lib. 1. tit. 2. lib. 12.
(***) *Ibid.*
(****) Cod. Theod. lib. 16. tit. 10. lib. 20.
(*****) *Ibid.* lib. 16. tit. 5. lib. 52.

sacré

sacrés, & dépouilla Theopomptus leur évêque, de tous ses biens (*).

L'église reçut aussi des empereurs le droit d'hériter des clercs qui mouroient sans héritiers & sans avoir fait de testament. La loi qui lui accordoit cette faculté, publiée par Théodose & Valentinien l'an 434, fut confirmée par Justinien, & insérée dans son code (**).

Les biens des clercs qui abandonnoient l'église au service de laquelle ils avoient été attachés, restoient à cette église. Il en étoit de même des moines qui sortoient de leur monastère pour retourner au siecle; tout ce qu'ils possédoient lorsqu'ils avoient embrassé l'état monastique, appartenoit au monastère (***).

Enfin l'empereur Constantin donna à l'église la faculté de recevoir toute sorte de donation; & permit à tous les sujets de l'empire Romain, de lui léguer par testament telle portion de leurs biens qu'ils jugeroient à propos (****).

Il faut observer que les biens dont l'église fut mise en possession par quelques-unes de ces loix, ne furent point donnés au clergé comme faisant un corps particulier, mais à toute la société des fideles; car c'est ce qui est signifié par le nom d'église, que le clergé ne s'approprioit point dans ces premiers temps.

Ces donations etoient faites pour fournir aux

(*) Socrat. hist. lib. 7. cap. 7

(**) Cod. Theod. lib. 5. tit. 3. lib. 1. & apud Justin. cod. lib 1. tit. 3. l. 20.

(***) Cod. Justin. l. 1. tit. 3. l. 55.

(****) Cod. Theod. l. 16. tit. 2. l. 4.

besoins de tous les indigens (*). L'églife devint
propriétaire des biens donnés ; le clergé n'en eut
que l'administration , avec le pouvoir de prendre
ce qui lui étoit nécessaire pour sa subsistance ;
mais il étoit comptable de son administration aux
magistrats, comme on le voit pratiqué dans
l'églife de Constantinople. Il est vrai que saint
Léon désapprouva cet usage (**) , & qu'il voulut
engager l'empereur Marcien à le faire changer ;
mais l'usage subsista malgré ses représentations
réitérées.

C'est en vertu de ce droit que nous trouvons
un si grand nombre de loix & de réglemens
émanés des princes & des magistrats, concernant les biens des ecclésiastiques.

Ce n'étoit pas qu'on craignît dans ces premiers
temps une mauvaise administration de la part
des ecclésiastiques ; au contraire , le bon usage
qu'ils faisoient des biens persuadoit au peuple
qu'il ne pouvoit trop donner à l'églife , & l'enga-
geoit à enrichir l'églife de plus en plus par de
nouvelles libéralités ; mais il étoit juste que l'état
conservât sur l'administration de ces biens le
droit d'inspection qui lui appartenoit avant qu'ils
fussent donnés à l'églife ; d'ailleurs les saints
évêques trouvoient ces richesses extrêmement
onéreuses ; ils auroient même souhaité de s'en
décharger , à cause de l'embarras qu'elles leur
causoient, parce que souvent elles les détournoient
de leurs fonctions les plus nécessaires.

Ce désintéressement dura peu ; le luxe & le

(*) Cod. Justin. lib. 1. tit. 2. l. 12.
(**) S. Léon, épît. 108. n°. 2.

fafte des eccléfiaftiques alla même fi loin, qu'on
fut forcé de reftreindre les acquifitions du clergé.
L'autorité impériale vint au fecours des familles
que les eccléfiaftiques dépouilloient de leurs
biens, en fe faifant coucher fur le teftament des
femmes qu'ils s'attachoient par les plus baffes
complaifances. Valentinien I fit publier une
loi dans toutes les églifes de Rome (*), par
laquelle tout legs fait par des femmes à des eccléfiaftiques ou à des moines fut déclaré nul.

Cette loi, quelque fage & févère qu'elle fût,
n'arrêta point l'avarice. Théodofe fe vit quelques
années après dans la néceffité de déclarer nuls
tous les legs qui pourroient être faits à l'églife
ou aux clercs par des femmes qui auroient été
ordonnées diaconeffes (**). Il eft vrai que la loi
de Théodofe fut révoquée fur les follicitations du
clergé; mais la révocation fut elle-même révoquée enfuite, & la loi obfervée; puifqu'en 455,
on demanda à l'empereur Marcien une loi qui
permît aux veuves, aux diaconeffes & aux vierges
de léguer ce qu'elles voudroient (***).

D'autres empereurs ont fait dans la fuite des
loix pour limiter les acquifitions du clergé; mais
il eft inutile de les rapporter : celles que nous
avons citées fuffifent pour prouver que le clergé
ne poffédoit des biens dans l'étendue de l'empire
Romain, que par l'autorité des empereurs.

L'églife, devenue riche en poffeffions, payoit
les tributs à l'état, comme tous les autres poffef-

(*) Cod. Theod. lib. 16. tit. 2. leg. 20.
(**) Ibid. leg. 28.
(***) Marc. novel. tit. 6. ad calc. Theod. cod.

M ij

seurs de fonds dans toute l'étendue de l'empire Romain. La tentative que firent les évêques du concile de Rimini, l'an 359, pour obtenir une exemption générale de toute imposition, en est une preuve non équivoque. Les actes de ce concile ne se trouvent plus ; mais nous avons dans le code Théodosien une loi de l'empereur Constant, qui prouve cette tentative, & fait connoître qu'elle en fut l'effet.

» Dans le concile de Rimini, est-il dit dans » cette loi, on a traité des priviléges, des églises » & des clercs, & l'on a été disposé à secouer » le joug, & à soustraire l'église aux charges » publiques, ce que notre ordonnance a rejeté » depuis long-temps «. Constant dit ensuite qu'il veut bien exempter les clercs & ceux qui sont occupés aux enterremens, des charges sordides & des droits que l'on pourroit exiger d'eux, pour le petit commerce qu'ils font dans la vue de se procurer des alimens ; puis il ajoute : » Quant » aux clercs qui possèdent des champs, votre » sublime autorité (la loi est adressée à Taurus, » préfet du prétoire) ne souffrira pas qu'ils se » dispensent du joug ; vous les contraindrez à » payer les droits du fisc pour les champs qu'ils » possèdent ; car nous voulons que tous les clercs » qui ont des possessions reconnoissent les droits » du fisc, d'autant plus que les évêques d'Italie, » d'Espagne & d'Afrique, approuvent qu'indé- » pendamment des impositions que l'église doit » supporter, tous les clercs soient soumis aux » charges commmunes & aux transports des » provisions publiques (*) «.

_____

(*) Cod. Theod. lib. 16. tit. 2. leg. 15.

Il faut obferver que le concile de Rimini n'avoit pas, décidé que l'Immunité réelle appartenoit à l'églife : il avoit feulement demandé à l'empereur qu'elle lui fût accordée, & l'empereur répondit que depuis long-temps il avoit rejeté cette demande, *quòd noftra videtur fanctio dudùm repulfiffe*. L'abbé Fleuri dit auffi (*) que les évêques affemblés dans ce concile, après avoir confirmé les décrets du concile de Nicée, réfolurent de demander à l'empereur que les terres appartenantes aux églifes fuffent exemptes de toutes charges publiques, & que l'empereur les refufa.

L'églife de Rome elle-même n'étoit point exempte de ce tribut, puifque faint Grégoire (**) recommandoit aux défenfeurs de Sicile de faire cultiver avec foin les terres appartenantes à l'églife Romaine dans cette île, afin qu'elle fût en état de payer plus facilement les impofitions dont elle étoit chargée.

Anaftafe le bibliothéquaire nous apprend (***) que le pape Jean V, n'étant encore que diacre, avoit été envoyé par le pape Agathon à Conftantinople, au fixième concile général, en qualité de légat, & qu'à fon retour il rapporta des lettres de Conftantin Pogonat, par lefquelles ce prince faifoit remife à l'églife Romaine des contributions en bled qu'elle étoit obligée de fournir, à caufe des fonds qu'elle poffédoit dans la Calabre & la Sicile, ainfi que de divers autres charges qu'elle n'avoit pu payer.

(*) Hift. eccl. liv. 14. n°. 12.
(**) S. Grég. lib. 2. ép. 42. & lib. 12. ép. 50.
(***) Anaft. in Joan. 5.

Dans la vie de Conon son succeffeur, il dit encore que Juftinien fit pareillement remife (*) de la capitation que ceux qui faifoient valoir le patrimoine de l'églife Romaine dans le pays des Brutiens & en Lucanie étoient obligés de payer en bled, & qu'il ordonna que les ferfs de ces patrimoines & de ceux de Sicile qui avoient été faifis & arrêtés faute de payement par fes officiers, feroient rendus.

L'empereur Honorius publia l'an 412 une loi remarquable, pour accorder quelques Immunités aux églifes dans les villes. Il eft à propos, dit-il (**), de prefcrire avec prudence & modération les Immunités dont les églifes des villes doivent jouir; ils les exempte des charges fordides, de la réparation des chemins, des impofitions extraordinaires que l'on ajoutoit aux impofitions générales, appelées ind·ctions, de l'entretien des ponts, du tranfport des provifions des armées, de la fourniture des voitures pour le befoin public: toutes ces exemptions n'étoient que pour les églifes des villes; celles de la campagne reftoient foumifes aux charges; enfin, il veut qu'on ne demande aux églifes des villes que des impofitions ordinaires, & que l'on n'exige pas d'elles ce qui n'eft pas néceffaire pour les befoins imprévus.

On voit par cette loi, que Honorius parle en maître des Immunités de l'églife, en fouverain qui les donne & qui les modifie avec prudence & fuivant les befoins de l'état; il accorde aux

---

(*) Anaft. in vit. Con.
(**) Cod. Juftin. tit. 2. l. 5.

églifes des villes ce qu'il refufe à celles de la campagne.

L'empereur Juftinien eut plufieurs fois occafion d'accorder à certaines églifes ce qu'il refufoit à d'autres, & des exemptions à certains biens d'une églife particulière qu'il refufoit pour les autres biens de cette même églife. L'églife de Conftantinople poffédoit onze cents boutiques qui lui avoient été données, afin qu'elle n'exigeât rien pour les enterremens. Juftinien exempta de toute charge huit cents de ces boutiques, & foumit les trois cents autres aux impofitions ordinaires (*) : cette exemption n'étoit accordée qu'à l'églife patriarchale ; car Juftinien ajoute : » Quant aux boutiques qui font dans les » quatorze quartiers de cette ville illuftre, foit » qu'elles appartiennent à quelques églifes, foit » qu'elles dépendent des hôpitaux, des monaftères » ou des maifons des orphelins, .. elles payeront » tous les tributs qu'on leur a impofés «.

Perfonne n'ignore que les loix de Juftinien ont fixé la jurifprudence Romaine ; ces loix paffèrent dans les Gaules, & plufieurs provinces les adoptèrent. Le dernier état de la jurifprudence Romaine étoit donc que toutes les églifes de l'empire qui n'avoient point obtenu d'exemptions particulières, lefquelles étoient très-rares comme on l'a vu, fuffent foumifes aux impofitions ordinaires. Ainfi on ne peut pas douter que les églifes des Gaules ne payaffent les impofitions établies dans l'empire Romain, lorfque Clovis fonda fon royaume.

_____

(*) Novell. 43.

TROISIÈME ÉPOQUE.

Examen de l'Immunité sous les rois de la première & seconde race, & sous les premiers rois de la troisième race.

Le clergé des Gaules qui étoit régi par les loix Romaines, passa sous une autre domination vers le commencement du sixième siècle. Différens peuples qui habitoient entre le Rhin & le Veser, & même jusqu'à l'Elbe, connus sous le nom commun de Francs, entrèrent dans les Gaules, & enlevèrent ces provinces à l'empire Romain, dont elles avoient fait partie depuis que Jules César s'en étoit rendu le maître.

Ce changement de domination fut une soumission en partie forcée & en partie volontaire des Gaulois, qui, lassés du gouvernement Romain, se flattèrent qu'en changeant de maîtres, ils changeroient de situation; & il arriva qu'ils conservèrent leur liberté, leurs usages, leur langue & leurs loix, & restèrent propriétaires des biens qu'ils possédoient avant l'entrée des Francs dans leur province : on n'exigea d'eux que des contributions absolument nécessaires pour le soutien du nouvel état, & qui leur furent beaucoup moins onéreuses qu'elles ne l'avoient été sous la domination Romaine.

On n'imposa d'abord que des tributs en espèce, que l'on gardoit dans des magasins pour la subsistance des troupes; dans la suite, on convertit ce tribut en argent; le revenu des terres fut apprécié, & l'on dressa des rôles de l'argent que pouvoit produire chaque duché ou comté: le duc ou le comte étoit chargé de recueillir cet argent, & de le faire porter dans le trésor public. Aucun Gaulois, de quelque condition qu'il fût, n'étoit difpenfé de cette contribution. Les feuls Francs en furent exempts, parce qu'ils étoient redevables à l'état du fervice militaire perfonnel, tant que leur âge & leurs forces leur permettoient de le rendre.

Les rois avoient leurs domaines particuliers, qui confiftoient en différentes terres qui leur avoient été données par la nation pour la fubfiftance de leurs familles, & la décoration de leur dignité dans le partage qui s'étoit fait entre les Francs des terres qui avoient appartenu au fifc des empereurs Romains & aux Gaulois qui n'avoient point voulu fe foumettre à leur domination. Outre ces terres, ils recevoient tous les ans des préfens qui leur étoient offerts par les Francs, affemblés au champ de Mars. Ces affemblées fe tenoient en pleine campagne, dans le mois de mars; fous la feconde race, elles furent différées jufqu'au mois de mai.

Dans l'origine, ces affemblées n'étoient compofées que des Francs naturels; les Gaulois, ni les eccléfiaftiques n'y eurent aucune part. Ce fut fous Gontran qu'on y vit paroître les évêques pour la première fois. Il y a tout lieu de croire qu'ils n'y furent point regardés comme membres néceffaires, puifque ce prince, dans le difcours qu'il fit pour l'ouverture de l'affemblée, n'adreffa la parole qu'aux feigneurs: ils s'y trouvèrent encore fous Clotaire II; mais leur comparution ne prouve point qu'ils y furent admis à délibérer fur les affaires de l'état.

Dans l'affemblée tenue fous ce prince, à laquelle ils furent préfens, il ne s'agiffoit que du ferment de fidélité que Clotaire étoit obligé de prendre de ses nouveaux sujets à son avènement au royaume de Bourgogne. Depuis le règne de ce prince, ou plutôt depuis la régence de la reine Bathilde, les évêques se sont toujours trouvés aux assemblées générales de la nation, souvent même en plus grand nombre que les seigneurs, & y ont traité avec eux des affaires publiques, jusqu'au temps de Charles Martel, qui suspendit ces sortes d'assemblées pendant les 22 années que dura sa domination.

Pepin qui avoit eu besoin des ecclésiastiques, tant pour monter sur le trône, que pour justifier son élévation dans l'esprit des peuples en rétablissant ces assemblées, y admit non seulement les prélats, mais il leur y donna même le premier rang. Ils y ont toujours assisté depuis, & ont eu part à toutes les délibérations, soit pour les affaires de la monarchie, soit pour arrêter les réglemens.

L'objet de ces assemblées étoit tout ce qui pouvoit intéresser la monarchie au dedans & au dehors. On y faisoit tous les réglemens nécessaires pour la police publique ; on y traitoit des affaires de la paix, de la guerre ; on y jugeoit de la nécessité des subsides, dont on régloit la répartition. Le prince proposoit à l'assemblée les besoins de l'état ; l'assemblée examinoit la proposition, & décidoit de la nécessité du subside : elle en fixoit la qualité & régloit la manière de le percevoir.

Le clergé des Gaules, devenu sujet des Francs, n'eut point à regretter la perte de ses anciens maîtres. Les services qu'il rendit à Clovis en lui ménageant la soumission des Gaulois, excitèrent ce prince à lui donner des exemptions dont il n'avoit jamais joüi fous la domination Romaine (*). La poffeffion des biens dont les églifes jouiffoient alors, fut confirmée : la libéralité de Clovis & de fes fucceffeurs ajouta d'autres biens encore plus confidérables.

Le clergé fut profiter habilement de la faculté d'acquérir qui lui avoit été donnée : il devint fi riche en peu de temps, qu'il excita la jaloufie des princes mêmes. Chilpéric, qui mourut en 584, fe plaignoit amèrement que le fifc étoit épuifé ; qu'il n'y avoit que les évêques qui fuffent puiffans ; que le prince avoit perdu fon état & fa magnificence, qui ne fe trouvoit plus que chez les évêques des villes (**). En conféquence il défendit de rien donner aux églifes (***) ; mais Gontran fon fucceffeur leva cette défenfe (****), & leur fit remettre les legs dont ce prince avoit arrêté l'exécution.

Il paroît que cette faculté d'acquérir fut encore conteftée au clergé ; car Dagobert, dans un capitulaire de l'an 630, fit une loi, par laquelle il permit (*****) à tout homme libre de fe donner lui-même, ou fon bien à l'églife, fans que les magiftrats, c'eft-à-dire les ducs & les comtes, y puffent mettre obftacle.

On n'a point ceffé d'être perfuadé, fous les deux premières races de nos rois, que les biens donnés à l'églife, ou par elle acquis à quelque titre que ce fût, continuoient de faire partie des biens de l'état, & demeuroient fous l'autorité & l'infpection du

---

(*) Le Laboureur, hift. de la Pairie.
(**) Gregor. Turon. hift. lib. 6. c. 46.
(***) Ibid.
(****) Ibid. lib. 7. c. 7.
(*****) Capitul. tom. 1, pag. 57.

prince, qui conserve sur ces biens les mêmes droits qu'il avoit sur eux avant qu'ils appartinssent à l'église. C'est sur ce droit que sont fondées toutes les loix qui se trouvent dans les capitulaires & dans les ordonnances sur l'usage & l'emploi des biens ecclésiastiques, & sur leur aliénation.

Il est vrai que Clovis donna aux églises de plus grands priviléges que ceux dont elles avoient joui sous les empereurs Romains (*); que ces priviléges ont été souvent rappelés & confirmés depuis; mais ces mêmes priviléges prouvent l'autorité du prince qui les accorde: ils la supposent sur la personne ou le corps qu'on en gratifie, & sur les biens qui en sont l'objet : mais quelque étendue qu'on donne à ces priviléges, on ne peut se persuader qu'ils renfermassent une exemption générale de toute contribution ou imposition (**) pour tous les biens que l'église possédoit, ou qu'elle posséderoit à l'avenir. L'état des affaires de ce prince & l'équité ne lui permettoient point d'accorder une Immunité si générale & si absolue. Nouvellement établi dans les Gaules, obligé d'avoir continuellement les armes à la main, il ne pouvoit se priver par une grâce de cette nature, de ce qui lui étoit nécessaire pour l'entretien de ses troupes.

Au surplus, cette Immunité n'avoit été accordée à l'église par Clovis, que pour les biens qu'il lui avoit donnés, comme on le voit par le cinquième canon du concile tenu à Orléans l'an 511. Or, ce prince, on le répète, dans l'embarras d'un nouvel établissement, ne pouvoit pas donner une exemption générale, même pour un temps limité : il dut

---

(*) Ad calc. capit. not. Bign. in Marc. Ulp. t. 2. p. 877.
(**) *Ibid.*

proportionner ſes bienfaits à ſes beſoins, plutôt qu'à ceux de l'égliſe, quelque preſſans qu'ils fuſſent.

Cette Immunité auroit pu ſubſiſter ſans conſéquence; cependant elle a eu le même ſort que celle de Conſtantin : à peine a-t-elle été née qu'on a penſé à la détruire. Il n'y a eu qu'un intervalle de 45 ans entre le règne de Clovis & celui de Clotaire; & Clotaire ſe propoſa d'exiger de toutes les égliſes de ſon royaume le tiers du revenu des biens qui leur avoient été donnés par Clovis.

L'inſpection des chartes qui aſſuroient aux égliſes les priviléges dont elles avoient été gratifiées, fait connoître leur nature & leur étendue. Des chartes données par Clovis, qui ſont parvenues juſqu'à nous, les unes ne parlent point d'Immunité; & les autres qui en parlent, dépoſent contre les prétentions du clergé.

On peut mettre dans la première claſſe la charte donnée à l'abbaye du Moutier-Saint-Jean. Clovis y dit, qu'en recherchant l'amitié des ſerviteurs de dieu, & en les honorant, il croit affermir ſon état & ſon trône, s'acquérir la gloire en ce monde, & mériter le bonheur dans l'autre : il y garde le plus profond ſilence ſur les exemptions.

Parmi les chartes particulières, portant exemption de tribut, on diſtingue celles de l'abbaye de Miſey, fondée par Clovis l'an 504; mais ces chartes n'accordoient d'exemption que pour les biens donnés à l'égliſe par le prince. La fondation, ou la dotation d'une égliſe, d'une abbaye, quoique faite par le prince, n'emportoit point l'exemption des droits dus au prince ou à ſon domaine : il falloit une charte particulière pour en affranchir, ſi l'affranchiſſement n'étoit point exprimé dans celle de la fondation. On pourroit en citer plusieurs exemples.

Clotaire II fonda l'abbaye de Corbie. Par le titre de la fondation, il n'exempte cette abbaye que de la juridiction du juge féculier & ordinaire, auquel il défendit de fe tranfporter fur les terres qu'il venoit de donner; de prendre aucune connoiffance des affaires des ferfs ou colons, & d'exiger d'eux la portion des amendes qui revenoit au roi dans la condamnation (*). Quoique cette charte foit qualifiée d'Immunité pleine & entière, *Sub integrâ Immunitate poffidere valeat vel dominari*, les moines de cette abbaye n'en reftèrent pas moins fujets aux droits que l'on avoit coutume de payer au domaine du prince. Ils n'en furent affranchis que par une feconde charte, qui les difpenfa des droits pour le tranfport des marchandifes, & de ceux de pontonage & de rouage (**).

Cet affujettiffement des églifes au tribut, fous la domination des rois Francs, eft conftaté par le témoignage du pape faint Grégoire, dans une lettre écrite a Théodoric & à Théodebert, qui régnoient en Auftrafie & en Bourgogne (***).

Veut-on favoir en quoi confiftoient les priviléges des églifes, des abbayes? Le moine Marculfe, qui écrivoit vers le milieu du feptième fiècle, nous a confervé la formule fuivant laquelle fe faifoient ces chartes d'Immunités que les rois donnoient aux églifes lorfqu'ils le jugeoient à propos: elles ne portent point une exemption générale de toutes impofitions, de quelque nature qu'elles

(*) Conc. Hard. tom. 3. col. 1009.
(**) *Ibid.* cal. 1010.
(***) S. Grég. lib. 7. ép. 115.

foient; on y lit feulement une défenfe au juge
public (*) , c'eft-à-dire féculier , de connoître
des affaires qui concernoient les ferfs ou les colons
des églifes; d'en exiger la portion de l'amende qui
revenoit au roi, lorfque quelqu'un d'eux y étoit
condamné pour la compofition d'un crime ou d'un
délit; & cette efpèce d'exemption , accordée par
ces chartes, y eft nommée Immunité pleine &
entière.

Il y a quelque chofe de plus dans le modèle
de la charte de confirmation. L'évêque qui la
demande repréfente dans fa fupplique, qu'outre
les défenfes ci-deffus, le prince qui a accordé
l'Immunité, a de plus défendu aux juges de loger
fur les terres de l'églife; d'exiger rien pour leur
dépenfe, d'obliger les colons de fe préfenter à
leur audience; d'exécuter leurs fentences, ou de
donner caution; d'exercer aucune juridiction fur
eux, & de leur faire payer aucun droit. Le
prince, en confirmant ces privilèges, confent en
outre que ce qu'on avoit coutume de payer au
fifc, pour le fond dont on lui demandoit l'Immunité, foit employé à l'avenir, à perpétuité, à
l'entretien du luminaire de l'églife (**).

(*) Ad. calc. tom. 1. ferm. Marc. lib. 1. cap. 3. pag. 376.
*Præceptum de Immunitate regiâ .... nullus judex pu-
blicus ad caufas audiendas, aut freda undique exigendum,
quocunque tempore non præfumat ingredi, fed hoc ipfe
pontifex, vel fucceffores ejus propter nomen domini, fub
integra Immunitatis nomine valeant dominari.*

(**) Ibid.

*Confirmatio de Immunitate. Apoftolicus ille vir, illius civi-
tatis epifcopus, clementiâ regni noftri fuggeffit, eo quòd ille
rex per fuam autoritatem fuâ manu fubfcriptam de villis
ecclefia fu. illius, quas præfens pofsidebat, vel de eo quòd à*

Toütes les chartes accordées aux églifes fo
les deux premières races de nos rois, font ré
gées fuivant ces formules. Le privilége accor
par Dagobert à l'églife de Rheims, à la réqu
fition de faint Rigobert, qui en étoit évêqu
& qui lui avoit repréfenté que fon églife av
toujours joui de l'Immunité depuis Clovis, c
conçu dans la même forme que celui do
Marculfe nous a confervé le modèle. Ce prin
ordonne par fa charte, que tous les biens (*) q

deum timentibus hominibus ibidem inanteà delegaretur i
tegram Immunitatem conceffiffet, ut nullus judex public
ad caufas audiendum, vel freda exigendum, nec manfion
aut paratas faciendum, nec fideijuffores tollendum, n
homines ipfius ecclefia de quibuflibet caufis diftringendum, n
ullas redhibitiones requirendum, ibidem ingredi non debean
nec ad agendum, nec freda exigendum, nec fideijuffores tolle
dum, nec manfiones aut paratas faciendum, nec eos de quib:
libet caufis diftringendum; nec ullas redhibitiones require
dum ibidem ingredi non præfumatis; fed ficut ipfum beneficia
à jam dictis principibus, jam dicta ecclefia fuit indultum
ufque modo confervatum, ita & deinceps per hanc noftra
auctoritatem generaliter confirmatum, in dei nomine perennit
maneat inconvulfum, & quidquid exindè fifcus nofter poten
fperare in luminaribus ipfius ecclefia in perpetuum proficia

_(*) Flodoard. hift. eccl. rem. lib. 2. cap. 11.
A Dagoberto denique rege præceptum Immunitatis f
obtinuit ecclefia, fuggerens etaem regi, qualiter ipfa ecclefia
à tempore domini Remigii & Clodovæi regis.... ab om
fonctionum publicarum jugo liberrima femper extiterit, q
præfatus rex hoc beneficium confirmare vel innovare difpo
nens, cum confilio procerum fuorum, ad prædeceffor
formam regnum, præcipiens ut omnes ipfius fancta dei eccl
fia, res tam in Campania & infrà urbem vel fuburbanis...
fub integrâ Immunitate omni tempore poffent manere, j
quoque ut nullus judex publicus in ipfas terras aude
ingredi, vel manfiones intrando faceret, aut quælibet jud
fia vel xenia ibidem exigere nullatenùs præfumeret.

l'églif

l'églife de Rheims pofsède, tant dans la campagne que dans la ville de Rheims & fes fauxbourgs, feront entiérement exempts, de manière que les juges ne pourront entrer fur les terres de l'églife pour y faire aucune fonction, exiger des logemens, exercer aucun acte de juridiction, & demander aucun droit.

Ces priviléges ainfi accordés n'étoient donc qu'une exemption de la juridiction féculière pour les colons des terres appartenantes aux églifes, qui, par ces conceffions, paffoient fous celle des évêques, lefquels devenant leurs feigneurs, avoient fur eux, fuivant l'ufage des Francs, l'exercice de la juftice. Les autres droits dont l'exemption eft accordée par ces chartes, étoient acceffoires à la juridiction féculière, & devoient ceffer avec elle. Le juge féculier n'ayant plus de jugement à rendre fur les terres de l'églife ainfi affranchies, n'avoit plus d'occafion de s'y tranfporter pour faire fes fonctions : ainfi les colons ne lui devoient plus de logement, ni les chofes néceffaires à la vie pendant fon féjour, ni aucun droit ou falaire pour des fonctions qu'il étoit difpenfé de faire. Enfin, les droits dont le prince décharge par ces priviléges, étoient des droits appartenans au fifc ou au domaine particulier du prince; tels que le fred confiftant dans le tiers de l'amende pécuniaire, qui fe payoit pour la compofition des crimes, felon la pratique obfervée parmi les Francs, & des redevances particulières dont les terres pouvoient être chargées; encore falloit-il, pour être affranchi de cette efpèce de redevance, qu'il en fut fait une mention expreffe dans la chartre.

Les Immunités accordées par les princes, ne

formoient point un corps général pour toutes les églises, ni pour tous les biens possédés par celles qui avoient obtenu les chartes. Clovis n'affranchit que les fonds qu'il donna lui-même (*). L'exemption accordée par Clotaire, est renfermée dans les mêmes bornes : elle ne comprend que les dons de son aïeul, de son père, de son frère, & les siens (**). Il n'y eut d'exempt au commencement de la monarchie, que quelques églises qui avoient obtenu des chartes particulières : s'il en eut été autrement, les évêques contens de l'exemption générale, ne se seroient point attachés à demander au prince des chartes particulières pour les biens de leurs églises.

Les Immunités n'étoient point perpétuelles : elles n'avoient lieu que pendant la vie du prince qui les avoit accordées. Chaque roi ne se regardant que comme usufruitier de la couronne & du domaine que la nation lui avoit accordé pour en soutenir la majesté, pouvoit bien, pendant son règne, disposer de ses revenus comme il le jugeoit à propos ; mais il ne pouvoit ni les diminuer, ni les aliéner ; les dons qu'il avoit pu faire ne s'étendoient point au delà de sa vie ; ils devenoient caducs, s'ils n'étoient agréés & consentis par son successeur.

Cette maxime étoit généralement suivie ; les églises à qui un prince avoit fait quelques libéralités, ne manquoient point de s'adresser à son successeur pour en obtenir la confirmation. Le moine Marculphe nous a conservé la formule de cette confirmation ; elle s'accordoit sur une re-

(*) Conc. d'Orléans. I. c. 5.
(**) Capit. t. 1. p. 7. n°. 11.

quête préfentée par l'évêque. C'eft ainfi que Clotaire confirma les priviléges accordés par fon père : c'eft ainfi que faint Rigobert s'adreffa à Dagobert, pour obtenir la confirmation de l'Immunité que Clovis avoit accordée à fon églife. Sous la feconde race, Charles-le Chauve confirma de même les donations faites aux églifes par fon aïeul & par fon père.

Quels que fuffent les priviléges accordés par nos rois, ils n'emportoient point une exemption de toutes les impofitions. Les évêques qui les avoient obtenus pour leurs églifes, ne s'en croyoient pas moins oblig's de contribuer, lorfque les befoins de l'état le demandoient.

C'étoit une loi générale parmi les Francs, que le roi & l'état ne perdoient aucun de leurs droits fur les biens confacrés à dieu par la libéralité des fidèles. Ce n'étoit même qu'à cette condition que l'églife avoit obtenu la permiffion d'acquérir des fonds.

Charles-le-Chauve, dans le capitulaire de l'an 864, dit (*) : que fes prédéceffeurs ont permis aux Francs de donner ou de vendre leurs biens à l'églife ou à d'autres, & de les confacrer au fervice de dieu, s'ils le jugent à propos, & qu'il ne les empêche point de jouir de cette liberté, mais à condition que le roi n'y perdra aucun de fes droits.

_____

(*) Capitul. tome 2, n°. 28.

Imperatores Francis hominibus res fuas ad cafam dei vel aliis tradere eafque ad divinum fervitium converti, fi vellent, non prohibuerunt. Si quis de talibus Francis de rebus fuis tradere vel vendere voluerit, non prohibemus, tantùm ut jus regium quod fibi debetur, fine ratione non perdat.

N ij

L'obligation de contribuer aux charges de l'état n'a jamais été contestée sous les deux première races de nos rois. Si l'on trouve pendant ce temp quelques plaintes de la part du clergé, elle n'ont pour objet que des exactions excessives injustes & tyranniques, qui n'ayant point pou motif la nécessité de l'état, n'étoient occasion nées que par l'avarice du prince ou par son am bition, & dont les séculiers se plaignoient éga lement.

Telle fut la demande que Clotaire fit au églises du tiers de leurs revenus (*). Tous le évêques de sa domination y consentirent; il n'y eut qu'Injuriosus, évêque de Tours, qui s'oppos à cette contribution; mais son motif n'étoit pa l'exemption prétendue par le clergé, c'étoit seu lement l'excès de l'imposition, qui tendoit à priver les pauvres des secours que les églises se croyoient alors obligées de leur fournir.

Telles furent, sur la fin de la première race de nos rois, les vexations exercées par Charles Martel. Ce prince devenu maître de la monar chie Françoise, disposa arbitrairement des biens du clergé, comme de ceux de tous les François; par-là, il excita contre lui la haine des clercs & des séculiers qui souffrirent également de son ambition. Hugues de Flavigni assure que de son temps un grand nombre d'églises pleuroient encore la calamité de son gouvernement; que le temps même n'a pu effacer la mémoire de ses injustices. Le clergé, qui n'avoit pu empêcher l'exécution des volontés de ce prince, s'en

_____

(*) Greg. Turon, hist. lib. 4, c. 2.

IMMUNITÉ. 197

vengea fur fa mémoire. Il publia qu'il étoit damné pour avoir ufurpé les biens de l'églife, & fuppofa une révélation fa te à faint Eucher, qu'il prétendit avoir vu Charles Martel tourmenté dans l'enfer (*). Cette fable n'étoit digne que de mépris.

Les rois de la feconde race qui traitèrent leurs peuples avec plus d'humanité & plus d'équité qu'ils ne l'avoient été fous les règnes précédens, crurent que les befoins de l'état les autorifoient à employer quelques portions des biens de l'églife, pour faire fubfifter ceux qui le d fendoient au péril de leur vie. Les évêques mêmes jugèrent que cette néceffité étoit un titre légitime : ils confei toient, que tant qu'elle dureroit, les biens eccléfiaftiques fuffent employés à cet ufage.

Sous le règne de Charlemagne, on voit des biens eccléfiaftiques poffédés par des laïques, à qui ils avoient été donnés par le prince. Louis le Débonnaire veut, dans le capitulaire de l'an 828, que fes commiffaires s'informent dans les provinces de l'état des églifes données en bénéfices par l'autorité royale. Charles le Chauve donna des biens dépendans de l'églife de Rheims à des officiers de fon palais, pour les aider à fubfifter & à faire le fervice auquel ils étoient obligés (**).

Le monaftère de faint Joffe fur mer, dans le Ponthieu, avoit été donné par Charlemagne à Alcuin, pour y exercer l'hofpitalité. Depuis, Louis le Débonnaire l'unit à l'abbaye de Ferrières : Lothaire le donna enfuite à un laïque nommé

_____

(*) Adm. epifc. ad Iudov. apud Hincm. t. 1, p. 132.
(**) Flodoard. hift. eccl. Rem. lib. 3. c. 4.

N iij

Rhuodingus ; & Charles le-Chauve, après lui au comte Odulphe (*) : ce prince ne promit de le rendre à Loup, abbé de Ferrières, qu'après la mort d'Odulphe ; ou lorsqu'il lui auroit donné un autre bénéfice.

On trouve des exemples de ces conceffion sous les rois de la troifieme race ; on y voit des feigneurs tenir des églifes, des chapelles, des oblations même à foi & hommage des ecclésiaf tiques. C'eft ainfi que Bouchard de Montmorenci, dans le douzième fiècle, tenoit l'églife & l'autel de fainte Marie de Moncel, de l'évêque de Paris: que fous le règne de Louis XIII, fur la fin du miniftère du cardinal de Richelieu, l'évêché de Metz étoit poffédé par le duc de Verneuil; l'abbaye de faint Denis, par le prince de Conti; celle de faint Remi de Rheims, par le duc de Nemours, &c. C'eft fans doute par un effet du même droit, qu'aujourd'hui des laïques peuvent poffédet des penfions fur des bénéfices.

Après la mort de Charles Martel, fes deux fils Carloman & Pepin travaillèrent à rétablir l'état eccléfiaftique qui étoit dans une étrange confufion ; ils tinrent des conciles, & pourvurent de pafteurs les églifes qui en étoient privées depuis long-temps ; ils remirent ces nouveaux évêques en poffeffion des biens de leurs églifes, que Charles Martel avoit donnés à fes capitaines pour leur tenir lieu de gages. Mais l'état de leurs af faires ne leur permettant point de fe paffer entiérement du fecours que leurs pères avoient tirés des biens eccléfiaftiques, il fallut recourir

(*) Apud Baluze, app. ad lup. Ferrar. p. 507.

à d'autres expédiens. Au parlement tenu à Lip-
tine, dans les états de Carloman l'an 643,
l'affaire fut mise en délibération. De tous les
expédiens proposés, celui qui fut agréé par les
seigneurs comme par les évêques, étoit de donner à des laïques, pour les mettre en état de faire
le service militaire, quelques portions des biens
des églises à titre de précaire ou de bail, moyennant une redevance annuelle qui seroit payée à
l'église, de laquelle proviendroient ces biens ;
cela s'appella *précaires*. Les précaires ayant fait
une partie importante du droit public sous la
seconde race, elles exigent un article séparé,
qui se trouvera en son lieu dans ce recueil.

On a vu que tous les biens possédés par les
ecclésiastiques étoient assujettis aux impositions
ordinaires, & qu'il n'y a eu d'exemptions pour
les particuliers, qu'en vertu de chartes expresses.
Le capitulaire de l'an 816 semble du moins
affranchir une mense pour chaque église. » Il a été
» arrêté (*) que chaque église auroit une mense
» entière exempte de tout service ; que les prêtres
» qui y sont établis pour la desservir, ne seront
» tenus qu'au service ecclésiastique, pour les
» dîmes, les oblations des fidèles, les maisons,
» les porches, les jardins voisins de l'église, &

_____

(*) Capitul. tom. 1. pag. 566. n°. 10.

Statutum est ut unicuique ecclesiæ unus mansus integer
absque ullo servitio attribuatur, & presbiteri in eis consti-
tuti, non de decimis, neque de oblationibus fidelium, non
de domibus, neque de atriis vel hortis juxta ecclesiam posi-
tis, neque de præscripto manso aliquod servitium faciant
præter ecclesiasticum ; & si quid amplius habuerint, indè
senioribus suis debitum servitium impendant.

» en un mot pour la menfe : s'ils ont quelque
» chofe de plus , ils rendront à leurs feigneurs
» le fervice qui lui eft dû «.

Le clergé qui a fouvent rappelé ce privilége,
a voulu l'étendre à toute l'églife indiftinctement,
ainfi qu'à toute impofition de quelque nature
qu'elle fût, mais la teneur même du privilége
réclame contre cette interprétation.

Cette exemption ne paroît être accordée qu'aux
églifes paroiffiales de la campagne ; une menfe,
c'eft-à-dire un manoir avec environ douze arpens de terres & deux ou trois ferfs , formoient
le patrimoine des églifes , fuivant le capitulaire
de l'empereur Lothaire, de l'an 824 : ce prince
ordonne (*) que fi l'on bâtit dans quelque lieu
une églife qui y foit néceffaire, on lui donnera
pour dot une menfe compofée de 12 arpens de
terre labourable, & de deux ferfs , afin que le
prêtre qui y fera établi pour faire le fervice
divin , puiffe trouver fa fubfiftance. Les évêques
du concile de Valence, de l'an 855 , reconnoiffent
que ce privilége n'a été donné qu'aux églifes paroiffiales , lorfqu'ils défendent par un de leurs
canons , aux féculiers (**), d'exiger aucun cens
des prêtres qui deffervent les paroiffes. Ces églifes
font d'ailleurs fuffifamment défignées par le texte
même du privilége , qui parle des dîmes &
des offrandes journalières des fidèles , qui ne fe
portoient qu'aux paroiffes.

Il faut obferver que ce n'eft point envers le
roi, ni envers l'état, que ces églifes font affran-

(*) Capitul. Lothair. c. 2.
(**) Conc. Valent. 3. c. 9.

chies de tout service pour cette mense particulière, mais uniquement envers les seigneurs des
terres où elles étoient situées; le roi n'est point
compris ni désigné dans la concession, ni dans les
autres réglemens qui la rappellent, mais seulement
les seigneurs qui, maîtres de disposer de leurs
droits, voulurent bien, dans ces assemblées générales de la nation, s'en dépouiller pour en gratifier les églises de leurs terres, dont les revenus
étoient assez modiques. Il n'y est parlé que des
charges qui étoient dues envers les seigneurs particuliers, tels que le cens & le droit de pâture
d'un cheval (*). Ainsi l'état conservoit ses droits
sur cette mense particulière; & dans les besoins
publics, lorsqu'il se faisoit quelque imposition
générale, le clergé payoit pour cette mense,
quelquefois même plus que les séculiers, comme
il arriva lors de la taxe pour les Normands, où
l'ecclésiastique qui ne possédoit qu'une mense,
fut taxé au moins à quatre deniers (**), c'est-
à-dire à vingt-deux sous environ de notre
monnoie.

Les biens que possède le clergé font de deux
espèces : ou ils ont été de l'ancien domaine de
la couronne, ou ils ont été donnés par des particuliers. S'ils ont appartenu à la couronne, ils
étoient plus particuliérement affectés au service
de l'état. Le domaine des rois étoit autrefois
uniquement destiné à l'entretien de leur maison;
c'est une charge de l'état dont le domaine le
soulageoit. Les rois ont bien voulu en détacher

(*) Capitul. t. 2, p. 199.
(**) Ibid. t. 2, p. 257.

de grands fiefs, des terres considérables en faveur de l'église : par là, leur revenu ne doit plus être entiérement abforbé par les dépenfes de l'état; mais leur ancienne deftination eft une raifon de plus pour les foumettre aux impofitions. Si les biens d'églife ont été donnés par des particuliers, ils ont payé le tribut; ils le doivent encore, à moins que l'on ne prouve qu'il leur a été remis par des raifons toujours fubfiftantes (*).

On fait la différence qui a fubfifté longtemps dans les Gaules, entre les Francs, les Romains & les Gaulois. Charles-le-Chauve reconnoît dans l'un de fes capitulaires, que fes prédéceffeurs ont permis aux Francs de donner ou de vendre leurs biens à la maifon de dieu, & de fe confacrer au fervice de dieu. Nous n'empêchons pas, continue ce prince, que les Francs donnent ou vendent leurs biens, pourvu que les droits royaux ne foient pas perdus. Ces loix qui font claires & précifes, ont formé le droit commun; elles dépofent que les biens des églifes étoient foumis aux impofitions ordinaires.

Nous en avons d'ailleurs tant de preuves, qu'il n'eft pas poffible de fe refufer à l'évidence de ce fait. On ne citera pas tous les auteurs anciens

---

(*) Capitul. car. calv. an 864. c. 28.

Tributum quod indè folvebatur, perfolvat, nifi forte talem firmitatem de parte dominii habeat per quam ipfi tributum fibi perdonatum poffit oftendere.

Imperatores Francis hominibus res fuas ad cafam dei, vel aliis tradere ac vendere, eofque ad divinum fervitium converti, fi vellent, non prohibuerunt.

Si quis de talibus Francis de fuis rebus tradere, vel vendere voluerit, non prohibemus tantùm ut jus regium quod fibi debetur, fine ratione non perdat.

& nouveaux qui en fourniffent une multitude ;
il fuffit de rapporter ce qu'en difent deux auteurs
modernes, très-inftruits de l'hiftoire de l'églife
de France, & tous deux du clergé ; le père Tho-
maffin & l'abbé-Dubos. » Le premier affure
» qu'il réfulte de toutes les loix impériales de-
» puis Conftantin-le-Grand, jufqu'au grand
» Théodofe, que fi les biens d'églife ont été
» exempts de contributions fordides & extraor-
» dinaires, ils ne l'ont pas été, ou ne l'ont été
» que très-peu de temps, des canoniques ou ordi-
» naires ; & quant aux eccléfiaftiques, qu'ils ont
» été affranchis des charges perfonnelles, & que
» leurs héritages & tous leurs biens patrimoniaux
» ont été affervis aux exactions publiques, au
» moins aux ordinaires, & n'ont tout au plus
» été affranchis que des extraordinaires (*) «.

L'auteur de l'hiftoire critique de l'établiffement de la monarchie Françoife dans les Gaules,
rapporte plufieurs faits, qui prouvent que fous la
première & la feconde race de nos rois, les eccléfiaftiques & les biens de l'églife étoient fujets
aux impofitions ordinaires. Il remonte jufqu'à
l'origine de la capitation & de la taxe par arpent, & il ajoute ; » qu'aucune perfonne n'étoit
» exempte par fon état, de payer le tribut pu-
» blic pour les biens qu'elle poffédoit, & l'églife
» même n'avoit pas le droit d'affranchir de ce
» tribut les fonds dont elle étoit propriétaire.
» Il n'y avoit que ceux à qui le prince avoit,
» par un privilége particulier, accordé une exemp-
» tion fpéciale, qui ne fuffent point tenus d'ac-

____

(*) Difcip. ecclef. part. 3. l. 1. c. 33. n°. 10.

» quitter le *cenſus* (*) «. Il cire le canon du
concile d'Orléans, dont on a déjà parlé, pour établir
que l'exemption des impôts n'étoit point de droit,
& » qu'un prince pouvoit donner un fonds à une
» égliſe, ſans que pour cela l'égliſe qui venoit
» jouir de ce fonds fût diſpenſée de payer la
» quote-part du tribut public dont il étoit char-
» gé (**) «.

À l'égard des exemptions que nos rois ont
accordées très-rarement à des égliſes particulières,
le même auteur dit : » Il paroît que ces exemp-
» tions ne duroient que pendant la vie du prince
» qui les avoit accordées, & que la redevance
» dont chaque arpent de terre étoit tenu envers
» l'état, étoit un patrimoine ſi ſacré, qu'un roi
» n'eût point le pouvoir de l'aliéner. Il pouvoit
» bien la remettre pour quelque temps, & en
» diſpoſer à ſon gré, comme d'une portion de
» ſon revenu, mais non pas l'éteindre & en
» priver la couronne pour toujours (***) «.

Il y avoit néanmoins des égliſes qui jouiſſoient
d'une exemption totale pour tous les fonds qu'elles
poſſédoient : Louis le Débonnaire en accorda une
de cette nature à l'égliſe de Hambourg : il donna,
par ſa charte de fondation de l'an 834 (****), tout
ce qui lui appartenoit dans un lieu nommé Tuſholt,
& déclara que tous ceux qui poſſéderoient des
bénéfices ou fiefs dans ce lieu, ſeroient à l'avenir
diſpenſés de tout ſervice militaire. Il les exempta
auſſi de la juridiction des juges ſéculiers, à qui il

_____

(*) Hiſt. crit. de la mon. franç. t. 4. l. 6. p. 351.
(**) *Ibid.*
(***) *Ibid.* p. 354.
(****) Capitul. t. 1. p. 683.

défendit d'exiger aucun tribut, aucun droit de logement, & de se faire défrayer ; enfin il ne se réserva
sur ce bien que les dons que les détenteurs particuliers avoient coutume de lui présenter tous les
ans, & voulut qu'ils continuassent de les lui offrir
ainsi qu'à ses successeurs.

Au parlement d'Aix-la-Chapelle de l'an 817,
il fut dressé un rôle des monastères ou abbayes qui
étoient obligés de contribuer au service militaire (*),
& de faire des présens ; de ceux qui n'étoient tenus
que d'offrir des présens, sans fournir de troupes en
cas de guerre ; & de ceux qui, ne devant ni le
service, ni les présens, n'étoient obligés qu'à faire
des prières pour l'empereur, pour ses enfans, &
pour la prospérité de l'empire.

Toutes les églises qui n'avoient point obtenu
d'exemptions particulières, étoient obligées d'armer
leurs vassaux & leurs sujets, & de les envoyer
servir dans l'armée générale de la nation. Un des
sujets de plainte de Charles le Chauve contre Venillon, archevêque de Sens, fut de s'être sous-
trait à ce service en plusieurs occasions. Dans
l'écrit qu'il présenta contre lui au parlement de
Toul, l'an 859, ce prince dit (**) : » Lorsque je
» marchai contre les païens, & que j'allai à l'île
» d'Oissel, quelques-uns nous abandonnèrent ; &
» Venillon prétextant que ses infirmités l'empê-
» choient d'aller jusques-là, retourna chez lui.
» Encore, lorsque je fus obligé de marcher contre
» mon frère & contre mes ennemis, il ne m'a

_____

(*) *Ibid.* p. 590.
(**) *Ibid.* t. 2. p. 135. n°. 5.

» donné ni par lui-même, ni par ses vassaux, l
» secours que son église avoit coutume de me four
» nir, ainsi qu'à mes prédécesseurs, quoique j
» le lui eusse demandé «.

Le service militaire qui avoit été rendu par le
évêques & les abbés, sous la première & la se
conde race, continua de l'être sous les rois de l
troisième, jusqu'à ce que l'usage des troupes sou
doyées par le prince, eût été introduit. Les évê
ques, dans le serment qu'ils étoient obligés de
faire au roi, s'engageoient à ce service, en lu
promettant de l'aider (*) de tout leur pouvoir dan
toutes ses affaires. Saint Arnoul, abbé de saint Mé
dard de Soissons, avoit refusé d'obéir à l'ordr
qu'il avoit reçu de Philippe I, d'aller à la guerre
ce prince lui fit dire (**) : » C'est une ancienn
» coutume que les vassaux de l'abbaye suivent l
» roi à la guerre, l'abbé à leur tête : ou suivez l
» coutume, ou quittez la place, afin qu'on fasse l
» service «. Arnoul, qui ne cherchoit que l'occasio
pour quitter une abbaye qu'il n'avoit accepté que
malgré lui, profita de l'option, & se retira.

En 1129, Louis VI fit saisir tous les biens de
l'archevêque de Sens (***), & ceux des évêque
de Paris, d'Auxerre & de Chartres, parce qu'il
avoient refusé de se trouver à l'armée. Les évêque
prenant le parti de leurs confrères, osèrent excom-
munier le roi ; mais ces censures déplacées ne l
firent point changer de conduite ; il continu
d'obliger les prélats à rendre à l'état le servic

(*) Concil. t. 6. 718. an 989.
(**) Fleuri, hist. ecclef. l. 63. n° 15.
(***) Mezerai, hist. de France, vie de Louis VI.

qu'ils lui devoient, à raison des biens qu'ils possédoient (*).

Philippe-Auguste ayant le premier soudoyé des
troupes qu'il entretenoit toujours sur pied, le clergé
fut alors déchargé du service militaire personnel.
Il y eut néanmoins encore plusieurs occasions où
on l'exigea de lui, ou du moins des reconnois-
sances qu'il en étoit tenu. L'archevêque de Rheims,
& les évêques de Beauvais, de Noyon, de Tour-
nay, de Nevers & de Laon, donnèrent sous son
règne des lettres (**), par lesquelles ils déclarèrent
que le chapitre de Rheims, en cas de convocation
de ban, étoit obligé de contribuer comme les autres
chapitres, & le roi déclaroit ce chapitre franc
de tout autre service. En 1212, Manassé, évêque
d'Orléans, donna une semblable reconnoissance
pour son église (***).

Philippe-Auguste, dans son testament de l'an
1180, ordonna que si quelqu'un faisoit la guerre
à son fils (****), & si ses revenus ne suffisoient pas
pour la soutenir, tous ses vassaux seroient tenus
de l'aider de leurs corps & de leurs biens, & que
les églises lui donneroient les secours qu'elles
avoient coutume de donner.

En 1209, les évêques d'Orléans & d'Auxerre
avoient quitté l'armée (*****), sous prétexte qu'ils
ne devoient le service que lorsque le roi y étoit en
personne. Philippe-Auguste leur ordonna de revenir avec leurs vassaux. Sur le refus qu'ils en firent,

---

(*) Abrégé de Mezerai, t. 1. p. 364.
(**) Preuv. des lib. de l'égl. gall. c. 39. n°. 4.
(***) *Ibid.*
(****) Rigord. in Philippo-Aug.
(*****) *Ibid.*

leurs fiefs furent confiſqués : pour ſe venger, ¡
mirent les terres du roi en interdit, porterent leu
plaintes au pape Innocent III, & allèrent eux
mêmes à ſa cour : mais ce pape ne leur fit poir
d'autre réponſe, ſinon qu'il ne vouloit ni révo
quer, ni enfreindre les droits & les coutumes d
royaume ; de ſorte qu'ils furent obligés de paye
l'amende au roi, qui leur fit rendre enſuite ce q
avoit été confiſqué ; mais outre l'amende, il exige
d'eux un acte (*), par lequel ils reconnurent qu'il
étoient obligés, comme tous les autres évêque
& barons du royaume, d'aſſiſter le roi dans ſe
guerres (**). Celui que donna l'évêque d'Orléan
dans cette occaſion, ſe conſerve encore au tréſo
de Chartres. L'évêque d'Auxerre fut diſpenſé
à cauſe de ſes infirmités, d'aller à la guerre ave
ſes vaſſaux (***), par des lettres-patentes ; mai
il s'obligea, par acte ſigné de lui, de payer a
roi, par forme de dédommagement, tant pou
le ſervice militaire que pour le ſubſide, une ſomm
de ſix cents livres pariſis, en deux termes, c'eſt
à-dire environ quinze mille livres de notre mon
noie actuelle.

Philippe le Bel, obligé de faire la guerre e
Flandres, ordonna à tous les archevêques & évê
ques du royaume, par ſes lettres datées de Vin

(*) Preuv. des lib. de l'égl. gall. c. 39. n°. 4.
(**) Cartul. Philip. Auguſt. fol. 3. in biblioth. regi.
*Noveritis quòd nos perſonam delicti, & fidelis noſtr
Villelmi Autiſſiodorenſis epiſcopi relaxamus ab exercit
noſtro quandiu vixerit, ita tamen quòd ipſe faciet nob
ſervitium exercitus noſtri, per milites ſuos, ſicut commun
epiſcoporum & baronum noſtrorum debet actum. Meld. ann
domini M. CC. XII. menſe auguſto.*
(***) Ibid. n°. 7.

cennes, le mardi avant la Madelaine, de l'an
1303 (*), de se rendre promptement à son armée
avec le plus grand nombre de gens de pied & de
cheval qu'ils pourroient.

Les évêques & les abbés obligés au service
militaire personnel, non seulement devoient être
à l'armée, soit que le roi y fût présent, soit
qu'il fût absent, ils devoient en outre y mener
leurs vassaux en armes & en équipages, & les
défrayer pendant tout le temps que duroit l'expédition militaire. Il n'y a certainement point de
subside qui puisse être comparé à cette obligation.

Oldéric Vital nous apprend que Louis-le-Gros
ayant exigé des troupes des communes, les villes
se conformèrent à ses ordres, & levèrent des soldats; que les évêques ordonnèrent à chaque curé
de marcher à la tête de ses paroissiens avec la ban-
nière de son église, soit qu'il fallût faire un siége
ou donner un combat (**). Cela se pratiqua jusqu'au règne de Philippe-Auguste, qui le premier
soudoya des troupes; mais le petit nombre qu'il
en entretint à ses dépens, ne dispensa point le
clergé du service militaire. On trouve la preuve
de la continuation de son assujettissement dans la
charte que ce prince donna l'an 1182, pour l'établissement de la commune de Beauvais, dans laquelle il est dit (***), que lorsque l'évêque ira à
l'armée, la commune lui fournira trois chevaux.

(*) Preuves des lib. de l'égl. gall. c. 39, n°. 12.
(**) *Tunc ergò communitas in Franciâ statuta est à præsulibus; ut presbyteri comitarentur regi ad obsidionem vel pugnam cum vexillis & parochianis omnibus.* Oldéric. Vital. lib. 11. p. 836.
(***) Ordonn. du Louv. 1. v. p. 621.

Il eſt inutile de rechercher quel eſt le premie
de nos rois ou des maires du palais, qui a exig
perſonnellement des évêques & des abbés le ſer
vice militaire à raiſon de leurs fiefs. Grégoire d
Tours rapporte (*), comme un fait extraordinaire, l'action de Sagittaire, évêque de Gap, qui
pendant le ſiége de la ville de Comminges, pa
Londegiſile, général des armées de Gontran,
étoit ſur les murailles de la place armé de tout
pièce, & jetant des pierres ſur les aſſiégeans.

„ Il paroît que le clergé, voyant chez les Franc
toute la conſidération attachée au ſervice militaire,
crut que pour conſerver ſon crédit & ſa diſtinction, il ne pouvoit faire mieux que de le rendre
en perſonne: on le vit bientôt conduire lui-même
ſes ſujets & ſes vaſſaux à la guerre, & les com-
mander dans les occaſions. Cet uſage qui avoit déjà
lieu avant la fin de la ſeconde race, choquoit également la bienſéance & les canons. Il fut blâmé
dans le parlement de l'an 742, par Carloman,
qui défendit (**) à tous les miniſtres de l'égliſe de
porter les armes, d'aller à la guerre, & de ſe
trouver dans les combats, à l'exception de ceux
qui ſeroient néceſſaires pour faire le ſervice dans
le camp, c'eſt-à-dire, d'un évêque ou deux, avec
quelques chapelains du prince, & un prêtre qui
ſeroit mené par chaque commandant, pour con-
feſſer les gens de ſa troupe & leur impoſer la
pénitence.

Ce réglement fut adopté dans les états de Pepin par le parlement de l'an 744, qui fit une

(*) Greg. Turon. hiſt. lib. 7. c. 7.
(**) Cap. t. 1. p. 146. n°. 2.

défenfe particulière aux abbés d'aller à-l'armée, leur enjoignant feulement d'y envoyer leurs vaffaux (*). Le fparlement de Vermerie, de l'an 752, défendit (**) à tous les clercs en général de porter les armes ; mais ces défenfes furent mal obfervées : Charlemagne fut obligé de les réitérer ; & il les réitéra en effet par fon capitulaire de l'an 869, conçu dans les mêmes termes que celui de Carloman (***).

La défenfe d'aller à l'armée fut mal reçue par le clergé. Ce réglement fi fage, fi conforme à l'efprit des canons, loin d'exciter fa reconnoiffance, ne fervit qu'à faire naître fes murmures : Charlemagne fe vit même obligé de juftifier fes intentions, & de raffurer le clergé par une déclaration qu'il publia dans le parlement tenu à Worms l'an 803. Au parlement tenu à Verneuil en 845, on ordonna que ceux du clergé qui feroient infirmes ou munis d'une difpenfe particulière du roi, auroient foin d'envoyer leurs hommes fous le commandement d'un de leurs vaffaux.

Le ban que Louis-le-Débonnaire fit publier, étoit adreffé à tous les eccléfiaftiques comme aux autres vaffaux de la couronne. Sous Charles-le-Chauve, il fut de même ordonné, par le capitulaire de Pifte, à tous les évêques & à tous les abbés, de fe rendre en perfonnes à l'armée, auffi-tôt qu'ils en auroient reçu l'avertiffement.

Nous avons dit que le fervice militaire perfonnel des eccléfiaftiques, qui étoit ordinaire fous la race des Carlovingiens, ceffa de l'être fous

(*) *Ibid.* p. 157. n°. 3.
(**) *Ibid.* p. 164. n°. 16.
(***) *Ibid.* p. 190. n°. 1. & p. 495.

Philippe - Augufte , qui commença à avoir des troupes foudoyées & entretenues à fes dépens, & que ce ne fût plus que dans des occafions pref-fantes qu'on obligea les poffeffeurs de fiefs de fe trouver à l'armée par la convocation du ban & de l'arrière-ban. Il s'en préfenta une entre autres fous Philippe-le-Bel en 1303.

« Ce prince exigea le fervice militaire de tous les » archevêques , évêques, abbés & autres prélats, » doyens, chapitres, couvens, collèges , & toutes » autres manières de perfonnes d'églife , religieux » & féculiers , exempts & non exempts, pendant » quatre mois ; favoir , juin, juillet, août & fep-» tembre de l'année 1304 (*) ; par chacune cinq » cents livrées de terre, d'un gentilhomme bien armé, » monté à cheval , de cinquante livres tournois , & » couvert d'une couverture de fer, ou de couverture » pourpointée ; & de tant , comme il paffera cinq » cents livrées de terre, combien que ce foit, jufqu'à » mille, de deux hommes d'armes, montés & appa-» reillés , comme deffus eft dit«. L'évêque de Cler-mont , quelques-abbés , prieurs , doyens & cha-pitres, n'ayant point obéi à cet ordre, leur revenu fut faifi (**).

On obferve que le fervice militaire , lorfqu'il n'étoit point rendu en perfonne, étoit compenfé en argent , & les eccléfiaftiques étoient obligés d'y contribuer , foit que la guerre fe fît pour leur défenfe particulière , foit qu'elle intéreffât tout l'état. En 1201 , plufieurs évêques avoient prié Philippe-Augufte d'envoyer fes troupes pour les

_____

(*) Preuv. des lib. de l'égl. gall. c. 39, n°. 14.
(**) Dupuy, démêlé de Philippe & de Boniface,

IMMUNITÉ. 213

défendre des invasions & des pillages de différens seigneurs (*): il leur répondit qu'il n'avoit point de troupes sans argent ; mais ces évêques ayant contribué ensuite, il marcha à leur secours. Sous Louis VIII, son successeur, l'évêque d'Auxerre, dispensé d'aller à la guerre à cause de ses infirmités, fut obligé de payer une somme de six cents livres, qui seroient environ 1500 livres de notre monnoie actuelle, tant pour l'indemniser du service qu'il devoit, que pour sa part de la décime (**).

Le service militaire n'étoit pas la seule charge imposée sur les biens ecclésiastiques : il payoit en outre le don annuel, & d'autres contributions, comme tous les membres de l'état.

C'étoit la coutume chez les Germains & chez les Francs (***), que les villes & les particuliers offrissent au prince des présens en bestiaux ou en grains. Ces présens étoient à la fois un hommage dû au prince à cause de sa dignité, & un tribut pour subvenir aux besoins de l'état. Les Francs, devenus maîtres des Gaules, conservèrent cet ancien usage : ils offroient ces présens tous les ans, à la fin de l'assemblée de la nation, après que les affaires pour lesquelles ils étoient assemblés, étoient expédiées: c'en étoit la clôture.

Nous apprenons par l'ordre (****) qui s'observoit dans le palais de Charlemagne, écrit par Hincmar, sur le rapport d'Adelard, que sous ce prince on tenoit ordinairement deux assemblées ou parlemens par an ; l'un au commencement de

(*) Mézerai, histoire de France, vie de Philippe II.
(**) Preuv. des libert. de l'égl. gall. c. 39, n. 7
(***) Tacite, de mor. Germ. n°. 15.
(****) Hincm. t. 2. de ord. palat. p. 209, n°. 22.

O iij

l'année, pour régler toutes les affaires du royaume
pendant le courant de l'année ; l'autre vers la fin,
dont l'objet principal étoit de recevoir ces préfens,
où cependant l'on entamoit les affaires de l'année
fuivante, & où le prince commençoit même à
en délibérer avec fes principaux officiers ; qu'à la
fin de l'un & de l'autre, pendant que les officiers
du palais traitoient dans un lieu féparé d'affaires
particulières, le prince recevoit les hommages &
les refpects de toute la multitude, ainfi que les
préfens qui lui étoient offerts ; que ces préfens
étoient donnés en garde à différens officiers, qui
les repréfentoient pour s'en fervir dans le befoin;
que tous ceux qui ne confiftoient point en vivres
ou en chevaux, étoient remis à la reine, qui les
donnoit à garder au grand chambellan. La coutume de remettre une partie de ces préfens entre
les mains de la reine, étoit ancienne. La femme
de Chilpéric, pour faire ceffer la furprife du roi
& celle des François, étonnés de la quantité d'or,
d'argent & d'habits qu'elle avoit donnés à fa fille,
qui partoit pour fe rendre en Efpagne époufer le
roi, leur dit (*), que ce qu'ils voyoient, provenoit
en partie des préfens qui avoient été faits par les
Francs.

Pepin reçut ces préfens (**) au parlement qu'il
tint à Orléans dans le mois de mai, au lieu de
celui de mars dans lequel fes prédéceffeurs avoient
coutume de le tenir. Louis-le-Débonnaire les reçut
au parlement qu'il tint à Vorms en 829, à Orléans en 832, à Stramiac en 835, à Vorms en 836,
& à Thionville en 837, fuivant la remarque de

_____

(*) Grég. Turon, hift. lib. 6.
(**) Frédégar.

l'auteur de la chronique de faint Arnoul (*).
Lothaire les reçut pareillement au parlement de
Compiegne l'an 833, après la dépofition de Louis-
le-Débonnaire (**). Ils furent auffi préfentés à
Charles-le-Chauve, au parlement de Toufi, de
l'an 877 (***).

Quoique cette contribution ne portât que le
nom de préfent & de don, elle n'étoit point entièrement volontaire, & il n'étoit libre à perfonne
de s'en difpenfer : c'eft pourquoi, afin d'être en
état de connoître ceux qui y manquoient, les perfonnes qui offroient, étoient obligées de mettre
leurs noms fur ce qu'elles avoient préfenté : c'eft
du moins ce qui fut ordonné à l'égard des chevaux, par le capitulaire de l'an 833 (****).

Louis VI, en 1131, obligea les églifes de lui
fournir la plus grande partie de leurs revenus (*****).
Louis VII, fon fils, fe difpofant à partir pour la
terre-fainte, ordonna l'an 1146 à l'abbé de Saint-
Benoît-fur-Loire (******), de lui tenir prêt 1000
marcs d'argent. Cet abbé s'excufa de fournir cette
fomme : il ne prétexta point l'Immunité de l'églife;
mais il allégua les impofitions confidérables que
le clergé avoit déjà payées, & qui le mettoient
hors d'état de fournir la fomme qui lui étoit demandée. Le roi, y ayant égard, fe reftreignit à la
moitié : l'abbé refufa une feconde fois. Le roi, de
l'avis de fon confeil, fe réduifit à 300 marcs, &

(*) Capitul. t. 1. not. Sirm. p. 810.
(**) *Ibid.* anno. etiam. 833.
(***) Capitul. t. 1. p. 270.
(****) *Ibid.* t. 1. p. 400. n. 20.
(*****) Fleuri, hift. ecclef. l. 67. n. 111,
(******) Duchefne, hift. de France, t. 4, p. 317.

dit à l'abbé, qu'il avoit fait venir devant lui, qu'il vouloit être obéi : l'abbé de retour chez lui assembla ses religieux, leur communiqua les ordres du roi, & ils donnèrent deux chandeliers d'argent de trente marcs, un encensoir de huit marcs, & trois onces d'or. Le motif allégué par cet abbé, pour s'excuser de payer, prouve que dans toutes les occasions le clergé se prêtoit aux besoins de l'état, & qu'il n'épargnoit point ses revenus pour contribuer aux dépenses nécessaires.

Il y a plus : le clergé prévenoit ordinairement les demandes du prince par des offres généreuses : juge avec la noblesse de la nécessité du subside, il en partageoit le fardeau avec tous les autres citoyens. Ainsi dans le parlement tenu à Compiegne l'an 1183, Philippe-Auguste ayant exposé le refus que le comte de Flandres faisoit de lui restituer le Vermandois, demanda & prit l'avis de l'assemblée (*) : les évêques & les seigneurs opinèrent qu'il falloit déclarer la guerre au comte ; & les uns & les autres offrirent au roi tous les secours d'hommes & d'argent qui seroient nécessaires pour obtenir la restitution de cette province.

Cette espèce de contribution n'étoit pas arbitraire ; sa qualité ne dépendoit point de la volonté des évêques ni des abbés : elle étoit réglée par la qualité & la quantité des biens qu'ils possédoient, comme on le voit dans les actes du parlement de Thionville de l'an 843 (**).

Hincmar dit que l'église paye au roi & à

(*) Duchesne, hist. de France. t. 5. p. 12.
(**) Capitul. t. 2. p. 11. ch. 4. & Hincm. t. 2. p. 116.

l'état, des tributs qu'on appelle *dons annuels*,
pour être protégée & défendue. Louis-le-Débonnaire accorda de grands priviléges à l'églife de
Hambourg en la fondant; il l'exempta du fervice
militaire; mais il l'affujettit à l'obligation de lui
payer (*) à lui & à fes fuccesseurs les dons
que le monaftère de Turholt qu'il unissoit à cette
églife, avoit coutume de lui payer : de même
par la charte d'Immunité accordée à l'églife de
faint Julien de Brioude, il voulut que cette
églife lui préfentât tous les ans un cheval, un
bouclier, & une lance (**). Enfin dans le capitulaire de l'an 801, on fit dresser un rôle des
monaftères qui jouissoient de l'exemption de ces
dons (***) : précaution inutile, fi toutes les églifes
féculières ou régulières eussent été libres d'offrir,
ou fi leurs préfens n'eussent été que des dons
gratuits, & non une dette exigible.

Ces préfens ou dons, quoiqu'offerts à la fin
de chaque parlement, fe réitéroient lorfque les
befoins de l'état l'exigeoient. Cela arriva quand
l'armée de Charles-le-Chauve eut été défaite par
les Bretons. Loup, abbé de Ferrière, amassa autant
d'argent qu'il put, & l'envoya à Louis, abbé
de Saint-Denis, parent de l'empereur & fon
chancelier, pour le préfenter à ce prince, en le
priant d'excufer de ce qu'il n'en envoyoit pas
davantage, & de ce que le délabrement des
affaires de fon abbaye ne lui permettoit point de
faire une plus grosse offrande (****). Baluze conclut

(*) *Ibid.* t. 1. p. 683.
(**) *Ibid.* t. 2. p. 1062.
(***) *Ibid.* t. 1. p. 590.
(****) Lup. Ferrar. ep. 32.

de ce fait, avec raifon, qu'outre le don annuel
les églifes étoient obligées de faire de nouveaux
préfens, lorfque les befoins de l'état l'exigeoient (*).

Ainfi, aux charges ordinaires que nous avons
rapportées, il faut encore joindre les impofitions
extraordinaires auxquelles on avoit recours dans
les befoins préfens : telles furent celles qu'occa-
fionnèrent les defcentes fréquentes des Normands
fur nos côtes. Il fallut, pour éviter le pillage &
éloigner ces ennemis, leur donner de groffes
fommes d'argent.

En 861, Charles-le-Chauve leur donna dans
cette vue 5000 marcs d'argent (**), avec
une prodigieufe quantité de beftiaux & d'autres
provifions.

Il nous refte dans les capitulaires deux actes
informes, qui contiennent une efpèce de taxe
des terres du royaume faite à ce fujet. Le premier
a été dreffé au parlement de Compiegne dans le
mois de mai de l'an 887, fur une partie du
royaume (***), poffédée par l'empereur, avant la
mort du jeune Lothaire. Le fecond n'a point
de date, mais il eft porté par Baluze à l'an 877.
Les eccléfiaftiques font compris dans ces deux
rôles, comme les féculiers; tous les deux portent, que tout évêque, abbé, comte ou vaffal
du roi (****), payera pour chaque menfe ou men-
fion tenue par lui-même dans fon domaine ou
inféodée à un vaffal, douze deniers; pour cha-

(*) Baluze, not. in Lup. p. 383.
(**) Chron. mont. dei. ad. an 861.
(***) Capitul. t. 2. p. 257.
(****) Ibid. t. 1. p. 257.

que menfe inféodée à un ingénu ou homme libre, huit deniers : favoir, quatre du prix de la menfe, & quatre des facultés des cenfitaires; pour chaque menfe fervile, quatre deniers, favoir, deux du prix cenfuel, & deux des facultés de l'homme ferf. A l'égard des églifes, il y eft ordonné que chacun payera felon fon pouvoir du fort au foible, depuis cinq fous jufqu'à quatre deniers. Sous ce nom d'*églife* pris en particulier, on ne doit entendre que les églifes paroiffiales, dont quelques-unes étoient riches (*).

Sur la fin du règne de Charles-le-Chauve, l'arrivée des Sarrafins en Italie néceffita de nouvelles impofitions. Au parlement tenu à Quercy-fur-Oife, il fut arrêté qu'on leveroit une impofition pareille à celle qu'on avoit levée pour éloigner les Normands, c'eft-à-dire, d'un fou par chaque menfe royale, dépendante des honneurs poffédés par les évêques, les abbés & les feigneurs; de huit deniers fur chaque menfe inféodée à perfonne libre, & de quatre deniers fur chaque menfe fervile. Chaque prêtre fut auffi impofé proportionnellement depuis cinq fous jufqu'à quatre deniers. Il eft à remarquer que dans cette impofition, comme dans la précédente, la taxe du clergé fut plus forte que celle du peuple.

Les logemens & les voitures étoient une autre efpèce de tribut non moins onéreux. Lorfque

(*) Les douze deniers auxquels fut impofée chaque menfe, peuvent revenir à trois livres fix fous ou environ de notre monnoie actuelle; les huit deniers à deux livres quatre fous; les quatre deniers à vingt-deux fous; & les cinq fous à huit livres fix, fept ou huit fous.

le prince ou fes officiers, les juges ou les am-
baffadeurs paffoient par quelques lieux, les habitans étoient tenus de leur fournir les logemens,
les voitures, & de les défrayer. Les églifes con-
tribuoient à cette dépenfe ; & lorfque les évêques & les abbés refufoient de s'acquitter de ce
devoir, ils étoient condamnés à une groffe
amende.

Le clergé contribuoit auffi aux ouvrages publics. On voit par l'extrait des loix des Lombards,
dreffé fous Louis-le-Débonnaire en 824, que les
vaffaux des églifes étoient obligés de contribuer à la conftruction & à l'entretien des ponts,
chauffées & autres ouvrages publics, comme tous
les vaffaux des autres feigneurs ; le feul privilége qu'ils euffent, dans cette occafion, étoit
de ne recevoir d'ordre que des eccléfiaftiques :
ils étoient feulement jufticiables du magiftrat
féculier, fi leur tâche n'étoit point remplie.

Durant les calamités publiques, les eccléfiaftiques n'étoient point diftingués des laïques, dans
les réglemens qui fe faifoient pour le foulage-
ment des pauvres. Quand la famine dévaft:
le royaume en 806, Charlemagne ordonna dans
le parlement tenu à Nimegue (*), que tous le
évêques, les abbés, les abbeffes, les feigneurs
les comtes, & tous ceux qui tenoient des fief
royaux, nourriroient chacun leurs fujets. Plufieur
autres capitulaires ordonnent tant aux eccléfiaftiques qu'aux féculiers, de fournir à la fubfiftanc
de tous ceux qui dépendent d'eux, fans attend:
d'ordres du prince (*).

(*) Capitul. t. 1. p. 455. n. 19.
(**) *Ibid.* t. 1. p. 118.

Il s'étoit introduit chez les Francs un usage de faire des présens à leurs rois, lors du mariage de leurs enfans. Ainsi lorsque Chilpéric maria sa fille à Recarède, roi des Visigots en Espagne, tous les Francs lui firent des présens en or, en argent, en chevaux & en habits (*). Cet usage passé en droit, s'est depuis étendu par les coutumes jusqu'aux seigneurs hauts-justiciers, sous le nom d'aide.

Philippe-le-Bel, en mariant sa fille Isabelle au roi d'Angleterre, exigea ce droit d'aide de tous ses sujets, tant ecclésiastiques que séculiers.

L'église de Paris & l'abbaye de Saint-Denis en France, prétendirent en être exempts en vertu de leurs priviléges, & elles obtinrent des lettres-patentes, qui ordonnoient qu'à leur égard il seroit sursis à la perception de ce droit (**).

Les évêques, les abbés & autres ecclésiastiques du duché de Normandie, prétendirent aussi devoir en être exempts, & que même leurs fermiers & les vassaux de leurs églises ne devoient rien payer. La perception de l'aide fut d'abord suspendue à leur égard ; mais cités au parlement de Paris l'an 1309, ils furent déboutés de leur prétention, après avoir été entendus avec les gens du roi. L'arrêt porte que ces ecclésiastiques n'avoient rien proposé de raisonnable qui pût les faire décharger de la subvention demandée. Il fut ordonné en conséquence, que la surséance cesseroit d'avoir lieu, & que les baillis & autres

(*) Grég. Turon. hist. lib. 4. c. 35.
(**) Regist. olim. preuv. des lib. c. 39. n. 21 & 22.

perfonnes commis à cet effet, leveroient l'aide fur tous les vaſſaux & fujets libres des eccléfiaſtiques du duché de Normandie (*).

On a vu jufqu'ici, que fous les deux premières races de nos rois, les eccléfiaſtiques ne furent point diſtingués des autres membres de l'état, en matière de tribut & d'impofition ; que leurs perfonnes & leurs biens furent toujours fous l'inſpection du prince & de fes officiers ; que les priviléges accordés par Clovis ou par fes fucceſſeurs, n'emportoient point une exemption générale : ils n'avoient d'effet que pour les églifes auxquelles ils étoient accordés ; & lorfque ces églifes, dans des cas particuliers, réclamoient leurs exemptions, elles étoient obligées pour fe juſtifier, de rapporter le titre en vertu duquel elles fe prétendoient exemptes. Ces priviléges étoient même limités à des objets particuliers. Des églifes qui les avoient obtenus, les unes étoient affranchies de la juridiction féculière, les autres étoient exemptes du fervice militaire : il y en avoit qui étoient difpenfées de contribuer aux dons annuels, & quelques-unes à qui le cens avoit été remis. Ces exemptions particulières n'avoient lieu que pour les biens dénommés dans le privilége, & non pour tous ceux que poſſédoient ces églifes privilégiées, &, dans les impofitions extraordinaires exigées pour les befoins de l'état, les eccléfiaſtiques poſſeſſeurs de ces biens exempts y étoient compris comme les féculiers.

On remarque que pendant ce long efpace de temps, -c'eſt-à-dire-depuis Clovis jufqu'au dou-

---

(*) *Ibid.* ch. 30. n. 22.

fième fiècle, on ne trouve d'oppofition de la part
du clergé, que celle d'Injuriofus, évêque de
Tours ; & cette oppofition, comme nous l'avons
obfervé, avoit moins pour objet le droit du
prince, que l'excès de l'impofition. Tous les autres évêques du royaume avoient confenti à cette
impofition : or, ils n'auroient pas donné leur
confentement, s'il eût été reconnu que les biens
eccléfiaftiques ne pouvoient être affujettis au
tribut & aux charges de l'état.

Q U A T R I È M E É P O Q U E.

De l'Immunité eccléfiaftique depuis le douzième
fiècle jufqu'au feizième.

Cette époque qui fournit un changement de
forme dans le gouvernement, vit établir auffi
une forme nouvelle pour la perception des contributions réelles. La conftitution fondamentale
de l'état, les capitulaires de Charlemagne, & un
ufage immémorial & conftant, impofoient également au même titre, & dans la même forme,
à la nobleffe compofée des vaffaux du roi, au
clergé, & aux propriétaires qui formoient le tiers-
état ou le peuple, l'obligation du fervice militaire à leurs dépens.

La milice convoquée pour ce fervice s'appeloit le *ban*, par rapport à la nobleffe, & par
rapport aux propriétaires, on la nommoit l'arrière-ban (*), du nom ancien de l'amende qu'ils

_____

(*) *Heribannus*, hériban, airban, & par corruption,
arrère-ban.

payoient, lorfque, par défobéiffance ou congé, il manquoient de fe rendre à l'armée. La continuité des guerres, la lenteur avec laquelle ces milices fi mal compofées s'affembloient, & l'obligation de les renvoyer à la fin de la campagne, pour les raffembler avec autant de peine & auffi peu d'utilité l'année fuivante, firent enfin connoître à Philippe-Augufte, au commencement du treizième fiècle, la néceffité d'avoir à fa folde des troupes mieux difciplinées, toujours prêtes, & pour ainfi dire fous fa main, pour la défenfe de l'état. Il fentit par expérience le mérite & l'avantage des troupes réglées, fur une milice ramaffée à la hâte, & compofée prefque toute entière de vaffaux, de gens d'églife & de laboureurs, manœuvres & artifans, & il comprit tout l'inconvénient & l'abus de dépeupler la campagne de cultivateurs utiles, pour en faire de mauvais foldats. Ce prince foudoya donc le premier des troupes, & les entretint fur pied.

Mais cet état militaire toujours fubfiftant, avoit befoin de fonds annuels & affurés. Philippe-Augufte y pourvut, en convertiffant le fervice militaire que les propriétaires devoient à leurs dépens, en une contribution réelle. Tous les propriétaires non nobles y furent affujettis en conféquence & en compenfation de l'arrière-ban.

Il eft vraifemblable que cette contribution connue depuis fous le nom de taille, repréfentoit le fervice militaire dû par les roturiers; car on voit qu'aux états généraux affemblés à Tours en 1484, le tiers-état fe plaignit de ce que l'on contraignoit ceux qui n'avoient aucun fief, de marcher à l'arrière-ban, quoiqu'ils fuffent fujets à la taille.

Philippe-

Philippe-Augufte penfa que la même converfion du fervice militaire en une contribution réelle, n'étoit pas moins jufte par rapport aux eccléfiaftiques, & qu'elle pouvoit être auffi avantageufe à l'état. Nous voyons en effet qu'en 1201, plufieurs évêques l'ayant prié d'envoyer les troupes qu'il enttetenoit à fa folde, pour les défendre des invafions & des pillages de différens feigneurs, il leur répondit, que l'on n'avoit point de troupes fans argent. Les évêques ayant alors contribué, le roi (*) marcha à leur fecours avec fon armée. La contribution réelle du clergé, repréfentative du fervice militaire qu'il devoit à fes dépens pour raifon de fes biens, eut donc lieu dans le fait, fur la fin du douzième fiècle, & pendant le treizième, malgré la difficulté que quelques eccléfiaftiques faifoient de s'y foumettre.

Jufqu'ici les levées ordinaires & extraordinaires n'eurent le nom ni de dixmes ni de décimes (*).

(*) Mézerai, hiftoire de France.

(**) Patru, traité des décimes, p. 815, édit. de 1681, dit: » Quoiqu'il n'y ait en latin qu'un feul mot pour fignifier » dixmes & décimes, & que ces deux mots n'aient en effet » qu'un même fens, notre ufage néanmoins a porté leur figni- » fication à des chofes fort différentes : car les dixmes fe » prennent par les eccléfiaftiques fur les fruits de la terre, » & quelquefois même fur le bétail & fur la volaille, fui- » vant les coutumes des lieux ; & les décimes, au contraire, » fe prennent par le roi & autres fur les eccléfiaftiques, fui- » vant les conceffions des pays ou les traités faits avec le » clergé ; mais toujours fur les ordres de nos rois ».

Ce n'eft pas qu'autrefois on n'ait appelé *dixme* ce que nous appelons aujourd'hui *décime*, témoin la dixme faladine ; mais préfentement nous appelons décime tout ce que le prince ou autre, par fa permiffion, lève ordinairement ou

Ces mots dans la fignification qu'ils ont aujou
d'hui, ne furent connus que fous le règne d
Philippe-Augufte, & à l'occafion des croifade
Ce font les voyages d'outre-mer qui ont intr
duit la nouvelle forme de percevoir les impof
tions fur les biens du clergé, qui s'eft depu
appelée décimes.

Le premier & le plus fameux de ces voyage;
fe fit fous Godefroy de Bouillon l'an 1096 (*
Toute la France contribua avec zèle pour cet
expédition.

Louis le-Jeune fut le premier de nos rois q
fe croifa (**). Patru dit dans fon traité d
décimes, que pour les dépenfes du voyage,
fe fit une levée fur les eccléfiaftiques, fur laquell
tous nos hiftoriens ont gardé le filence. Il a
fure que cette levée fe fir par forme de tax
fur chaque bénéfice ; & en effet cette affertio
eft juftifiée par trois actes qu'il cite.

Le premier eft un écrit dans lequel (***
un religieux de l'abbaye de faint Benoît-fur
Loire rend compte de fon monaftère, & dit le
caufes de la diminution de fon temporel : il parl
comme témoin oculaire de ce qu'il rapporte; qu
pour cette guerre, l'abbaye de faint Benoît-fur
Loire fut prémièrement taxée à mille marc

---

extraordinairement fur le clergé de fon royaume, & qu
étoit compris fous le nom d'*aide* & de *fubvention*, avant l
règne de François I.

(*) Pétau, rat. temp. lib. 9.

(**) *Ibid.* cap. 22.

(***) Voyez au quatrième tome des hiftoriens de France
de Duchefne, *veterum fcriptorum fragmenta*, pièce 5,
page 423.

d'argent, puis à cinq cents , & qu'enfin on s'accorda
à trois cents marcs , & cinq cents belans d'or.

. Le second acte est une lettre (*) d'un abbé de
Ferrière, écrite à l'abbé Suger , alors régent du
royaume , en l'absence de Louis-le-Jeune. Cet
abbé demande du temps au régent pour payer
ce qui restoit dû de sa taxe.

Le troisième est une requête du chapitre & des
habitans de Brioude à Louis-le-Jeune, dans laquelle
ils lui représentent , qu'ayant engagé pour payer
au roi ce qu'ils lui avoient promis , engagé, dis-je ,
une couronne que le roi Charles (ils ne disent
point quel Charles) leur avoit autrefois donnée,
ils ne la peuvent retirer des mains de l'enga-
giste, quoiqu'ils lui aient rendu son argent.

Il est vraisemblable , que pour un armement
aussi grand que celui qui se fit alors pour l'expédition de la terre-sainte , on obligea tout le
monde à contribuer; c'est la réflexion de Patru.
La dépense fut si excessive , que Louis-le-Jeune
étoit à peine aux portes de Hongrie, que, par des
lettres qu'il écrivit à Suger , il crioit déjà à
l'argent (**).

§. 1. *Origine & progreffion des prétentions du clergé
touchant les Immunités eccléfiastiques.*

Le plan que nous nous sommes proposé de
suivre , exige qu'avant d'aller plus loin , nous

(*) *Ibid.* page 532.
(**) Patru, traité des décimes; voyez historiens de France
de Duchesne, t. 4. au chap. *epiftola Sugerii*, titre 6 , 22 &
39, pages 494, 499 & 505.

faffions connoître l'origine des prétentions du
clergé touchant les Immunités.

Lorfque Clovis eut conquis les Gaules, il
trouva deux impofitions établies par les empereurs
Romains, & dont aucun fujet de l'empire n'avoit
été exempt. La taxe par arpent *jugeratio*, & la
taxe par tête *capitatio* : quelle fut la conduite
du vainqueur des Gaules à l'égard des eccléfiaftiques & des biens de l'églife ? Les taxes perfonnelles & réelles étoient générales & fans
aucune exception ; il falloit un privilége particulier pour s'en exempter ; & l'hiftoire ne dit
point que Clovis en ait exempté les eccléfiaftiques
& tous les biens de l'églife. Nous voyons clairement que la taxe par arpent & la taxe par tête
étoient établies dans les Gaules, dès le temps de
l'empire Romain ; mais nous ne voyons pas que les
taxes aient été remifes aux eccléfiaftiques pour
leurs perfonnes & pour leurs biens ; c'eft cela
cependant qu'il faudroit prouver, pour établir
que l'Immunité générale des biens de l'églife
eft entrée dans le contrat primitif de l'églife &
de l'état.

Clovis, devenu chrétien, permit aux évêques
de fa domination de s'affembler à Orléans l'an
511. Les pères de ce concile s'expliquent ainfi dans
le cinquième canon : » L'Immunité nous ayant
« été accordée par le roi, notre feigneur, pour
» les clercs, pour les offrandes, & pour les champs
» qu'il a daigné donner aux églifes, ou qu'il don-
» nera par l'infpiration de dieu, aux églifes qui
» n'en ont pas encore, nous jugeons qu'il eft très-
« jufte que tous les fruits que nous en recueille-
» rons par la bonté divine, foient employés aux
» réparations des églifes, à l'entretien des prêtres

▸ & des pauvres, & à la rédemption des captifs (*) «.

On voit par ce canon, que Clovis accorde l'Immunité à l'église, & que ce n'est pas le concile qui l'ordonne, & qui décide qu'elle est due. L'Immunité, dans ce canon, est personnelle pour les clercs, & réelle seulement pour les offrandes que Clovis a faites, pour les champs qu'il a donnés, pour ceux qu'il donnera par inspiration divine. Le concile juge que les dons du roi étant affranchis des impositions, tous les fruits qu'ils recueilleront doivent être employés à réparer les temples, à nourrir les prêtres & les pauvres, & à racheter les captifs.

Ainsi l'église reconnoissoit qu'elle ne pouvoit avoir des Immunités personnelles & réelles que par la concession des souverains, *Immunitate concessâ*. Elle recevoit avec reconnoissance une exemption très-bornée ; elle se soumettoit à ne pas l'étendre au delà des biens qu'elle avoit reçus de la libéralité de Clovis. Ce décret du concile d'Orléans prouve d'ailleurs que l'église n'avoit été reçue dans l'état que sous la condition qu'elle seroit soumise à ce que Clovis & ses successeurs prescriroient.

Dans la suite, les prétentions des papes, les droits que quelques-uns d'entre eux voulurent s'attribuer

_____

(*) *De oblationibus vel agris quos dominus noster rex ecclesiæ suo munere conferre dignatus est, vel adhuc non habentibus, deo inspirante, contulerit, ipsorum agrorum vel clericorum Immunitate concessa, id esse justissimum definimus, ut in reparationibus ecclesiarum, alimoniis sacerdotum & pauperum, vel redemptionibus captivorum, quidquid in fructibus æus dare dignatus fuerit expendatur, & clerici in adjutorium ecclesiastici operis constringantur.* Conc. Aurel. 1. can. 5.

fur les biens temporels, changèrent peu à peu les idées des ecclésiastiques, d'autant plus facilement que leur intérêt personnel s'y trouva joint. Sous l'ombre de ne dépendre que du pape, qui prétendoit avoir reçu de dieu le glaive matériel comme le spirituel, & qui, abusant de quelques textes de l'écriture, s'établissoit le maître de tous les royaumes de la terre, ils firent tous leurs efforts pour secouer le joug des princes & des magistrats sous lesquels ils vivoient : ils voulurent tout à la fois exempter leurs personnes de la juridiction séculière, & soustraire leurs biens aux charges de l'état.

Ce fut dans le dixième siècle que ces idées fausses commencèrent à paroître. On trouve, vers l'an 943, un archevêque de Cantorbery, qui, dans des constitutions particulières qu'il publia pour son diocèse (.*), fait défenses à qui que ce soit d'imposer un cens ou un tribut sur l'église ; & la raison que ce bon homme donne de sa défense, est digne de ses lumières : c'est parce que les enfans de l'église, c'est-à-dire les enfans de dieu, sont exempts de tout tribut terrestre dans tous les royaumes de la terre. Où avoit-il appris que la qualité d'enfans de dieu & de l'église fût particulière aux ecclésiastiques ? Ce qu'il avance au sujet de l'Immunité du clergé dans tout le royaume, étoit démenti par ce qui se pratiquoit de son temps & sous ses yeux, même en Angleterre, où les ecclésiastiques portoient comme en France, & dans tous les pays voisins, une partie des charges publiques.

Le décret du pape Urbain II, dans le concile

(*) *Nec alicui censum liceat ponere super ecclesiam dei, quia filii ecclesiæ, id est filii dei, ab omni censu terreß i liberi sunt in omni regno.* Const. Odon. arch. Cant c. 1.

provincial de la Pouille, tenu à Melphi l'an 1089, est encore plus singulier par l'étendue qu'il donne à l'exemption dont il veut décorer les ecclésiastiques. Ce pape décide nettement que les laïques ne peuvent avoir aucun droit sur les clercs, & qu'il ne leur est point permis d'exiger rien d'eux, pour raison de leurs bénéfices, ni même pour raison de leurs biens patrimoniaux. Mais ce décret n'est appuyé ni sur l'usage, ni sur aucune maxime de droit : il émane de la seule plénitude de puissance du pape, qui n'en rend point d'autres raisons, sinon qu'il le veut & qu'il l'ordonne ainsi, afin que l'église ne souffre aucun préjudice.

Cette décision d'Urbain II, si elle eut quelque exécution, ne s'étendit point au delà des bornes de la province dans laquelle elle fut faite : par-tout ailleurs les souverains & les états conservèrent leurs droits sur les biens possédés par le clergé ; on le voit par les plaintes d'Alexandre III, dans le troisième concile de Latran en 1179.

Ce pape se plaint que les fardeaux fréquens, & les exactions onéreuses imposées aux églises, rendent le sacerdoce d'une pire condition que sous Pharaon, qui ne connoissoit point la loi de dieu. En conséquence, il défend, sous peine d'anathême, d'imposer à l'avenir de nouvelles charges, & excommunie ceux qui les auront imposées, à moins que l'évêque & le clergé n'y voient une si grande nécessité, qu'ils jugent à propos que les églises doivent donner des subsides pour l'utilité commune, sans aucune contrainte, & lorsque les facultés des laïques ne suffiront point (*).

(*) Conc. Latran III. c. 19.

P iv

Les évêques de France s'étoient fervis avant l
pape de l'exemple des prêtres d'Egypte, qui pen
dant la famine qui défoloit ce pays, ne furent poin
obligés de vendre leurs fonds. Souvenez-vous, di
rent-ils à Charles-le-Chauve, dans le concile d
Thionville tenu l'an 844 (*), avec quel ref
pect Joseph traita pendant le temps de la famine
fous le règne de l'impie Pharaon, les terres de
prêtres; &, dans celui de Verneuil de la mêm
année (**), lorfque la famine obligea tous le
Egyptiens de vendre leurs fonds, les prêtres con
fervèrent les leurs, & les idolâtres eurent pou
leurs faux dieux un refpect que le vrai dieu n
trouve point dans fes adorateurs. Mais les évêque
n'avoient employé cet exemple, que pour prouve
au prince auquel ils adreffoient leurs remontran
ces, qu'il n'étoit point permis de dépouiller le
églifes, ni de leur enlever les biens qui leur avoien
été donnés (***) : ils n'avoient en vue que les ra-
viffeurs & les détenteurs injuftes de leurs biens; ils
ne penfoient même point que cet exemple pût les
autorifer à refufer au prince & à l'état les fubfides
que la néceffité des affaires publiques les obligeoient
à leur demander, puifqu'auffi-tôt après avoir propofé cet exemple, ils déclarent qu'ils font tout
prêts à contribuer aux befoins publics, à proportion des biens dont leurs églifes jouiffoient.

On n'examinera point fi la conféquence que ces
évêques tiroient de cet exemple étoit légitime
ou non, parce qu'il ne s'agit point d'enlever au
clergé quelques-uns de fes fonds; mais on remarque

(*) Conc. ad Theodon. vill. c. 4.
-(**) Conc. Vern. c. 12.
(***) Conc, ad Theodon. vill. c 4.

que celle qu'en a tirée Urbain II ne pourroit
avoir d'apparence de justesse qu'autant que nous
serions assurés par l'écriture de ces deux faits : le
premier, que les prêtres Egyptiens possédoient plus
de fonds qu'il ne leur étoit nécessaire pour une vie
frugale & un entretien modeste ; & le second ;
supposé que les terres qui leur avoient été données leur fournissent au delà de ce qu'il leur falloit pour leur subsistance, qu'ils étoient exempts
de toutes impositions de quelque nature qu'elles
fussent. Or, le texte de la genèse, où il est parlé
de l'exemption de ces prêtres idolâtres, dont le
ministère n'a par conséquent rien de commun avec
celui de l'église, ne nous donne aucune lumière ,
sur ces deux faits : il nous apprend seulement que,
nourris par leurs princes (*) dans une disette générale, ils n'avoient pas été réduits à la dure nécessité d'abandonner leurs terres à Pharaon ; & que
ce fut pour cette raison que leurs possessions ne
furent point chargées du cinquième, comme le
furent toutes celles des autres sujets de ce prince,
qui, pour avoir du pain, furent contraints de les
céder, & de les reprendre ensuite, à la charge
de payer annuellement à l'avenir le cinquième
de leur produit.

Ce décret renferme encore d'autres vices, dont
le principal est le défaut d'autorité dans celui dont
il est émané. Le pape qui l'a publié, & les évêques
qui l'ont approuvé, n'avoient aucune autorité sur
les biens temporels : ainsi, ils ne pouvoient pas
prononcer légitimement sur une matière qui n'est
point du ressort de la religion, & qui n'intéresse

(*) Gen. 47, 26.

que l'ordre des sociétés civiles. Le faux de ce décret se manifeste d'ailleurs par l'étendue qu'il donne à l'Immunité ecclésiastique ; car non seulement les biens appartenans à l'église, mais les biens patrimoniaux des clercs y sont affranchis de toutes impositions.

Si l'on recherche les motifs de la conduite des papes, on trouvera qu'ils prêchoient alors la liberté ecclésiastique dans leur sens, non pour décharger entièrement les biens du clergé de toutes impositions, mais pour s'en rendre les maîtres, & disposer des revenus à leur gré. Tandis qu'ils prétendoient que les ecclésiastiques ne devoient payer aucun subside au prince, ils les surchargeoient de taxes : si les ecclésiastiques refusoient de les payer, alors leurs biens cessoient d'être sacrés, & ils trouvoient bon que les princes s'en missent en possession : c'est ce qu'Innocent III se proposoit de faire à l'égard de l'ordre de Cîteaux (*), qui refusa de payer la quarantième partie de ses meubles pour les frais de la croisade que ce pape lui avoit demandée.

Souvent le clergé, vexé par les impositions, recouroit, pour s'exempter de les payer, à l'autorité royale, sans le consentement de laquelle il prétendoit qu'on ne pouvoit faire aucune levée de deniers ; mais les papes obtenoient aisément ce consentement, quoiqu'il ne s'agît quelquefois que de guerres injustes qu'ils faisoient à des princes chrétiens, comme on le vit sous le règne de Philippe-Auguste, qui permit au pape, l'an 1210, une levée de deniers sur le clergé de son royaume,

_____

(*) César Monach. livre 7.

pour fournir aux frais de la guerre contre l'empereur Othon ; ou si les princes se rendoient trop
difficiles à donner ce consentement, ils essayoient
de l'obtenir en partageant avec eux les dépouilles
du clergé. Pour une décime qu'ils demandoient,
ils consentoient que le prince en levât deux sur
les ecclésiastiques de leurs états : ainsi, Charles-le-Bel
s'étant opposé en 1326 à une levée que Jean XXII
vouloit faire dans son royaume, il se laissa gagner
par le pape, qui consentit qu'il levât deux décimes
sur son clergé, en récompense de celle qu'il accordoit à Rome (*).

Le décret d'Alexandre III ne fut pas mieux exécuté que celui d'Urbain II. Innocent III, qui n'a-
voit pas moins d'ardeur que ses prédécesseurs, le
renouvela : il y fit même des additions remarquables dans le concile de Latran en 1215 (**). Ce
décret, aussi vicieux que les précédens, est rendu
par des personnes qui, sans autorité, ont prononcé
sur des matières qui n'étoient pas de leur compétence : il dépouille les princes & tous les magistrats politiques d'une autorité sans laquelle ils ne
peuvent remplir les fonctions de leurs charges,
& transfèrent à des particuliers le pouvoir de juger
des nécessités de l'état, & de régler la proportion
des subsides qu'elles exigent.

(*) Sur quoi la chronique de saint Denis, vie de Charles-
le Bel, chap. 28, dit :
» Car onecques n'avoit été fait en son royaume ; mais le
» pape lui écrivit. Après le roi considérant, donne-m'en, je
» t'en donnerai, lui octroya de léger, dont le pape lui donna
» la dixme des églises jusqu'aux deux ans ; ainsi sainte église,
» quand l'un lui tolre, l'autre l'écorche ».
(**) Conc. Later. 4. chap. 46.

Ces décrets furent reçus avec empreſſement des eccléſiaſtiques à qui ils étoient favorables. Dans leurs écrits, ils ne parlèrent plus que de la liberté de l'égliſe, & la confondant avec celle que Jéſus-Chriſt a acquiſe par ſon ſang à tous les chrétiens, ils la firent conſiſter dans l'exemption des ſubſides: ils eſſayèrent même, dans les conciles particuliers, de ſe la procurer. Dans le concile de la province de Narbonne, de l'an 1227, ils ordonnèrent (*) que les clercs ne ſeroient point impoſés aux tailles, & qu'on n'exigeroit rien d'eux, même à raiſon de leur patrimoine, voulant qu'on réprimât, par les cenſures eccléſiaſtiques, les conſuls, ou autres qui oſeroient le faire. Ils chargèrent auſſi le juge de l'égliſe de défendre & d'empêcher les nouveaux péages.

Dans celui qu'ils tinrent à Touloufe deux ans après, ils renouvelèrent ces mêmes décrets, & ils n'exceptèrent de leur défenſe que les clercs mariés ou exerçant la marchandiſe (**), & les droits cenſuels ou féodaux qu'ils conſentirent que les clercs payaſſent pour les biens qui leur ſeroient échus par ſucceſſion.

Les princes n'étant point arrêtés par tous ces décrets, les eccléſiaſtiques crurent devoir faire un exemple ſur l'un d'eux. Un des motifs de la ſentence de dépoſition qu'ils prononcèrent au concile de Lyon de l'an 1245, contre l'empereur Frédéric II (***), fut d'être contrevenu à la défenſe que le pape lui avoit faite d'exiger des tailles ou autres ſubſides du clergé. Un ſecond motif, qui a tou-

(*) Conc. Narbon. cap. 12.
(**) Conc. Toloſ. cap. 20.
(***) Conc. Lugd. 1. ſent. depoſit.

jours marché de pair avec le premier, fut d'avoir donné atteinte à l'exemption prétendue des ecclésiastiques de la juridiction séculière, & d'avoir obligé les clercs à comparoître pour des causes civiles & criminelles devant les tribunaux laïques.

Cet exemple ne produisit point les effets que les ecclésiastiques en attendoient. Les princes & les magistrats continuèrent d'user de leurs droits, & d'obliger le clergé à payer sa part des contributions publiques. Il fallut en venir à de nouveaux décrets, & à des censures ecclésiastiques.

Le concile de Cologne, de l'an 1266 (*), ordonna que tous les biens des églises & des ecclésiastiques seroient entièrement libres, & les ecclésiastiques exempts de tous péages, tant par terre que par eau, & voulut qu'on procédât contre ceux qui donneroient atteinte à cette liberté & à cette exemption, comme contre des usurpateurs des biens de l'église.

Dix ans après, Simon de Brie, légat du pape Grégoire X, renouvela les mêmes prétentions dans le concile qu'il tint à Bourges : il fit même ajouter la peine d'excommunication contre ceux qui exigeroient les droits de péages (**) : mais des décrets particuliers, tels que ceux-ci, quand ils auroient été faits par une autorité légitime, n'avoient point de force hors de la province où ils étoient intervenus.

Boniface VIII vint enfin au secours des ecclésiastiques par une loi qu'il prétendit générale : c'est la fameuse bulle *clericis laicos* (***). Il les exempta de la juridiction séculière, & déclara leurs biens affran-

_____

(*) Conc. Colon. can. 8.
(**) Conc. Bituric. an. 1276. tit. 10.
(***) Raynald, ad an. 1296, n. 22.

chis de toutes impositions, de quelque espèce qu'elles fussent, & sous quelque domination qu'on les exigeât.

La fermeté du roi & de la noblesse, & l'opposition que cette bulle éprouva en France, la fit révoquer, comme on le verra en son lieu; mais cette révocation n'empêcha pas les ecclésiastiques de soutenir les mêmes principes. Huit ans après, Robert de Courtenay se plaignit dans un concile de la province de Rheims, qu'il tint à Compiègne l'an 1303, que les officiers des seigneurs temporels & de la justice séculière (*) imposoient aux tailles des clercs qui n'étoient ni mariés, ni marchands, & qui vivoient cléricalement; qu'ils leur faisoient payer leur part des contributions communes, & que, faute de payement, ils saisissoient & vendoient leurs meubles; trouvant que ces exactions étoient contraires à la liberté de l'église & aux coutumes ecclésiastiques anciennes & notoires, il les défendit sous peine d'excommunication.

Un concile de la province d'Auch porta les défenses plus loin. Outre la peine d'excommunication contre les auteurs, ministres, ou fauteurs de ces impositions (**), il ordonna que leurs frères, leurs enfans & leurs neveux, qui auroient donné quelque marque d'approbation de leur conduite, ne pourroient posséder aucun bénéfice ecclésiastique, ni être promus à aucun ordre jusqu'à la quatrième génération; que leurs femmes ou leurs filles venant à mourir, quand même elles auroient reçu l'absolution à l'article de la mort, seroient

_____

(*) Conc. Compend. cap. 2.
(**) Conc. Megariol. an. 1315. cap. 2.

privées de la sépulture ecclésiastique, & que les
lieux dans lesquels on auroit fait ces levées de deniers,
seroient interdits jusqu'à ce que le dommage causé à
l'église eût été entièrement réparé, & les sommes
perçues restituées. Ces peines étoient étendues à tous
les seigneurs temporels sans aune distinction.

Le concile d'Avignon, tenu peu de temps après
en 1326, craignant qu'on ne se persuadât que
ces censures ne tomboient que sur ceux qui faisoient contribuer les biens de l'église (*), jugea
à propos, pour lever toute équivoque, de déclarer
que les biens, même patrimoniaux des clercs,
étoient compris dans la défense; & comme les
magistrats séculiers se vengeoient de ces attentats
sur leur autorité, en défendant de rien léguer aux
églises déja assez riches, ce même concile prononça
dans un autre canon (**), la peine d'excommunication contre toute personne, de quelque rang,
dignité ou condition que ce fût, qui feroit de
pareilles défenses.

Un autre concile, tenu dans la province d'Ausch,
la même année (***), ordonna même qu'on dé-
nonceroit publiquement excommuniés, les comtes,
les barons, les consuls & les huissiers qui auroient la hardiesse d'imposer aux tailles les
clercs, les religieux, les riches & les lépreux,
à raison de leur personne ou de leur patrimoine,
& qui les leur feroit payer, si dans quinze jours,
à compter de la monition qui leur auroit été faite,
ils ne restituoient ce qu'ils auroient reçus.

Le concile d'Angers de l'an 1365, & un autre

_____

(*) Conc. Avinion. cap. 32.
(**) Ibid. cap. 36.
(***) Conc. Masiac. cap. 53.

2.

tenu par les archevêques de Narbonne & d
Touloufe en 1368 (*), prononcent la mêm
peine d'excommunication contre tout prince
duc, baron, ou toute autre perfonne eccléfiaftiqu
ou féculiere, qui impofera des tributs, fubfid
ou autres contributions fur les biens ou les per
fonnes des eccléfiaftiques, ou fur leurs vaffau

Les décrets de ces différens conciles ne faifar
pas une grande impreffion fur les efprits, le
eccléfiaftiques profitèrent du concile de Conftance
pour mieux s'affurer leurs Immunités, en défen
dant nommément aux rois & aux princes d'
donner atteinte. Dans la dix-neuvième ceffion d
ce concile tenu l'an 1415, ils rappelèrent le décre
du quatrième concile de Latran, & confirmèren
une conftitution que le pape Honoré III avoi
obtenue des empereurs Frédéric II & Charle
IV, qui caffoit & annulloit tout ce qui pour
roit être fait par les confuls des villes, ou autre
perfonnes ayant autorité, au préjudice de la libert
de l'églife & du clergé (**).

Comme les princes & les états confervoien
toujours leurs droits, malgré tous ces anathêmes
Léon X en prononça de nouveaux dans le
concile de Latran en 1514; il y foutint que, fui
vant le droit divin & humain, les laïques n'avoient
aucune puiffance fur les eccléfiaftiques, & renou
vela toutes les conftitutions de tous fes prédéceffeurs, & notamment celle de Boniface VIII,
en faveur de la liberté eccléfiaftique (***).

Ce décret comme tous les autres fur cette

(*) Conc. Andeg. c. 28.
(**) Conc. Conft. in confirm. conftit. Frider. & Carol.
(***) Conc. Later. 5. feff. 9.

matière, porte sur un principe faux, contredit par Jéfus-Chrift même, qui a reconnu que Pilate avoit reçu de dieu le pouvoir qu'il exerçoit sur lui (*), & par toute l'antiquité, où l'on voit les évêques & les papes mêmes convenir de leur dépendance de l'autorité temporelle : il renferme de plus un abus manifeste du minif-tère eccléfiaftique, dont toutes les fonctions, bor-nées aux feules chofes fpirituelles, ne s'étendent point fur les biens de la terre, ni fur des actes qui ne concernent que la fociété civile : auffi ce décret n'a-t-il pas été mieux obfervé que les précédens ; il n'a point empêché les princes d'exiger des fubfides des eccléfiaftiques toutes les fois que l'état en a eu befoin.

Les eccléfiaftiques, en payant ces impofitions, confervèrent toujours le deffein de s'en affranchir, & faifirent toutes les occafions qui fe préfentèrent. Dans la cenfure des erreurs de Luther, qui fut faite en 1521, par la faculté de théologie, les docteurs comprirent cette propofition : » Si l'em-» pereur, ou les princes révoquoient les Immu-» nités accordées aux perfonnes & aux biens » eccléfiaftiques, on ne pourroit leur réfifter fans » péché & fans impiété « ; ils la qualifièrent de fauffe, d'impie, de fchifmatique, deftructive de la liberté de l'églife, & tendante à exciter & à fomenter l'impiété des tyrans (**).

L'univerfité de Paris, invitée par l'évêque de cette ville de députer quelques-uns de fon corps à l'af-

---

(*) *Non haberes adversùm me poteftatem ullam, nifi tibi datum effet defuper.* Joan. 19, 11.
(**) Collect. judic. de nov. error. t. 1. p. 373.

semblée des évêques à Trente, & à celle des états qui se tenoit à Orléans l'an 1560, dressa des articles contenant des demandes qu'elle jugeoit à propos qu'on fît & à l'assemblée de Trente, & aux états, parmi lesquelles on trouve celle-ci (*) : " Que " les décimes soient abolies, & qu'il ne soit " pas permis aux princes de rien tirer du trésor " de l'église ". Les états généraux n'eurent point d'égard à cette demande ; mais les évêques assemblés à Trente voulurent y statuer.

Dans le projet des articles concernant la réformation des princes, il fut arrêté qu'on ordonneroit " (**) que les ecclésiastiques ne pourroient " être contraints de payer les tailles, les gabelles, " les décimes, péages ou subsides, sous quelque " nom que ce fût, non pas même sous celui de " don gratuit, ou de prêt, tant pour les biens " de l'église, que pour ceux de leur patrimoine, " excepté dans les pays où par une coutume très-" ancienne, les ecclésiastiques interviennent dans " les états généraux pour imposer des subsides, " tant sur les laïques que sur les gens d'église, " pour les employer contre les infidèles, ou pour " autres nécessités très-pressantes ".

Les oppositions des ambassadeurs des princes, & sur-tout ceux de France, empêchèrent ce projet de passer. Les ecclésiastiques ne pouvant donc s'expliquer à cet égard aussi ouvertement qu'ils l'auroient souhaité, le firent d'une manière moins directe, mais qui tendoit cependant au même but, en ordonnant l'observation des saints canons, de tous les conciles, & de toutes les constitutions

---

(*) Collect. judic. de nov. error. t. 2. p. 290.
(**) Mémoire pour le concile de Trente.

des papes, en faveur de la liberté de l'église; ce qui renferme les conftitutions de Boniface VIII, & les décrets des différens conciles que nous avons cités (*).

Les évêques de retour dans leur diocèfe, voulurent faire exécuter ce décret, & le rappelèrent dans des conciles particuliers qu'ils tinrent à cet effet. On vit ceux de la province de Cambrai affemblés en 1586, défendre (**) aux magiftrats & autres officiers féculiers, d'obliger les clercs, fur-tout ceux qui font dans les ordres facrés, de faire le guet de jour & de nuit pour la garde des villes, de taxer leurs biens, & d'exiger d'eux aucune contribution fans le confentement du clergé, & ajouter, que de pareilles entreprifes contraires à l'Immunité eccléfiaftique, étoient préjudiciables au falut de ceux qui les faifoient. Les évêques étoient encouragés à faire ces décrets, non feulement par l'affemblée de Trente, mais encore par la bulle de Pie V, de l'an 1567, par laquelle il excommunioit tous les princes qui mettroient de nouvelles impofitions de quelque nature qu'elles fuffent, fans en avoir obtenu la permiffion du faint fiége. Cette bulle qu'on publioit autrefois à Rome tous les ans le jeudi faint, & que, pour cette raifon, on nomme *in Cæna domini*, auroit été publiée en France par les eccléfiaftiques, fans la vigilance des parlemens (***).

Cette multitude de décrets, loin d'établir l'Immunité eccléfiaftique, la détruit vifiblement

_____

(*) Conc. Trid. Seff. 25, de reform. c. 20.
(**) Conc. Camerac. tit. 22, n. 17.
(***) Preuves des libert. de l'égl. gall. ch. 5 & 7.

Q ij

par les faux principes fur lefquels on l'appuie
elle prouve d'une manière invincible, que
poffeffion alléguée par le clergé n'eft pas réelle
car pourquoi tant de décrets pour s'affurer l'exemp
tion, pourquoi ces peines, ces excommunicatior
fi fouvent prononcées contre ceux qui y donne
roient atteinte, fi elle n'avoit point été contredite
Une loi généralement fuivie & inviolablemer
obfervée, n'a pas befoin d'être fi fréquemmer
renouvelée ou publiée; on peut même affure
que rien n'en établit mieux l'inexécution ou l
tranfgreffion, que fa fréquente publication.

Les fubfides ordinaires ou extraordinaires
exigés par les princes, ne font point contraires au
ferment que les rois de France prêtent à leur facre
comme quelques défenfeurs de l'Immunité l'ont pré
tendu; car nos princes ne s'engageoient point par ce
ferment, dont la formule s'eft confervée jufqu'à
nos jours, à exempter les églifes & les eccléfiaftiques, aux dépens de leurs autres fujets, des
différentes impofitions auxquelles les néceffités
furvenantes les obligeoient de recourir. Ils pro-
mettroient feulement de maintenir les priviléges
légitimes, de conferver aux églifes & aux eccléfiaftiques ce qui leur appartient, de leur rendre
une juftice exacte, & de les défendre de toute
oppreffion; il n'eft fait mention dans le ferment,
d'aucune exemption de tribut. Voici la formule
de celui que prêta Philippe I'', l'an 1059 (*).

(*) Preuves des libertés de l'égl. gallic. ch. 7, n. 1.
*Ego Philippus, deo propitiante, mox futurus Franco-
rum rex, in die ordinationis meæ, promitto coram deo &
fanctis ejus, quod unicuique de vobis commiffis canonicum
privilegium, & debitam legem, atque jufticiam confer-*

» Moi, Philippe, je promets, en préfence de
» dieu & de fes faints, de conferver à chacun
» de vous le privilége canonique, la loi & la
» juftice qui lui font dues, & de la défendre,
» autant que je le pourrai, avec le fecours du
» feigneur, comme un roi le doit faire à l'égard
» de chaque évêque, & de l'églife confiée à fes
» foins dans fon royaume «. Celui qui a été prêté
par Louis XV & par Louis XVI, eft conçu dans
les mêmes termes (*).

Mais fi nos rois s'engagent par ce ferment à
conferver inviolablement les prérogatives canoniques & légitimes des églifes, les eccléfiaftiques
s'engagent auffi, de leur côté, à leur rendre l honneur qui leur eft dû, & à leur fournir les fecours néceffaires pour conferver & défendre le
royaume. On voit qu'en effet le clergé a toujours
contribué par des fubfides au foutien de l'état.

§. 2. *Dixme faladine; décimes pour la croifade
contre les Albigeois; origine de la taille & de
l'amortiffement.*

La croifade dans laquelle Philippe-Augufte
s'engagea avec le roi d'Angleterre, à la follicitation des légats du pape Clément III, occafionna de nouveaux fubfides : le roi d'Angleterre

---

vabo, & defenfionem, quantùm potero, adjuvante deo, exhi-
bebo, ficut rex in fuo regno unicuique epifcopo & ecclefæ
fibi commiffæ per rectum exhibere debet; populo quoque
nobis credito me difpenfationem legem in fuo jure confiftan-
tem, noftrâ auctoritate conceffurum.

(*) Traité hiftorique du facre des rois, imprimé à Paris,
pages 255 & 256.

étant allé au Mans, y ordonna, de l'avis des
feigneurs & des prélats des provinces de France,
dont il étoit alors le maître, que chacun donneroit, pendant l'année 1188, la dixme de fes
revenus & de fes meubles, pour le fecours de la
terre fainte, excepté les armes, les chevaux &
les habits des chevaliers, les livres, les habits &
les chapelles des clercs, & les pierreries des uns
& des autres. Tous les fujets de ces provinces
fans diftinction, furent obligés de la payer; il
n'y eut d'exempts que les eccléfiaftiques & les
féculiers qui avoient pris la croix. On établit
pour faire la collecte, des commiffaires dans chaque paroiffe, entre lefquels étoient un templier
& un hofpitalier, un fergent du roi & un clerc
de l'églife.

La même forme de perception fut pratiquée dans
les provinces de France, qui étoient fous l'obéiffance
de Philippe-Augufte. Ce prince affembla la même
année, le parlement de la nation à Paris. Les
évêques & les barons ordonnèrent auffi, pour
fournir aux frais du voyage du roi, la levée du
dixième fur tous les biens, meubles & immeubles de leurs fujets. Ce dixième qui fut appelé
dixme faladine, parce que ce qui en provenoit
devoit être employé à faire la guerre en Afie,
au fultan Saladin, qui s'étoit emparé du royaume
de Jérufalem, fut impofé fur les eccléfiaftiques
comme fur les autres citoyens. On n'excepta que
les croifés, les ordres de Cîteaux, des chartreux,
de Fontevraud, & les maladreries (*).

Les vexations que la levée de cette décime

_____

(*) Louet, hift. de Beauvais, t. 2, p. 309.

occasionna, sur-tout par rapport aux églises, la fit révoquer l'année suivante par une ordonnance du roi (*).

Innocent III fit publier une seconde croisade en 1198 ; le clergé fut encore obligé d'y contribuer (**). Le pape ordonna que tous les ecclésiastiques payeroient le quarantième de tous leurs revenus ; &, pour prévenir tout sujet de plainte, il donna lui-même l'exemple, en se taxant lui & les cardinaux, au dixième : mais cette levée ne se fit en France, que du consentement du roi & de celui du clergé. Ce consentement du prince toujours requis en pareille occasion, comme celui du clergé, suppose son autorité sur les biens ecclésiastiques. Il prouve en outre, que le pape n'est point le monarque absolu de l'église, & qu'il n'a pas le droit de disposer à sa volonté des biens qu'elle possède.

Les papes ont su profiter adroitement de ces consentemens qu'ils extorquoient par différentes voies, pour satisfaire leur ambition. Les levées de deniers devinrent si fréquentes & si onéreuses, qu'elles excitèrent des plaintes générales. On ne voyoit tous les jours, dit Mathieu Paris, que des gens de la lie du peuple, armés de bulles Romaines, qui pilloient impunément tous les revenus accordés par nos ancêtres aux religieux, pour leur nourriture, la subsistance des pauvres & l'exercice de l'hospitalité. Il falloit payer sur le champ tout ce qu'ils demandoient, ou vous étiez frappés de foudres & d'anathêmes. Cet

----

(*) Vet. chron. ap. Cang. verbo *decima*.
(**) Raynald. ann. 1199. n. 69.

hiftorien ne parle que de l'Angleterre ; mais la France n'étoit pas plus épargnée. Cela obligea les barons de s'adreffer à Philippe-Augufte en 1205, pour arrêter le cours de ces extorfions. Ils affurèrent à ce prince (*) qu'ils ne fouffriroient point que le pape ni fes envoyés fiffent aucune levée de deniers dans le royaume , fans le confentement & la volonté du roi, qui s'obligea, de fon côté, à ne point donner fon confentement fans l'avis & le confeil de fes barons. Le pape ayant befoin d'argent pour foutenir la guerre qu'il faifoit contre l'empereur Othon (**), fut obligé , en conféquence de cette efpèce de compromis, de s'adreffer au roi , pour avoir de lui la permiffion d'en lever fur les eccléfiaftiques de fon royaume. Philippe voulut bien la lui accorder ; mais il ne put donner fon confentement que de l'aveu des barons , & d'autant moins qu'en exhortant le clergé à donner ce fubfide au pape, il le déchargea du fecours ordinaire qu'il devoit à l'état.

La croifade contre les Albigeois n'avoit pas eu tout le fuccès qu'on en avoit attendu. Honoré III écrivit à Louis VIII , qui venoit de fuccéder à Philippe-Augufte , pour l'engager à leur faire la guerre & à les exterminer. Il promit à ce prince, pour l'y déterminer , cent mille livres par année, pendant cinq ans, à prendre fur les revenus du clergé , ajoutant que fi cette fomme ne fuffifoit pas , il le rendroit maître des tréfors de l'églife (***). Les eccléfiaftiques confentirent à cette impofition , à condition que le roi iroit en per-

_____

(*) Preuves des libertés de l'églife gallic. ch. 22, n. 1.
(**) *Ibid*. n. 2.
(***) Concil. Parif. an 1226.

fonne à la tête de fon armée. Le roi s'y obligea, & le clergé paya la moitié de la décime : mais pour ne laiffer acquérir au pape aucun droit fur fes biens, il déclara que c'étoit un fubfide volontaire de fa part, qu'il donnoit par pure libéralité & fans y être obligé.

La mort de Louis VIII arrivée le 8 feptembre 1226, interrompit cette expédition, qui fut reprife par la reine Blanche, mère & tutrice de Louis IX. Le légat Romain voulut, pour fubvenir aux frais, obliger le clergé de France de continuer le payement de la décime, qu'il avoit promife à Louis VIII pour cinq ans. Le clergé s'en plaignit amèrement au pape Grégoire X, à qui il appella & de l'ordonnance de fon légat & des violences qu'il faifoit pour exiger le payement de la décime (*).

On obferve qu'il ne fe faifoit point en France d'impofition fans le confentement des barons, des feigneurs & des eccléfiaftiques. Cet ufage qui a toujours été conftamment fuivi dans la monarchie, fe conferva fous faint Louis. Toutes les affaires qui fe préfentèrent fous fon règne, furent traitées dans ces parlemens, & réglées par le concert de ceux qui les compofoient. Les différentes guerres qu'il eut à foutenir, l'obligèrent de mettre des impofitions fur le peuple ; mais il ne le fit point de fa feule autorité : ce ne fut qu'après avoir obtenu le confentement du clergé & de la nobleffe ; &, lorfque le motif (**) qui leur avoit donné lieu ceffoit, les impofi-

(*) Raynald. an. 1227, n. 57.
(**) Bodin, de republ. lib. 6.

tions étoient supprimées. Ce prince attentif à conferver les droits & l'indépendance de fa couronne, ne permit point aux papes d'ufer de
l'autorité qu'ils prétendoient avoir fur les biens
eccléfiaftiques ; il ne fouffrit jamais qu'ils fiffent
aucune levée de deniers dans fes états fans fa
permiffion.

Mathieu Paris, parlant de la guerre entre le
pape Grégoire IX & l'empereur Frédéric II,
dit que ce pape envoya en divers royaumes
faire des levées fur les eccléfiaftiques ; que fes
collecteurs vinrent en France, mais qu'ils n'y
firent rien fans la permiffion du roi ; que la
collecte ayant été faite, le roi fut averti que le
pape avoit traité avec l'empereur ; qu'ainfi le
prétexte de la levée étant ceffé, il fit arrêter la
fomme que les collecteurs avoient amaffée.

En 1247, le pape Innocent IV, ayant pareillement
envoyé des collecteurs en France pour lever de
l'argent fur le clergé, ce prince s'y oppofa. Urbain
IV, voulant procurer du fecours à l'empereur
Baudouin, qui avoit perdu la ville de Conftantinople, envoya fes nonces en Angleterre & en
France : le clergé d'Angleterre répondit qu'il n'y
vouloit aucunément contribuer, parce qu'il
devoit plutôt fubvenir à fes propres befoins, qu'à
ceux d'un prince étranger. Les prélats de France
refufèrent auffi tout fecours pécuniaire (*), pour
le recouvrement de Conftantinople ; mais ils ne
furent pas fi difficiles pour le recouvrement de la
terre fainte.

L'archevêque de Tyr étant venu en France en

_____

(*) Raynald. ann. 1263, n. 19.

qualité de légat, il se tint à Paris une assemblée, dans laquelle les évêques (*) accordèrent la subvention qui leur étoit demandée, en déclarant que ce n'étoit point en vertu des lettres du pape, mais volontairement & sans aucune contrainte ; ils ordonnèrent que le légat remettroit au roi les lettres dont il étoit porteur , & qu'il avoit fait lire, touchant le centième denier des revenus ecclésiastiques, pour le secours de la terre sainte, & qu'il ne se serviroit point de ces lettres ; que personne ne seroit contraint au payement de ce subside par la puissance séculière, mais que chaque prélat y contraindroit le clergé de son diocèse par censures ecclésiastiques ; ils ajoutèrent que le curé ou autre dont le revenu n'excéderoit point 12 livres parisis , ne payeroit rien s'il ne vouloit.

La croisade ayant été de nouveau publiée par Clément IX , en 1266 , le clergé contribua encore, du consentement du roi qui avoit besoin de ce secours pour le voyage de la terre sainte auquel il s'étoit engagé. Ce prince, avant que de partir, voulut pourvoir à la tranquillité de son royaume. Une de ses principales attentions , fut d'arrêter, pendant son absence , les exactions de la cour de Rome , en défendant (**) de ne rien lever que pour une cause raisonnable & très-urgente, ou pour une inévitable nécessité, & que du consentement libre & exprès du roi & de l'église.

Les défenseurs des Immunités citent souvent, à l'appui de leurs prétentions ; le règne de saint Louis, comme leur étant favorable. Ce prince en

(*) Conc. Paris. ann. 1263.
(**) Pragmatique-sanction & preuves des libertés de l'église gallicane , ch. 22 , n. 4.

effet, plein de respect pour les églises & pour les ecclésiastiques, les laissa, non seulement jouir paisiblement des droits légitimes qui leur appartenoient, & des priviléges qui leur avoient été accordés, mais il leur en confirma encore la possession, sous le titre de libertés, de franchises & d'Immunités. Dans son ordonnance de l'an 1228, il veut que les églises & les évêques du Languedoc jouissent & usent des mêmes libertés & Immunités que l'église gallicanne (*). Dans sa pragmatique de l'an 1268, il renouvelle, approuve & confirme les libertés, franchises, immunités, prérogatives, droits & priviléges que les rois de France ses prédécesseurs, & lui-même en différens temps, ont accordés aux églises, aux monastères, aux lieux de piété, & aux personnes religieuses de son royaume (**) ; mais ces franchises, ces libertés & Immunités que ce prince ne croyoit point être de droit divin, puisqu'il reconnoît qu'elles avoient besoin de son approbation & de sa confirmation, n'étoient point une décharge entière & absolue de toute imposition. En effet, si ce pieux roi en eût été persuadé, il n'auroit point, en 1236, demandé à toutes les églises de son royaume une aide pour les frais de la guerre ; & s'il eût jugé leur consentement nécessaire, c'est-à-dire de chaque membre du clergé en particulier, il n'auroit point fait saisir le temporel des chapitres de Chartres, d'Auxerre & d'Orléans. Dans l'ordonnance qu'il publia pour établir la forme de lever les tailles qui se percevoient sous son règne (***), comme on les avoit levées

_____

(*) Ordonnance de 1228.
(**) *Ibid* de 1268.
(***) D'Achery, t. 11, p. 168, pièce 44.

fous fes prédéceffeurs, lorfque les befoins de l'é-
tat le requéroient, il auroit eu attention de déclarer que les églifes ni les eccléfiaftiques ne devoient point être compris dans les rôles qui étoient
dreffés pour parvenir à leur perception ; mais le
filence qu'il a gardé à cet égard dans fon réglement, eft une préfomption que les églifes & les
eccléfiaftiques, à l'exception peut-être de ceux qui
pouvoient avoir quelques priviléges particuliers,
y étoient affujettis ; & cette préfomption eft d'autant plus forte, que les nobles mêmes étoient tenus de les payer pour leurs maifons, quand ils
ne les occupoient point par eux-mêmes (*).

Ces tailles étoient une impofition royale, &
non une redevance foncière, puifque le prince les
percevoit dans les terres qui ne lui appartenoient
point, comme on le voit par fix arrêts de l'an 1270,
par lefquels le roi eft maintenu dans la poffeffion
de la taille à Paris, dans la terre ou fief de Saint-
Eloi, de Tiron, de l'Hôtel-Dieu, de Saint-Ma-
gloire, de Saint-Germain-des-Prés, & d'une partie
de Sainte-Geneviève (**).

Le fervice militaire n'ayant plus eu lieu que dans
les occafions extraordinaires, depuis que Philippe-
Augufte eut foudoyé des troupes à fes dépens, il
fallut trouver un moyen d'entretenir ces troupes ;
on fit une taxe fur les biens-fonds du royaume
tenus en rôture. Cette taxe s'appela taille ; elle fe
payoit en argent. Les feigneurs & ceux qui poffédoient des biens nobles étoient, à raifon de ces
biens, tenus de faire le fervice militaire perfonnel :

(*) Etabliffemens de faint Louis, livre 1, ch. 95.
(**) Regiftr. 1. olim. p. 67.

les eccléfiaftiques y étoient obligés comme les autres feigneurs. On a vu que cette obligation avoit été convertie en une fomme d'argent, & qu'ils n'ont plus été tenus de ce fervice, que dans les cas extraordinaires, comme il arriva fous Philippe-le-Bel dans la guerre qu'il avoit à foutenir contre le duc de Flandre.

Sous le règne de Philippe III', fuccefleur de faint Louis, les eccléfiaftiques étoient encore fujets aux tailles; car ce prince, dans l'exemption qu'il leur en accorde, à l'exemple des nobles, y met cette exception, à moins que les fonds qu'ils pofsèdent n'en foient expreffément chargés (*).

Ces tailles fe levoient dans les terres du roi, non feulement pour le roi, afin de fournir au foudoyement des troupes, mais auffi pour les befoins de la commune qui étoit quelquefois obligée de fournir des troupes au roi. On les levoit pareillement dans les terres des feigneurs & des évêques, pour fournir à l'entretien de ces troupes; & cette levée de taille occafionnoit fouvent des vexations.

„ Li riches qui font gouverneurs »; dit Baumanoir qui nous a donné un recueil des ufages de France, fous le titre d'*anciennes coutumes de Beauvoifis* (**), „ mettent à moins qu'ils ne doivent » eux & leurs parens.... Ainfi tout le fais feur le „ quemuneté des poures hommes «. Les tailles devoient être proportionnées aux meubles & héritages de chacun „ qui font taillés felon che que » ils ont de meubles ou héritages «. Chacun dé-

---

(*) Ordonnance de 1274, article 8. *Niſi tales exiſtant talliâ quæ poſſeſſiones oneraverint ab antiquo.*

(**) Beaumanoir, ch. 50, page 270.

claroit par ferment ,, fon vaillant, & s'ils juroient
,, moins, ils perdoient le furplus au profit du fei-
,, gneui ,, par cónféquent du roi, dans fes domaines.
Beaumanoir fait entendre que la taille fe prenoit
par quotité à la livre, eu égard au bien de chacun, en difant que fi quelqu'un a déclaré cent
livres par ferment, pour raifon de quoi il dut
payer dix livres, on l'impofera à la taille pour dix
livres.

Ce même auteur, en détaillant les exemptions
de ce droit, nous apprend que les clercs, malgré
le privilége qu'ils venoient d'obtenir de Philippe III,
y étoient encore fujets en plufieurs cas. Parlant de
ceux qui ,, font manans & habitans des quemunes ,,
il ajoute : ,, Ainchois en font aucunes perfonnes
,, exceptées: 1°. comme chil qui ne font pas de leur
,, quemune : 2°. gentilshommes liquel ne s'entre-
,, mettent de marchand : 3°. clercs qui ne mar-
,, chandent point, ainchois fe cheviffent de francs
,, fiefs que ils ont de leur patrimoine, ou des fiées
,, qu'ils ont en fainte églife : 4°. ou chil qui font
,, au fervice du roi ,,. Par ce troifième article,
l'exemption des clercs eft bornée à ceux qui ont
des fiefs, & qui s'en nourriffent fans les affermer.

Il y avoit à cette exemption une exception exprimée par Beaumanoir en ces termes : ,, Et ne
,, pourquant fi aucunes des perfonnes des fufdites
,, à hérirages vilains, & dedans la banlieue de la
,, ville de quemune, & mouvant de ladite ville,
,, que le juftiche ne foit à la ville, alors tiex hé-
,, ritages ne font pas quittes de la taille de la ville,
,, quelque perfonne qui les tiennent ,,. Ainfi les
terres de l'églife, tenues en rotures, étoient fujettes à la taille, à moins que cette églife n'eût un
privilége particulier. ,, Se li, dit Beaumanoir, au-

» cun de tiex héritages ne sont clamés quittes par
» privilèges, si comme l'on veoit que aucune éghse
» ont bien héritages vilains ès bonnes villes dont
» ils payent les cens & rentes à la quemune, &
» si ne peuvent être tailles, par chaque il leur fut
» ainsi octroyé anchiennement «. Il y avoit encore
une autre exception pour les héritages en roture,
qui avoit lieu pour les clercs comme pour les autres; c'étoit la longue possession dans laquelle i's
pouvoient être, de n'être point imposés à la taille,
» que par longue tenure leur eût acquis franchise
» d'être délivrés de la taille « : mais cette exception
souffroit une limitation. Elle n'avoit point lieu
pour les tailles nouvelles, que des besoins nouveaux & extraordinaires mettoient dans la nécessité
d'imposer; ou comme s'exprime Beaumanoir:
» L'on auroit oncques métier de tailler dans la
» quemune «. Dans ce cas, l'église & les autres
ne pouvoient alléguer leur possession, » & il en
» étoit métier de nouvel, l'en ne se pourra aider
» de longue tenure «.

On trouve, sous le règne de Philippe III, une
autre espèce de contribution ; c'est le droit d'amortissement sur lequel ce prince a rendu plusieurs
ordonnances. Ce droit inconnu sous les deux
premières races de nos rois, est devenu héréditaire:
mais l'hérédité ne fut point entièrement gratuite.
Quoique le seigneur suzerain, par la concession de
son fief, semblât en avoir investi son vassal & sa
postérité, l'héritier avoit besoin d'une nouvelle
investiture ; & le seigneur ne l'accordoit que moyen
nant une somme arbitraire : depuis, elle fut fixée
par Alphonse, duc de Poitiers, & ensuite par
saint Louis, dans l'ordonnance de 1235, au revenu d'une année, même en ligne directe.

La

La défenfe d'aliéner fon patrimoine ayant été abolie, le vaffal acquéreur des fiefs ne fut point traité auffi favorablement que l'héritier. Les droits de mutations furent fixés au quint denier, & le feigneur eut le droit de ne recevoir pour nouveau vaffal qu'un homme à fon gré, capable de la fidélité & du fervice : de là, le retrait feodal.

On en ufa de la même manière à l'égard des terres en roture. Les conceffions de ces terres qui, dans l'origine, n'étoient que des baux à ferme, c'eft-à-dire à rentes perpétuelles, engageoient les deux contractans & leurs héritiers. Ainfi il ne fut point établi de droit pour les mutations. Mais comme le fermier ne peut céder fa ferme à un autre fans le confentement du propriétaire, de même celui qui n'a que le domaine utile ne peut le transporter fans le confentement de celui à qui le domaine direct appartient. Le prix de ce confentement fixé communément au douzième denier du prix de la vente, a été donné au feigneur, qui conferve le droit de refufer d'enfaifiner le nouvel acquéreur : de là, le retrait cenfuel, ou droit de retenue.

Comme les acquifitions faites par les églifes & les gens de main-morte, faifoient perdre au feigneur la plupart de fes droits, ceux de déshérence & de bâtardife, & la faculté de rentrer dans les fonds que leurs ancêtres avoient concédés en fief ou en roture, il fut réglé que les gens de main-morte mettroient hors de leurs mains leurs acquifitions dans l'an & jour, foit de l'acquifition, foit de la fommation, faute de quoi les feigneurs feroient autorifé à les mettre à leurs tables, c'eft-à-dire à leurs fiefs (*).

_____

(*) Etabliffemens de faint Louis, livre 1, chap. 125.

Ce droit auroit empêché toutes les acquisitions de gens de main-morte, s'il n'eut été adouci pa des indemnités qui dédommageassent les seigneur des profits de leurs fiefs. Saint Louis autorisa ce indemnités par ses ordonnances : mais le seigneu pouvoit refuser l'indemnité ; & son consentement lorsqu'il le donnoit, se trouvoit fort à charge la main-morte, quand son acquisition étoit dan le fief d'un seigneur qui dépendoit d'un autre sei gneur qui étoit encore dans la mouvance d'un autre & cela dans plusieurs degrés qui remontoient jus qu'au Roi. Le premier auquel on payoit une in demnité diminuoit, ou, comme l'on s'exprimoi autrefois, amenuisoit son fief, qui devenoit d'une moindre valeur après l'acquisition de la main-morte dont il recevoit l'indemnité ; mais par-là le fief du seigneur supérieur se trouvoit aussi amenuisé, puis qu'un fief de sa mouvance avoit souffert une di minution, & cet amenuisement du fief supérieur chargeoit encore la main-morte d'une indemnité.

Quand il se trouvoit ainsi plusieurs degrés de mouvance, les indemnités dues à tous ces seigneurs, en remontant de l'un à l'autre, consommoient le prix de l'acquisition, & d'autant plus que le roi devoit être aussi indemnisé, non seulement par rapport à sa mouvance diminuée, mais relativement aux droits royaux d'aubaine, de bâtardise, & de confiscation en certains cas. Ainsi, d'un côté, la dif ficulté d'obtenir le consentement des seigneurs, & de l'autre, ces indemnités multipliées, empêchoient les gens de main-morte d'user de la liberté qu'ils avoient d'acquérir.

Pour concilier ces différens intérêts des gens de main-morte, des seigneurs & du roi, il falloit une autorité qui pût forcer les seigneurs à consentir à l'indemnité, & exclure le droit des seigneurs intermédiaires qui formoit une obstacle à l'acquisition de la main-morte. On ignore comment le droit de ces seigneurs intermédiaires a été exclu; mais il est constant que depuis plusieurs siècles il n'est point exercé.

Relativement au premier obstacle, les grands vassaux de la couronne, barons ou évêques, entreprirent de donner des lettres d'amortissement, au moyen desquelles le seigneur vassal du baron ou de l'évêque se trouvoit forcé de se contenter d'une indemnité : l'évêque ou le baron en recevoit une, & la main-morte acquéroit souvent même sans que le roi en eût connoissance.

Philippe III, surnommé le Hardi, revendiqua ce droit; &, tolérant les amortissemens faits, il déclara qu'à lui seul il appartenoit d'amortir dans son royaume. Ainsi, par son ordonnance de l'an 1275, il consentit que toutes les acquisitions faites depuis trente ans dans ses terres, fiefs, ou arrière-fiefs, sans son consentement ou sans celui de ses prédécesseurs, restassent entre les mains des ecclésiastiques, à condition qu'ils lui payeroient la valeur de deux années des fruits des fonds acquis à titre d'aumône, & la valeur de trois années de ceux qu'ils avoient acquis par quelque contrat non-gratuit que ce fût.

Quoique ce prince regardât la faculté d'amortir comme un droit royal, il voulut bien en laisser jouir encore l'archevêque de Rheims & les autres évêques, pairs de France. Un arrêt du parlement de l'épiphanie de l'an 1277, rendu en présence

R ij

du roi, porte que cet archevêque, & les évêques qui font pairs de France, ne pourront point amortir leur domaine ni les fiefs qu'ils tiennent immédiatement, mais feulement leur arrière-fiefs, & défend aux autres évêques de donner à l'avenir aucune lettre d'amortiffement (*).

Il étoit encore permis à des feigneurs qui n'étoient pas pairs, d'amortir, pourvu qu'ils ne reçuffent aucune finance : ainfi, un arrêt du parlement de la pentecôte de l'an 1290, décide que fi le comte de Nevers a amorti gratuitement & par charité quelques fonds en faveur des églifes ou des lieux de piété, ou en faveur des bourgeois ou de perfonnes roturières, en récompenfe de leurs fervices, l'amortiffement fera valable ; mais que s'il l'a fait avec finance, le roi pourra ufer de fon droit, & fommer les acquéreurs de vider leurs mains (**).

Depuis, le droit d'amortir a été réfervé au roi comme une dépendance de la fouveraineté, qui ne peut être communiquée à d'autres : c'eft un droit inaliénable.

La finance due pour l'amortiffement a toujours été payée, non feulement par le clergé, mais auffi par les communautés laïques, qui n'ont obtenu du prince aucune exemption des impofitions & des tributs ; preuve certaine qu'elle n'eft point le prix des Immunités, des exemptions eccléfiaftiques.

Amortir n'eft autre chofe qu'éteindre les droits utiles d'un fief. Le roi, par les lettres d'amortif-

___

(*) Regift. du parlem. B. fol. 39.
(**) Ibid. fol. 87.

sement, ne fait que renoncer au droit de faire
vider les mains à la main-morte, de faire payer
des droits, d'exiger homme vivant & mourant :
un fond amorti est entièrement libéré de tous les
droits utiles de la mouvance féodale.

Le droit qui se paye au roi pour l'amortissement,
est une indemnité pour le dédommager, non seulement des droits qu'il perd comme seigneur féodal, mais aussi de ceux qu'il ne peut plus percevoir comme souverain dans les fonds amortis : ce
seroit s'en former une fausse idée que de le considérer comme le prix de la permission d'acquérir
que le roi donne aux églises ; puisque dès le commencement de la monarchie, & avant l'établissement des amortissemens, cette permission leur a
été gratuitement accordée par les premiers rois
Francs.

Depuis leur établissement, nos rois ont senti
que les lettres d'amortissement ne devoient point
être accordées sans connoissance de cause : ils ont
donc distingué les acquisitions indispensables, telles
que celles qui regardent l'exercice nécessaire de la
religion & le soulagement des pauvres, les acquisitions favorables, & celles qui ne pouvoient avoir
aucune utilité ; & ils ont cru ne devoir point donner
de lettres d'amortissement pour celles de la dernière
classe : & , lors même que la main-morte avoit le
consentement du seigneur féodal, le défaut d'agrément de la part du roi mettoit ses officiers dans
le droit de faire vider les mains à la main-morte
dans l'an & jour, sauf à elle à se pourvoir contre
le seigneur féodal, s'il avoit eu la facilité de recevoir une indemnité.

Dans les deux premières classes au contraire, les

lettres du roi forçoient le feigneur, s'il y en avoit un autre que lui, à fe contenter de fon indemnité.

A l'égard de l'indemnité due au roi, on a fait une diftinction entre les acquifitions indifpenfables & celles qui font feulement favorables. Plufieurs ordonnances ont décidé qu'en donnant les lettres d'amortiffement on ne payeroit rien au roi pour l'indemnité, s'il s'agiffoit de fondations pour le fecours des pauvres, ou pour l'érection d'une pa-roiffe, c'eft-à-dire, pour la conftruction de l'églife, celle du presbytère, la confection du cimetière, la dotation de l'églife, foit pour le curé, foit pour la fabrique, avec cette limitation, pour la nécef-fité, & non pour le fuperflu; le tout, fauf l'in-demnité au feigneur. Quant aux acquifitions favo-rables & non néceffaires, les lettres d'amortiffe-ment ne s'accordent qu'en indemnifant le domaine du roi par un prix plus foible pour les rotures que pour les fiefs; plus foible encore pour ce qui fe trouve dans la mouvance d'autres feigneurs, ou en franc-aleu. Cette indemnité ne devroit être qu'en rente au profit du domaine, comme elle a été pendant long temps; mais elle fe fait en argent.

Ainfi, quoique nous trouvions dans les archives des églifes & des corps & communautés, & dans le tréfor des chartes un grand nombre de lettres d'amortiffe-ment accordées à des gens de main-morte, laïques ou eccléfiaftiques, foit à titre de don gratuit, ou moyennant une indemnité en rente ou en fonds, on voit néanmoins que dans les temps de guerre, nos rois, lorfqu'ils avoient befoin d'argent, con-vertiffoient l'indemnité en finance fèche, fur le pied de la valeur du fond acquis, & que pour fa-ciliter le recouvrement de la finance, ils difpen-foient les ecclefiaftiques des lettres d'amortiffe-

ment : quelquefois même ils les difpenfoient de
la finance, à caufe des fubfides qu'ils leur avoient
payés.

Ainfi Philippe-le-Bel, par fon ordonnance du
15 août 1303, déchargea le clergé de la finance
de l'amortiffement des acquifitions qu'il avoit faites
jufqu'à cette époque, en confidération des décimes
qu'il lui avoit accordées (*). Cet exemple a été
fouvent fuivi dans le feizième fiècle.

Les obftacles que les eccléfiaftiques rencon‑
troient à acquérir à caufe des amortiffemens, les
faifoient recourir à toutes fortes de prétextes pour
lever ces obftacles. Quand le roi vouloit faire des
impofitions fur eux, & qu'ils lui offroient des
décimes, ils demandoient des exemptions de l'a‑
mortiffement pour les biens qu'ils avoient acquis
depuis un certain nombre d'années, ou feulement
d'en être déchargés moyennant une certaine fomme
indépendante des impofitions.

Ces décharges d'amortiffement ont occafionné
en différens temps des recherches qui ont excité les
plaintes du clergé, de qui l'on exigeoit des décla‑
rations de fon bien, pour connoître ce qui avoit
été amorti ou non, & lui faire payer les indem‑
nités qu'il devoit.

Voyez au furplus l'article *Amortiffement* : nous
n'en parlons ici que par occafion, relativement
à l'Immunité eccléfiaftique, & feulement pour éta‑
blir : 1°. que ce droit n'eft point le prix de l'exemp‑
tion & de la liberté des fonds eccléfiaftiques, mais
une indemnité ftipulée à raifon de l'inaliénabilité
de ces fonds : 2°. que les lods & ventes, & autres

(*) Ordonn. du Louv. vol. 1. page 382.

droits dus à chaque mutation, font des droits
féodaux : 3°. que lorfque les héritages fujets à
ces droits paffent dans les mains de ceux qui ne
peuvent plus les aliéner, ces droits fe perdent à
l'avenir pour le feigneur ; fon fief eft diminué,
& comme on s'exprimoit autrefois, il eft abrégé:
4°. que le droit établi pour l'amortiffement eft une
indemnité qui fe paye pour cette diminution ou
abrègement de fief : & 5°. enfin, ce qui prouve
invinciblement que ce droit n'eft point payé au
fouverain pour acquérir de lui l'Immunité eccléfiaftique, c'eft qu'il eft également payé par tous les
gens de main morte, par les communautés laïques,
comme par les communautés eccléfiaftiques, parce
que les uns comme les autres ne peuvent plus aliéner les biens qui font une fois entre leurs mains (*).

§. 3. *Démêlé de Philippe-le-Bel avec le pape Boniface VIII, & différentes impofitions faites
par ce roi fur les eccléfiaftiques.*

Ce fameux démêlé eft affez important dans l'hiftoire des Immunités eccléfiaftiques, pour qu'on en
trace ici un précis.

Boniface VIII publia, dès la feconde année de
fon pontificat, la fameufe bulle *clericis laicos*,
datée d'Anagnie le 18 du mois d'août 1296,
par laquelle il défendoit toute efpèce d'impofition
fur le clergé. On obferve qu'il convient dans cette
bulle, que le clergé ne jouiffoit point de l'Immunité qu'il vouloit lui attribuer, & qu'au contraire

_____

(*) Voyez l'article *Privilége* fur l'exemption des aides,
gabelles, taxes & charges municipales & domaniales, ban-
nalités, corvées, &c.

il payoit fa cotte-part de toutes les impofitions publiques. Voici comment il s'explique dans cette bulle.

» L'antiquité nous apprend l'inimitié des laïques » contre les clercs, & l'expérience du temps pré- » fent nous la déclare manifeftement, puifque fans » confidérer qu'ils n'ont aucune puiffance fur les » perfonnes ni fur les biens eccléfiaftiques, ils » chargent d'impofitions le clergé tant féculier » que régulier ; & ce que nous rapportons avec » douleur, quelques prélats & autres eccléfiafti- » ques, craignant plus d'offenfer la majefté tem- » porelle que l'éternelle, acquiéfcent à ces abus. » Voulant donc y obvier, nous ordonnons que » tous prélats ou eccléfiaftiques féculiers ou régu- » liers, qui payeroient aux laïques la décime, ou » telle autre partie que ce foit de leurs revenus, » à titre d'aide, de fubvention, ou autres fecours, » fans l'autorité du faint fiége, & les rois & princes, » les magiftrats, tous autres qui les imposeront » ou exigeront, ou qui donneront aide ou confeil » à ce fujet ; encourront dès lors l'excommuni- » cation, dont l'abfolution fera réfervée au faint » fiége, nonobftant tout privilége (*) «.

Philippe-le-Bel, irrité de la publication de cette bulle dans fon royaume, donna deux édits, dont l'un portoit défenfe à tous étrangers de venir en France pour y trafiquer, ou de s'y arrêter pour y exercer le commerce & y vendre des marchandifes, d'autant que fon royaume étoit dans l'abondance de toutes chofes : l'autre défendoit à toute perfonne de quelque qualité ou condition que ce fût, de tranfporter hors de fon royaume ni argent, ni pierre-

_____

( ) Fleuri, hift. eccléf. liv. 89. n. 41.

ries, ni chevaux, ni vivres, ni armes, ni autres chofes fervant à la guerre, fans fa permiffion.

Boniface, fenfible à ces défenfes, envoya au roi, fix femaines après, une feconde bulle, par laquelle il lui manda que les ordres contenus dans fes édits (*) ne devoient point comprendre les gens d'églife ; que les rois n'avoient aucun droit ni pouvoir fur les eccléfiaftiques ; que la perfuafion contraire où il fe trouvoit n'étoit qu'une folle prétention, & une nouveauté injufte & intolérable, à laquelle il étoit obligé de s'oppofer. Il lui déclara qu'il ne s'étoit attiré l'averfion ou le refroidiffement de fes peuples que par les charges trop onéreufes qu'il leur avoit impofées. Il ajouta qu'en général il ne trouveroit pas mauvais (**) que le roi fît contribuer les eccléfiaftiques pour la défenfe & les befoins de fon royaume; mais qu'il ne devoit & ne le pouvoit faire fans fa permiffion expreffe ; qu'en cas de néceffité preffante & reconnue, il fe chargeroit lui-même de faire contribuer les eccléfiaftiques jufqu'à permettre, s'il en étoit befoin, que les croix d'or & d'argent, les calices, & les autres vafes ou meubles facrés fuffent vendus.

Par fa conftitution, où il avoit défendu aux gens d'églife de rien payer, & aux princes de rien exiger du clergé de leurs états, il ne prétendoit pas abfolument que Philippe-le-Bel n'ufât point des droits des rois de France fur les eccléfiaftiques, pour raifon des fiefs mouvans de fa couronne, fuivant les loix ou les coutumes du pays; mais que pour lui, Boniface, il étoit prêt de

(*) Raynal. ann. 1296, n. 26.
(**) *Ibid.* n. 28.

tout facrifier, fa vie même, pour défendre la liberté & les Immunités de l'églife contre tels ufur-
pateurs que ce pût être. Voici quelle fut la réponfe de Philippe-le-Bel :

» Avant qu'il y eût des eccléfiaftiques, les
» rois de France avoient l'adminiftration abfolue
» du royaume, & pouvoient y faire des régle-
» mens, pour ôter aux ennemis de l'état les moyens
» de nuire, & les employer à fon avantage & à
» fa défenfe. L'églife, époufe de Jéfus-Chrift,
» n'eft pas feulement compofée du clergé, mais
» encore des laïques. Jéfus-Chrift l'a délivrée de la
» fervitude du péché & du joug de l'ancienne
» loi; c'eft en cela que confifte la liberté qui lui
» eft acquife, & dont il a voulu que tous les
» fidèles qui la compofent jouiffent également.
» Ce n'eft pas pour les feuls eccléfiaftiques que
» Jéfus-Chrift eft mort, ni à eux feuls qu'il a
» promis la grâce en cette vie, & la gloire en
» l'autre. Le clergé ne peut donc, que par abus,
» s'approprier exclufivement la liberté que Jéfus-
» Chrift, par fa rédemption, a acquife à tous les
» fidèles. Mais il y a plufieurs franchifes fingu-
» lières, fpécialement affectées aux miniftres des
» autels, qu'une vocation fpirituelle confacre au
» culte divin, pour l'édification des peuples.
» Néanmoins ces franchifes & ces libertés accor-
» dées par les ftatuts des fouverains pontifes, à la
» prière & fous le bon plaifir des princes tem-
» porels, ne peuvent ôter à ces mêmes princes
» le droit & le pouvoir de gouverner & défendre
» leurs états. Elles ne fauroient non plus leur
» enlever les moyens que la prudence & le
» confeil des gens de bien leur fuggèrent; ce
» qu'ils jugent néceffaire & utile à l'admi-

» niftration & à la défenfe de leurs royaumes.
» C'eft au pontife du temple que Jéfus-Chrift a
» dit : *rendez à Céfar ce qui appartient à Céfar,*
» *& à dieu ce qui appartient à dieu.* Comme une
» partie qui ne convient pas à fon tout, eft
» réputée vicieufe ; comme un membre qui refufe
» à fon corps les fecours qu'il lui doit, ne peut
» paffer que pour un membre paralytique & inu-
» tile ; ainfi par la même raifon, quiconque,
» foit eccléfiaftique, foit laique, foit noble, foit
» roturier, refufe d'aider fon chef & fon corps,
» c'eft-à-dire, le roi & l'état, fe conftitue par fon
» refus partie vicieufe, membre paralytique &
» inutile : doit-on dire par conféquent, que les
» fubventions proportionnelles qui font deman-
» dées aux eccléfiaftiques, font un fardeau dont
» on les accable, des exactions & des extorfions
» dont on les vexe ? Il s'enfuit, qu'elles ne font
» au contraire que les fecours naturels & légi-
» times, dus par tous les membres à leur chef
» & à leur corps, & dont l'emploi eft la folde
» des braves défenfeurs de ceux qui n'ont ni
» la permiffion, ni le pouvoir de fe défendre
» eux-mêmes. Perfonne n'eft obligé en effet de
» faire la guerre pour les autres à fes dépens.
» Si faute d'armée qu'il faut foudoyer, les en-
» nemis venoient à pénétrer dans le royaume,
» les biens d'églife ne deviendroient-ils pas leurs
» premières conquêtes ? La défenfe eft de droit
» naturel. C'eft donc enfreindre & détruire ce
» droit, que d'interdire à qui que ce foit, laique,
» ou eccléfiaftique, noble ou roturier, de fe dé-
» fendre foi-même, ou de foudoyer fes défenfeurs.

   » N'eft-ce donc pas avec juftice que dieu
» a livré à leur fens réprouvé, ceux qui effayent

» ainsi, au gré de leur caprice, de renverser le
» droit naturel ? Quel homme sensé ne sera pas
» confondu d'entendre le vicaire de Jésus-Christ,
» défendre de payer le tribut à César, & ful-
» miner l'anathême contre les ecclésiastiques, si
» à proportion de leurs facultés, ils prêtent au roi,
» au royaume & à eux-mêmes, une main secou-
» rable pour repousser l'incursion la plus violente
» & la plus injuste ? On tolère néanmoins en
» même temps, & on permet aux ecclésiastiques
» la dissipation aussi énorme que scandaleuse de
» leurs revenus, que le faste, le luxe & toute
» sorte de débauches épuisent incessamment, sans
» qu'ils songent à en soulager les pauvres. La
» nature, la raison, le droit divin & humain
» détestent & proscrivent également ce double
» abus, de souffrir la licence des dépenses les plus
» criminelles, & de ne défendre que celles qui
» sont justes & nécessaires. Peut-on penser en
» effet, qu'il soit licite & honnête de défendre,
» sous peine d'excommunication aux ecclésiastiques
» enrichis & engraissés par la dévotion des princes,
» de les aider à proportion des grands biens qu'ils
» tiennent d'eux, à repousser les incursions de
» leurs ennemis, en fournissant à la solde de ceux
» qui combattent pour le roi, pour l'état, pour
» les ecclésiastiques eux-mêmes ? Ceux qui re-
» fusent ces contributions ou qui les défendent,
» ne sentent pas sans doute que ce n'est rien
» moins qu'aider les ennemis de l'état, & se
» rendre coupable du crime de lèze-majesté, en
» trahissant & abandonnant le défenseur de la ré-
» publique ; attentat sur la punition duquel nous
» avons résolu de veiller plus que jamais, avec
» autant d'attention que de sévérité «.

Philippe-le-Bel expofe enfuite le fujet & le motif des deux guerres différentes, que l'intérêt de fa gloire, les droits de fa couronne, le bien & la défenfe de fes états l'obligeoient d'entreprendre; il finit en difant :

» N'avons-nous donc pas, de temps immémo-
» rial, nous & nos prédécefleurs, rendu à l'églife
» notre mère plufieurs fervices auffi importans
» qu'agréables? Ne tient-elle donc pas de notre
» piété & de notre libéralité, ces biens immenfes,
» par où les miniftres de nos autels font dans
» notre royaume plus riches, plus puiffans, &
» plus honorés que par-tout ailleurs ? Faffe le
» ciel que tant de bienfaits ne foient pas payés
» de la plus monftrueufe ingratitude! Bien loin
» donc que les eccléfiaftiques ayent en aucune
» façon le droit de nous refufer les fubfides qu'ils
» nous doivent, leur devoir au contraire dans
» le cas d'une défenfe auffi néceffaire que légi-
» time, eft de nous offrir volontairement leurs
» biens (*) «.

Telle eft la réponfe de Philippe-le-Bel à la bulle *clericis laïcos* : d'où il réfulte que ce prince établit & démontre : 1°. le droit qu'ont de tout temps les rois de France, d'impofer des tributs fur les eccléfiaftiques comme fur leurs autres fujets : 2°. l'obligation des eccléfiaftiques de contribuer aux charges de l'état : 3°. les principes & les raifons de ce droit & de ces obligations: 4°. que la contribution du clergé doit être proportionnée à fes revenus : & 5°. la diftinction, réelle, folide & jufte entre la *liberté fpirituelle*

(*) Preuves des libertés de l'égl. gall. ch. 39, n. 8.

acquise à l'église, composée de laïques comme d'ecclésiastiques, par la rédemption & les mérites de Jésus-Christ, & la *liberté temporelle*, que le clergé vouloit confondre avec celle-là, & s'attribuer privativement, pour servir de prétexte aux *franchises, exemptions, Immunités & libertés*, qu'il n'osoit prétendre alors ouvertement, mais qu'il a voulu s'attribuer dans la suite des temps, & à la faveur des circonstances.

Cependant les ecclésiastiques se crurent eux-mêmes obligés de prendre la défense du roi. Le clergé de Rheims écrivit une lettre au pape (*), dans laquelle il disoit qu'en qualité de feudataires & de sujets du roi, en vertu de l'hommage que quelques-uns d'entr'eux lui avoient rendu, & du serment de fidélité que tous lui avoient prêté, ils étoient obligés de défendre les droits & la gloire du roi & du royaume, sans le secours de qui ils ne pouvoient être en sûreté, ni défendus contre leurs ennemis. Telles sont, disoient-ils, les raisons, qu'après une mûre délibération ils se disposent à faire valoir contre nous, si votre bonté paternelle n'apporte un remède utile au préjudice qu'ils souffrent.

Boniface, surpris d'une opposition à laquelle il ne s'étoit pas attendu, ne balança point à s'expliquer; il écrivit au roi le 7 février 1297 (**), qu'en interprétation de la bulle qu'il avoit donnée l'année d'auparavant pour la liberté & l'exemption du clergé, il ne trouvoit pas mauvais que

_____

(*) Preuv. des libert. de l'égl. gallic. ch. 39, n. 2.
(**) Raynald. ann. 1297, n. 49.

les eccléfiaftiques de fon royaume lui payaffent
quelques contributions, pourvu que ce fût volontairement de leur part, fous le nom de don
gratuit ou de prêt, & non de taille ou d'impôt
fur le clergé, & qu'il ne parût pas que cela fût
exigé par une autorité fouveraine ou abfolue.
Par une interprétation artificieufe, ce pape fe
réfervoit l'autorité fur les biens temporels du
clergé; ce qui ne fatisfit point le roi, ni les
feigneurs du royaume. Boniface fe vit donc
obligé d'en donner une feconde, le 31 juillet
fuivant, adreffée aux prélats & aux grands du
royaume, par laquelle il levoit abfolument la
défenfe qu'il avoit faite aux eccléfiaftiques, de
rien donner aux princes féculiers fans la permiffion
du faint fiége, & aux princes de rien exiger
des eccléfiaftiques. Il permettoit les dons gratuits
& volontaires, que le clergé de France voudroit
faire au roi. Il exceptoit encore de fa défenfe les
droits féodaux, & les autres fervices dus au roi
& aux feigneurs laïques par les gens d'églife, & le
cas de la néceffité preffante de l'état : il déclaroit
même que fa bulle *clericis laïcos* ne regardoit
point la France ; que le roi & fes fucceffeurs
pouvoient dans le cas de néceffité recevoir des
fubfides des eccléfiaftiques pour la défenfe de
l'état, fans demander, ni la permiffion, ni le confentement, ni l'avis du pape ; que pour juger de
cette néceffité, le roi & fes fucceffeurs s'en rap-
porteroient à leur propre confcience, lorfqu'ils
auroient paffé l'âge de vingt ans, ou aux gens
de leur confeil, lorfqu'ils feroient au deffous de
cet âge ; qu'au refte, il n'avoit jamais prétendu par
cette défenfe, donner aucune atteinte aux coutumes de France, ni aux libertés, franchifes

ou

ou ufages du roi & des grands du royaume.

Cette bulle fut confirmée huit jours après (*) , par une autre, où Boniface ajoutoit encore un nouveau cas pour lever en France des fubfides fans la permiffion du faint fiége : favoir , lorfqu'il feroit queftion de payer la rançon du roi & des enfans de France , s'il arrivoit qu'ils fuffent faits prifonniers par leurs ennemis.

Philippe-le-Bel s'étant contenté de cette explication, fit lire la bulle *clericis laïcos*, dans une affemblée de tous les prélats de fes états (**) ; elle fut vérifiée & fcellée en la cour du parlement du royaume, le vendredi après la fête de noël 1303 , & publiée par l'official ou greffier nommé Littris.

Ce n'eft point, fuivant la remarque de Baillet (***) , qu'on crût en ce temps là , non plus qu'aujourd'ui , que nos rois euffent aucun befoin des bulles de Rome , pour l'exercice du droit qu'ils ont toujours eu de lever des fubfides fur le clergé. On en ufoit ainfi pour marquer feulement que Boniface avoit reconnu le droit, mais non pas pour fonder le droit de nos rois fur cette bulle. Le droit que le pape attribue au roi, de faire telle impofition qu'il jugera à propos de fon propre mouvement, & fans avoir d'autre juge que fa confcience , de la néceffité du fubfide , n'étoit point connu en France, & n'y a point été connu depuis. Suivant les loix & l'ufage conftant

_____

(*) Preuves des libertés de l'égl. gallic. ch. 39 , n. 11.
(**) Bellefoiêt, hift. de Philippe-le-Bel , ch. 5.
(***) Baillet, démêlés de Boniface avec Philippe, p. 72 & 73.

du royaume , nos rois ne faifoient point de levée
de deniers fur le clergé , ni fur les autres fujets,
que du confentement de la nation, qui fe donnoit en connoiffance de caufe , par ceux qui compofoient le parlement général , ou l'affemblée des
états (*).

On obferve que les décimes qui furent levées
fur le clergé les trois dernières années du treizième fiècle par Philippe-le-Bel , ne le furent
que du confentement de tous les évêques. En
écrivant en 1296 , à Boniface , pour l'engager à
révoquer ou à expliquer fa bulle , ils lui avoient
marqué le befoin que l'état avoit de ce fubfide,
& l'avoient prié, qu'indépendamment des défenfes
portées par cette bulle , il leur fût permis de le
fournir. Boniface y confentit par un bref du 19
février 1297 (**) , mais à condition que ce
fubfide n'excéderoit pas le terme d'un an. On
n'eut point d'égard à cette condition , car les
décimes furent levées pendant trois ans , depuis
le jour de la Madeleine de l'an 1297 , jufqu'à
la fin de l'an 1300.

La bonne intelligence qui paroiffoit s'établir
entre Philippe-le-Bel & Boniface VIII, ne fut
pas de longue durée. Ce pape irrité de ce que
le roi retenoit prifonnier l'évêque de Pamiers,
fufpendit, par une bulle du 4 décembre 1301,
tous les priviléges accordés par fes prédéceffeurs
aux laïques & aux eccléfiaftiques de fon confeil
(***) ; elle révoquoit particulièrement les grâces
(ce font les termes de la bulle) obtenues dans

(*) Baillet, démêlés de Boniface avec Philippe, p. 73.
(**) Addit. aux preuves, n. 4, p. 324.
(***) Raynald, ann. 1301, n. 30.

les dernières années, pour fournir aux frais des
guerres que la France avoit à soutenir; elle dé‑
fendoit que quoi que ce fût que le roi demandât
aux prélats & aux autres ecclésiastiques, sous le
nom de décime ou de subside, fût payé à l'avenir
sans un ordre exprès du saint siége, quoiqu'ils
eussent auparavant donné leur consentement à ces
sortes de levées. En un mot, Boniface abrogeoit
par cette bulle, toutes les modifications qu'il
avoit apportées à sa bulle *clericis laicos*.

Cette conduite de Boniface, & sa bulle nouvelle,
ne firent pas alors grande impression en France;
elles n'empêchèrent point le clergé, en 1303, d'offrir
à Philippe‑le‑Bel un nouveau subside, sans le
consentement & la participation du pape. Mais
ces offres ne furent point reçues, à cause de la
condition dont ils étoient accompagnés, de réta‑
blir les monnoies que Philippe‑le‑Bel avoit
altérées.

La guerre de Flandre occasionna la convoca‑
tion de l'arrière‑ban. La noblesse du royaume, as‑
semblée en 1304, avoit résolu que les ecclésias‑
tiques & les nobles fourniroient autant de che‑
valiers armés, qu'ils avoient de fois cinq cents
livres de revenu annuel; & que, parmi les ro‑
turiers, chaque centaine de feux fourniroit six
fantassins armés (*). Les ecclésiastiques qui n'a‑
voient point eu de part à cette délibération,
furent invités d'y donner leur consentement par
des lettres de Philippe‑le‑Bel de la même année
1304(**). Ce prince exigea même par d'autres lettres

(*) Gloss. du D. Franç. par Laur. t. 1. p. 317.
(**) *Ibid.*

de la même année, le service militaire personnel de tous les ecclésiastiques de son royaume (*).

L'année suivante, Philippe-le-Bel leva une double décime, ou le cinquième sur les biens du clergé. Le motif de cette levée fut encore les besoins de l'état causés par la guerre. Cette subvention ne fut point à la vérité levée de l'autorité absolue du roi, mais en vertu de l'offre volontaire qui en avoit été faite par le clergé (**); mais ce prince n'éprouva pas moins dans la levée de cette imposition, l'impression que la bulle *clericis laicos* avoit déjà faite sur l'esprit de tous les ecclésiastiques : car il fut obligé de faire saisir le temporel de l'archevêque de Tours & de son clergé, pour raison de leur désobéissance.

Benoît XI, qui succéda à Boniface VIII, révoqua ses bulles; mais suivant l'usage de la cour de Rome, il ne le fit qu'avec des restrictions qui pouvoient être préjudiciables aux droits des souverains. Il accorda même au roi le dixième des revenus ecclésiastiques pendant deux ans (***), pour se dédommager des frais de la guerre de Flandres. Ce prince assembla le clergé le premier septembre 1305, pour lui faire accepter la bulle; mais il eut le déplaisir de la voir rejetée.

Clément V, successeur de Benoît XI, accorda aussi au roi les décimes du clergé pendant cinq ans, par une bulle datée de la première année de son pontificat (****); & par une autre

---

(*) Preuves des libertés, ch. 39, n. 16 & 17.
(**) *Ibid.* n. 18.
(***) Raynald, ann. 1304, n. 11.
(****) *Ibid.* ann. 1305, n. 14.

bulle de l'année fuivante (*), il en attribue
deux années à Charles de Valois, qu'il vouloit
engager à l'expédition de la terre fainte.

Mais des bulles que les papes donnoient volontiers pour appuyer les droits qu'ils prétendoient
avoir de difpofer des biens eccléfiaftiques, ne
changeoient rien en France des maximes qu'on y
avoit toujours foutenues. On a déjà obfervé que
les eccléfiaftiques, comme tous les autres fujets
du royaume, étant obligés de contribuer aux
befoins de l'état, les rois n'avoient pas befoin
du confentement de Rome pour faire des impofitions fur eux. C'eft ainfi qu'on en parloit
fous Clément V : Guillaume de Nogaret, dans
un confiftoire que ce pape tint le 24 décembre
1310, fe plaignit en fa préfence (**), que ceux
qui défendoient le pape Boniface paffoient dans
leurs écrits les bornes d'une jufte défenfe, en y
mêlant des chofes qui étoient contre l'autorité
& le droit que le roi avoit fur le temporel des
églifes de fon royaume; & il ajoutoit que le roi
pouvoit, de fon autorité, faire des impofitions
fur les biens des églifes & des prélats, même
malgré eux, & s'en aider lorfque les befoins de
l'état l'exigeoient, quoiqu'il ne l'eût jamais fait
fans le confentement libre des prélats. Ceux
mêmes qui étoient le plus dans les intérêts du
clergé, le penfoient ainfi, comme on le voit
par l'auteur anonyme du traité du recouvrement
de la terre fainte, qui vivoit fous le règne de
Philippe-le-Bel (***).

_____

(*) Raynald, ann. 1306, n. 2.
(**) Preuves des libertés de l'égl. gall. ch. 39, n. 10.
(***) Auc. anonym. de recup. terræ fanctæ hift. dei per
Franc.

On obſerve que l'ordonnance de l'an 1290, qui ſoumettoit à la taille les clercs faiſant trafic ou exerçant quelque profeſſion mécanique, n'avoit point de rapport aux tailles impoſées par le ſouverain, & de ſon autorité par les officiers municipaux des communes. Elle n'a d'application qu'à celle que les évêques, comme ſeigneurs temporels, croyoient alors avoir droit de lever ſur leurs ſujets à leur volonté, & dans leſquels ils comprenoient indiſtinctement tous les eccléſiaſtiques qui demeuroient dans l'étendue de leurs ſeigneuries. Philippe-le-Bel n'exempta pas même les clercs de toute ſorte de tailles : il défendit ſeulement aux évêques d'empêcher ceux qui vivoient cléricalement, de ſe défendre de l'impoſition des tailles extraordinaires qu'ils voudroient lever, & auxquelles ils n'étoient point tenus de droit (*) ; ainſi il y avoit des tailles auxquelles ils étoient ſoumis de droit, & dont le privilége de la cléricature ne les exemptoit point, même envers les ſeigneurs particuliers.

Quant à celles qui étoient impoſées par le prince ou de ſon autorité, pour les beſoins de l'état, Philippe-le-Bel n'a exempté les clercs que de celles qui étoient perſonnelles (**) ; mais il les a laiſſés aſſujettis aux impoſitions réelles qui ſe payoient à proportion des fonds que chacun poſſédoit. On ne peut pas douter de cet aſſujettiſſement : il eſt conſtaté par l'ordonnance du mois de ſeptembre 1295, qui preſcrit la levée du centième denier dans la Bourgogne, ſur tous les biens poſſédés

---

(*) Lauriére, ordonn. tom. 1. p. 319. art. 7.
(**) Ordonn. de 1296, t. 1. p. 329.

par les ecclésiastiques, les religieux & autres personnes, & qui n'en excepte que les militaires. Le pays où devoit se faire cette levée n'étant point du domaine immédiat de la couronne, mais appartenant au duc de Bourgogne, qui le tenoit à foi & hommage du roi, Philippe-le-Bel fut obligé de donner un acte de non préjudice, non aux évêques, ni aux églises, mais seulement au duc Robert, aux droits & aux prérogatives duquel il déclara qu'il ne prétendoit donner aucune atteinte dans toute l'étendue de sa baronnie (*).

Les successeurs de Philippe-le-Bel ont continué d'exiger des tailles de tous leurs sujets, même des ecclésiastiques; elles devinrent perpétuelles en France, sous Charles VII, en 1326 : ainsi cet impôt mis sur le tiers-état, du consentement de la noblesse & du clergé, est devenu une charge commune & permanente, qui affecte tous les fonds du royaume, par qui que ce soit qu'ils soient possédés.

Les décimes & autres subventions payées souvent par le clergé, sous le règne de Philippe-le-Bel, parurent aux évêques une occasion favorable d'obtenir de lui de nouvelles grâces. Ce prince se prêta à leurs demandes; mais quelque ménagement qu'il crût que ses intérêts l'obligeoient d'avoir pour eux, à cause de l'indisposition générale des différens ordres du royaume, il n'étendit point ses nouvelles faveurs jusqu'à une exemption des tributs. Par son ordonnance du 3 mai 1204, pour la province de Rheims, il réprima les exactions indues faites par ses officiers, & il réserva

_____

(*) Hist. de Bourg. liv. 1. preuves, pièce 3.

les libertés légitimes qui exiſtoient, en déclarant
que les levées de deniers faites en ſon nom &
pour les beſoins de la guerre dans les terres eccléſiaſtiques, ne porteroient aucun préjudice à leurs
droits, & ne lui acquéreroient aucun nouveau
droit (*). Ce qu'ils obtinrent fut une exemption
de contribuer aux munitions des villes, & que
la ſubvention ſeroit levée de l'autorité des prélats
à la pourſuite des officiers du roi.

L'exemption de la contribution pour les munitions
ou les garniſons des villes qui étoit nouvelle, & la
conceſſion qui en fut faite alors, a été révoquée par
le non uſage; car les eccléſiaſtiques ont été ſouvent
obligés de contribuer comme les autres citoyens.
Quant à la levée du ſubſide par l'autorité des prélats,
ce ne fut qu'une conceſſion paſſagère pour la décime de l'an 1304, car celle de l'année ſuivante
fut levée par l'autorité du prince.

§. IV. *Impoſition ſur les biens du clergé, ſous les*
ſucceſſeurs de Philippe-le-Bel; & dſputes ſur les
droits du roi, relativement à la perſonne & aux
biens des eccléſiaſtiques.

Les plaintes qui éclatèrent de toutes parts ſous
le règne de Louis X, ſucceſſeur de Philippe-le-
Bel ſon père, l'obligèrent à des ménagemens envers les différens ordres de l'état. Les eccléſiaſtiques
profitèrent des circonſtances pour ſe faire confirmer
les priviléges qu'ils avoient déjà obtenus, & en obtenir de nouveaux. Dès l'an 1315, ce prince donna
une ordonnance, par laquelle il confirma celle que

(*) Ordonn. du Louv. vol. 1. p. 406.

son père avoit publiée en leur faveur, & exempta tous les clercs non mariés des tailles extraordinaires qui feroient impofées par le roi, pourvu qu'ils ne fuffent point marchands publics (*). Cette exemption étoit nouvelle; c'eft en effet la première ordonnance où le fouverain parle des tributs qui le regardent (**). Nous voyons cependant que, fous fon règne, le clergé avoit payé deux décimes en trois ans, dont le prétexte avoit été l'épuife-ment du tréfor royal, & l'expédition que ce prince avoit projetée de faire dans la terre fainte. Ce fut ce même prince qui ôta aux évêques le droit de battre monnoie, en donnant à plufieurs un dé-dommagement.

On ne peut fe difpenfer de rappeler l'efpèce d'accommodement qui fe fit entre Charles IV & Jean XXII. Ce prince s'y oppofa d'abord; mais s'étant laiffé gagner enfuite par le pape, il y con-fentit, à condition que les eccléfiaftiques de France lui payeroient, pendant deux ans, le dixième de tous leurs revenus (***). Les projets de la conquête de la terre fainte fe renouveloient fouvent fans s'exécuter; mais ils fervoient aux princes & aux papes de prétextes pour faire fur les églifes des levées de deniers que fouvent ils partageoient en-tr'eux. Charles-le-Bel entra dans ce projet comme fon prédéceffeur; & par les mêmes vues, le même pape lui accorda les décimes de France & de Na-varre pendant quatre ans; & Charles confentit que les quêteurs du pape publiaffent des indulgences

(*) Ordonn. du Louv. vol. , p. 613, art. 8.
(**) Raynald, an. 1319, n. 16.
(***) Chron. de S. Dènis, vie de Charles-le-Bel, ch. 18.

pour tous ceux qui voudroient contribuer à cette expédition (*).

Le clergé paya plusieurs décimes fous Philippe VI. Ce fut durant le règne de ce prince que s'é-leva la difpute fur les droits du roi, relativement aux biens eccléfiaftiques. Cependant, quoique les eccléfiaftiques payaffent les impofitions, ils ne laif-foient pas de prétendre, qu'indépendans de l'au-torité des princes, ils n'étoient pas plus fujets aux impôts qu'à la juridiction féculière. Il fe tint à ce fujet une conférence en 1329, au bois de Vin-cennes : Pierre de Cugnieres y défendit les droits du roi, qui étoit préfent, & prouva que les ec-cléfiaftiques étoient obligés de payer le tribut, puifque Jéfus-Chrift même n'avoit pas dédaigné de le payer, & que fon exemple étoit pour eux une loi à l'obfervation de laquelle ils ne pouvoient fe fouftraire (**).

Le cardinal Bertrand, chargé des intérêts du clergé, foutint la thèfe contraire, & répondit qu'il étoit faux que Jéfus-Chrift eût payé le tribut pour donner l'exemple. » On voit par la Genèfe, di-
» foit-il, que les terres des prêtres étoient libres
» & exemptes de tout tribut & de toute fervi-
» tude ; & fi le fieur Pierre eût bien examiné le
» texte de Saint-Mathieu, il y auroit vu que Jéfus-
» Chrift n'a point payé le tribut pour donner
» l'exemple ; qu'au contraire, ayant dit que les
» enfans étoient libres, il a prouvé qu'ils n'étoient
» pas tenu de le payer : fi donc il l'a fait, ce n'a

(*) Raynald, an. 1322, n. 31.
(**) Libert. de l'égl. gall. t. 1. libel. D. Bertrandi, n. 46.

„ été que pour éviter le scandale ; c'est pourquoi
„ il dit à Pierre : Mais afin que nous ne les scan-
„ dalisions point, allez à la mer. On dira peut-
„ être que nous, & même l'église, devons payer
„ le tribut à l'exemple de Jésus-Christ, pour évi-
„ ter le scandale : ce raisonnement ne vaut rien,
„ parce qu'il y a deux sortes de scandales ; celui
„ des foibles & celui des pharisiens. Pour éviter
„ le scandale des foibles, qui prend sa source dans
„ l'ignorance, & non dans la malice du cœur,
„ il faut, suivant la règle de Saint-Paul, ne point
„ faire certaines choses, jusqu'à ce qu'on les ait
„ instruits ; mais il ne faut jamais cesser d'agir
„ pour prévenir le scandale des pharisiens qui pê-
„ chent par malice. Nous tenons cette règle de
„ Jésus-Christ, à qui ses disciples ayant dit que
„ les pharisiens avoient été scandalisés d'un dis-
„ cours qu'il avoit tenu, leur répondit : Laissez-
„ les, ce sont des aveugles qui en conduisent
„ d'autres. Au temps de Jésus-Christ, refuser de
„ payer le tribut, eût été scandaliser les foibles;
„ c'est pourquoi il a fallu le payer alors ; mais
„ présentement ce refus ne pouvant scandaliser
„ que des pharisiens, on n'est point obligé de le
„ payer.

Nous n'avons point la réplique de Pierre de
Cugnieres, ni même son discours, qui ont dis-
paru : mais il étoit facile à ce magistrat de répondre que l'exemple des prêtres d'Egypte étoit
étranger à la matière, & que d'ailleurs le texte
de la Genèse ne prouve point que ces prêtres
jouissent d'une exemption totale & absolue. Il
pouvoit faire aisément sentir que le raisonnement
du cardinal sur l'exemple de Jésus-Christ,

n'étoit qu'un pur fophifme qui ne rouloit que fur la fauffe acception des termes d'églife & d'enfans de dieu, que ce cardinal reftreignoit aux ecclé- fiaftiques, quoiqu'il défigne tous ceux qui ont part à la rédemption de Jéfus-Chrift. C'eft ce que Phi- lippe-le-Bel avoit déjà répondu à Boniface VIII, & que l'on a répondu dans toutes les occafions, avec autant de folidité que de fondement, aux eccléfiaftiques, lorfqu'ils ont voulu abufer des textes de l'écriture fainte où ces termes font em- ployés, pour fe les approprier à l'exclufion des laïques.

Il faut convenir pourtant que cette erreur fpé- culative, dans laquelle le clergé s'eft laiffé entraî- ner par intérêt, n'a point influé dans la pratique. On a continué en France de le faire contribuer, felon les règles du royaume, toutes les fois que leurs fecours ont été jugés néceffaires pour les be- foins de l'état.

Ainfi, fous le roi Jean, les états étant affem- blés à Paris, le 29 novembre 1355, l'archevêque de Rouen leur demanda, pour le roi, aide & confeil dans la guerre qu'il avoit à foutenir contre le roi d'Angleterre. Le clergé, la nobleffe & le tiers-état répondirent tous d'une voix, qu'ils étoient prêts à vivre & à mourir avec le roi, de facrifier leur corps & leurs biens pour fon fervice, & de délibérer fur ce fujet. A l'affemblée qui fe tint au château de Rueile, le 20 mars fuivant, ayant examiné le produit de l'aide qu'ils avoient arrêté & vérifié, ils conclurent à accorder une capita- tion, qui fut fixée à 4 livres pour raifon de 100 livres de revenu à l'égard de toute perfonne de la famille royale, eccléfiaftiques nobles, barons, che-

valiers , & autres même du peuple , fans qu'aucun puiſſe en être exempt (*) en vertu d'aucun
droit , d'aucun privilége ou naiſſance.

Ainſi , après la bataille de Poitiers , où le roi
Jean fut fait priſonnier , les états aſſemblés le 17
octobre 1356 , offrirent d'entretenir , au ſervice
du roi & du dauphin , trente mille hommes d'armes , à raiſon d'un demi florin d'écu par jour ; &
arrêtèrent que pour le fond de cette dépenſe , il
ſeroit payé par les eccléſiaſtiques une décime &
demie de leurs revenus ; par les nobles , pareille ſomme , c'eſt-à-dire 15 liv. à raiſon de cent
livres ; & que par les bonnes villes & le plat-pays ,
il ſeroit ſoudoyé un homme d'armes par centaine
de feux.

Ce ſubſide n'avoit été impoſé par les états que
pour une année ; mais l'obligation de payer la rançon du roi , qui avoit été fixée par le traité de
Bretigny , à trois millions d'écus d'or , fit rétablir
l'impoſition des aides & gabelles. Le roi Jean ,
par ſon ordonnance datée de Compiegne , le 5

(*) Preuv. des lib. de l'égl. gall. c. 39. n°. 23.

» Et quant aux clercs & gens d'égliſe , prélats , abbés ,
» prieurs , chanoines , curés & autres comme deſſus , qui
» avoient vaillant au deſſus de 100 liv. en revenu , fuſſent
» bénéfice de ſainte égliſe , en patrimoine ou en l'un avec
» l'autre , feroient aide de 4 liv. pour le premier 100 liv. ; &
» pour chacun autre 100 liv. juſqu'auxdites 5000 liv. , qua-
» rante ſous ; & en feroient de rien aide au deſſus deſdites
» 5000 liv. , ni auſſi de leurs meubles , & les revenus de
» leurs bénéfices feroient priſés & eſtimés ſelon le taux du
» dixième , ni ne s'en pourroient franchir ni exempter par
» quelconque privilége , ne qu'ils fiſſent de leur dixième ,
» quand les dixmes étoient octroyées «.

de décembre 1360 , la fixa à raison de douze deniers pour livres de toutes ventes de denrées &
de marchandises , du treizième des vins & autres
boissons , & du cinquième du sel , voulant que
ces droits fussent levés par les personnes qu'il avoit
commises à cet effet , jusqu'au parfait rétablissement de la paix. Quoique cette levée n'eût point
été faite en vertu d'une délibération des états ,
comme les précédentes , les ecclésiastiques comme
les laïques s'y soumirent volontiers , sans doute
à cause de la nécessité évidente du secours , pour
retirer les plus grands seigneurs & les meilleurs
bourgeois des villes qui avoient été donnés en otage
pour la sûreté de la rançon du roi.

La guerre ayant recommencé sous Charles V,
on continua à payer les subsides imposés dans les
états du mois de décembre 1369 ; les ecclésiastiques y furent assujettis comme tous les autres
sujets. La perte de la bataille d'Azaincourt avoit
occasionné le rétablissement des impositions sur les
boissons. Il existe une lettre des évêques de France,
assemblés à Bourges en 1415, adressée à Charles VI,
pour le prier de les exempter de payer les quarante sous qui venoient d'être imposés sur chaque
queue de vin. Le clergé n'oublia rien dans cette
lettre , pour établir son Immunité : droit divin,
droit humain , concession des princes , possession,
tout y fut employé. On ne sait point quel égard
le roi eut à ces représentations ; mais il est sûr
que dans toutes les occasions qui se sont présentées depuis , le clergé a contribué comme il avoit
toujours fait.

Sous le règne de Charles VII, les tailles devinrent , comme on l'a dit , perpétuelles ; le ré-

glement fe fit à l'affemblée des états tenus à Me-
lun-fur-Yère, en 1426. Il paroît que, fous ce règne,
le clergé fut impofé comme il l'avoit été fous les
précédens, & que l'impofition fit naître une difpute fur les Immunités & eccléfiaftiques ; qu'on
contefta au clergé l'exemption des fubfides qu'il
prétendoit, & que la caufe fut agitée en préfence
du roi Charles VII & de fon fils le dauphin. Bernard de Roferge, chanoine régulier & prévôt de
l'églife métropolitaine de Touloufe, parla pour le
clergé. Les huit difcours qu'il prononça, & qui fe
confervent à la bibliothèque du roi, font intitulés
(*): *Défenfes de la liberté de l'églife, & de l'exemption des clercs de certaines impofitions.* Nous igno-
rons quel fut fon antagonifte ; mais, quel qu'il fût,
il employa & dut employer les mêmes moyens
dont s'étoit fervi Pierre de Cugnieres, pour établir les droits de l'état fur les perfonnes & fur les
biens du clergé ; il fit valoir fans doute, entre
autres chofes, la doctrine de l'évangile & l'exemple de Jéfus-Chrift, pour prouver que les eccléfiaftiques devoient payer le tribut, comme les
autres membres de l'état : & Bernard de Roferge
ne lui répondit pas plus folidement que n'avoit
fait le cardinal Bertrand dans la conférence tenue
au bois de Vincennes.

Outre les impofitions publiques dont le clergé
porta fa part fous le règne de Charles VII, il contribua de plus à la follicitation du pape Calixte
III, & du confentement du roi, aux frais de la
guerre que le pontife vouloit engager tous les princes
chrétiens de faire aux Turcs : mais les eccléfiaf-

(*) Labbe, nov. bibli. mff. edit. Paris. 1654, *in*-4°.

tiques, laffés de contribuer (*) pour une guerre qui ne les intéreffoit point, pendant que l'etat, dont ils étoient membres, avoit des befoins réels, refusèrent, de l'aveu du prince, de continuer un fubfide qui leur devenoit trop onéreux. L'univerfité de Paris & le clergé de Normandie interjetèrent même appel au futur concile des décrets du pape, qui ordonnoient la levée de ces décimes. Sixte IV ayant voulu continuer ces levées, Louis XI lui fit repréfenter que le clergé étoit trop épuifé par toutes celles qui avoient été faites jufqu'alors.

La fin de la guerre contre les Anglois devoit faire efpérer quelque repos au peuple ; mais il fut encore plus accablé fous le règne de Louis XI. Ce prince établit diverfes fortes d'impofitions, de fa pleine autorité, fans avoir obtenu le confentement de la nation par les députés dans les états généraux, fuivant l'ufage pratiqué par tous fes prédéceffeurs, & fuivant même les règles de l'équité, auxquelles Philippe de Commines, qui étoit du confeil du prince (**), rend témoignage.

Depuis, ce prince échappé aux dangers qu'il avoit courus à la bataille de Montlhery, & de retour à Paris, parut vouloir condamner fa propre conduite, en aboliffant, par une ordonnance qu'il fit publier, tous les impôts qu'il avoit établis, à l'exception de ceux qui faifoient partie des cinq groffes fermes, & en établiffant un confeil pour le gouvernement, tiré du parlement, de l'univerfité & du corps de ville; mais les belles efpérances que ces nouveaux arrangemens avoient fait naître, fe diffipèrent bien-

---

(*) Raynald, ann. 1457, n. 53.
(**) Bodin, de rep. lib. 6, n. 26.

tôt. Louis XI ayant divisé ses ennemis par de belles promesses, & croyant n'avoir plus rien à craindre, revint à son caractère, & surchargea tous les ordres de l'état de nouvelles impositions. Avec dix-huit personnes qu'il convoquoit par forme d'états, il disposoit, aux états de Blois, à son plaisir de tout ce qu'il vouloit, dit Bodin, & faisoit entendre que c'étoit les états, ou bien il faisoit suppléer le consentement de la nation par des enregistremens souvent forcés de ses édits au parlement.

Après la mort de ce prince, tous les nouveaux impôts furent supprimés (*).

Le clergé ne fut point exempt des subsides demandés par Charles VIII. Outre l'aide qui avoit été imposée par les états de Tours, & qui fut levée sur les fonds appartenans aux ecclésiastiques, ce prince pria, en 1484, chaque évêque » de lui » prêter & avancer pour les frais de la guerre qu'il » avoit en Italie, par les gens d'églse, tant des » abbayes, chapitres, que d'autre clergié de son » diocèse (**), non compris les exempts, la » somme de quinze cents écus d'or couronnés, à » la rendre dedans un an prochain venant «. Ce subside ne fut fourni, à la vérité, qu'à titre de prêt; mais par l'événement, il devint une contribution réelle, parce que Charles VIII ne remboursa jamais les diocèses de ces sommes qu'ils lui avoient avancées. Cet emprunt a été le modèle de ceux qui ont été faits depuis sur le clergé, lesquels font de

___

(*) Bodin, de rep. lib. 6, n. 26.
(**) Preuv. des lib. de l'égl. gall. ch. 39, n. 24.

véritables impôts, auffi contraires à fes prétentions que les autres fubventions.

Les fubfides continuèrent de fe payer par le clergé pendant le règne de Louis XII.

Sous François I, les eccléfiaftiques furent auffi peu ménagés que les autres membres de l'état. Un defir infatiable de gloire, & une paffion immodérée pour les plaifirs, jetèrent ce prince dans des dépenfes continuelles & exceffives. Pour y fubvenir, il furchargea fon peuple d'impôts, qu'il établit fans le confentement des états (*). Dès le commencement de fon règne, il s'adreffa à Léon X, pour faire la levée d'une décime fur le clergé; ce n'étoit pas cependant qu'il crût le confentement du pape néceffaire, puifque dans d'autres occafions, & dès l'année 1521, il exigea des contributions du clergé, fans avoir recours à Rome. Il affembla à cet effet les évêques qui fe trouvèrent à Paris, auxquels il ordonna d'affembler le clergé dans leurs diocèfes, afin de régler la fubvention. Les rôles, pour être exécutoires, furent arrêtés au confeil, les évêques n'ayant point l'autorité néceffaire pour leur donner cet effet.

Clément VIII avoit donné une bulle pour la levée de quatre décimes, qui devoient être employées à la délivrance des enfans de France, reftés en otage en Efpagne. Le roi envoya cette bulle aux évêques, & leur marqua qu'il l'avoit demandée pour lever tout fcrupule aux eccléfiaftiques, quoique la fubvention fût jufte en elle-même & charitable. Ces quatre décimes furent accordées, & le produit ayant été employé à autre chofe,

---

(*) Baucaire, évêque de Metz, hift. lib. 16, n. 12.

une seconde bulle permit de lever encore la même somme; mais elle ne fut d'aucun usage ; car avant qu'elle fût arrivée, le parlement de Paris, assemblé (*) avec les présidens & conseillers des parlemens de Toulouse, de Bordeaux, de Rouen, de Dijon, de Grenoble & d'Aix, décida que le roi » pouvoit saintement & justement lever sur ses » sujets ; savoir est, l'église, la noblesse, les villes » franches, & le peuple du royaume de France, » les Dauphiné & Comté de Provence, & au-» tres, ses terres & seigneuries, exempts & non » exempts, la somme de deux millions d'or, pour » icelle employer à la délivrance de messeigneurs » les dauphins de Viennois & duc d'Orléans, ses » enfans, otages pour ledit seigneur en Espagne, » & pour parvenir à la paix ". Cet arrêt fut confirmé dans le lit de justice tenu le 20 décembre 1527. Le cardinal de Bourbon offrit pour le clergé une somme de treize cent mille livres, qui fut acceptée.

De nouveaux besoins étant survenus, il fallut recourir à de nouveaux subsides. Le clergé, pour éviter l'imposition telle qu'elle avoit été arrêtée en 1527, se hâta d'offrir au roi plusieurs décimes, quoique le roi n'en eût point de bulle. Il en obtint pourtant l'année suivante 1533, pour lever encore deux décimes ; mais afin de constater son droit, indépendamment de l'autorisation de Rome, à laquelle il n'avoit recours que pour la promptitude de l'exécution, & ôter aux ecclésiastiques tout prétexte de refus, il adressa ses lettres-patentes aux baillis & sénéchaux, pour contraindre

(*) Preuv. des lib. de l'égl. gallic. ch. 39, n. 23.

les eccléfiaftiques par faifie de leur temporel. Il
donna à un laïque la commiffion de faire la levée,
& attribua au grand confeil, qu'il avoit depuis
peu érigé en tribunal ordinaire, la connoiffance des
conteftations que cette levée pourroit occafionner.

Ce prince, menacé de la guerre de différens
côtés, ne jugea point à propos de s'adreffer au
pape en 1534; mais il ordonna, de fa propre
autorité, de faifir tous les biens du clergé, & nomma pour leur régie des commiffaires qui devoient
donner les deux tiers des revenus aux chapitres,
colléges & communautés; la moitié feulement
aux archevêques, évêques, abbés, prieurs & à leurs
couvens, chacun dans les biens qu'ils poffédoient,
& le furplus au roi. Tous les biens du clergé furent
faifis en vertu de cet édit; mais les eccléfiaftiques en
obtinrent la main-levée, moyennant l'offre qu'ils
firent de payer au roi trois décimes, auxquelles ils
donnèrent le nom de *don gratuit* & charitatif. Le roi,
preffé par le befoin, ne leur contefta point ce titre : il
accepta leurs offres, fit arrêter dans fon confeil les
rôles de ces décimes, donna aux baillis commiffion de
contraindre les refufans, & réferva au grand confeil
la connoiffance des conteftations qui en pourroient
naître. Le diocèfe de Bayeux ayant refufé, l'évêque
reçut ordre du roi de convoquer & de faire affembler fon clergé; de dreffer procès-verbal de ce qui
feroit délibéré, & de nommer les refufans.

A peine ces décimes étoient-elles payées, que
François I exigea une pareille fomme à titre d'emprunt : c'étoit un véritable fubfide (*). Il en fit
arrêter les rôles dans fon confeil, & les figna de fa
main. Et par un arrêt rendu dans fon grand confeil,

(*) Mém. de Dupin.

féant à Lyon le 1 avril 1537, il ordonna que les maîtres des requêtes & des confeillers du même grand confeil feroient envoyés dans les provinces, avec des ordres adreffés aux juges royaux, pour veiller à cet emprunt, & contraindre par faifie du temporel, vente & exploitations, ceux d'entre les prélats & autres gens d'églife qui feroient refufans.

Le concile de Touloufe, affemblé pour ce fubfide, ne fit point de difficulté de l'accorder; mais il qualifia de don gratuit, équipollent à trois décimes, ce que le roi avoit nommé emprunt. Il y mit une condition; c'eft que les eccléfiaftiques feroient exempts de toutes autres impofitions pour une maifon, un jardin, une vigne ou un pré, comme les rois de France l'avoient; difoit ce concile, obfervé jufqu'alors. C'eft la menfe eccléfiaftique que ces évêques prétendoient avoir été exempte de toutes contributions fous la feconde & la troifième race de nos rois, quoique le capitulaire de Louis-le-Débonnaire ne l'affranchiffe qu'envers les feigneurs, fans étendre l'exemption jufqu'aux charges de l'état. Une exemption générale & de droit s'accorderoit mal, il faut en convenir, avec de telles conditions. Jamais perfonne ne s'avifa de ftipuler & d'acquérir à prix d'argent une Immunité qui lui appartient de droit.

Les conditions appofées à ce don gratuit font donc, de la part des eccléfiaftiques, une reconnoiffance expreffe qu'ils étoient dans l'ufage de payer leur quote-part des fubfides, & que l'état étoit en droit de les exiger d'eux. La qualification de don gratuit, ou charitatif, comme les évêques l'avoient déjà appelé, attribuée à ce que le clergé payoit pour les befoins publics, ne préfentoit point à l'efprit d'autre idée que celle d'une fubvention néceffaire, à laquelle tout citoyen, connoiffant ce qu'il doit à fa patrie, fe prête volontiers, puifque le roi demandoit ces dons avec autorité, & qu'il contraignoit par voie de faifie ceux qui refufoient de les faire.

C'eft ainfi qu'il en ufa en 1541, lorfque par fa lettre circulaire, datée de Moulins le dernier de juillet, & adreffée aux évêques, il demanda au clergé une décime. « Pour lever & prendre, dit-il, » les deniers qui, par les gens d'églife, me feront » libéralement & gracieufement donnés & oc- » troyés, m'a femblé n'être befoin d'aucune au- » torité, permiffion, ne confentement d'ailleurs, » & combien que pour chofe tant favorable & » néceffaire, ledit don ne fe puiffe refufer ou » dilayer, toutefois fi par faute de bon juge- » ment, connoiffance & intelligence de chofes » néceffaires, qui de préfent font à confidérer, il » s'y trouvoit quelque diffimulation, refus ou » délai, je veux & entends que ce néanmoins vous » laiffiez à faire les cotifations & département du- » dit don gratuit, & à faire lever & recevoir les » deniers d'icelui, felon le contenu de mefdites » lettres-patentes ; car, s'il eft befoin, je vous » ferai bailler aide pour à ce contraindre les re- » fufans ou délayans par faifie de leur temporel, » & autres voies juftes & raifonnables «.

Tel étoit l'état du clergé fous le règne de François I.

Les impofitions fur les biens eccléfiaftiques font devenus fous ce prince une contribution or- dinaire, annuelle & réglée, connue fous le nom de décimes (*). Les fubfides extraordinaires, exi-

_____

(*) Voyez le mot *Décime.*

gés du clergé dans les différens befoins de l'état, ont pris celui de *dons gratuits* : & cette fubvention eft devenue elle-même ordinaire & réglée, parce qu'elle fe demande aujourd'hui à toutes les affemblées du clergé, foit que ces affemblées foient ordinaires, ou qu'elles foient extraordinaires, de manière qu'il n'y a plus rien d'extraordinaire à cet égard que la quotité de la contribution, qui varie felon les temps & les circonftances (*).

CINQUIÈME EPOQUE.

De l'Immunité eccléfiaftique, depuis François I jufqu'en 1711.

Henri II fuccéda à François I en 1546 : il trouva le royaume épuifé, & fe vit forcé en 1550 de faire de nouvelles levées fur fes fujets. Il ordonna par des lettres-patentes, que le clergé payeroit deux décimes, c'eft-à-dire le cinquième de tous fes revenus. L'année fuivante, le cardinal de Bourbon offrit pour le clergé, au lit de juftice qui fe tint le 10 février, de contribuer aux befoins de l'état, & dit : » que les eccléfiaftiques, difpofés à offrir » au roi leurs corps même, s'ils n'étoient confa- » crés à dieu, lui feroient une fi grande part de » leurs biens, qu'il en feroit content «.

Les décimes étant devenues un droit ordinaire & annuel fur le clergé, Henri II créa en 1557 des receveurs de ces décimes dans chaque diocèfe, comptables à la chambre des comptes. L'année fuivante, les états généraux affemblés à Paris, ac-

____

(*) Voyez le mot *Don gratuit.*

T iv

cordèrent au roi trois millions d'or qui devoient être répartis proportionnellement entre le clergé, la noblesse & le tiers-état.

La mort de ce prince, arrivée le 10 juillet 1559, fut le signal des plus grands malheurs pour la France. L'ambition & la jalousie des grands, sous un roi aussi foible d'esprit & de corps que François II, & une régente plus avide que capable de gouverner, achevèrent d'allumer le feu qui embrasa bientôt tout le royaume. La reine-mère, toujours incertaine & irrésolue sur le choix des partis & des moyens, & livrée à toutes les factions que deux minorités successives firent éclore, n'eut jamais d'autre politique que cette maxime de sa maison : *Qu'il faut diviser pour régner.* Les Guises, ses oncles, & chefs du parti catholique, dont l'intérêt servoit de voile à leur ambition, s'emparèrent de la personne du jeune roi, & se rendirent maîtres de la cour & du gouvernement. Leur crédit acheva de révolter le parti protestant & les seigneurs de l'une & de l'autre religion, dont l'autorité des Guises détruisoit également les projets & les espérances. On ne vit plus dans l'état que des factions que la reine-mère, suivant son caractère, son système & ses positions différentes, favorisa successivement, à mesure que l'ascendant qu'elles avoient pris, ou qu'elle tenoit d'elles, pouvoit lui être avantageux, ou lui devenir suspect.

François II avoit commis la direction de toutes les affaires du royaume aux deux Guises ; savoir, celles de la guerre au duc, & celles des finances au cardinal de Lorraine. Ce dernier, qui avoit déjà beaucoup d'autorité sur le clergé dont il étoit le chef, étoit d'ailleurs regardé comme un défenseur

auffi puiffant que néceffaire. Il n'étoit ni vraifemblable, ni poffible que dans des troubles dont la
religion étoit le principe & paroiffoit l'unique
objet de la haine & de l'avidité des proteftans, le clergé demeurât fimple fpéctateur : il
n'avoit pas moins à craindre alors pour fes biens
d'un parti de catholiques connus fous le nom de
politiques. Ces politiques convaincus, d'après les
loix & les ufages du royaume, que les biens des
eccléfiaftiques n'étoient pas moins effentiellement
affectés aux charges & aux befoins de l'état que
les biens des autres fujets, vouloient que, dans
l'épuifement de la nobleffe & du peuple, les biens
d'églife devinffent la reffource de l'état, qui paroiffoit n'en avoir plus d'autre. Les proteftans
avoient malheureufement le même fyftême qu'ils
outroient encore. Le clergé ne pouvoit donc manquer de tirer parti de cette conformité de fentiment
entre les calviniftes & les politiques, pour rendre
fufpect un projet qu'il avoit tant d'intérêt de
décrier.

Dans cette extrémité, fi le clergé fentit tout le
befoin qu'il avoit du crédit & de l'autorité du cardinal de Lorraine ; celui-ci ne fentit pas moins
combien il étoit important & favorable à fes projets & à ceux de fon frère, de ménager à l'un &
à l'autre l'appui d'un corps refpectable, puiffant &
accrédité.

Le clergé n'avoit ofé jufqu'alors, dans les affemblées de la nation, foutenir ouvertement l'Immunité qu'il réclame aujourd'hui. Content d'éluder,
lorfqu'il lui avoit été poffible, l'examen de la
queftion du droit : » S'il eft contribuable comme
» les autres membres de l'état « ; il avoit prévenu
par fes offres les demandes du fouverain, fe réfer-

vant à un temps plus favorable de se faire un titre de ces mêmes offres, & d'en conclure la liberté & la gratuité de ses dons ; mais devenu plus puissant, il hasarda aux états d'Orléans ses prétentions dans toute leur étendue.

François II avoit indiqué les états à Meaux, & ensuite à Orléans ; mais il fut prévenu par la mort. Le règne de Charles IX commença donc par la tenue de ces états généraux : l'ouverture s'en fit par un discours du chancelier le 13 décembre 1559. On n'entendit dans cette assemblée que des plaintes de la noblesse & du tiers-état contre le clergé. Le seigneur de Rochefort qui parla pour la noblesse (*), après avoir fait mention des dons immenses faits aux églises par nos rois, exposa que les nobles avoient fait la même chose selon leur pouvoir, & qu'ils avoient donné tant de biens à l'église, qu'ils avoient ruiné & dissipé leurs patrimoines. Le sieur Delange, pour le tiers-état (**), se plaignit de l'ignorance, de l'avarice & du luxe des ecclésiastiques : & François Grimaudet, avocat du roi à Angers (***), insista sur les privilèges des ecclésiastiques, qu'il proposa de révoquer ou de restreindre. » Ces privilèges des prêtres, dit-il, d'être » jugés seulement par eux, est de droit positif, » & donné par les empereurs ; mais puisque l'usage » nous enseigne qu'ils en ont abusé, cet expédient » de supplier le roi de pourvoir sur l'abolition ou » modération de tel privilège, leur laissant la juri- » diction ès choses spirituelles & sacramentaires » seulement «.

Jean Quintin, qui fut orateur du clergé, sou-

***

(*) Etats généraux de Quinet.
(**) De Thou, livre 27.
(***) Le Popalin, livre 6.

tint qu'il étoit du devoir du roi, de ne point souffrir que le clergé fût comme décimé à l'avenir ; que les revenus eccléfiaftiques étoient deftinés à des œuvres pieufes, & qu'on ne pouvoit fans facrilége les employer à d'autres ufages ; & il finit par demander pour le clergé l'exemption des impofitions. Voici quelle fut la requête du clergé adreffée au roi : » Vous fupplions (*) » auffi prendre pitié & compaffion de nos per- » fonnes qui prient pour vous, nous conferver » & maintenir en nos priviléges & prérogatives, » qui nous font & ont été baillés, *Etiam* par » princes hérétiques, puis après par empereurs » chrétiens, & de rechef par vos prédéceffeurs, » rois très-chrétiens, largement octroyés, quels » priviléges & Immunité votre majefté de fa » grâce, entendra particulièrement & bien au » long pour notredit cahier, puis de fon auto- » rité nous les confirmer & corroborer.

Après avoir appliqué l'exemption divine aux » perfonnes qui font en fpécialité vouées, dédiées » & confacrées à dieu feul, en quoi nous a fait » oindre extérieurement, défendant expreffément » de nous toucher ni faire aucune injure, foit » de fait ou de parole «, il paffe aux biens ec- » cléfiaftiques & continue. » Nous déclarons à votre » clémence & bonté royale un mal qui nous » eft fort grief, & quafi du tout nous abat, c'eft, » fire, que ordinairement quatre, cinq & fix fois » l'an, voire jufqu'à la neuvième, on prend & » nous fait-on payer décimes du peu de tem- » porel que nous pouvons percevoir de nos églifes,

(*) Bibl. de S. Victor, mff. K. 228.

» voire jufqu'aux offrendres, & qui pis eft, ne
» font impofées pour une année feulement &
» comme il faudroit, *in neceffariis rei publicæ*
» *funchionibus quos non detractamus;* mais font
» mifes fur tous les ans ; de forte que d'une chofe
» extraordinaire, a été faite une chofe ordinaire,
» jufqu'à exiger la recepte defdites décimes en
» état, gages, falaires, fur le même clergé, &
» en eft l'exécution trop plus étrange que de
» dettes civiles, & fi très-rigoureufes que les
» meffes parochialles, n'ont été célébrées en plu-
» fieurs diocèfes ; aux dimanches & aux fêtes
» commandées, tant pour ce que les curés fuyant
» la prife par défaut de payement defdites dé-
» cimes, fe font abfentés de leurs paroiffes, &
» les ont abandonnées, que auffi par la rigueur
» des exécutions précédentes, les églifes font de-
» meurées fans ornemens, livres & calices, lef-
» quels en aucuns lieux on a vendus à l'ancan,
» au détriment des pauvres ames fujètes au déf-
» honneur du royaume, & irritation de la majefté
» de dieu, contre la vôtre, fire. A cette caufe,
» n'ayant égard à notre particulier, mais fur tout
» à votre ame, & de ceux entre les mains def-
» quels elle eft, nous vous requérons & inter-
» pellons, fire, comme de chofe qui ne fe peut,
» ne doit refufer, de vous abftenir de prendre
» fur le clergé décimes, emprunts, fubfides ;
» impôrs, francs-fiefs & nouveaux acquêts, ja deux
» ou trois ou quatre, & tous lefdits jours amortis,
» payés & dont on a fait finance «.

Pour établir l'Immunité qu'il réclamoit au nom
du clergé, Quintin citoit au roi les exemples de Pharaon, qui exempta les terres de fes prêtres ; de
Cyrus, qui rendit aux Juifs les vafes du temple,

de Darius & d'Artaxerxès, qui n'imposèrent aucun
tribut aux prêtres & aux lévites ; de Balthasar,
puni pour avoir profané les vases du temple ;
d'Oza, pour avoir porté la main à l'arche, &
d'Ozias, qui n'ont aucune application aux tributs
légitimement imposés par le souverain pour les
besoins de l'état ; les capitulaires de Charlemagne,
qui ne défendent que l'usurpation des biens appartenans à l'église, & une ordonnance de Louis-
le-Débonnaire, qu'il défiguroit pour y trouver
les prétentions du clergé, & il conclut en disant
au roi :

» Recevez, sire, les très-humbles remontrances
» de vos très-humbles orateurs du clergé de
» ce royaume. Faites-nous remettre & nous en-
» tretenez en notre pristine liberté & franchise.
» Faites-nous jouir de nos anciens priviléges, tant
» en nos personnes qu'en nos biens ecclésiasti-
» ques. Ce que vous ferez, sire, vous le ferez
» à celui duquel nous sommes spéciaux servi-
» teurs & ministres, qui, par nous de bon
» cœur & souvent interpellé, vous en fera spé-
» ciale rétribution «.

Il faut convenir que ces plaintes de l'assujettissement aux décimes, emprunts, subsides &
impôts, & des exécutions rigoureuses faites par
l'autorité du roi, pour parvenir à leur payement,
ne s'accordent point avec cette liberté de ses dons,
dans laquelle le clergé a si souvent répété depuis
qu'il avoit toujours été maintenu : aussi l'ordonnance d'Orléans, qui fut le résultat de tous les
cahiers des états, ne statua point sur ces différens
chefs de demande, & ne prononça aucune exception particulière en faveur du clergé.

La mort du roi fit suspendre les états. Transf-

férés de Pontoife à faint Germain-en-Laye, ils
y reprirent leurs féances au mois d'août 1561;
mais on ne voit pas que les demandes du clergé
& de l'univerfité, tendantes à ce qu'en abolifTant
les décimes, on déclarât les biens eccléfiaftiques
exempts de contribution, euffent paru ni juftes,
ni praticables aux états généraux; car la noblefle
& le tiets-état proposèrent unanimement que l'on
retranchât des bénéfices de cinq cents livres de
revenu, la quatrième partie; de ceux de mille
livres, le tiers; de ceux qui rapportoient plus de
mille écus, la moitié; qu'on ne laiffât que trois
mille livres à ceux qui auroient plus de douze
mille livres de revenu; qu'on ôtât à tous les
moines tous leurs revenus, au delà de ce qui leur
étoit néceffaire pour leur fubfiftance; & que le
tout fût porté au tréfor royal, & appliqué aux
charges & aux befoins de l'état.

Ces propofitions alarmèrent le clergé. Il fe
hâta pour en prévenir l'effet, d'offrir au roi quatre
décimes par chaque année, pendant l'efpace de
fix ans; ces offres furent acceptées; & les évêques
affemblés la même année à Poiffi, s'abonnèrent
avec le roi. Cet abonnement fcellé & ratifié à
Saint-Germain-en-Laye, s'eft appelé le contrat de
Poiffi. C'eft l'époque de la nouvelle forme des
contributions que les eccléfiaftiques n'ont point
ceffé de confentir ou même d'offrir, malgré
leurs proteftations fouvent répétées de n'être point
contribuables, & de ne donner que librement &
gratuitement.

Charles IX fit faire, deux ans après, un dénombrement général de tous les biens fonds
poffédés par le clergé féculier & régulier. Mais

ſi nous en croyons Bodin (*), ce dénombrement ne ſe fit point avec une exactitude ſcrupuleuſe. On ne voulut point porter les recherches trop loin, pour ne pas exciter l'envie & la jalouſie des ſéculiers; car on étoit perſuadé, en ce temps-là, que preſque les deux tiers des fonds du royaume étoient poſſédés par le clergé.

Pendant qu'on examinoit la conſiſtance des biens du clergé en France, on travailloit, dans l'aſſemblée de Trente, à lui procurer, s'il étoit poſſible, une exemption générale & abſolue de toute impoſition. Dans le projet des articles de réformation concernant les princes, il y en avoit un portant qu'on ne pourroit contraindre les eccléſiaſtiques de payer aucune ſorte d'impoſition, ſous quelque dénomination que ce pût être, pas même ſous celle de don gratuit ou de prêt, tant pour les biens de l'égliſe, que pour leur patrimoine. La ſimple propoſition de cet article révolta les ambaſſadeurs de France qui étoient à l'aſſemblée (**). Charles IX leur donna ordre de s'oppoſer à tout ce qui ſe paſſeroit dans l'aſſemblée de contraire à ſes droits & au préjudice des rois & des princes. Mais le cardinal de Lorraine, à qui il avoit écrit en même temps, ſe conduiſit en politique; il chercha même, dans ſa réponſe, à lui faire naître des ſoupçons ſur la conduite de ſes ambaſſadeurs, en l'aſſurant que les choſes s'étoient autrement paſſées qu'ils ne lui avoient marqué; & il eſt arrivé que l'aſſemblée, dans la ſeſſion 25, chapitre 10, a défendu aux ſouverains *de ſouffrir que leurs officiers ou les magiſtrats*

(*) Bodin, de repub. lib. 5.
(**) Mém. pour le conc. de Tr.

inférieurs violaffent les Immunités de l'églife &
des perfonnes eccléfiaftiques, qui font des droits
établis par l'ordre de dieu, & par les ordon-
nances canoniques, & de les obliger, en leur don-
nant l'exemple, à porter honneur & déférence aux
conftitutions des fouverains pontifes & des conciles.
On fait que les actes de cette affemblée ne font
point reçus en France, malgré les tentatives du
clergé, faites à différentes reprifes pour les y faire
recevoir.

Les guerres de religion ayant empêché le roi
de fatisfaire aux engagemens du contrat de Poiffi,
le roi, pour fe mettre en état de les remplir,
donna un édit, portant aliénation des biens de
l'églife, jufqu'à concurrence de cent mille écus;
& l'édit fut enregiftré dans un lit de juftice
tenu à Paris le 17 mai 1563. Trois ans après,
le contrat de Poiffi étant près d'expirer, il en ordonna la prolongation pour fix autres années, &
donna, fuivant l'ufage, fes lettres-patentes
adreffées à tout le clergé, & les accompagna de
lettres particulières pour les diocèfes.

Quelques années après, le clergé fut encore
chargé d'une nouvelle impofition fous une autre
forme. Les receveurs des décimes que Henri II avoit
créés en 1557, avoient été fupprimés par le prince
à la prière du clergé; Charles IX les rétablit
par un édit du mois de janvier de l'an 1572.

Entre les différens moyens que Henri III fit
propofer aux états de Blois, pour faire les fonds
qu'il jugeoit néceffaires aux befoins de l'état, étoit
celui d'aliéner à perpétuité pour trois cent
mille livres de rente de fon domaine. Mais cette
propofition ne fut point acceptée; le tiers-état
répondit, que le roi » n'étoit que fimple ufager

» du

» du domaine, & que, fa majefté entretenue &
» fes officiers payés, le furplus fe devoit garder
» pour les affaires de la république : & quant
» au fond & propriété dudit domaine, qu'il ap-
» partenoit au peuple, qui pourroit bien à la
» vérité confentir à cette aliénation, mais qu'elle
» ne feroit pas plutôt faite, qu'il feroit nécef-
» faire pour l'entretenement de l'état du roi, d'en
» remplacer autant qu'il en feroit ôté, & que
» cela retourneroit fur le pauvre tiers-état feule-
» ment ; non fur les deux autres qui le confen-
» tiroient aifément : il ajouta que le domaine de
» l'églife n'étoit point fi privilégié que le do-
» maine du roi ; d'autant que le domaine de
» l'églife pouvoit s'aliéner par les faintes conftitu-
» tions en certains cas, & en gardant les folem-
» nités ; mais quant au domaine du roi, il n'y
» avoit cas auquel il pût être aliéné même avec
» folemnité ".

Henri III fuivit cette ouverture, & fe détermina
à l'aliénation d'une certaine portion de biens
eccléfiaftiques, pour laquelle il follicita une bulle
du pape. Mais avant de l'avoir obtenue, il
exigea du clergé une fubvention de deux millions
payables en deux ans & en deux portions égales.
Il fit faire dans fon confeil la répartition du
premier million fur tous les bénéfices, felon ce
que chacun pouvoit porter ; & le recouvrement par les receveurs des diocèfes. Il y eut
des commiffions décernées pour contraindre
tous les bénéficiers, même les archevêques &
évêques, avec ordre aux juges & officiers
royaux de prêter main-forte. Le terme dans
lequel ce fubfide devoit être payé étant très-court,
il fut permis aux ecclefiaftiques, par lettres-pa-

tentes enregiftrées au parlement, de vendre l'argenterie & les meubles précieux de leurs églifes, de faire couper les bois de haute-futaie, & de conftituer fur leurs bénéfices des rentes au denier douze. C'eft le premier exemple de rentes créées fur le clergé.

Jufques là le clergé n'avoit payé les impofitions qu'avec fes revenus, fans jamais avoir été autorifé à emprunter. Mais pour fournir le fecond million de l'an 1575, il fallut aliéner quelques fonds ; cela fe fit en vertu d'une bulle de Grégoire XIII. Pourquoi une bulle, dira-t-on ? elle étoit inutile pour cela. Oui, fans doute. On voit par là les progrès qu'avoit déjà faits l'efprit de la ligue.

Le clergé préfenta au roi le cahier de fes remontrances, le 8 février 1560 (*), dans lequel demandant la confirmation de fes priviléges, franchifes, libertés, Immunités, exemptions, en vertu defquels il prétendit non feulement devoir être à couvert des ufurpations de fes biens, & ne devoir point contribuer aux impofitions faites fans l'autorité du prince, mais il foutint ne pouvoir même être cotifable dans les fubfides ordinaires & extraordinaires, impofés par le roi fur fon peuple, pour quelque caufe que ce fût, il fe réferva néanmoins de donner des fecours à l'état, mais à des conditions qu'il prefcrivit : & toutefois, » porte un des articles de ces remontrances, fi » à l'avenir fe préfentoit jufte & légitime occa-» fion pour la confervation de cet état, & même-» ment que pour la défenfe de la religion ca-

» tholique, apoftolique & romaine, l'on fût
» contraint après avoir tenté tous les autres moyens,
» avoir recours aux biens eccléfiaftiques pour en
» tirer fecours, que cela ne puiffe avoir lieu,
» qu'à condition que la difpofition de droit &
» de priviléges de l'églife gallicane, foit entié-
» rement obfervée & gardée, & que le con-
» fentement univerfel du clergé de France y in-
» tervienne fans fraude ni contrainte, & qu'à
» cette fin, & auffi pour connoître de la néceffité
» fufdite, & des moyens qu'ils pourront avoir
» de faire tels fecours, foit permis eux affembler,
» & que le tout fe faffe avec les folemnités
» requifes, fous le bon plaifir du pape & du faint
» fiége, joint avec le confentement dudit clergé ;
» auquel cas, que les deniers qui proviendront
» defdits eccléfiaftiques, foient par eux ou par
» leurs commis & députés, adminiftrés pour ob-
» vier à une infinité d'abus & de fraudes mani-
» feftes ; toutes lefquelles chofes les gens de l'état
» eccléfiaftique fupplient très-humblement votre
» majefté vouloir promettre & jurer en pleine
» affemblée des états, les vouloir garder & ob-
» ferver de point en point, fans jamais aller au
» contraire pour quelque prétexte & occafion
» que ce foit, & n'en difpenfer à l'avenir non
» plus que de la loi falique, & n'ouïr ceux qui
» voudront confeiller, ou donner avis au con-
» traire, comme étant perfonnes indignes d'ap-
» procher de votre majefté, & qu'elles foient
» excommuniées par la loi de dieu & jugement
» de l'églife univerfelle «.

A ces articles, les gens du clergé en joignirent un
concernant les aliénations du temporel de l'églife,
par lequel ils fupplièrent le roi de déclarer, »dès-à-

» préfent comme dès-lors, tous édits & ordonnances,
» qui, fur ce, pourroient être faits, fubreptifs &
» obreptifs, nuls & de nul effet, & que tous
» acquéreurs, occupateurs, qui, fous prétexte
» de tels édits, ordonnances & autres, en quel-
» que manière que ce foit, prendront & perce-
» vront les biens de l'églife, tant meubles qu'im-
» meubles, foient tant eux que leurs héritiers fujets
» à reftitution, quelque laps de temps qu'il y
» ait «. Et, à l'égard des aliénations paffées, ils
demandèrent que ceux qui avoient acquis en
vertu de ces bulles apoftoliques & édits du roi,
des feigneuries eccléfiaftiques, » fuffent tenus en
» reprendre du fief defdits eccléfiaftiques, & les
» reconnoître conformément aux édits; & en cas
» d'ouverture de fief, foit par confifcation ou
» toüs autres cas, fuivant la coutume du pays,
» foit dit & déclaré que lefdites feigneuries
» feront réunies au domaine des églifes dont elles
» auront été diftraites, fans que le procureur du
» roi y puiffe mettre empêchement; ains foient
» tenues pour bien amorties, réunies & incor-
» porées auxdites églifes, comme pareillement
» èfdits cas, tout autre temporel eccléfiaftique
» aliéné «.

Avant ces demandes, il avoit été arrêté dans
la chambre eccléfiaftique, dès le 18 de janvier (*),
que les archevêques & évêques, abbés & autres,
jureroient que jamais ils ne confentiroient taci-
tement-ni expreffément, directement ni indirectement, par eux-mêmes ni par d'autres, à aucune
aliénation du temporel de leurs églifes.

_____

(*) De Taix, page 86.

Le roi ne répondit aux demandes contenues dans le cahier des états, que par l'ordonnance de Blois du mois de mai 1579. Il statua dans cette ordonnance, par l'article 47, contre les usurpateurs; ce qui étoit le premier point des remontrances du clergé : &, pour prévenir à l'avenir les usurpations, il confirma, par l'article 48, les précédentes ordonnances qui défendent aux nobles de prendre à ferme les biens de l'église. L'article 55 porte exemption de logement de gens de guerre, mais pour les seules maisons d'habitation & de résidence des ecclésiastiques. Quant aux autres exemptions des contributions des deniers, garnisons, munitions, fortifications, subsides, aides de villes, emprunts généraux & particuliers, c'est-à-dire les charges des villes qui étoient le second objet des remontrances, l'ordonnance porte, article 56, que les édits & lettres-patentes octroyés aux ecclésiastiques, vérifiés en ses cours de parlement, seront inviolablement gardés & observés. Enfin, l'article 58 confirme tous les priviléges, franchises, libertés & Immunités octroyés par les rois aux ecclésiastiques, tant en général qu'en particulier, & vérifiés dans les cours de parlement; mais il n'y a rien dans cette ordonnance qui exempte les clercs des impositions mises ou à mettre par le souverain, qui étoient le troisième chef de leurs demandes, ni rien contre les aliénations du temporel, soit du passé ou de l'avenir, qui formoient le quatrième article des remontrances.

Grégoire XIII, par une seconde bulle du 18 juillet 1576, permit l'aliénation des biens de l'église jusqu'à la concurrence de cinquante mille écus de rente, avec cette clause, que l'aliénation auroit

lieu quand même le clergé s'y opposeroit (*).
Le clergé fit ses représentations. Le parlement y
eut égard, car il ajouta plusieurs modifications à
l'enregistrement de cette bulle, entre autres, qu'il
ne seroit plus fait de semblables aliénations à l'a-
venir, & il désapprouva la clause portant que l'aliénation seroit faite malgré le clergé, quand même
il n'y donneroit point son consentement.

La ligue qui se tramoit depuis long-temps,
parut à découvert dès le commencement du règne
de Henri III, qui se trouva réduit à la signer lui-
même, & à la faire signer aux grands & au peuple.
Cette faction dont on ne peut se rappeler sans
horreur toutes les suites funestes, fournit au clergé
une occasion favorable pour établir l'indépendance
& l'exemption à laquelle il aspiroit depuis long-
temps.

En 1577, la chambre ecclésiastique des états-gé-
néraux tenus à Blois, protesta contre les impositions
que le roi vouloit faire sur le clergé. En 1579 il
obtint la permission de s'assembler, & commença
ses séances à Paris le 30 de mai; mais se trouvant trop voisin de la cour, il se retira à Melun.
Cette assemblée, qui avoit à sa tête Pierre d'E-
pinac, archevêque de Lyon, un des plus zélés
factieux, & qui mérita d'être fait garde des sceaux
de la ligue par le duc de Mayenne, sollicita
vainement la réception des décrets de l'assemblée
de Trente. Elle lui fut refusée par le roi, parce que
ces décrets contiennent plusieurs choses contraires
aux droits du royaume & aux libertés de l'église gallicane. L'assemblée fit valoir avec plus de succès
les maximes ultramontaines sur les Immunités ecclésiastiques.

_____

(*) Pieuv. des libert. de l'égl. gall. ch. 40, n°. 2.

Dans les audiences que le roi donnoit aux évêques, ils ofèrent bien lui dire, par la bouche de l'é-
vêque de Saint-Brieux, leur député, que pour
punir les entreprises contre l'église du feigneur, la
couronne avoit paſſé des descendans de Clovis dans
la maison de Charlemagne, & de celle de Charlemagne dans celle de Hugues Capet, & qu'il devoit prendre garde qu'en ôtant par des impositions
contraires à la justice, ce qui appartient à dieu
& à ses membres, dieu ne lui enlevât la couronne qu'il lui avoit donnée. Le roi lui ayant fait
signifier, & aux évêques, un ordre de se retirer
chacun dans leurs diocèses, ils offrirent une somme
de douze cent mille livres, ajoutant qu'ils ne pouvoient rien donner au delà. Ils joignirent à ces
offres différentes conditions, entre autres, que le
roi s'engageroit par lettres-patentes à ne faire aucune levée dans la suite sur le clergé, sinon pour
causes légitimes proposées dans une assemblée générale, & de son consentement. Ils protestèrent
en même temps contre le payement des rentes qui
leur étoit demandé.

Le soulévement que cette protestation excita
parmi le peuple, obligea le parlement d'ordonner
que les évêques députés ne sortiroient point de
Paris, & comparoîtroient en personne devant le
procureur-général, & que ceux qui étoient déjà
en chemin, seroient arrêtés dans les lieux où ils
seroient trouvés. Les évêques se plaignirent de cet
arrêt, comme d'un outrage fait à leur dignité.
Ils furent néanmoins obligés de consentir à continuer encore pendant dix ans le payement des
rentes, & de payer en outre une somme de treize
cent mille livres, à laquelle le roi se restreignit:
ils demandèrent que ce fût à la charge de jouir

des conventions portées par les contrats de 1561 & de 1567 , fans approbation de ces contrats & aux conditions portées par ces contrats, & que de plus ils folliciteroient la permiſſion & le conſentement du pape. Le roi , dans les malheureuſes circonſtances où il ſe trouvoit, n'étant point en état de réſiſter à une faction devenue ſi puiſſante, leur accorda ces conditions. Le contrat fut paſſé le 20 de février 1580. Il a ſervi de modèle au clergé, qui en a fait inférer toutes les clauſes dans les contrats qu'il a depuis paſſés avec le roi.

Quant à la permiſſion de s'adreſſer à Rome, ſtipulée par le clergé , le roi n'y conſentit qu'à condition qu'il obtiendroit de lui une permiſſion expreſſe d'écrire au pape. Mais Henri III s'apperçut bientôt que par cette condeſcendance il avoit dérogé aux droits de ſa couronne, & l'avoit rendue dépendante d'une puiſſance étrangère ; c'eſt pourquoi , dans la vue de rectifier cette démarche autant qu'il étoit en lui, lorſqu'en 1584 il demanda un nouveau ſubſide au clergé , il lui défendit d'écrire au pape. Les motifs de ſa défenſe furent que le pape étoit un prince étranger avec lequel il ne vouloit pas qu'on eût aucune intelligence ſecrete ; que lui, roi, étoit conſtitué de dieu, chef ſur tout ſon royaume, & que le clergé en étant un membre & non un corps ſéparé, il ne falloit pas qu'il eût aucune pratique ſéparée du chef.

Outre ces différens ſubſides, Henri III fut forcé de recourir encore à l'aliénation des biens de l'égliſe ; il fit, à cet effet, ſolliciter à Rome une bulle, ſur laquelle le clergé fit des remontrances au pape; &, pour en empêcher l'exécution, il forma oppoſition au parlement, lorſqu'elle fut préſentée pour y être enregiſtrée. Cette oppoſition n'empêcha cependant pas l'enregiſtrement ; mais le parlement y ajouta cette modification , que l'aliénation n'auroit lieu que juſqu'à la concurrence de cinquante mille écus. La bulle permettoit l'aliénation du double. Le roi eut néanmoins la ſomme qu'il avoit demandée , parce que l'année ſuivante il obtint à cet effet une nouvelle bulle.

Les ſucceſſeurs de Henri III ont agi ſur les mêmes principes. Henri IV , Louis XIII , Louis XIV & Louis XV ont fait payer au clergé des contributions , outre les impoſitions ordinaires. Dans toutes les occaſions où les beſoins de l'état les ont mis dans la néceſſité d'exiger des ſubſides de leurs ſujets, ils ſe ſont adreſſés au clergé , qui s'eſt toujours fait un devoir de contribuer. Les créations des offices de receveurs, de contrôleurs , de commiſſaires des décimes , des gardes des petits ſceaux eccléſiaſtiques , & autres faites par Henri IV , Louis XIII & Louis XIV , par différens édits qui ont tous été exécutés , ont été des impoſitions réelles ſur le clergé. Il en eſt de même de la déclaration de 1695 , pour l'établiſſement de la capitation , qui comprend tous les ſujets du roi ſans aucune diſtinction.

Louis XIV dit dans cette déclaration : » Voulons » qu'aucun de nos ſujets , de quelque condition » & qualité qu'ils puiſſent être , eccléſiaſtiques » ſéculiers ou réguliers, nobles, militaires ou autres, » ne ſoit exempt de ladite capitation «. Mais comme le clergé devoit s'aſſembler la même année , le roi ajouta : » Voulons que, quant à préſent , le clergé & les membres en dépendant » ne ſoient pas compris dans le tarif qui ſera arrêté dans notre conſeil , ni dans les rôles qui

» feront arrêtés par les intendans pour le recouvre-
» ment des taxes de cette année «. On ne pouvoit établir plus clairement que les ecclésiastiques
font foumis aux impositions perfonnelles. Cette
loi réclamera toujours contre la déclaration que le
clergé a obtenue en 1711.

Il ne fe plaignit point des expreffions fortes &
précifes de la déclaration de 1695, il ne fup-
plia pas le roi de la retirer ; mais il eut recours à fon
afile ordinaire; il tranfigea. L'affemblée donna un
fubfide de dix millions , & de plus elle compofa,
pour l'année 1696 , & pour tout le temps que la
guerre dureroit, moyennant quatre millions par an,
pour tenir lieu de capitation. On peut voir dans le
tome 9ᵉ des mémoires du clergé , l'aveu formel
qui y eft fait : » que ce fecours extraordinaire a été
» accordé au roi au lieu & place de la capitation «.

Or, une fomme repréfentative de la capitation
eft un abonnement pour cette impofition ; un
abonnement eft une foumiffion expreffe à l'impofition : on peut y trouver quelque avantage fur
la quotité du tribut ; on n'y gagne rien à l'égard
de la dépendance , & l'on reconnoît, en abonnant,
que l'on eft contribuable. Ainfi la loi du fouverain & l'aveu du clergé font également oppofés
à la prétendue exemption de toutes impofitions.

En 1701 , la guerre qui furvint à l'occafion de
la fucceffion d'Efpagne , obligea Louis XIV à rétablir la capitation , & à l'augmenter d'une moitié. Le clergé eut ordre de s'affembler extraordinairement. Il fe foumit à payer quatre millions
par an , au lieu de la capitation, comme il avoit
fait lors de fon premier établiffement : il ne fut
pas, à la vérité, chargé de l'augmentation que les
féculiers payèrent ; mais il ne put échapper à la

capitation, qui porte visiblement le caractère de la dépendance personnelle des ecclésiastiques.

En 1705, cette imposition fut augmentée de deux sous pour livre. Le clergé donna six millions d'extraordinaire, pour ne pas payer cette augmentation.

En 1708 & en 1709, on créa des rentes au denier vingt, pour ceux qui voudroient racheter leur capitation, en payant six années de l'imposition. Le clergé, assemblé en 1710, voulut profiter de cette facilité pour racheter sa capitation; il paya vingt-quatre millions, qui étoient équivalens à six années de la capitation. Cette imposition à donc marché d'un pas égal pour le clergé & pour les séculiers; elle a eu la même source & les mêmes incidens: il n'y a eu de différence que dans la quotité; le clergé a été plus soulagé que les séculiers (*).

(*) » Un auteur moderne assure qu'il n'est aucun corps » de l'état dans lequel le prince ait trouvé plus de ressources » que dans le clergé de France; car outre les charges » communes à tous les sujets du roi, comme la taille, les » octrois des villes, les autres impositions qui sont sup- » portées par les ecclésiastiques comme par les laïques, il » est facile au clergé de justifier que depuis 1700 jusques » en 1750, tant par les dons gratuits faits au roi, que » par ce qu'il lui en a coûté pour acquitter ces dons, il a » payé environ trois cent vingt millions; & qu'ainsi dans » l'espace de cinquante ans, il a épuisé quatre fois ses reve- » nus, qui, sans en déduire les charges qui sont considé- » rables, ne montent, comme nous l'avons déjà dit, qu'à » soixante millions ou environ «. *Traité des droits de l'état & du prince, sur les biens possédés par le clergé, t. 2,* p. 328 & 329.

L'auteur de cet ouvrage est l'abbé Mignot, de l'académie des inscriptions des belles-lettres, mort depuis quelques années. Cet ouvrage, imprimé à Paris avec l'approbation

Nous touchons enfin à l'époque où le clergé prétend que ses Immunités ont été reconnues & confirmées par l'autorité royale : les titres de cette reconnoissance & de cette confirmation sont les déclarations de 1711 & de 1726.

SIXIÈME ÉPOQUE.

Suite de l'examen de l'Immunité eccléfiastique; déclarations du roi des 27 octobre 1711 & 8 octobre 1726 ; affemblée du clergé , & remontrances de 1749.

Le dixième venoit d'être impofé fur tous les revenus, par la déclaration du 14 octobre 1710: comme elle s'exprimoit en termes généraux, les payeurs des rentes , les receveurs, fermiers, locataires, & autres débiteurs des eccléfiastiques, se crurent autorifés par là à retenir le dixième fur eux, ainfi que fur les autres fujets du roi , & le retinrent en effet. Le clergé qui depuis long-

---

du gouvernement ; favoir , les deux premiers volumes en 1755 , & les quatre derniers en 1757 , eft le plus complet fur les Immunités.

L'éditeur dit que l'auteur s'eft tracé une nouvelle route, différente de celle qui a été fuivie par tous ceux qui ont écrit avant lui fur le même fujet. En établiffant fur des principes inconteftables , les droits qui font acquis à l'état & aux princes fur les biens poffédés par les eccléfiastiques, il rend au clergé toute la juftice qui lui eft due ; il détruit ,le faux préjugé de fes richeffes immenfes, & fait tomber le reproche qui lui eft injuftement fait, de ne point procurer à l'état des fecours auffi abondans qu'il le devroit ; & en lui enlevant un privilége imaginaire , auquel il ne s'eft jamais véritablement intéreffé, il lui affure un droit plus réel, fondé fur les monumens les plus certains de notre hiftoire.

temps ne contribuoit que par des dons gratuits, fut alarmé de cette entreprise, dont il redoutoit les suites ; &, sentant d'ailleurs combien les circonstances du temps pouvoient lui être favorables, il essaya de s'en prévaloir. Ses remontrances obtinrent effectivement la déclaration du 27 octobre 1711, dont voici le préambule :

« Les cardinaux, archevêques, évêques, &
» autres bénéficiers composant l'assemblée géné-
» rale du clergé de France, tenue par notre per-
» mission en notre bonne ville de Paris, en la
» présente année 1711, nous ont très-humble-
» ment remontré, que *quoique dans notre décla-*
» *ration du 14 octobre 1710, donnée pour l'éta-*
» *blissement du dixième denier, les biens ecclé-*
» *siastiques, & ceux qui appartiennent aux com-*
» *munautés, fabriques, fondations, confrairies &*
» *hôpitaux, n'y aient point été compris, & que*
» *notre intention n'ait pas été de les assujettir,*
» *parce que ce sont biens consacrés à dieu, don-*
» *nés à l'église pour le culte divin, la nourriture*
» *des pauvres & leur subsistance, néanmoins, sous*
» *prétexte que ladite déclaration s'explique en des*
» *termes généraux,* les payeurs des rentes de notre
» bonne ville de Paris, les trésoriers des états,
» les receveurs, les fermiers, locataires, & autres
» débiteurs des bénéficiers, communautés ecclé-
» siastiques, retenoient pardevers eux le dixième
» de tous lesdits biens, ce qui les obligeoit de
» nous supplier de vouloir expliquer plus préci-
» sément nos intentions «.

Il faut observer que ce préambule n'est, 1°. qu'un simple exposé des prétentions du clergé, qui y parle seul : 2°. que le clergé y mêle adroitement la question de droit à la question de fait,

pour diſcuter indirectement la première, & parvenir à faire décider la ſeconde : 3°. que le clergé
juge que le roi ne l'a pas compris dans la déclaration du dixième, & qu'il n'a pas même voulu
l'y comprendre : 4°. que le clergé établit par quels
motifs & par quelles raiſons le roi n'a pas eu intention d'aſſujettir ſes biens aux dixièmes, parce
que ce ſont, dit-il, des biens conſacrés à dieu,
donnés à l'égliſe pour le culte divin, la nourriture des pauvres & leur ſubſiſtance : 5°. enfin,
que le clergé, en décidant ainſi de ce que le roi
n'a pas fait, de ce qu'il n'a pas voulu faire, & de
ſes motifs, ne dit cependant pas un mot de ſes
droits, priviléges, exemptions, de ſes titres, ni
de ſa poſſeſſion. Voici le diſpoſitif :

» Déclarons...que tous les biens eccléſiaſtiques...
» *n'ont été & n'ont pu être compris* dans la décla-
» ration du 14 octobre 1710, pour l'établiſſement
» du dixième : Voulons que tous les biens qui
» appartiennent à préſent à l'égliſe, & tous ceux
» qui lui appartiendront ci-après, à quelque titre
» & pour quelque cauſe que ce ſoit ou puiſſe être...
» en demeurent exempts à perpétuité, tant pour
» le paſſé que pour l'avenir, ſans qu'ils puiſſent
» jamais y être aſſujettis pour quelque cauſe ou
» occaſion que ce ſoit ou puiſſe être, ſans aucune
» exemption ni réſerve, tel événement qu'il puiſſe
» arriver.... mais qu'ils en demeurent déchar-
» gés, comme nous les déchargeons, tant pour
» le paſſé que pour l'avenir «.

Il paroît, par les termes de ce diſpoſitif, que
Louis XIV a accordé au clergé, de la manière la
plus générale & la plus étendue, l'exemption du
dixième ; mais qu'il n'a accordé que cela. On ne
peut pas douter à cet égard de ſon intention, claire-

ment énoncée dans la lettre de cachet adreſſée au parlement le 10 novembre 1711 : » Nous vous » envoyons notre déclaration, portant que tous les » biens eccléſiaſtiques de quelque nature qu'ils » puiſſent être, ſeront exempts du dixième, tant » pour le paſſé que pour l'avenir «. Telle eſt donc la volonté du roi. La déclaration eſt limitée au dixième ; elle n'a ni application, ni extenſion à aucune Immunité générale.

Le clergé ſentit ſi bien l'inſuffiſance de cette déclaration, par rapport à l'exemption générale & abſolue de toute contribution forcée, que dans des circonſtances encore plus favorables, il a cherché à ſe procurer une autre déclaration, qui pût lui faire un droit reconnu. L'établiſſement du cinquantième amena ces circonſtances, & fit éclore une prétention que le clergé n'avoit oſé juſque-là, ni former, ni faire valoir ; &, quoique ces circonſtances duſſent être peu favorables au clergé qui venoit de refuſer le don gratuit qui lui avoit été demandé, il l'obtint par le crédit du cardinal de Fleuri, qui, peu de temps après, fut élevé au miniſtère.

Le premier uſage que ce miniſtre fit de ſon autorité, fut de faire expédier la déclaration du 21 de juin 1726. En révoquant l'établiſſement du cinquantième en nature de fruit, on ne conſerva cette impoſition que pendant l'année 1726, pour n'être levée qu'en argent, par impoſition ou par forme d'abonnement : c'étoit annoncer aſſez que le nouveau miniſtre étoit favorable au clergé. Ses diſpoſitions ſe manifeſtèrent plus clairement dans la lettre qu'il fit écrire par le roi pour la convocation de l'aſſemblée du clergé, qu'il indiqua au 25 de ſeptembre 1726. Il y fait parler ce prince fur la déclaration du 18 octobre 1725, avec un ménagement contraire à fon autorité & au refpect qui lui étoit dû : il lui fait dire que la connoiffance exacte qu'il vouloit prendre de tout ce qui regardoit les différens ordres de l'état, l'avoit obligé de fe faire repréfenter le procès-verbal de la dernière affemblée ; qu'il y avoit vu la difpofition où étoit cette affemblée de renouveler le contrat que les circonftances particulières l'empêchèrent alors de fuivre.

Le nouveau miniftre ne fit pas attendre au clergé les effets de fa protection ; car, dès le 12 octobre, il envoya à l'affemblée la déclaration qui canonife les prétentions des eccléfiaftiques. L'affemblée, fatisfaite au delà de fes efpérances, arrêta, d'une voix unanime, le don gratuit de cinq millions, fur lefquels le roi voulut bien remettre 750000 liv. & le renouvellement du contrat pour les rentes de l'hôtel de ville, qui, au moyen de la réduction au denier 40, par la déclaration de 1723, ne montoient plus qu'à 442650 liv. au lieu de 1192996 liv. 13 f. 9 d. L'archevêque de Tours, qui fit, le 8 de décembre, le difcours de clôture, après avoir expofé, comme avoit fait l'archevêque d'Aix, l'épuifement prétendu du clergé, & le dépériffement de fes biens, dit que toutes ces confidérations n'avoient point retréci leurs cœurs, ni refferré leurs largeffes, d'autant plus abondantes qu'elles étoient plus gratuites, & que leurs Immunités facrées fubfifteront à jamais, fuivant l'expreffe déclaration de fa majefté ; déclaration mémorable, déclaration dictée par le même efprit que celui dont furent animés les Clovis, les Charlemagne, les St. Louis, qui paffera aux âges futurs, qui fe perpétuera dans la poftérité, comme un monument

ment authentique des droits du clergé, si justement reconnus, & si solemnellement confirmés.

Les espérances flatteuses de ce prélat ont été trompées. La déclaration du 8 octobre 1726, qui n'a eu d'autre motif que les préjugés du cardinal de Fleury, est devenue inutile au clergé, par le défaut d'enregistrement nécessaire pour lui assurer ce caractère de loi perpétuelle qu'il vouloit lui donner. Ce ministre y faisoit prodiguer au roi les termes de *droits, franchises, libertés, exemptions & Immunités inseparables des biens de l'église :* il en faisoit regarder l'exécution comme une justice. Le roi adoptoit ensuite les remontrances de l'assemblée de 1725, & rappeloit les termes de la déclaration du 27 octobre 1711, qui exempte le clergé du dixième ; &, quoiqu'il soit certain, comme on a vu par la lettre de Louis XIV à l'assemblée de 1711, que le seul motif de ce prince étoit l'espérance d'un secours qui équipolleroit au dixième, on y faisoit dire à Louis XV, que ce motif étoit *parce que ce font des biens confacrés à dieu, donnés à l'église pour le culte divin, la nourriture des pauvres & leur subsistance ;* termes qui ne se trouvent point dans le dispositif de la déclaration de Louis XIV, mais seulement dans l'exposé des évêques : on alloit même jusqu'à supposer que la déclaration de 1725 pour le cinquantième, ne comprenoit point les ecclésiastiques.

De cette supposition, fondée sur l'équivoque du terme de *propriétaires,* lequel ne convient point aux ecclésiastiques bénéficiers, qui ne font que des usufruitiers, on induisoit qu'on avoit abusé de cette déclaration, en la faisant exécuter sur les biens ecclésiastiques : on passoit ensuite au droit de confirmation pour le joyeux avènement, pour

lequel on rapportoit quelques titres affez favorables au clergé, mais qui ne font que des conceffions émanées de la libéralité des rois ; &, fur ces
motifs, attendu que les droits des églifes font irrévocables, (comme fi les fouverains ne pouvoient
révoquer des grâces qui diminuent les droits de
leurs fouverainrés) le roi déclaroit, non pas cependant qu'il n'avoit pu, mais feulement que fon intention n'avoit pas été de comprendre les biens eccléfiaftiques, foit dans le droit de confirmation, foit dans
aucun autre.

Enfin ce préambule fuppofoit les officiers des
décimes comme étant officiers du clergé, fans être
même comptables à la chambre des comptes ;
ce qui eft contraire aux principes & aux anciens
exemples.

Après le préambule, le roi annonçoit dans le
premier article, que les biens eccléfiaftiques n'avoient
été & n'avoient pu être compris dans la déclaration
du 5 de juin 1725 : il les déclaroit exempts, tant
pour le paffé que pour l'avenir, de toutes taxes,
impofitions & levées, dans les termes les plus généraux & les plus érendus.

Dans le fecond, il ordonnoit la reftitution de
ce qui avoit été payé. Dans le troifième, il déclaroit
la même exemption pour le droit de confirmation ; &, dans le quatrième, il prononçoit la même
exemption pour les officiers des décimes.

Cette déclaration, fi oppofée aux droits de la
fouveraineté, a été enregiftrée précipitamment le
25 d'octobre 1726, dernier jour de la féance de
la chambre des vacations, mais fans approbation
des contrats y énoncés, & à la charge de l'enregiftrement, fuivant l'ufage, au lendemain de faint
Martin ; quoique deux lettres de cachet aient été
onnées depuis, pour la faire enregiftrer avec mo-

difications, ces modifications n'ont point été jugées suffisantes pour prévenir l'abus que l'on pourroit faire d'une déclaration aussi contraire aux droits & à l'autorité du roi : ainsi, le défaut d'enregistrement, ne permettant point de regarder cette déclaration comme une loi de l'état, la rend inutile. On ne doit la considérer que comme une de ces tentatives souvent faites par le clergé, pour se soustraire aux impositions publiques, qui, n'ayant point eu le succès qu'il en attendoit, ne porte aucun préjudice aux droits légitimement acquis à l'état, & aux princes sur les biens ecclésiastiques.

Depuis 1690 jusqu'en 1750, le clergé avoit donné aux autres ordres de l'état l'exemple de la soumission la plus parfaite aux intentions ou aux ordres du roi, en accordant sur le champ, & d'une voix unanime les subsides qui lui étoient demandés ; mais, cette année là, ses dispositions changèrent tout à coup : la crainte de se voir compris dans une imposition générale, ranima ses anciennes prétentions d'Immunités, & il les porta jusqu'à disputer au souverain le pouvoir & l'autorité de faire des réglemens concernans ses biens.

Le dixième, qui avoit été établi pour fournir aux dépenses de la guerre, fut supprimé par édit du mois de mai 1749. Ensuite le roi établit une caisse d'amortissement, uniquement destinée au remboursement des dettes de l'état. Pour y parvenir, il ordonna l'établissement du vingtième, à l'effet d'être remis à cette caisse, & servir avec d'autres deniers à ces remboursemens. Les ecclésiastiques ne furent pas nommément compris dans l'édit ; mais l'expression générale de *propriétaires ou d'usufruitiers, nobles & roturiers, privilégiés & non privilégiés*, les renfermoient suffisamment.

Les agens du clergé, chargés de veiller à fes in
terêts dans l'intervalle des affemblées, fe plaigni
rent hautement de cette difpofition. Ils préfentè
rent au roi des remontrances, dans lefquelles
fuppofant que le clergé étoit exempt, même de
droit divin, de toutes contributions, de quelqu
nature qu'elles puffent être, ils prétendirent qu
le roi n'avoit point l'autorité d'impofer les bien
eccléfiaftiques.

Le roi, qui ne fit pour lors aucune réponfe, fe réferva de faire connoître fes intentions
fur ces remontrances à l'affemblée de 1750. Se
intentions y furent en effet énoncées dans le difcou
de fes commiffaires, qui finirent par demander cinq
millions cinq cent mille livres, dont la levée feroi
faite par portion égale, fur le pied de cinq cent mill
livres annuellement, & par affurer le clergé que
le roi n'entendoit rien changer dans l'ancien ufage
de lui confier le foin de faire la répartition & le
recouvrement des fommes pour lefquelles il doit
contribuer aux befoins de l'état. Ils préfentèrent en
même temps à l'affemblée une déclaration du roi,
qui réformoit tous les abus qui fe commettoient à
cet égard (*).

_____

(*) Louis, par la grâce de dieu, roi de France & de Navarre,
à tous ceux qui ces préfentes lettres verront : falut. Entre
les prérogatives que le clergé de France tient de la piété
& de la conceffion de nos augustes prédéceffeurs, une des
plus éminentes eft d'être dépofitaires d'une partie de l'autorité royale, pour faire la répartition & le recouvrement des fubfides, dont la fidélité lui impofe l'obligation,
& qu'il a fournis dans tous les temps, pour fubvenir &
contribuer aux néceffités publiques & aux befoins de la
monarchie ; rien n'eft plus défirable que d'en voir l'impofition répartie avec égalité. Les plus faints prélats & les
plus zélés ont fouvent gémi, & depuis long-temps, fur
l'inégalité des répartitions, & l'ont regardée comme la

cause principale du dépérissement & de l'abandonnement de plusieurs bénéfices ; leurs plaintes, quoique soutenues du vœu général de tout le clergé, n'ont apporté jusqu'à présent aucun remède à ce désordre : l'attention que nous devons à la conservation des biens ecclésiastiques, & à la réforme d'un abus qui ne subsiste qu'à l'ombre de la portion de notre autorité, qui a été confiée au clergé de France, non seulement réclame nos soins, mais encore nous impose le devoir indispensable de rétablir les règles de l'ordre & de la justice dans une partie aussi intéressante de l'administration publique de notre royaume. L'effet trop fréquent de répartition inégale, étant de faire retomber le poids des impositions sur ceux qui sont le moins en état de le supporter, nous regardons comme le plus noble usage que nous puissions faire de la souveraine puissance que nous tenons de dieu, de faire ressentir notre protection aux pauvres & aux foibles, dans quelque ordre & dans quelque état qu'ils se trouvent, & c'est ce que nous recommandons le plus étroitement à ceux qui sont chargés de l'exécution de nos ordres pour les impositions publiques. C'est en partie pour établir une juste proportion dans celles qui sont réelles, que nous avons demandé à nos sujets la déclaration du revenu de leurs biens ; & nous voyons que toutes les fois que le clergé de France s'est occupé de réformer son département, il n'a pas trouvé qu'il fût possible d'y parvenir par d'autres voies, que par celles des déclarations, tant de la nature que du revenu des bénéfices. Les témoignages authentiques de son zèle à cet égard, sont conservés dans les procès-verbaux de ses assemblées générales. On trouve dans ceux des années 1705 & 1726, les délibérations les plus sages sur cet objet ; & celle de 1726 est même déjà revêtue, sur la demande du clergé de France, du sceau de notre autorité, par des lettres-patentes enregistrées en notre parlement : en adoptant ce qu'il a projeté plus d'une fois, & en y ajoutant les dispositions qui nous ont paru les plus propres à en assurer l'exécution, nous aurons la satisfaction de ne lui prescrire principalement que ce qu'il a lui-même jugé nécessaire, & de pouvoir procurer, par un nouveau

X iij

de répartir & de recouvrir les subsides que les

département, de plus grands soulagemens aux curés, qui,
bien moins partagés en général, & chargés après les
prélats des fonctions les plus pénibles du ministère évan-
gélique, méritent d'être imposés dans une proportion plus
favorable que les autres bénéficiers. Quoiqu'il nous paroisse
convenable que les déclarations soient envoyées aux greffes
des bureaux diocésains; notre intention n'est pas moins,
qu'elles soient mises sous nos yeux, pour connoître par
nous-mêmes la véritable valeur des biens du clergé de
France. Cette connoissance est également importante pour
éclaircir les préventions désavantageuses auxquelles l'ignorance de cet objet a donné lieu, & pour nous mettre en
état, non seulement de proportionner à ses facultés les
secours que les besoins du royaume peuvent nous obliger
à lui demander; mais encore de juger du plus ou du moins
de facilité qu'il est de notre prudence d'apporter aux
nouveaux établissemens qu'on pourroit nous proposer, &
aux nouvelles acquisitions que les gens d'église voudroient
faire; ces différens motifs font sentir qu'il n'est pas moins
essentiel de connoître les biens des corps ou communautés
qui ne contribuent pas aux impositions du clergé de France,
que ceux ou celles qui y contribuent; enfin comme nous
désirons par rapport à ces derniers, que chaque province,
chaque diocèse, chaque bénéficier ne contribue que
dans sa proportion, & qu'il sache de combien il doit contribuer; nous avons jugé à propos d'approuver & d'autoriser l'usage introduit dans quelques diocèses, de rendre
public leur département. Cet usage a déjà produit des
effets si salutaires, en mettant chaque bénéficier en état
de comparer la cote de son imposition avec celle des
autres bénéficiers du même diocèse, & il nous a paru si
propre à contribuer à l'accomplissement des vues que nous
nous proposons, que nous croyons devoir rendre un témoignage authentique au succès du zèle des prélats qui
l'ont établi dans leur diocèse, & concourir à leurs loua-
bles intentions, en le rendant uniforme dans tout notre
royaume: les déclarations que nous demandons au clergé
de France, exigeant des bénéficiers du travail & des soins,
nous avons pensé qu'il étoit de notre indulgence, pour

biens ecclésiastiques doivent à l'état. La réparti-

---

leur donner de plus en plus la facilité d'y satisfaire, de
proroger encore le délai qui leur a été accordé pour
se conformer à ce qui leur est prescrit par les déclarations
des 29 décembre 1674, & 20 novembre 1725, concernant les fois & hommages, aveux & dénombremens des
biens qu'ils possèdent dans notre mouvance & directe,
encore que le dernier délai leur ait été accordé sans espérance d'aucune nouvelle prorogation. A ces causes & autres
à ce nous mouvans, de l'avis de notre conseil & de notre
certaine science, pleine puissance & autorité royale, nous
avons par ces présentes, signées de notre main, dit,
déclaré & ordonné, disons, déclarons & ordonnons,
voulons & nous plaît ce qui suit:

ARTICLE I. Tous les archevêques, évêques, bénéficiers, chapitres, communautés séculières ou régulières,
séminaires, fabriques, fondations, confrairies ou autres
établissemens ecclésiastiques du clergé de France, & généralement tous les possédans & jouissans des biens ecclésiastiques de l'un ou de l'autre sexe, payans ou non
payans décimes, soit qu'ils contribuent ou ne contribuent
point aux impositions ordinaires & extraordinaires, de quelque qualité & ordre qu'ils puissent être, seront tenus de
donner dans six mois pour tout délai, à compter du
jour de la publication des présentes, la déclaration de
leurs biens & revenus, & des charges de ces mêmes
biens, de quelque espèce que ces biens, revenus & charges
puissent être.

II. Lesdites déclarations seront données sous signatures
privées, ou pardevant notaires au choix des déclarans.

III. Les bénéficiers & autres possesseurs des biens e-
clésiastiques, qui auront des biens situés dans différens
diocèses, quoique dépendans du même chef-lieu, ou de
la même maison, feront des déclarations séparées de ce
qu'ils possèdent dans chacun desdits diocèses; & seront
tenus lesdits bénéficiers, d'énoncer dans leurs déclarations
la qualité & le titre, le patron & le collateur de leurs
bénéfices.

IV. Les déclarations seront conformes aux modèles
prescrits par l'assemblée générale du clergé de France,

tion de ces subsides se faisoit par les assemblée

en conséquence de sa délibération du 12 décembre 1726 confirmée par l'arrêt de notre conseil du 3 mai 1727 & par nos lettres-patentes du 15 juin de la même année enregistrées le 4 septembre suivant, sans néanmoins pou voir être données par aucun fondé de procuration; 8 feront lesdites déclarations affirmées & souscrites par le déclarans, ainsi qu'il est porté par ladite déclaration.

V. Il sera joint auxdites déclarations, des copies authentiques des baux à fermes, contrats, polices & conventions sous seings privés ou pardevant notaire; & i y sera fait mention des conventions même verbales, qui pourroient avoir été faites entre les titulaires, ot possesseurs & leurs fermiers.

VI. Les biens que les bénéficiers ou possesseurs se feron; réservés, & qu'ils régiront par eux-mêmes, seront énoncés dans les déclarations, paroisse par paroisse, avec les détails portés par les modèles prescrits par ladite assemblée générale du clergé de France, en conséquence de ladite délibération du 12 décembre 1726.

VII. Les délibérations contiendront les charges fixes & les casuelles, telles que les réparations, l'entretien des bâtimens & autres, & il sera justifié par des états, certifiés & annexés auxdites déclarations, de ce que lesdites charges auront coûté pendant les dix dernières années; la même disposition aura lieu à l'égard des revenus casuels, dont il sera pareillement donné des états certifiés depuis les dix dernières années, pour en former une année commune.

VIII. Les communautés séculières & régulières de l'un & de l'autre sexe, de quelque qualité & ordre qu'ils puissent être, ajouteront à leur déclaration, le nombre de religieux & de religieuses qu'elles sont obligées d'entretenir par leurs fondations, & de ceux & de celles qu'elles entretiennent actuellement, ainsi qu'il est porté par ladite délibération du clergé de France du 12 décembre 1726.

IX. Les déclarations seront remises au greffe du bureau diocésain, dans le délai de six mois ci-dessus prescrit; & pour en justifier, il sera fait mention en tête des déclarations du jour qu'elles auront été remises. Les-

générales fur chaque diocèfe, & par les chambres

dites déclarations feront enregiftrées dans des regiftres
particuliers, qui feront à ce deftinés, le tout fans frais
& dans huitaine, fauf au bureau diocéfain, conformément à ladite délibération du clergé de France du 12
décembre 1726, & à nofdites lettres-patentes du 15 juin
1727, à pourvoir aux falaires & vacation du greffier;
& fera tenu ledit greffier de donner communication defdits
regiftres à tous les bénéficiers, foit des diocèfes voifins,
qui voudront en prendre connoiffance, même de leur délivrer, s'ils le requièrent, des copies des déclarations y
inférées, moyennant cinq fous par rôle.

X. Lefdits regiftres feront foumis à l'examen des bureaux diocéfains, auxquels nous enjoignons de vérifier
les déclarations qui y feront contenues : les autorifons à
rejeter les baux, états & compte de régie, qui feront
joints auxdites déclarations, s'ils y reconnoiffent de la
fraude; & à ce faire, donner par tous notaires, moyennant falaires, copies des actes dont ils croiront la communication utile pour la vérification defdites déclarations :
nous réfervant de nous en faire rendre compte en la manière que nous jugerons à propos.

XI. Les déclarations & tous les autres actes qui feront faits en conféquence, feront fournis en papier non
timbré, fans être fujets à aucun droit de contrôle &
d'infinuation.

XII. Les bénéficiers & autres poffeffeurs des biens eccléfiaftiques, qui n'auroient pas fourni leurs déclarations
dans le délai de fix mois, à compter du jour de la
publication defdites préfentes, & ceux qui dans leurs
déclarations auroient recélé quelque partie des biens
qu'ils poffèdent, ou qui n'en auroient pas déclaré la
véritable valeur, foit que ces biens foient affermés ou
en régie, feront impofés par les bureaux diocéfains au
double de leur taxe actuelle, jufqu'à ce qu'ils aient fourni
une déclaration véritable, conformément à ladite délibération du 12 décembre 1726.

XIII. Les receveurs des décimes, de tous & chacun
des diocèfes du clergé de France, feront imprimer chaque
année aux frais du diocèfe, avant la fin du mois de dé-

diocéfaines, fur chaque bénéfice & communauté.

cembre, le département des impofitions du diocèfe pour
l'année fuivante, le feront afficher au greffe du bureau
diocéfain, & en délivreront des exemplaires aux bénéficiers qui en demanderont.

XIV. Ledit département contiendra les fommes que ledit
diocèfe doit porter à la caiffe générale du clergé de France,
dans le cours de l'année ; comme auffi féparément celles
qui doivent être impofées pour les dettes & charges particulières dudit diocèfe, & la fomme à laquelle chaque
contribuable fera impofé, enfemble l'évaluation du revenu
fur lequel chaque taxe aura été affife.

XV. Les bureaux diocéfains tiendront la main à l'exécution de notre préfente déclaration, & les peines portées
en icelle ne pourront être réputées comminatoires,
mais feront exécutées à la rigueur.

XVI. Nous avons protogé & prorogeons jufqu'au premier janvier de l'année 1753, & fans efpérance d'aucun
autre délai, ceux que nous avons ci-devant accordés au
clergé de France, pour nous rendre les fois & hommages
qu'ils nous doivent, & fournir à nos chambres des
comptes, dans le reffort defquelles leurs bénéfices font
fitués, des déclarations de tout le temporel de leurs bénéfices, tenant lieu d'aveux & dénombrement pour ce qui
concerne les fiefs qui font dans notre mouvance & directe,
conformément aux déclarations des 29 décembre 1674
& 20 novembre 1725, auxquelles n'entendons en rien
déroger ; faifons défenfes à nos procureurs-généraux aux
chambres des comptes, & à nos procureurs au bureau
des finances, même à nos procureurs des commiffions
établies pour la confection des terriers & réformation des
domaines, & à tous autres pourfuivans, de faire, pour
raifon de ce, aucune pourfuite pendant ledit temps, fans
néanmoins que fous prétexte de la difpofition du préfent
article, les poffeffeurs des biens eccléfiaftiques puiffent
prétendre arrêter les pourfuites qui feroient faites par
nofdits procureurs-généraux, nos procureurs ou autres
pourfuivans, pour raifon des biens par eux réclamés,
comme étant de notre mouvance ou directe, & que lefdits
poffeffeurs des biens eccléfiaftiques prétendroient être

Le recouvrement s'en fait par des receveurs diocéfains, des receveurs provinciaux, & un receveur
général : les conteftations fur cette matière fe portent en première inftance devant les chambres fouveraines eccléfiaftiques : tel eft l'ordre & la forme
de l'adminiftration du clergé.

Quelque jufte qu'elle foit, elle eft néanmoins
fujette à de grands inconvéniens, parce qu'elle eft
guidée par une règle vicieufe. Le clergé a été jufqu'à préfent obligé de régler la répartition de fes

---

dans la feur. Voulons qu'audit cas la préfente furféance
ne puiffe avoir lieu, qu'en juftifiant par ceux qui feront
attaqués, ou par les poffeffeurs defdits biens eccléfiaftiques, de titre ou poffeffion fuffifante des droits de mouvance ou directe dépendans defdits eccléfiaftiques, & ce,
pardevant les juges qui en doivent connoître. Si donnons
en mandement à nos amés & féaux confeillers, les gens
tenant notre cour de parlement à Paris, & tous autres
qu'il appartiendra, que ces préfentes ils aient à faire
regiftrer, lire, publier, & le contenu en icelles garder &
obferver felon fa forme & teneur : car tel eft netre
plaifir. En témoin de quoi nous avons fait mettre notre
fcel à cefdites préfentes. Donné à Verfailles le dix-feptième jour d'août l'an de grâce 1750, & de notre règne
le trente-cinquième. *Signé*, LOUIS : *Et plus bas*, par
le roi. DE VOYER D'ARGENSON. Vu au confeil, MA-
CHAULT ; & fcellée du grand fceau de cire jaune.

Regiftrée, oui ce requérant, le procureur-général du
roi, pour être exécutée felon fa forme & teneur, fans
approbation des déclarations des 29 décembre 1674 &
20 novembre 1725, qui n'auroient été regiftrées en la
cour, & copies collarionnées envoyées aux bailliages
& fénéchauffées du reffort, pour y être lues, publiées
& regiftrées : enjoint au fubftitut du procureur-général
du roi d'y tenir la main, & d'en certifier la cour dans
le mois, fuivant l'arrêt de ce jour. A Paris, en parlement, le vingt-un août mil fept-cent cinquante.
ISABEAU.

impofitions fur deux départemens très-défectueux; l'un de 1516, & l'autre de 1651, rectifié en 1656.

Il s'eſt gliffé beaucoup d'erreurs dans la confection de ces départemens. Celui de 1516 fe fit fans le fecours des déclarations, & fur une fimple eſtimation de la valeur des biens : chaque diocèfe nomma des commiffaires particuliers pour procéder à cette eſtimation & à la confection de fon pouillé ; & le clergé nomma des commiffaires généraux pour dreffer, en conféquence de ces pouillés, un département. Celui de 1641 fe fit dans la même forme, mais avec encore moins de précaution ; car l'on n'y employa que des commiffaires généraux : auffi fut-on obligé de le rectifier en partie en 1646.

Depuis ces départemens faits, il eſt furvenu beaucoup de changemens dans le temporel. Des églifes, des établiffemens ont été détruits; d'autres ont été érigés ; les uns ont perdu ou aliéné des biens ; d'autres en ont acquis : des fonds fe font détériorés ; d'autres fe font améliorés : la valeur & la forme de la monnoie ont varié.

Toutes ces erreurs & ces changemens ont produit l'injuſtice qui règne dans la répartition des impofitions du clergé : injuſtice très-contraire à fon intérêt & à fon honneur, puifqu'elle ruine un grand nombre de bénéficiers, en abforbant la partie la plus claire de leur revenu, & qu'elle fait foupçonner les chambres diocéfaines d'avoir double poids & double mefure.

Cet abus fi préjudiciable au clergé, excita au commencement de ce fiècle les plaintes de tous fes membres : l'affemblée de 1705 les porta aux pieds du trône; mais la guerre qui agitoit alors l'état, fit différer le remède à la première assemblée qui se tiendroit après la conclusion de la paix.

Malgré les instances réitérées du clergé, la mort de Louis XIV, & d'autres circonstances, prolongèrent ce retardement jusqu'en 1725. L'assemblée qui se tint alors, commença à examiner sérieusement cette affaire ; mais le temps ne lui permit pas de rien statuer à ce sujet.

L'assemblée de 1726 reprit ce travail ; &, après de longues discussions & de mûres réflexions, elle ne trouva point de moyen de réussir plus sûr & plus facile que la voie des déclarations.

En conséquence, elle arrêta que tous les bénéficiers & communautés fourniroient des déclarations de leurs biens aux chambres diocésaines qui les examineroient juridiquement, & en feroient des pouillés ; & que les chambres diocésaines enverroient ces pouillés à une assemblée générale, qui les reviseroit & feroit en conséquence un département. Cette délibération fut confirmée en 1727 par des lettres-patentes.

Quelques formalités prescrites par les déclarations formèrent des difficultés & empêchèrent la plupart des diocèses de fournir leurs pouillés à l'assemblée de 1730. Elle leva ces difficultés, afin que l'assemblée de 1735 pût consommer l'ouvrage : cependant elle travailla sur les pièces qui lui furent fournies, & dressa un plan de département dont voici l'esprit & la forme.

Une égalité même proportionnelle seroit vice dans les impositions du clergé. En effet, un bénéficier à charge d'ames doit être moins imposé qu'un bénéficier simple : un pauvre contribuable est moins en état qu'un riche de supporter sa charge.

Par exemple, un curé à 300 livres de revenus fera plus obéré par une taxe de 10 livres, qu'un curé à 3000 livres de revenus par une taxe de 100 livres; la raison en est sensible.

Aussi, l'assemblée divisa-t-elle les contribuables en onze classes, & elle assigna une classe à chacune: elle plaça:

Dans la première, les bénéficiers à charge d'ames au dessous de 400 livres.

Dans la seconde, ceux depuis 400 livres jusqu'à 1000 livres de revenus.

Dans la troisième, ceux au dessus de 1000 liv.

Dans la quatrième, les bénéfices à résidence au dessous de 600 livres.

Dans la cinquième, ceux au dessus.

Dans la sixième, les communautés de filles qui ont moins de 150 livres de revenu par tête pour chaque religieuse professe.

Dans la septième, celles qui en ont plus.

Dans la huitième, les communautés d'hommes qui ont moins de 200 livres de revenu, par tête pour chaque religieux profès.

Dans la neuvième, celles qui en ont plus.

Dans la dixième, les bénéfices simples au dessous de 300 livres.

Dans la onzième, ceux au dessus.

Cette sage distinction fait connoître d'un coup d'œil quel diocèse doit plus ou moins contribuer, non pas à raison de son revenu, mais à raison de la quotité & de la force de ses contribuables.

Cet ouvrage, quoique si prudemment projeté & si heureusement commencé, a été néanmoins interrompu; & les guerres survenues depuis ont empêché de le reprendre. Mais le roi, toujours attentif au bon ordre de son état, profita des pre-

miers momens tranquilles que lui donna la paix,
pour le confommer. L'affemblée de 1750 en a
elle-même reconnu la néceffité ; elle dit dans fes
premières remontrances , que quelques formes
contraires à fes prétentions , & quelques formalités
onéreufes contenues dans la déclaration de 1750 ,
l'avoient excitée ; qu'il n'y avoit point de reproches
à faire au bureau diocéfain, pour les déparremens
particuliers des diocèfes. » Mais qu'à l'égard des
» déparrements généraux fur lefquels on fait les
» impofitions de diocèfe à diocèfe , perfonne de
» nous, difoit-elle , n'ignore qu'ils font défectueux :
» l'égalité ne fe trouve plus dans le département
» général (*) «.

La conféquence naturelle de cet aveu étoit de
travailler efficacement à un département nouveau.
L'affemblée pouvoit même fe faire un mérite d'une
obligation indifpenfable , & donner au public une
idée de fon équité & de fa foumiffion , en ac-
quiefçant à une demande dont elle reconnoiffoit la
juftice : cependant cette affemblée s'eft encore féparée
fans avoir pris des mefures pour le nouveau département. Elle s'eft bornée feulement à juftifier les affemblées précédentes de ce qu'elles n'y ont pas travaillé. C'étoit-là du moins l'objet des remontrances
que le clergé préfenta au roi à cet égard ; car il ne s'y
bornoit point à contefter au roi le droit de faire des
réglemens, fans fa participation, fur les biens temporels ; il prétendoit, en outre, que la répartition des
fecours qui lui font offerts par le clergé , fait partie
de fes Immunités & n'émane point de l'autorité
royale. C'étoit aller contre l'évidence ; toutes les
impofitions de tailles , toutes les taxes ou charges

(*) Extrait du procès-verbal de l'affemb. p. 30.

fur les eccléfiaftiques, dépofent contre cette nouvelle affertion.

Il fembleroît que le clergé a fenti lui-même la
foiblesse de toutes fes prétentions ; car il ne veut
pas qu'on dife qu'il cherche à fe prévaloir de ces
exemptions, *pour fe difpenfer de contribuer aux
charges de l'état ;* c'eft ainfi, du moins, qu'il s'explique dans fes remontrances préfentées au roi en
1749. Mais fi l'exemption qu'il réclame lui eft acquife
à jufte titre, s'il en a toujours joui, ce foupçon
ne peut lui être injurieux : il lui étoit inutile de
s'en défendre. Des gens équitables ne firent jamais
à perfonne un crime de défendre un droit fondé
fur des titres légitimes, & autorifé fur une poffeffion conftante & uniforme.

Dans fes remontrances de 1750, il s'exprime
d'une manière encore plus précife. Il reconnoît
qu'il peut & qu'il doit même fecourir l'état ; mais
il prétend *que c'eft à lui à juger fi ce qu'on lui
demande pour le fecours de la patrie ne porteroit
pas un trop grand préjudice au culte extérieur de
la religion.* En ajoutant cette reftriction, il retire d'une main ce qu'il femble donner de l'autre :
il fe ménage un prétexte dont il fe fervira toujours quand il lui plaira, pour refufer de payer la
dette dont en général il reconnoît la légitimité.
S'il juge que ce qu'on lui demande porte préjudice au culte de la religion, & qu'en conféquence
il ne peut & ne doit rien donner, l'état & le
prince feront dans la dure néceffité de fupporter
patiemment ce refus, & les autres membres de
l'état refteront feuls chargés de pourvoir aux néceffités publiques.

Ces conféquences qui naiffent de la prétention

du clergé, font trop préjudiciables à l'ordre public, pour qu'elles puiffent être fondées. Le tribut eft un droit temporel dû à l'état, fans lequel il ne peut fubfifter; il n'appartient qu'à l'état, & à ceux qui ont part à fon gouvernement, de juger des néceffités qui obligent de l'impofer, de fixer fa quotité proportionnellement à fes befoins, de régler la portion que chaque corps de l'état en fupporte.

Si le clergé pouvoit avoir quelque droit de juger des fubfides qui lui font demandés, il ne pourroit le réclamer en vertu du miniftère de la religion dont il eft chargé, mais feulement comme un corps diftingué dans l'état, qui, fuivant l'ufage pratiqué dans la monarchie dans tous les temps antérieurs à celui-ci, & confirmé, comme on l'appeçoit, par les déclarations de nos rois, connoiffoit avec les autres corps, dans l'affemblée de la nation, des néceffités qui obligeoient le prince de recourir à fes fujets, & de leur demander de nouveaux fecours.

On en doit dire autant des répartitions particulières, des impofitions & de leur levée; l'une & l'autre ne peuvent fe faire que par ceux à qui l'état communique l'autorité néceffaire pour contraindre ceux qui voudroient s'affranchir du payement. L'églife n'ayant point de pouvoir coactif, le clergé, par fa feule qualité de miniftre de la religion, ne peut faire cette répartition ni cette levée, à moins qu'il n'y foit autorifé par le prince & par l'état; & ce n'eft que fur cette autorifation qu'eft fondé l'ufage ancien dans lequel il eft de répartir lui même entre fes différens membres les fommes qui lui font demandées par le roi, & celui de les lever & de les percevoir, pour les portèr enfuite dans les coffres du roi. Cette répartition & la levée font , de leur nature , indifférentes au prince & à l'état , qui n'ont d'autres intérêts que de recevoir , dans les temps où ils en ont befoin , les fubfides que la néceffité des affaires publiques les obligent d'impofer.

Ces impofitions fe levoient autrefois par les officiers du roi ; on en comptoit à la chambre des comptes, comme des autres deniers royaux , & les plaintes des cotes trop fortes fe portoient devant , les juges royaux & les cours fouveraines. Cette répartition eft une partie de l'autorité royale, qui a cependant été confiée au clergé par différens édits, déclarations & lettres-patentes. Auffi Louis XV , jaloux de conferver les droits de fa couronne, en affurant les évêques que fon intention n'étoit point d'ôter au clergé le département & le recouvrement de ces impofitions , lui a déclaré formellement que le privilége dont il vouloit bien le laiffer jouir à cet égard , étoit une portion de l'autorité royale fur l'ufage & l'exercice duquel il fe croyoit toujours obligé de veiller.

Les premières remontrances du clergé furent fuivies d'autres remontrances , datées du même jour , qui ont le même objet. Le clergé a fu y raffembler toutes ces prétentions , avec les fauffes maximes qui leur fervent d'appui , ainfi que tout ce qui a été dit de plus fort ou fait en fa faveur, foit par les empereurs ou princes chrétiens, foit par les papes , & dans les conciles , foit ce qu'il a fait ou dit lui-même par la bouche de fes repréfentans , en différentes circonftances. Ces remontrances ont trop d'étendue pour être ici inférées en entier ; mais on ne peut fe difpenfer d'en faire l'analyfe , & en même temps une courte réfutation, pour terminer les faits historiques concernans les Immunités ecclésiastiques.

Les évêques & autres ecclésiastiques qui composoient l'assemblée, y rappellent la consécration des biens ecclésiastiques, & leur exemption qu'ils prétendent être de droit naturel, laquelle est devenue de précepte positif dans l'ancienne loi, que l'église de Jésus-Christ a toujours regardé comme subsistant depuis l'abrogation de la loi mosaïque; & ils apportent en preuve différens conciles particuliers, qui ne regardent point les impositions faites par les souverains pour les besoins de l'état : ils y joignent le concile de Latran, les décrets de l'assemblée de Trente, qui ne sont point admis en France, & une prétendue décision du concile de Constance, faite depuis la séparation de ce concile; une censure faite par l'assemblée de 1660, d'un écrit qui contenoit des maximes contraires aux prétentions du clergé, dont ils se font un titre; les capitulaires de Charlemagne & des autres princes de la seconde race, qui ne condamnent que les usurpations injustes des biens ecclésiastiques; & la conduite tenue en France à l'égard de Thomas, archevêque de Cantorbéry, qui fut plus l'effet de la politique de Louis VII, que de l'approbation des sentimens de ce prélat.

Ils alleguent ensuite l'Immunité dont les églises des Gaules jouissoient sous les empereurs Romains; mais elle étoit bien différente de celle qu'ils réclament, puisque ces princes, n'ont jamais accordé aux églises une exemption de toute contribution, & que, dans les impositions particulières dont ils étoient obligés de charger leurs sujets, ils n'attendoient & ne demandoient jamais leur consentement.

Sous les rois Francs, l'Immunité accordée par Clovis & Clotaire, dont ils veulent se faire un titre, n'est point une exemption générale de tout tribut ; elle ne s'étend point à tous les biens possédés par l'église, mais seulement à ceux que ces princes leur avoient donnés. Le fait particulier d'Injuriosus, ne décide rien en faveur du clergé; il prouve au contraire que les églises étoient dans l'usage de contribuer aux charges publiques : & si ç'eût été une nouveauté entreprise par Clotaire, tous les évêques se seroient-ils soumis aussi facilement sans faire aucune représentation ?

Les biens des églises donnés aux laiques en précaires, du consentement du clergé, sous Charles Martel, fournissent une preuve de l'obligation des ecclésiastiques de secourir l'état dans les besoins, & de l'autorité du prince sur ces biens, puisque le précaire fini se renouveloit par la seule volonté du prince, qui n'étoit point astreint à demander le consentement de l'église à laquelle les biens appartenoient.

Les demandes de secours, faites par nos rois au clergé pour les croisades, pour les guerres contre les Albigeois, & pour celles qui intéressoient l'état, ne préjudicient point à leurs droits ; & si les ecclésiastiques peuvent en conclure que leurs dons sont libres, les autres ordres du royaume, à qui ces princes faisoient les mêmes demandes, seront également en droit de prétendre qu'ils ne sont point obligés de porter les charges de l'état; qu'ils ne le font que librement & volontairement.

Le recours de ces princes au pape, pour faire des levées sur le clergé, n'étoit point occasionné par aucun doute de leur pouvoir : ils imposoient souvent sans l'attache de Rome ; & lorsqu'ils de-

mandoient l'autorifation de cette cour, ils n'a-
voient d'autre motif que de ménager les préjugés
du clergé, & d'accélérer l'expédition des fecours
dont ils avoient befoin. Le refus fait par les parlemens d'admettre la claufe *Invitis & contradicen-
tibus clericis*, qu'on lit dans plufieurs bulles des
papes, n'avoit point pour principes la perfuafion
de ces compagnies, que le confentement du clergé
fût néceffaire pour les fubventions : cette claufe
ne fut rejetée qu'à caufe de fon oppofition à nos
maximes, & parce qu'elle donnoit lieu de regarder le pape comme fouverain de tous les biens
temporels de l'églife, & maître d'en difpofer à
fon gré.

L'expofé que les évêques font du démêlé de
Philippe-le-Bel & de Boniface VIII, eft peu fidèle :
ils fuppofent, contre la teneur des actes qui nous
reftent de ce différend, que ce prince convenoit
qu'il ne lui étoit point permis de rien lever fur le
clergé, fans avoir obtenu au préalable fon confentement, quoiqu'il foit certain que ce prince
& toute la nation ne diftinguoient point les eccléfi-
fiaftiques des autres fujets par rapport aux impofitions.

Ce prince, comme fes prédéceffeurs, & comme
ceux qui lui ont fuccédé, fachant que les dons
gratuits coûtent moins à ceux qui les offrent, &
qu'ils font plus agréables aux yeux de dieu & des
hommes, que les impofitions qui excluent la liberté, préféroit, fans préjudicier à fes droits, ce
que les eccléfiaftiques lui offroient généreufement,
aux fubventions qu'il étoit en droit de leur demander ; mais il en ufoit de la même manière envers les laïques, à qui il n'eft jamais venu dans

l'efprit de fe faire un titre de cette condefcendance de leurs princes.

Ce fut par une condefcendance pareille que dans le lit de juftice de l'an 1527, François I accepta les offres que lui fit le cardinal de Bourbon au nom du clergé, pour éviter une impofition forcée, & la difcuffion des Immunités.

Les évêques voudroient répandre des doutes fur les lettres-patentes, données en 1534 par François I, pour faire faifir le temporel du clergé, & en appliquer le tiers ou la moitié à fon profit; fous prétexte qu'elles n'ont eu ni authenticité, ni exécution; mais leur authenticité ne peut être révoquée en doute; & leur exécution n'a été arrêtée que par l'offre qu'ils firent de trois décimes, qui, quoique accordées à titre de don gratuit ou caritatif, ne préjudicient point aux droits du roi, qui voulut bien accepter cette fubvention, & la fubftituer à celle qu'il avoit cru avoir l'autorité d'impofer.

Ils ne font pas plus heureux dans le choix qu'ils font du fuffrage des magiftrats pour autorifer leurs prétentions. M. Dumefnil, avocat général, dit expreffément dans le difcours même qu'ils citent de ce magiftrat, que les eccléfiaftiques, outre ce qu'ils doivent comme bons & loyaux fujets, doivent fe fouvenir que de droit & de raifon ils doivent fubvention à leur patron & principal fondateur.

Ils citent encore les lettres-patentes enregiftrées dans les parlemens, pour autorifer les délibérations des affemblées du clergé depuis deux cents ans, fans confidérer que le miniftère a toujours eu attention d'écarter dans ces lettres tout ce qui auroit pû être préjudiciable aux droits du roi, ou confirmer la prétention du clergé ; & que lorsqu'il s'y est trouvé quelque chose de cette nature, l'enregistrement a été modifié, ou même refusé.

La déclaration de Charles IX, du 13 juin 1568, qu'ils citent, loin d'avoir été enregistrée, n'a pas même été envoyée au parlement. Celle de Louis XIV, du 27 octobre 1711, est due aux circonstances dans lesquelles se trouvoit ce prince, qui, sur le point d'être forcé d'envoyer des troupes pour détrôner son petit-fils, avoit besoin d'un secours présent, que les difficultés du clergé auroient pu différer. Quant à celle du 8 octobre 1726, ouvrage d'un cardinal ministre, elle doit être regardée comme non avenue, puisqu'elle n'a jamais été enregistrée.

Tel est le précis des secondes remontrances du clergé en 1750, qui sont devenues fameuses par leur objet, par le bruit qu'elles ont fait dans le monde, & même par les écrits qu'elles ont occasionnés pour & contre les Immunités ecclésiastiques.

Le roi à qui elles furent présentées, répondit qu'il s'en feroit rendre compte ; mais il ajouta que son intention étoit qu'auparavant l'assemblée prît une délibération positive sur la demande de ses commissaires, & le plus promptement, même le lendemain. Le cardinal de la Rochefoucaud répliqua par les motifs de conscience qui avoient empêché le clergé de prendre une délibération précise ; & que le roi verroit dans les remontrances qu'il venoit de lui présenter, qu'ils ne pouvoient croire leurs dons permis, qu'autant qu'ils étoient libres & volontaires. L'assemblée, dans une délibération qui suivit, persista à dire, que n'étant point raſſurée ſur la conſervation de ſes Immunités, & ſur la liberté de ſes dons, elle étoit toujours dans l'impoſſibilité de prendre une délibération poſitive ſur la demande des commiſſaires, par les motifs de conſcience & de religion, expoſés dans la lettre qu'elle avoit écrite au roi, & dans les remontrances qu'elle lui avoit préſentées.

Ce refus perſévérant ne laſſa point la patience du roi, qui, dans ſa lettre du 11 ſeptembre, porta la condeſcendance, juſqu'à dire qu'il ſe feroit tous jours un devoir de conſerver les exemptions, les privilèges & les Immunités que les rois ſes prédéceſſeurs avoient accordés au clergé ; que les demandes de ſes commiſſaires étoient de nature à raſſurer l'aſſemblée ſur la crainte qu'elle avoit que les biens du clergé de France ne fuſſent aſſujettis à l'exécution de l'édit, qui ordonnoit l'exécution du vingtième ; qu'il avoit aſſuré, depuis, le clergé que ce n'étoit point ſon intention ; & que l'aſſemblée lui avoit fait dire qu'elle en étoit pénétrée de reconnoiſſance ; & qu'au lieu de don gratuit ordinaire, il avoit préféré, non pour lui-même, mais pour le clergé, une ſomme annuelle pour le rembourſement : il fait remarquer tous les témoignages de la protection ſingulière & diſtinguée qu'il a donnés au clergé ; qu'il avoit prévenu tout ce qui étoit contenu dans les remontrances, & qu'il ne devoit plus ê re queſtion que de prendre une délibération préciſe ſur la demande faite par ſon ordre. Il finit cependant en faiſant ſentir à l'aſſemblée que ſi elle perſiſtoit dans ſon refus, il ſeroit obligé de ſe ſervir de ſon autorité en ces termes :

» Je ne m'attendois pas que le clergé de l'égliſe » Gallicane, ſi zélé défenſeur de l'autorité ſou-

» veraine, & indépendante des rois sur le tem-
» porel, semblât en vouloir affranchir ses pos-
» sessions, comme si l'obligation où je suis de
» veiller à la défense & à la conservation de ses
» biens, ne faisoit pas naître de sa part l'obliga-
» tion de contribuer aux besoins de l'état, dont
» il est partie. C'est donc avec regret que je me
» verrai obligé d'avoir recours à des voies d'au-
» torité, qui, en maintenant les maximes de mon
» royaume, n'aient pour objet que le véri-
» table bien du clergé, si vous persistez à ne pas
» prendre une délibération sur la demande faite
» par mon ordre à votre assemblée, & que je
» dois attendre de votre respect, de votre recon-
» noissance, & de votre attention pour les inté-
» rêts du clergé «.

L'assemblée voulut remettre à un autre jour la
délibération sur cette lettre, qui lui fut présentée
par M. le comte de Saint Florentin; mais ce ministre ayant déclaré qu'il avoit ordre de ne point
sortir des Augustins que l'assemblée n'eût pris
une délibération positive, l'assemblée répliqua, que
n'ayant pu trouver dans la lettre du roi de quoi se
rassurer contre l'atteinte portée à la liberté de ses
dons, elle se trouvoit toujours, par les mêmes
motifs de conscience, dans la même impossibilité
de délibérer sur la demande faite par les commissaires.

M. le comte de Saint-Florentin, qui, suivant
les ordres qu'il avoit reçus, n'étoit point sorti des
Augustins, informé de cet arrêté, rentra dans l'assemblée avec une lettre du roi & un arrêt du
conseil. Le roi y marquoit qu'il ne pouvoit différer
de remplir ce qu'il se devoit à lui-même, & à la
conservation des maximes fondamentales de son

royaume, en ufant de fon autorité : cependant, en ordonnant la levée de fept millions cinq cent mille livres qu'il avoit demandés , à raifon de quinze cent mille livres par chacun an, il vouloit bien encore avoir la complaifance de ne point donner atteinte au privilége dont le clergé jouit, de faire la répartition de fes impofitions.

L'affemblée perfiftant toujours dans fon refus, arrêta de nouvelles remontrances fur cet arrêt du confeil. Le roi qui voulut bien les recevoir, n'a pas jugé à propos d'y répondre. L'affemblée finit par une proteftation contre tout ce que le roi pourroit faire pour l'exécution des ordres qu'il lui avoit donnés. Elle eft conçue en ces termes :

» Nous, cardinaux, archevêques , évêques , &
» autres députés du clergé de France , affemblés
» à Paris en la préfente année 1750 . . . . en
» fuivant l'exemple des précédentes affemblées, &
» pour l'acquit de nos confciences , avons déclaré
» & déclarons perfifter dans nos fufdites remon-
» trances , & les renouvelons, en tant que befoin
» eft, & à l'effet que ce qui fe pourroit faire au
» contraire, en quelque manière & fous quelque
» forme & prétexte que ce puiffe être, ne puiffe
» nuire ni préjudicier aux droits & Immunités
» de l'églife & du clergé ; & nous efpérons tou-
» jours de la juftice , de la religion , & de la
» bonté du roi , qu'il voudra bien y avoir égard,
» comme nous l'en fupplions ; & fera la préfente
» déclaration inférée dans le procès-verbal de la
» préfente affemblée «.

Cette proteftation a été approuvée & fignée par tous les membres de l'affemblée. Il fut même arrêté que, pour la faire connoître à tous les diocèfes du royaume, les députés de chaque province remettroient à chacun des prélats de sa province un extrait du procès-verbal, contenant tout ce qui s'étoit passé à l'occasion des atteintes données aux Immunités ecclésiastiques.

Tel est le dernier état de la contestation qu'a élevée l'un des trois ordres de l'état, sur les subsides ordinaires & extraordinaires imposés par le roi sur tous ses sujets, pour le soutien & les besoins de l'état : sur quoi il convient cependant d'observer, que les principes & les maximes du clergé à cet égard, ne sont de sa part qu'une erreur pure de spéculation, puisque dans le fait il a toujours contribué aux subsides. Les ecclésiastiques n'ont point en effet d'autre droit, relativement aux contributions publiques, que ceux dont jouissent tous les citoyens.

Voyez, outre les loix citées, le deuxième titre du livre 16 du code de Théodose ; les titres 2 & 3 du premier livre du code de Justinien, les capitulaires de nos rois, édition de Baluze ; les ordonnances du Louvre ; les preuves des libertés de l'église Gallicane, & spécialement le chap. 39 ; les registres Olim ; le recueil des actes & pièces du démêlé de Philippe-le-Bel avec le pape Boniface VIII, donné par Dupui ; & celui que Baillet a fait imprimer à la fin de l'histoire de ce démêlé ; les états généraux par de Guinet ; les actes, mémoires, & sur-tout les procès-verbaux du clergé.

Consultez le mémoire sur les assemblées du clergé & le traité des décimes, par Patru ; droits du prince & de l'état sur les biens possédés par le clergé, en 6 volumes ; le recueil concernant l'état présent des affaires du clergé de France ; & enfin les écrits pour & contre les Immunités, en 7 volumes. Voyez

348 IMMUNITÉ. IMPENSES, &c.

aussi les articles DÉCIME, DON GRATUIT, PRIVI-LEGE, SUBVENTION, TAXE.

(*Cet article est de M. TRUCHON, avocat au parlement*).

IMPENSES. Voyez AMÉLIORATION, DÉ-PENSE & ÉVICTION.

IMPÉRITIE. Défaut d'habileté dans une profession.

On met l'Impéritie au rang des fautes que le juge doit punir, proportionnément au préjudice qu'elles ont occasionné. La raison en est, que celui qui ignore une profession ne doit pas la pratiquer.

C'est en conformité de cette décision, que par arrêt du 22 juin 1768, le parlement de Paris condamna un chirurgien à payer 15 mille livres par forme de réparation civile, à un jeune homme auquel il avoit fallu couper le bras pour remédier aux suites du mauvais traitement d'une fracture; & il fut défendu à ce chirurgien d'exercer à l'avenir la chirurgie.

IMPÉTRANT. C'est celui qui obtient des lettres du prince, ou quelque bénéfice. *Voyez* GRACE, BÉNÉFICE.

IMPOSITIONS. Ce sont les droits que le souverain lève sur ses sujets ou sur leurs biens.

L'origine & la progression des impositions & droits qui ont lieu dans le royaume, sont liés à l'histoire de la monarchie, & aux différens événemens dont elle a été agitée depuis près de quatorze cents ans qu'elle subsiste. La première & la seconde race de nos rois nous fourniffent fur cet objet des faits plus curieux qu'intéreffans , relativement à l'état actuel des chofes. Les monumens qui nous font parvenus de ces temps reculés , diverfement interprétés , ont fait éclore des fyftêmes entiérement oppofés : les uns ont prétendu que Clovis & fes fucceffeurs maintinrent les droits & impofitions qui étoient établis du temps de la domination des Romains dans les Gaules ; que les fonds qui appartenoient au fifc de l'empire Romain, & qui provenoient, foit des terres appropriées à l'état lors des différentes conquêtes , foit de celles qui avoient été réunies au domaine , ou par déshérence , ou par confifcation , ou faute de payement des redevances dont elles étoient chargées , ou enfin pour d'autres cas emportant réunion , formèrent le domaine de la couronne : que les rois Mérovingiens confervèrent les ufages de l'empire Romain pour la levée du fubfide annuel & ordinaire qui s'appeloit le tribut public , foit parce qu'il étoit fpécialement affecté pour payer les troupes , & pour acquitter les autres charges de l'état , au lieu que le domaine étoit deftiné à l'entretien du prince & de fa maifon ; foit parce qu'en général perfonne n'en étoit exempt ; qu'il confiftoit en deux fortes d'impofitions, dont l'une étoit la *cotifation de l'arpent* , c'eft-à-dire , une taxe réelle , à raifon de tant par arpent ; & dont l'autre étoit une taxe perfonnelle ou capitation , défignée fouvent par le nom de *quotepart d'une taxe de citoyen*. M. l'abbé Dubos va jufqu'à prétendre que les Francs n'en furent pas plus exempts que les Romains mêmes; & que s'ils jouiffoient de quelque exemption à cet égard , elle émanoit d'un privilége particulier, & fpécialement accordé à quelques perfonnes.

M. l'abbé Garnier, qui a presque entièrement
adopté le système de M. l'abbé Dubos, avance que
Clovis distribua aux Francs les terres données par
les Romains aux soldats vétérans, & celles qu'on
avoit accordées à titre de *bénéfices militaires*, aux
soldats des frontières, pour leur tenir lieu de paye,
qui se trouvèrent vacantes par le décès ou l'aban-
don des possesseurs ; qu'elles continuèrent d'être
exemptes de tout impôt, & qu'elles prirent le
nom de terres saliques, de la tribu des Saliens,
à laquelle Clovis commandoit ; que par ce moyen
les Francs se trouvèrent possesseurs, & cependant
libres d'impositions. Les mêmes auteurs exposent
que les droits de douane & de péage que levoient
les Romains, ont subsisté sous la première & la
seconde race de nos rois, & que le produit de ces
droits faisoit une des branches des revenus de ces
princes ; enfin, qu'ils recevoient de leurs sujets,
ainsi que les empereurs Romains dans certaines
occasions, des dons volontaires, ou réputés tels.

Le système que l'on vient d'exposer a été vive-
ment combattu par d'autres auteurs : ceux-ci ont
soutenu que les droits & les impositions de tout
genre, établis par les Romains, cessèrent avec leur
domination dans les Gaules ; que le prince eut
pour sa dépense ses domaines, qui consistoient
dans de grandes terres cultivées & régies de la
manière la plus économique & la plus profita-
ble, & dans les dons originairement libres que les
grands du royaume lui faisoient chaque année aux
assemblées du champ, d'abord de mars, & ensuite
de mai, & qui consistoient en argent, en meubles
ou en chevaux ; que les droits de douane ne furent point connus de nos premiers François ; que
les péages n'étoient point une imposition publique

& fifcale, mais des droits établis par les feigneurs dans l'étendue de leurs terres, fous prétexte des dépenfes néceffaires pour entretenir les chemins & réparer les ponts & chauffées ; que les rois avoient à la vérité quelques-uns de ces péages dans leurs domaines, mais au même titre que ceux des feigneurs ; que le gîte leur étoit dû lorfqu'ils paffoient par les archevêchés, évêchés & abbayes ; que cette preftation fut convertie depuis en argent, & appelée *droit de gîte* ; qu'il en fut de même des chevaux & voitures que les habitans des campagnes devoient leur fournir, & qu'on appela *droit de chevauchée.*

M. l'abbé de Mably prétend que la branche la plus confidérable des revenus du fouverain, confiftoit dans ce qu'on appeloit *fredus* ou *fredum.* Ce frède, ajoute-t-il, étoit une efpèce de taxe, que tout homme condamné à payer une compofition donnoit au juge. Cette taxe étoit la troifième partie de la compofition même : par exemple, un François qui payoit une compofition de trente fous à une perfonne qu'il avoit offenfée, devoit un frède de 10 fous au juge, qui, de fon côté, en rendoit la troifième partie au roi.

On n'entrera point ici dans le détail des monumens & autorités fur lefquels nos écrivains ont refpectivement appuyé les différens fyftêmes que l'on vient d'expofer ; mais pour bien connoître les époques & les circonftances dans lefquelles les impofitions & droits qui ont lieu dans le royaume, ont été fucceffivement établis, il eft néceffaire de retracer les événemens dont la monarchie Françoife fut agitée fous le déclin de la feconde race de nos rois, & pendant les premiers temps de la race régnante

.Le partage du vaſte empire de Charlemagne
entre ſes deſcendans, leurs diviſions, les incur-
ſions, les ravages des peuples du Nord, & l'indulgence de nos rois, expoſèrent l'état aux révolutions les plus fâcheuſes; la facilité qu'ils eurent
de permettre à un père de diſpoſer de ſes charges
& de ſes honneurs en faveur de ſes enfans; la
promeſſe que fit Charles-le-Chauve en partant
pour ſon voyage de Rome, de conférer aux enfans
les dignités de leur père; enfin l'uſurpation & la
violence des ſeigneurs vers le déclin de la ſeconde
race, rendirent héréditaires les offices des ducs &
des comtes : ceux qui leur étoient ſubordonnés
ſuivirent leur exemple, & le ſyſtème de la féoda-
lité devint le droit public de la France. Ce royaume
ſe trouva la proie d'une multitude de ſeigneurs,
qui tous regardoient, comme faiſant partie de leurs
ſeigneuries, des droits & des redevances qui autrefois avoient appartenu à l'état; la ſeigneurie devint
une eſpèce de deſpotiſme qui rendoit le propriétaire maître abſolu de toute l'étendue de ſon territoire : de là la ſervitude devint preſque générale;
de là les droits de main morte qui en furent une
ſuite & un eſclavage modifié; de là une foule de
redevances, & d'autres droits inconnus ſous la
première race.

Hugues Capet, parvenu à la couronne, fut obligé
de toléter les abus qu'il ne pouvoit empêcher.
Tout l'objet de ſes ſucceſſeurs fut de reprendre
ſucceſſivement ce que la foibleſſe de leurs prédéceſſeurs, & les circonſtances dans leſquelles Hugues Capet lui-même s'étoit trouvé, avoient fait
perdre à l'autorité royale.

A meſure que nos rois réunirent à la couronne
les grands fiefs qui en avoient été aliénés, ils ſe

mirent

mirent auffi en poffeffion des domaines qui avoient
appartenu à leurs vaffaux, & leur revenu augmenta;
ainfi il fut compofé:

1°. Du produit des grandes terres & des vaftes
forêts dont ils étoient propriétaires.

2°. Des profits cafuels de leur feigneurie, du
nombre defquels étoient les confifcations.

3°. Des droits particuliers qu'ils avoient établis
comme feigneurs dans leurs propres domaines,
& auxquels les fujets avoient été obligés de fe foumettre. Tel étoit le revenu ordinaire de nos rois.

La guerre n'exigeoit point alors du fouverain
des dépenfes auffi confidérables qu'aujourd'hui:
les armées étoient compofées d'un petit nombre
de troupes levées dans les domaines du roi, &
conduites par les prévôts, & des troupes que les
vaffaux étoient obligés de mener & de ftipendier
à leurs frais.

Il falloit cependant alors des fecours extraordinaires; & l'une des premières reffources de nos
rois fut la taille, efpèce d'impôts que les feigneurs
s'étoient mis en poffeffion de lever dans leurs terres, & que nos rois levoient auffi dans leurs domaines & dans leurs fiefs: mais les uns & les
autres n'y avoient recours qu'en certains cas.

Il étoit d'ufage que pendant les guerres que le
roi avoit à foutenir, les feigneurs, obligés de le
fecourir, levoient la taille fur leurs fujets & au
profit du fouverain. Cet impôt ne devint ordinaire
que fous Charles VII.

On y joignit fouvent des droits fur les denrées,
qui peu à peu devinrent un fubfide ordinaire, &
quelquefois des impofitions fur tous les fonds &
revenus de tous les fujets du roi. La perception
de ces impôts étoit confiée aux baillis & à des of-

ficiers qui, fous eux, étoient chargés du recouvrement.

On ne parlera point des reffources momenta-
nées qui produifirent quelques exactions paffa-
gères, telles que les taxes fur les juifs. Lorfque le
fifc fe trouvoit épuifé, on les menaçoit de les
chaffer ; ils apportoient, pour s'en garantir, des
fommes confidérables : c'étoit ce qu'on appeloit
le *bénéfice de la reftitution*.

Le produit des monnoies devint bientôt, &
étoit déjà avant Philippe-le-Bel, une branche confidérable des revenus de l'état ; reffource dangereufe, dont les premiers fucceffeurs de St. Louis
firent l'ufage le plus pernicieux à l'état, qui porta
le plus grand préjudice au commerce & aux for-
tunes des fujets, excita les plus vives réclamations,
& fouleva les efprits des peuples, qui préférèrent
toute autre Impofition pour remplacer les fecours
que le fouverain fe procuroit par cette voie.

Lorfque nos rois, pour accroître leur autorité,
eurent formé les *corporations* des bonnes villes,
ils tirèrent encore quelques reffources des affran-
chiffemens & des dons gratuits que leur faifoient
les communautés.

Les événemens malheureux des règnes de Philippe de Valois & du roi Jean ; les pertes des ba-
tailles de Crecy & de Poitiers ; la détention du
roi Jean, excitèrent l'intérêt national. La même
époque vit naître les impofitions & les affemblées
des états formés des trois ordres, du clergé, de la
nobleffe & du tiers-état. Dans les temps antérieurs, les peuples réduits à l'état de fervitude,
n'étoient ni appelés ni confultés dans les délibérations publiques ; mais lorfqu'ils furent élevés
à l'état de citoyens, ils durent néceffairement être

appelés aux affemblées convoquées pour la défenfe de cette même patrie, qui leur devenoit commune avec les deux premiers ordres de la nation : ce fut alors que furent établies les aides & les gabelles : ces dernières ne furent d'abord qu'un droit fur le fel, qui fut long-temps marchand ; mais ce droit s'étant prodigieufement accru, eu égard à la valeur intrinfèque de la marchandife fur laquelle il étoit levé, il fut néceffaire, pour empêcher les fraudes, de mettre entre les mains des officiers du roi la vente exclufive de cette denrée dans l'intérieur du royaume.

La France refpiroit à peine des longues guerres qu'elle avoit eu à foutenir contre les Anglois, que des droits, dont l'exercice coûta cher à la nation, & dont l'évènement fut très-funefte, engagèrent fucceffivement Charles VIII, Louis XII & François I à porter leurs armes en Italie. François I, pour fubvenir aux dépenfes dans lefquelles il fut entraîné par ces expéditions malheureufes, fut contraint de faire des augmentations confidérables fur les tailles & fur les gabelles ; mais ces fecours n'étant pas proportionnés aux befoins, on eut recours à deux nouveaux expédiens de finance, également onéreux à l'état & aux peuples : l'un fut l'introduction de la vénalité & la multiplicité des offices ; l'autre, les conftitutions des rentes fur les revenus de la couronne. Les befoins toujours renaiffans dans une grande monarchie, n'ont porté que trop les fucceffeurs de François I à faire ufage de ces deux expédiens : le payement des gages des officiers, & l'acquittement annuel des rentes, ont abforbé une portion confidérable des revenus de l'état, & l'on a été contraint de les remplacer par de nouvelles Impofitions.

Le produit des domaines du roi diminua fenfi-
blement par les aliénations, ou déterminées par
la nécessité des conjonctures, ou furprifes à la libéralité de nos fouverains : il fallut, dans la même
proportion, augmenter les autres reffources ; on
commença par fubftituer aux revenus des domaines
réels, qui s'éclipfoient peu à peu, un autre produit que l'on appela *droits domaniaux*, mais qui,
dans la réalité, n'étoit formé que d'Impofitions,
ou fur le commerce, ou fur les actes de la vie.

Le féjour que la cour de Rome fit à Avignon,
introduifit dans les tribunaux François, des formes,
& même des fubtilités jufqu'alors inconnues. Au
bout de quelque temps, on rendit ces formes mêmes la fource d'un produit qui eft devenu une
branche confidérable des revenus.

Les Impofitions affectent ou les perfonnes ou
les biens, ou tout à la fois l'un & l'autre.

Nous ne connoiffons que la capitation qui foit
de fa nature un impôt purement perfonnel ; &
c'eft un vice de ce genre d'Impofition qu'on a
foin de corriger dans la répartition, & toutes les
fois que l'on ne peut y parvenir, la diftribution
en eft injufte.

Il eft vrai que dans les pays d'élection, la
taille eft confidérée comme un impôt perfonnel,
mais elle s'impofe & fe répartit fur le pied &
à proportion des biens, facultés & induftrie,
ce qui la rend mixte, c'eft-à-dire, partie réelle
& partie perfonnelle.

Les biens fur lefquels les impôts peuvent être
affis, font :

1°. Les fonds de terre.

2°. Les rentes.

3°. Les fruits & confommations.

4°. Le commerce & l'induftrie.

Nous n'entretons pas ici dans le détail de chaque efpèce d'impôt ; nous parlons de chacun fous le nom qui lui eft propre.

Lorfqu'on donne un immeuble à rente foncière, ou qu'on le vend pour un prix dont l'acquéreur conftitue une rente fur lui-même, le créancier peut ftipuler que le débiteur fervira la rente fans aucune retenue des impofitions royales : divers arrêts l'ont ainfi jugé.

Mais une telle claufe feroit ufuraire, relativement à une rente conftituée à prix d'argent.

Voyez les ordonnances du louvre ; les mémoires fur les droits du roi ; l'édit de mars 1745 *, &c.* Voyez auffi les articles CAPITATION , TAILLE, INDUSTRIE, VINGTIÈME , GABELLES , TRAITES , IMMUNITÉ , &c.

IMPOT ET BILLOTS. Voyez BILLOTS.

IMPRESCRIPTIBLE. Qui n'eft pas fujet à prefcription.

Il y a des chofes qui ne peuvent jamais être prefcrites : telles font les dixmes ; tel eft le cens feigneurial, &c. *Voyez* PRESCRIPTION.

IMPRIMEUR. C'eft celui qui exerce l'art de l'imprimerie.

Avant l'invention des caractères, le corps des Imprimeurs en lettres étoit compofé d'écrivains, de libraires , de relieurs , d'enlumineurs & de parcheminiers.

Ce corps étoit tout à fait dépendant de l'univerfité & de fon recteur.

Le parcheminier préparoit les peaux fur lefquelles on écrivoit.

L'écrivain, qu'on appeloit *stationnaire*, copioit sur les peaux l'ouvrage que le libraire fournissoit.

Le relieur mettoit en volume les feuilles copiées.

L'enlumineur peignoit, relevoit d'or bruni; en un mot, décoroit le volume qui retournoit chez le libraire pour y être vendu.

Nos Imprimeurs en lettres ont succédé à l'état & aux priviléges des stationnaires. Ils sont agrégés à l'université, & soumis aux ordonnances & statuts du recteur; mais le corps ne comprend plus que les Imprimeurs & les libraires.

L'article premier du réglement du 28 février 1723, attribue aux Imprimeurs les mêmes priviléges & prérogatives qu'aux autres suppôts de l'université de Paris (*).

Un arrêt du conseil du 30 août 1777, a

_____

(*) Les libraires & les Imprimeurs, *porte cet article*, seront censés & réputés du corps & des suppôts de l'université de Paris, distingués & séparés des arts mécaniques, maintenus, gardés & confirmés en la jouissance de tous les droits, franchises, immunités, prérogatives & priviléges attribués à ladite université & auxdits libraires & Imprimeurs; & en cette qualité, sera & demeurera la communauté des Imprimeurs & libraires, franche, quitte & exempte de toutes contributions, prêts, taxes, levées, subsides & impositions mises & à mettre, imposées & à imposer sur les arts & métiers, desquels sa majesté l'a entiérement exceptée, distinguée & séparée, même sous prétexte de confirmation desdits droits, priviléges, prérogatives, dont sa majesté veut qu'elle jouisse franchement, paisiblement & sans aucun trouble. *Observez que le réglement de 1723 n'avoit été fait que pour les Imprimeurs & libraires de la ville de Paris; mais par arrêt du 14 mars 1744, le conseil d'état a ordonné qu'il seroit exécuté dans toutes les villes du royaume où il y a des imprimeries établies, & où il se fait un commerce de livres,*

réglé les formalités qui doivent être observées pour la réception des Imprimeurs & des libraires (*).

(*) *Voici cet arrêt :*

Le roi s'étant fait représenter en son conseil le titre VI du réglement de 1723, sur la réception des libraires & Imprimeurs, sa majesté auroit pensé qu'il seroit utile d'ajouter quelques formalités à celles que prescrit ce réglement, & de les réunir dans un même arrêt, pour les faire connoître aux officiers des chambres syndicales nouvellement établies. A quoi voulant pourvoir ; le roi étant en son conseil, de l'avis de M. le garde des sceaux, a ordonné & ordonne ce qui suit :

Article I. Aucun ne pourra tenir imprimerie ou boutique de librairie dans le royaume, ni même prendre la qualité de libraire ou d'Imprimeur, en conséquence d'aucunes lettres ou d'aucun privilége, tel qu'il puisse être, s'il n'a été reçu maître dans une chambre syndicale ; à laquelle maîtrise il ne pourra être admis, qu'après avoir fait apprentissage pendant le temps & espace de quatre années entières & consécutives, & servi les maîtres en qualité de compagnon, au moins durant trois années, après le temps de son apprentissage achevé, qu'il n'ait au moins vingt ans accomplis, qu'il ne soit congru en langue latine, & qu'il ne sache lire le grec, dont il sera tenu de rapporter un certificat du recteur de l'université, s'il y a université dans la ville où est établie la chambre syndicale, ou du principal du collége, s'il n'y a pas université : n'entend sa majesté comprendre dans le présent article les fils de maîtres, en ce qui concerne l'apprentissage & le compagnonage.

II. Et comme il est important que ceux qui exercent lesdites professions d'Imprimeurs & libraires soient pourvus d'une capacité & d'une expérience suffisantes, veut sa majesté que les fils de maîtres, ainsi que les apprentis qui auront fait leur apprentissage & servi les maîtres, avant d'être admis à la maîtrise de la librairie ou imprimerie, outre le certificat du recteur de l'université ou du principal du collége, qu'ils doivent rapporter, suivant

Les Imprimeurs font obligés par l'article 9,

l'article précédent, foient encore tenus de fubir ; favoir :
ceux qui afpirent à être reçus libraires, un examen fur
le fait de la librairie ; & ceux qui afpireront à être reçus
Imprimeurs, après ledit examen fur le fait de la librairie,
un examen fur le fait de l'imprimerie & chofes en dépen-
dantes, ce qu'ils feront tenus de faire pardevant les fyndic & adjoints, accompagnés de quatre anciens officiers
de la communauté, dont deux exerçant l'imprimerie, &
de quatre autres libraires qui n'auront pas paffé les charges,
mais qui auront au moins dix années de réception, fi
cela eft poffible, dont deux également exerçant l'imprimerie, lefquels fufdits huit examinateurs feront tirés
au fort par l'afpirant, dans le nombre, tant defdits anciens
officiers, que des libraires & Imprimeurs ayant dix années
au moins de réception.

III. Dans le cas où le nombre des libraires & Imprimeurs établis dans la ville, ne feroit pas fuffifant pour
remplir le nombre des huit examinateurs, on en approchera
le plus qu'il fera poffible.

IV. Lefdits examinateurs ainfi nommés, fe trouveront
avec les fyndic & adjoints à la chambre fyndicale,
pour procéder tous enfemble, par voie de fcrutin, auf-
dits examens, qui dureront chacun au moins deux heures ;
& ne pourra l'afpirant être reçu, s'il n'a les deux tiers
des voix en fa faveur.

V. Dans l'affemblée qui précédera les examens fur le
fait de la librairie, les fyndic & adjoints feront le
choix d'autant d'articles qu'il y aura d'examinateurs ;
les articles, après avoir été communiqués au récipien-
daire, feront fermés dans une boîte jufqu'au jour de
l'examen.

VI. Les examinateurs étant raffemblés, celui d'entr'eux
qui doit faire la première demande, prendra un des articles renfermés dans la boîte, & en fera la bafe de fes
queftions ; celui qui doit interroger après lui, en prendra
un autre ; & ainfi de fuite, toujours au hafard, jufqu'à
ce que tous les articles foient épuifés.

VII. L'examen des afpirans à la maîtrife d'imprimerie,
roulera fur la manutention générale de l'imprimerie, & il
n'y aura point d'articles communiqués.

du réglement de 1723, de mettre leurs noms
& demeures au commencement ou à la fin des
livres, écrits, mémoires, &c. qu'ils impriment;;
& si l'impression est pour le compte du libraire,
l'imprimeur ne doit mettre son nom qu'à la
fin de l'ouvrage, mais celui du libraire & sa
demeure doivent être au commencement, le tout
à peine de confiscation & d'amende.

VIII. Les syndic & adjoints dresseront procès-verbal de
chaque examen, soit sur le fait de la librairie, soit sur
le fait de l'imprimerie.

IX. Il sera remis copie de ce procès-verbal au réci-
piendaire, qui y joindra son extrait de baptême, un certificat de catholicité, le brevet d'apprentissage dûment
quittancé, les certificats des maîtres chez lesquels il a
travaillé après son apprentissage; pour le tout être envoyé à M. le chancelier ou garde des sceaux, & être
en conséquence expédié un arrêt du conseil, sur lequel
& non autrement, il sera procédé à la réception de tous
les aspirans, soit à la librairie, soit à l'imprimerie, laquelle
réception sera faite dans la chambre syndicale, en présence des anciens syndics & adjoints.

X. Les aspirans à librairie & à l'imprimerie, payeront aux syndic & adjoints, pour leur réception, les
sommes qui seront portées au tarif qui sera arrêté par
M. le garde des sceaux, & envoyé dans chaque chambre
syndicale.

XI. Les nouveaux maîtres prêteront serment pardevant
le lieutenant général de police, sans aucuns frais, en
présence des syndic & adjoints, qui en feront mention
sur les lettres de maîtrise. Enjoint sa majesté au sieur Lenoir,
conseiller d'état, lieutenant général de police de la ville,
prévôté & vicomté de Paris, de tenir la main à l'exécution du présent arrêt, qui sera imprimé, publié & affiché
par-tout où besoin sera, & registré sur les registres de
toutes les chambres syndicales du royaume. Fait au conseil d'état du roi, sa majesté y étant, tenu à Ver-
sailles le trente août mil sept cent soixante-dix-sept.
Signé AMELOT.

L'article 10 fait défenfes aux Imprimeurs &
aux libraires de fuppofer aucun autre nom d'Imprimeur ou de libraire, & de le mettre au lieu
du leur à aucun livre, à peine d'être punis comme
fauffaires, de trois mille livres d'amende & de
confifcation des exemplaires.

Il eft défendu, par l'article 11, aux Imprimeurs,
aux libraires & à leurs veuves, de prêter leur
nom à qui que ce foit pour tenir imprimerie,
ou boutique de librairie, vendre ou négocier des
livres, à peine de confifcation des imprimeries
& des livres au profit de la communauté, &
d'une amende de cinq cents livres, & d'une
autre pareille amende contre ceux qui fe feront
fervis du nom des Imprimeurs où libraires.

Les Imprimeurs ne peuvent imprimer aucun
ouvrage fans y être autorifés par une permiffion
obtenue felon les formes prefcrites : c'eft ce qui
réfulte de divers arrêts & réglemens, & particuliérement de l'arrêt du confeil du 7 feptembre
1701, des lettres-patentes du 2 octobre de la
même année, & des arrêts du confeil des 16
décembre 1715, 28 février & 22 Juin 1723.

Par arrêt du 12 mars 1761, le confeil a déclaré Louis Michelin, Imprimeur à Provins,
déchu de fa maîtrife, pour avoir imprimé, fans
privilége ni permiffion, différens ouvrages, &
lui a fait défenfe de faire le commerce de livres
directement ni indirectement.

Par un autre arrêt du 15 décembre 1776,
le confeil a interdit de fes fonctions le nommé
Belion Imprimeur à Lyon, & l'a condamné à
une amende de cinq cents livres, pour avoir imprimé fans permiffion une lettre anonyme, relative
aux difcuffions furvenues entre l'archevêque de

Lyon & le chapitre de l'église primatiale de cette ville.

Par un autre arrêt du 17 juin 1735, le parlement a fait défense à tout Imprimeur, libraire, ou autre, d'imprimer ou faire imprimer, vendre ou autrement distribuer aucune bulle, bref ou autre expédition de cour de Rome, sans lettres-patentes du roi vérifiées en la cour, à peine de déchéance de leur maîtrise, & d'autre plus grande peine s'il échet.

Il a depuis été donné, le 8 mars 1772, une déclaration conforme à cet arrêt, & de laquelle nous avons rapporté les dispositions à l'article Bulle.

Les arrêts ne peuvent être imprimés sans une permission particulière des cours qui les ont rendus, laquelle doit être obtenue sur requête présentée pour cet effet, à peine contre les contrevenans de 200 livres d'amende pour la première fois, & à l'égard des Imprimeurs, en cas de récidive, d'être suspendus de leurs fonctions pendant trois mois : mais cette règle ne s'applique pas aux arrêts de réglement, ou qui concernent l'ordre & la discipline publique, ni aux arrêts d'ordre & d'homologation des contrats. C'est ce qui résulte de différentes loix, & particuliérement de la déclaration du 12 mai 1717, & de l'article 3 du réglement du 28 février 1723.

Les Imprimeurs de Paris ne peuvent pareillement imprimer aucun mémoire, factum, &c. à moins que la copie n'en soit signée par un avocat inscrit sur le tableau, ou par un procureur. Un arrêt du parlement du 26 mai 1713, veut que ceux qui contreviendront à cette règle, soient punis d'une amende de trois mille livres, & de plus grande peine s'il échet.

Par un autre arrêt du 3 mai 1766, Nicolas-François Moreau, Imprimeur, a été condamné à une amende de 500 livres, pour avoir imprimé un mémoire à la requête de la dame Défreville, contre le sieur Dalesme Desroches son beau-frère, sans en avoir obtenu la permission, & sans que la minute en eût été signée par un avocat inscrit sur le tableau.

L'évêque de Saint-Omer ayant publié une ordonnance, portant défense à tout, Imprimeur d'imprimer des thèses de théologie sans sa permission, sur le fondement que le droit d'imprimer des ouvrages de religion étoit attaché au caractère épiscopal, le parlement rendit le 14 décembre 1734, un arrêt qui déclara cette ordonnance abusive. Le motif de l'arrêt a été que l'imprimerie étant un art dont l'exercice dépendoit de la police publique du royaume, il n'y avoit que la puissance séculière qui pût donner des loix à cet égard.

Ayant été rendu compte au roi de divers abus qui s'étoient introduits dans les imprimeries du royaume, relativement à la discipline qu'y doivent observer les maîtres Imprimeurs & leurs ouvriers, sa majesté a donné sur cette matière, le 30 août 1777, un réglement dont nous allons rapporter les dispositions :

» ARTICLE I. Tous les ouvriers des imprimeries » du royaume, qui travaillent dans une ville où » il y a chambre syndicale, seront obligés, dans » le délai d'un mois, à compter de la date de » l'enregistrement du présent arrêt en icelle, de » se faire inscrire à ladite chambre syndicale sur

» un regiftre deftiné à cet effet ; lequel regiftre
» contiendra leurs nom & furnom, leur âge, le
» lieu de leur naiffance, leur demeure, le nom
» du maître chez lequel ils travaillent, & depuis
» quel temps ils y travaillent, avec des obferva-
» tions relatives à leur conduite. Ils feront tenus
» d'avertir exactement de leur changement de
» demeure.

» II. Ceux qui travaillent dans les villes où il
» n'y a point de chambre fyndicale, feront tenus
» de fe faire enregiftrer à celle dans l'arrondiffe-
» ment de laquelle ils demeurent, dans deux
» mois pour tout délai.

» III. Il fera délivré à chaque Ouvrier un car-
» touche fur parchemin timbré du fceau de la
» communauté, & figné des fyndic & adjoints.
» Chaque ouvrier payera trente fous pour ce
» cartouche ou pour ce premier enregiftrement.

» IV. Les ouvriers feront tenus de porter ce
» cartouche, pour le repréfenter toutes les fois
» qu'ils en feront requis par les Officiers de la
» librairie, & particulièrement lors des vifites
» dans les imprimeries. S'ils l'égarent, ils feront
» obligés d'en prendre un autre, pour lequel ils
» payeront la fomme de quinze fous.

» V. Un ouvrier fortant d'une imprimerie,
» fera tenu fous trois jours pour ceux qui de-
» meurent dans une ville où il y a chambre fyn-
» dicale, & fous quinze jours pour ceux qui
» demeurent dans les villes où il n'y en a point,
» de porter ou d'envoyer à ladite chambre fon
» cartouche, fur lequel le maître de chez qui il
» fort aura mis fon confentement & la raifon
» pour laquelle il fort : il fera fait mention fur
» le regiftre, dudit confentement & des raifons

» & obfervations y contenues. Ce cartouche fera
» vifé par le fyndic & l'un des adjoints. Pour
» ce *vifa*, l'ouvrier payera vingt-quatre fous ;
» il payera la même fomme à chaque mutation.

» VI. Les maîtres feront tenus de faire exac-
» ment à la chambre fyndicale la déclaration
» des changemens qui furviendront dans leurs
» imprimeries, relativement à leurs ouvriers ou
» alloués, tant pour leur entrée que pour leur
» fortie : ils feront tenus de déclarer auffi, les
» quinze & dernier de chaque mois, les ouvriers
» qui auroient manqué à leur travail, foit par in-
» conduite, foit pour affaires, foit pour caufe
» de maladie, afin que les fyndic & adjoints
» puiffent en rendre compte. Ils enverront auffi
» à la fin de chaque mois à la chambre fyndicale
» un état général des ouvriers qui font occupés
» dans leur imprimerie.

» VII. Les maîtres ne pourront recevoir dans
» leur imprimerie aucun ouvrier, qu'il ne fe foit
» conformé au préfent réglement ; & lorfqu'un
» ouvrier entrera chez eux, ils auront foin de
» faire mention fur fon cartouche du jour de fon
» entrée.

» VIII. Quand un Imprimeur aura befoin
» d'ouvriers, il s'adreffera à la chambre fyndicale,
» où on lui préfentera la lifte de ceux qui feront
» fans ouvrage. Il pourra auffi y prendre com-
» munication du regiftre : s'il n'en a befoin que
» pour peu de jours ; il fera donné fans frais
» aux ouvriers, par les fyndic & adjoints, une
» permiffion de travailler, en attendant une place
» à demeure.

» IX. Chaque année il fera fait, fans frais,
» aux chambres fyndicales, un appel ou *vifa*

» général de tous les ouvriers travaillans dans les
» imprimeries de leur reſſort : ils ſeront tenus
» d'y venir faire viſer leurs cartouches, s'ils
» demeurent dans la ville où eſt établie la cham-
» bre ſyndicale, & de l'y envoyer viſer, s'ils de-
» meurent dans les villes de l'arrondiſſement ;
» & ce ſous peine de *ſix livres* d'amende, qui
» leur ſeront retenues ſur leur banque par les
» Imprimeurs chez leſquels ils travaillent ; cet
» appel ſera indiqué par lettres.

» X. Un ouvrier qui, pour être dans une im-
» primerie, ſeroit convaincu d'avoir pris le nom
» & de s'être ſervi du cartouche d'un autre,
» ſera puni exemplairement.

» XI. Afin que tous les Imprimeurs puiſſent
» connoître la capacité & la conduite des ſujets
» qui leur viennent des différentes provinces du
» royaume, chaque chambre ſyndicale enverra
» tous les ans à toutes les autres chambres,
» dans le mois qui ſuivra l'appel, l'état des
» enregiſtremens faits dans le courant de l'année,
» avec la note des obſervations qui y ſeront
» relatives, & l'état des brevets de leurs alloués.

» XII. Un ouvrier ne pourra être admis à
» travailler dans aucune imprimerie en province,
» s'il n'a fait viſer ſon cartouche au bureau de
» la chambre ſyndicale dans l'arrondiſſement de
» laquelle ſe trouve la ville où il prétend tra-
» vailler, & s'il n'a payé une livre quatre ſous
» pour le *viſa*.

» XIII. Les Imprimeurs du royaume ne pourront
» garder les ouvriers qu'ils ont même actuelle-
» ment dans leur imprimerie, ſi, dans un mois,
» pour ceux qui demeurent dans les villes où il
» y a chambre ſyndicale, & dans deux mois, pour

» les autres , à compter de la date de l'enregif-
» trement du préfent arrêt, les ouvriers qu'ils
» occupent ne leur juftifient du cartouche ci-
» deffus mentionné ; & ils feront tenus de dé-
» noncer à la chambre fyndicale , dans l'arron-
» diffement de laquelle ils demeurent, ceux qui
» auroient refufé de s'y foumettre , afin qu'elle
» puiffe en informer M. le chancelier ou garde
» des fceaux.

» XIV. Les libraires , les fils de libraires ou
» d'Imprimeurs-libraires du royaume, travaillans
» à l'imprimerie , feront exempts des fufdits en-
» regiftremens & cartouches, en juftifiant de leur
» qualité , foit par leurs lettres de réception, foit
» par le certificat des officiers de la chambre fyn-
» dicale de laquelle ils feront dépendans ; lequel
» certificat leur fera délivré fans frais.

» XV. Les protes ou directeurs des imprime-
» ries feront affujettis aux mêmes devoirs : ils
» ne pourront , ainfi que les ouvriers travaillans
» à la femaine, vulgairement appelés *ouvriers en*
» *confcience*, quitter leurs maîtres, qu'en les aver-
» tiffant un mois avant leur fortie : s'ils ont com-
» mencé quelque ouvrage , ils feront tenus de
» le finir ; ils ne pourront s'abfenter même une
» demi-journée fans en prévenir leurs maîtres.
» Ils feront tenus d'être à l'imprimerie en été
» depuis fix heures du matin jufqu'à huit heures
» du foir, & en hiver, depuis fept heures du
» matin jufqu'à neuf du foir.

» XVI. Les maîtres ne pourront congédier les
» protes ni les ouvriers travaillans à la femaine,
» & appelés *ouvriers en confcience* , qu'en les
» avertiffant quinze jours avant.

» XVII. Les ouvriers travaillans à leurs pièces,

feront

» seront tenus de se rendre à l'imprimerie au plus
» tard aux heures portées en l'article XV; ils
» continueront de jouir de la liberté d'aller tra-
» vailler dans une autre imprimerie, lorsque l'ou-
» vrage par eux commencé, ou dont ils auroient
» entrepris la continuation, sera entièrement
» achevé, en avertissant leur maître huit jours
» avant leur sortie.

» XVIII. Le maître qui voudra accélérer un
» ouvrage commencé, sera libre d'en donner une
» partie à d'autres ouvriers, sans que pour cela
» il soit permis à ceux qui l'auroient commencé
» de le quitter.

» XIX. Il ne pourra être levé par les ou-
» vriers des imprimeries, que six exemplaires
» seulement des ouvrages qu'ils impriment, dont
» deux pour le maître, un pour le directeur, &
» les trois autres pour être partagés en commun
» entre lesdits ouvriers. Ils seront tenus néan-
» moins de présenter leursdits quatre exem-
» plaires à celui qui aura fait faire l'impression,
» & qui pourra, si bon lui semble, les retenir
» en les payant.

» XX. Défend sa majesté à tous Imprimeurs,
» de recevoir aucuns ouvriers qui auront été
» congédiés d'une imprimerie pour débauches
» réitérées.

» XXI. Les ouvriers ne pourront, sous aucun
» prétexte que ce soit, faire aucun banquet ou
» assemblée, soit dans les imprimeries où ils
» travaillent, soit dans les cabarets ou ailleurs,
» sous peine de punition exemplaire; leur défend
» pareillement sa majesté d'avoir bourse commune
» ou confrairie.

» XXII. Pourront les Imprimeurs prendre tels

Tome XXX. A a

» ſujets qu'ils voudront , ſous le titre d'*alloués*,
» pour devenir ouvriers , d'après un brevet au
» moins de quatre années, paſſé ſans frais entre
» les maîtres & leſdits alloués , en préſence des
» ſyndic & adjoints , & ſigné par eux; examen
» préalablement fait par les ſyndic & adjoints,
» de la capacité du ſujet , qui doit ſavoir lire
» tant le manuſcrit que l'imprimé.

» XXIII. Ce brevet ſera fait ſur papier, tim-
» bré ſeulement du ſceau de la communauté, &
» il en ſera fait mention ſur un regiſtre deſtiné
» à cet effet.

» XXIV. Le temps de l'apprentiſſage fini,
» ledit brevet , quittancé par le maître , ſera
» échangé à la chambre ſyndicale contre un
» carrouche.

» XXV. Leſdits alloués ne pourront , ſous
» aucuns prétextes , d'après ledit brevet, acquérir
» le droit de parvenir à la maîtriſe d'Imprimeur
» ou de libraire.

» XXVI. Les plaintes reſpectives des maîtres
» contre les ouvriers , & des ouvriers contre les
» maîtres, ſeront portées aux chambres ſyndicales,
» pour y être jugées par les ſyndic & adjoints,
» à moins que leur gravité ne les obligeât d'en
» rendre compte à M. le chancelier ou garde
» des ſceaux , pour être par lui ordonné ce qu'il
» appartiendroit.

» XXVII. La ſomme réſultante de ce qui aura
» été payé pour les enregiſtremens, carrouches
» ou mutations , les frais prélevés , ſera diviſée
» annuellement en trois parties : la première,
» pour être diſtribuée par les ſyndic & adjoints
» aux anciens ouvriers infirmes & hors d'état de
» travailler , dont la conduite aura été exempte

» de reproches : la seconde, aux ouvriers obligés
» de suspendre leur travail pour cause de mala-
» die, & qui auroient besoin de secours : la
» troisième enfin aux ouvriers qui seroient au
» moins depuis trente ans dans la même impri-
» merie, & dont les maîtres certifieront l'exac-
» titude & la probité «.

Quand il s'agit de procéder à l'inventaire d'un
fonds d'imprimerie ou de librairie, les Imprimeurs
& les libraires peuvent seuls en faire le catalogue
& la prisée dans le cours de l'inventaire, & ce
catalogue doit être annexé, par les notaires, à
la minute de l'inventaire. C'est ce qui résulte,
tant de l'article 113 du réglement de 1723, que
de l'arrêt du conseil du 14 juillet 1727 (*).

*Voyez les loix citées dans cet article, & le code
de la librairie.* Voyez aussi les articles LIBRAIRE,
PRIVILEGE, LIVRE, &c.

IMPUBÈRE. La puberté, mot qui vient
du latin *pubes*, est l'âge auquel un enfant peut,
dans l'ordre naturel, contracter mariage, &
dans l'ordre civil, faire certains actes d'administration & de disposition. Cet âge est fixé, pour
les mâles, à 14 ans accomplis, & pour les filles,

(*) Et à l'égard des fonds de librairie & imprimerie, *porte
cet arrêt*, les libraires & Imprimeurs feront seuls le catalogue
& la prisée dans le cours de l'inventaire, lequel catalogue
sera par les notaires annexé à la minute de l'inventaire,
dans lequel, aussi bien que dans la grosse, il en sera fait
mention par un seul & même article, si les parties ne le
requièrent autrement ; dont en ce cas sera fait mention par
le notaire, sans que le présent réglement puisse être tiré à
conséquence par aucune autre communauté de marchands,
arts & métiers.

à 12 : ainsi, on appelle *Impubère* celui qui n'a pas encore atteint cet âge, & *pubère*, celui qui y est parvenu.

Le droit romain distinguoit, entre les enfans Impubères, ceux qui étoient proches de l'enfance, & ceux qui approchoient de la puberté. Jusqu'à sept ans c'étoit l'état de l'enfance ; depuis sept ans, jusqu'à la puberté, l'enfant étoit appelé *proximus pubertati*. Nous n'admettons point en France ces distinctions plus minutieuses qu'utiles ; & pour tout ce qui concerne les intérêts civils, l'enfant Impubère est, quant à la capacité, reputé le même, soit avant sept ans, soit après sept ans, jusqu'à la puberté. Ce n'est qu'en matière criminelle ou bénéficiale que cette distinction du voisinage de la puberté est quelquefois admise : mais dans les autres matières purement civiles, l'Impubère ne peut ni ester en jugement, ni paroître autrement que sous le nom d'un tuteur, dans quelque acte que ce soit, fût-ce pour rendre sa condition meilleure : il ne peut pas même être mis en nom dans les actes ou jugemens : on n'y emploie que le nom du tuteur : il représente le pupille, & pour la personne, & pour les biens ; & c'est par cette raison que l'acte de tutelle porte qu'un tel est nommé tuteur à la personne & aux biens.

Dès que l'enfant est parvenu à l'âge de puberté ordinaire, il est appelé *adulte*. Nous disons *puberté ordinaire*, qui est à douze & quatorze ans suivant le sexe, pour la distinguer de celle que l'on nomme *pleine puberté*, & qui n'est qu'à quatorze ans pour les filles, & à dix-huit pour les garçons : elle est appelée *pleine puberté*, parce que, quoiqu'à la rigueur, le pubère soit capable de se marier, on ne le regarde point comme pleinement propre au mariage : aussi les auteurs qui ont consulté ce qui paroissoit le plus convenable, soit pour les mœurs, soit pour le véritable intérêt de l'état, des familles, & des individus, ont-ils observé que le mariage étoit plus honnête en soi, & plus avantageux pour la descendance, lorsqu'on attendoit pour les filles jusqu'à seize ans & jusqu'à dix-huit pour les hommes.

Outre ces notions générales sur la puberté, il faut, pour être instruit plus particulièrement sur ce qui concerne les pubères ou Impubères, les considérer sous trois rapports : 1°. dans ce qui a trait aux intérêts purement civils : 2°. dans ce qui regarde l'état ecclésiastique : 3°. enfin par rapport aux matières criminelles.

1°. L'Impubère considéré en matière civile.

Un Impubère ne peut point tester, parce qu'étant en quelque sorte le législateur dans sa famille, il doit avoir le degré & la force de jugement nécessaire pour donner la loi & pour manifester une volonté sage & réfléchie, puisque le testament est défini en droit, *justa voluntatis sententia* : or les Impubères ne sont point présumés avoir ce degré de jugement & de discernement désiré par les loix : *Nullum eorum animi jucicium est ;* §. 1 *inst. quibus non est permissum fac. testam.*

Mais la puberté une fois accomplie, le mineur pubère peut, dans les pays de droit écrit, faire un testament, & disposer de tous ses biens, meubles & immeubles, sans aucune distinction.

Il n'en est pas de même en pays coutumier ; il ne suffit pas d'y avoir atteint l'âge de puberté

pour difpofer par teftament; la coutume de Paris (*)
exige *vingt ans pour tefter des meubles & acquêts:*
celles de Melun, article 246; Laon, article 59;
Châlons, article 68, &c., ne demandent pour
les filles que dix-huit ans. Quant aux propres, il
faut fa pleine majorité, fi ce n'eft qu'il n'y eût ni
meubles ni acquêts, auquel cas dans quelques coutumes, comme celle de Sens article 68, il eft permis
de difpofer du quint des propres, après vingt ans par
les mâles, & dix-huit par les filles.

Il s'eft élevé la queftion de favoir fi pour être
réputé pubère, il falloit que la fille eût excédé
la douzième année, & le garçon la quatorzième,
ou s'il fuffifoit que ces années fuffent completes:
utrum exceffiffe debeat, an fufficit compleffe, leg.
5, ff. *qui teftam. fac. poffunt.* Suivant cette loi, le
teftament fait le dernier jour qui complete la quatorzième année eft valable : *dico valere tefta-
mentum ; jam enim compleffe videtur.* Nos coutumes ne fuivent point la difpofition de cette loi;
il faut que l'année où il eft permis de tefter foit
accomplie & révolue : telle eft la jurifprudence du
parlement de Paris, même pour les provinces de
fon reffort qui font régies par le droit écrit ; &
cette jurifprudence paroît fondée en raifon. Le teftament eft un acte trop folemnel pour ne pas
exiger à la rigueur le complément du nombre
d'années prefcrites par la loi, puifque fouvent
l'effet des difpofitions teftamentaires tend à dépouiller des familles, des parens proches, pour enrichir
un étranger ou un parent fort éloigné. Dans une
matière plus favorable, le droit Romain veut que

—————————————

| Article 293.

l'époque fixée soit révolue : pour s'excuser de la tutelle à raison de l'âge, il faut avoir excédé soixante-dix ans : *excessisse opportet 70 annos.* Leg. 2, ff. *de excusat. tut.*

D'après cette incapacité où est l'Impubère de tester, on a examiné si un mineur ayant fait son testament avant l'âge de puberté, & n'étant décédé que plusieurs années après, même ayant acquis la majorité, son testament est devenu valable, comme étant présumé approuvé par le silence du défunt, & n'ayant d'effet qu'à compter du jour du décès. La loi 19., ff. *qui testam. fac. possunt,* décide que le testament n'est pas validé par ces circonstances. En effet étant nul dans l'origine, il ne peut point être confirmé par un silence que l'on doit plutôt regarder comme un oubli que comme une approbation.

On avoit d'abord douté, parmi les Romains, si un eunuque pouvoit tester : la raison de douter étoit fondé sur ce que le testament n'étoit permis qu'aux pubères ; & prenant le mot *pubes.* dans l'acceptation & la signification ordinaire, on disoit qu'un eunuque n'ayant jamais la marque qui, suivant la marche de la nature, annonce la puberté, la faculté de tester ne lui étoit jamais acquise. On ajoutoit que ces infortunés étoient une espèce de troisième race d'hommes : *Alexander severus Eunuchos, tertium genus hominum appellavit.* Vid. Godefroi, sur la loi 5, cod. *qui testam. fac. possunt.*

Le raison de décider en faveur des eunuques fut de dire : 1°. dans l'ordre naturel & physique, que cette marque de puberté seroit un signe quelquefois erroné, puisqu'il y a des hommes & des femmes de trente ans chez lesquels elle ne fe rencontre pas : 2°. dans l'ordre moral & civil ; que la capacité de refter tenoit au jugement & au difcernement, & que les marques ordinaires de la puberté n'influent point fur les facultés intel-lectuelles.

Malgré la folidité de ces raifons, le doute fub-fifta long-temps, puifqu'il a fallu une loi précife pour le faire ceffer : on la trouve au cod. leg. 5, *qui teftam. fac. poffunt :* elle fut publiée par l'em-pereur Conftantin.

Les Impubères ne font point incapables d'être inftitués héritiers, recevoir des legs ou autres li-béralités, même entre-vifs, parce que l'adition d'hérédité faite par le tuteur, fa demande en dé-livrance d'un legs ou l'acceptation d'une donation, fe font toujours fous la condition tacite, que fi le don eft onéreux au mineur, il pourra y renoncer ou fe faire relever.

Il refte à examiner au fujet des mineurs Impu-bères une queftion intéreffante, fur laquelle on ne trouve point de réfolution dans les auteurs, ni même de difcuffion : l'objet eft cependant effen-tiel, & peut, ou embarraffer les premiers juges, ou caufer un dommage confidérable aux mineurs, fouvent même leur ruine.

Peut-on émanciper un mineur Impubère ? On n'examinera pas ici fi dans les chancelleries on doit accorder aux Impubères des lettres de béné-fice d'âge : les officiers qui préfident à la déli-vrance de ces lettres ne les donnent que fous la condition qu'elles n'auront d'effet qu'après l'avis des parens & l'entérinement du juge auquel elles font adreffées : ainfi tout eft foumis à l'arbitrage du juge qui doit procéder, *tanquam vir prudens & peritus.*

C'est donc sur le devoir & l'autorité du juge
en pareil cas, que porte uniquement la question
proposée. On trouve dans les loix Romaines la loi
omnes adolescentes, cod. *de his qui veniam ætatis
impetraverunt*, qui décide que le bénéfice d'âge
pour régir & administrer ses revenus ne doit être
accordé qu'à vingt ans aux garçons, & à dix-huit
aux filles; lorsque les uns & les autres auront prouvé leur honnêteté, leur prudence & leur
bonne conduite, *morum suorum instituta, probita-
tem animi, mentis solertiam & testimonium vitæ
edoceant.*

La rigueur de cette loi, un peu opposée à celles
qui faisoient finir *pleno jure* la tutelle à l'âge de
puberté, & donnoient au pubère la faculté de
régir ses biens, a été modérée par une constitution de l'empereur Léon : c'est la vingt-huitième :
elle veut d'abord que la faculté d'administrer ses
biens soit refusée à l'adulte qui a excédé vingt
ans, s'il paroît par sa conduite que cette liberté
puisse lui devenir nuisible : l'empereur ajoute ensuite, que comme cette administration s'accorde
en raison des connoissances du mineur, on pourra,
lorsque le sujet aura les qualités requises pour
bien gérer, ne pas attendre l'âge de vingt ans :
*unum est enim quod requiritur ne bona labefactan-
tur, quod cùm adsit supervacaneum est ætatem
expectare.* Mais cette constitution qui s'est toujours
observée par la sagesse de ses dispositions, ne dit
point que l'on puisse accorder la gestion à un mineur au dessous de quatorze ans : le titre de la
constitution annonce même que l'empereur a entendu parler des mineurs déjà *adultes*, puisqu'il
est conçu en ces termes : *Quo tempore administra-
tio ADULTIS concedi debeat* : & c'est ainsi que

cela a été pratiqué dans l'usage en pays de droit écrit.

On doit, à plus forte raison, s'y conformer en pays coutumier où la tutelle ne finit point de droit à quatorze ans, & où, pour la faire cesser, il faut recourir aux lettres du prince : les mineurs n'ont point, par les coutumes, la faculté de tester à douze & quatorze ans ; ils n'ont point comme en pays de droit écrit le droit indéfini de disposer de la totalité de leurs biens meubles ou immeubles, propres ou acquêts : il faut donc en conclure que l'émancipation, loin de pouvoir être accordée en pays coutumier avant la puberté, ne devroit, dans la règle étroite, y avoir lieu qu'à l'âge auquel les coutumes permettent de disposer du mobilier, puisqu'un des effets de l'émancipation, est de laisser au mineur émancipé la pleine liberté de vendre ses meubles, tandis qu'aux termes de la coutume il ne peut en disposer qu'à vingt ans.

Cependant dans l'usage on entérine les lettres de bénéfice d'âge dès que les enfans ont atteint l'âge de puberté, & que les parens attestent leur capacité d'administrer : on peut même dire que cette facilité de la part de plusieurs juges est portée à un point qui dégénère en abus,& devient presque toujours très-préjudiciable aux mineurs : l'abus est encore plus dangereux & plus intolerable lorsque les mineurs n'ont pas l'âge de puberté : les émanciper en pareil cas, c'est livrer un enfant à son inexpérience, l'exposer à être la victime des piéges que des gens avides peuvent lui tendre, faire éclore des passions que le défaut de ressources pourroit long-temps contenir ; enfin, c'est supposer une prudence qui ne peut être acquise,& regarder

comme un citoyen fage, celui de qui la loi dit
que le jugement eſt encore nul.

Peu importe que des parens, ou ſéduits par
quelqu'un intéreſſé à l'émancipation, ou trop peu
attentifs aux intérêts des mineurs dont ils devroient
être les ſoutiens, atteſtent au juge que ces Impubères ſe ſont bien conduits, & qu'ils ſont capables de régir leurs biens : leur avis n'eſt pas une
loi qui puiſſe maîtriſer le juge; & ſans y avoir
égard, il eſt fondé à refuſer l'entérinement des
lettres d'émancipation : il le doit même, ſur tout
ſi l'âge & l'inexpérience de l'Impubère ſont tels
que ce ſoit une dériſion de l'émanciper, comme
ſi c'étoit un enfant de onze à douze ans; s'il étoit
dans quelque école & hors d'état par ſa poſition,
comme par ſon âge, de veiller à ſes biens; ſi
ſes biens étoient de nature à demander une longue expérience, & des connoiſſances particulières
ou locales.

Il eſt des praticiens qui peuſent excuſer cet
abus, & qui croient même qu'il n'y en a point
à émanciper un mineur Impubère, lorſqu'il
a des frères ou ſœurs déjà pubères, parce
qu'alors, diſent ces praticiens, l'expérience des
uns ſupplée à l'inexpérience des autres, & que
l'intérêt de l'adminiſtration étant commun, ce
que le pubère fait profite à l'Impubère.

Ces réflexions ſont abſolument inſuffiſantes
pour autoriſer l'émancipation d'un Impubère :
1°. elles ne ſont fondées ſur aucune autorité, &
il n'exiſte point de réglement duquel on puiſſe
les faire réſulter : 2°. en matière d'état des citoyens,
la capacité ne ſe ſupplée point : 3°. on pourroit
s'en rapporter à la geſtion du frère ou de la ſœur
pubère, ſi ceux-ci, en cas de négligence ou d'a-

bus, étoient garans & comptables envers leur frère
Impubère ; mais celui-ci n'ayant aucun compte à
leur demander , parce qu'en conséquence de son
émancipation , on aura foin de lui faire figner les
quittances , baux ou reconnoiffances , dont il ne
connoîtra néanmoins ni le fens ni la conféquence,
il fe trouvera avoir diffipé fa fortune fans le favoir , & fans avoir aucun recours.

En un mot , les inconvéniens de l'émancipation,
en pareil cas , font fi graves , fi multipliés , fi oppofés au but de la loi & au véritable intérêt des
mineurs , que , loin d'autorifer l'émancipation , il
feroit à défirer qu'il y eût, ou une loi du prince,
ou un réglement de la part des magiftrats fupérieurs , pour arrêter les effets d'un pareil abus.

L'auteur de la collection de jurifprudence a
cependant cherché à le canonifer , en obfervant,
verbo EMANCIPATION: » Qu'en général les lettres
» d'émancipation ne s'accordent qu'à la pleine
» puberté ; mais qu'il arrive fouvent que des mi-
» neurs au deffous de cet âge obtiennent & font
» entériner des lettres d'émancipation : cela dé-
» pend, ajoute Denifart , de la bonne conduite
» du mineur, & des efpérances avantageufes qu'il
» donne à fa famille «. La remarque du compila-
teur n'eft appuyée d'aucune autorité, d'aucun raifonnement ; & fûrement elle eft inadmiffible, &
de la plus dangereufe conféquence , d'après les loix
& les principes que nous venons de développer
& d'établir.

Il y a plus: cet article de la collection, qui
forme le neuvième du mot Emancipation, eft détruit par l'article qui fuit, dans lequel Denifart
rappelle trois arrêts du confeil des 20 août 1718,
14 août & 3 feptembre 1719 , dont le dernier eft

revêtu de lettres - patentes regiftrées au parlement de Rouen le 5 décembre 1719, par lefquels il eft réglé que les lettres d'émancipation feront fcellées pour les garçons à 16 ans, & pour les filles à 14.

On doit dire en effet, que fi pour la Normandie, où l'on eft réputé majeur à vingt ans, fuivant l'art. 38 du réglement de 1666, pour vendre & hypothéquer fes immeubles, il eft décidé que l'émancipation ne doit être accordée qu'à 16 ou 14 ans; à plus forte raifon ne doit-on pas devancer ce bénéfice dans les autres provinces : ainfi, l'article 8 de Denifart eft une erreur prouvée telle par l'article fuivant. Il étoit important, pour l'intérêt des mineurs, de relever cette affertion, qui, dans les provinces éloignées, & fur-tout dans les petites juftices, pourroit donner lieu à une foule d'abus & d'inconyéniens.

2°. *L'Impubère confidéré relativement à l'état eccléfiaftique.*

L'Impubère peut-il être tonfuré ? peut-il obtenir des bénéfices ? eft-il en droit de préfenter aux bénéfices dont il a le droit de patronage ? de réfigner les bénéfices dont il eft pourvu, & d'efter en juftice ? Telles font les principales queftions qui ont trait à la puberté, lorfqu'il s'agit de matières eccléfiaftiques ou bénéficiales.

Sur la première queftion, c'eft aujourd'hui une maxime conftante, qu'un enfant qui a fept ans accomplis peut recevoir la tonfure. On trouve cette décifion au chapitre dernier *de tempore ordinat. in 6*; dans Rebuffe, *in praxi benefic.* part. 1 ! tit. *Requifita ad collat. benef.* dans d'Héricourt, &c. Rebuffe obferve même que la tonfure peut être donnée à 6 aus fur une difpenfe du pape, & qu'il y en a plufieurs exemples, parce que cet objet n'eft point regardé comme étant de droit pofitif.

Sur la feconde queftion, il eft conftant, & tel eft l'ufage général, que pour obtenir un bénéfice, il faut au moins avoir 7 ans accomplis, & être confirmé & tonfuré; & on fuit fur cela, non le concile de Trente, chap. 6, feffion 23 *de reforma-tione*, qui défend de nommer aux bénéfices ceux qui n'ont pas 14 ans, mais la dix-feptième règle de chancellerie, fuivant laquelle il fuffit d'avoir 14 ans accomplis pour les canonicats des cathé-drales; dix ans pour ceux des collégiales, & 7 ans pour les chapelles & bénéfices fimples. Ce-pendant, comme cette règle n'eft point du nom-bre de celles qui font loi en France, les tribunaux fuivent fur ce point leurs ufages particuliers : & c'eft par cette raifon que le grand confeil autorifoit la nomination d'un fujet âgé de 10 ans, pour rem-plir les canonicats des églifes cathédrales.

Quant aux bénéfices réguliers, il eft de règle que les dignités conventuelles ne peuvent point être données à un Impubère; & même, pour ob-tenir en concurrence un bénéfice régulier fimple, il faut 14 ans accomplis, ainfi qu'il a été jugé par arrêt du 28 août 1676, rapporté au journal des audiences.

Sur la troifième queftion, qui préfente trois ob-jets, on doit tenir comme certain fur le premier, que le mineur Impubère peut préfenter aux bénéfices dont il eft queftion, en diftinguant cependant avec Rebuffe, *tract. nominat. quæft.* 17, *n.* 20, fi l'Im-pubère n'a pas 7 ans, ou s'il eft au deffus de cet âge; car au premier cas, c'eft le tuteur feul qui peut & doit préfenter; &, au fecond cas, le pu-

pile a le droit de préfentation ; fa préfentation eft
même préférée à celle que feroit le tuteur, par ce
qu'il feroit contradictoire qu'il pût être bénéficier,
& qu'il n'eût pas le droit de nommer à un bénéfice, & de faire un acte qui ne confifte que dans une
grâce, dont il ne peut pas profiter pour lui même.

L'Impubère eft également capable de réfigner
fans l'autorité d'un tuteur ; mais il faut convenir
qu'en pareil cas, tout dépend des circonftances,
& qu'il faut être bien affuré de la volonté expreffe
du mineur, & de la réfolution où il eft de quitter
l'état eccléfiaftique. Brodeau rapporte nombre d'arrêts qui ont annullé des réfignations faites en minorité, parce qu'il y avoit preuve de mauvais ar-
tifices, fraudes, pratiques & manœuvres employées pour féduire ou tromper le mineur.

Enfin le mineur, même Impubère, peut agir
& fe défendre en matière bénéficiale, & efter en
juftice fans l'affiftance de fon tuteur. L'article 14
du titre 15 de l'ordonnance de 1667 déclare indéfiniment les mineurs pourvus de bénéfices,
capables d'agir en juftice fans l'autorité & affiftance d'un tuteur, tant pour le poffeffoire que pour
les droits & fruits du bénéfice.

3°. *L'Impubère confidéré relativement aux délits*
& matières criminelles.

L'Impubère n'eft point réputé capable d'un
crime proprement dit : s'il en commet un, ce n'eft
que matériellement ; le père n'en eft point refponfable, & on ne peut pas le condamner en des
dommages & intérêts envers le plaignant : c'eft
ainfi que l'ont jugé deux arrêts rapportés par Bardet, tom. 1, liv. 2 & liv. 3. Dans l'efpèce du
premier, du 9 juin 1625, un enfant de 7 ans 3

mois avoit jeté un éclat de bois à un de ſes camarades du même âge, & lui avoit crevé un œil. Dans l'eſpèce du ſecond, rendu le 19 mars 1629, un enfant de 8 ans, déjà borgne des ſuites d'une maladie, reçut, en jouant avec des enfans de ſon âge, un coup de pierre qui le priva de l'autre œil.

Ces deux arrêts ont jugé que les enfans ne devoient pas être punis de ces délits involontaires, & que leurs peres n'étoient pas garans des effets funeſtes qui en étoient réſultés.

- On trouve même au journal des audiences un autre arrêt du 16 mars 1630, qui a infirmé un décret de priſe de corps, décerné contre un enfant d'onze ans 6 mois, accuſé d'avoir tué un autre enfant avec une pierre; évoquant le principal, l'arrêt a mis ſur la plainte hors de cour ſans dépens, & a même fait défenſes à tous juges de procéder extraordinairement pour raiſon de tels accidens.

Cette juriſprudence eſt fondée ſur ce qu'on ne peut pas préſumer dans un enfant qui n'a pas atteint l'âge de puberté, un jugement mûr, une malice réfléchie, ni par conſéquent un deſſein formé de faire le mal.

Cependant tout en cette partie dépend des circonſtances & de la ſageſſe du juge; & il eſt prudent de ſuivre quelques règles données à ce ſujet par Juſtinien, §. 18, inſtit. de obligat. quæ ex delicto naſcuntur. Cet empereur obſerve qu'on avoit douté ſi un Impubère pouvoit être pourſuivi actione furti; il décide qu'en général l'Impubère ne doit pas être réputé coupable de larcin en ce ſens, qu'il ſoit ſujet à l'action & aux peines du vol; mais il veut que l'on diſtingue ſi c'eſt un enfant voiſin de la puberté, & ſi en dérobant il a connu le mal qu'il faiſoit: dans ce cas, il veut que

que l'enfant soit puni, parce que, comme le portent les loix du code, tit. *de pœnis*, *malitia supplet ætatem.*

Mais que doit alors faire le juge, & quelle sera la peine qu'il infligera ? Il est certain qu'il faut toujours s'assurer du voleur, & le tenir en prison, soit pour découvrir s'il n'a pas des complices, ou s'il n'a pas été excité par quelqu'un ; soit pour intimider le coupable, & tâcher de déraciner, par cette première punition, un penchant qui pourroit dégénérer en habitude.

Quant aux peines, on condamne quelquefois les enfans à avoir le fouet sous la *custode* (*), quelquefois à être enfermés pour toujours ou à temps, même à être présentés à une potence, ou à être pendus sous les aisselles (**). Tout cela dépend de la gravité du délit, de l'âge du coupable, de ses connoissances, de ses habitudes. Il faut cependant observer que les dernières peines indiquées

---

(*) On entend par *custode*, du mot *custodire*, un endroit particulier de la prison : il seroit difficile d'indiquer l'origine de cette peine ; peut-être les juges séculiers en ont-ils pris l'exemple de quelques confesseurs, qui autrefois donnoient en secret la discipline à leurs pénitens ; ce qui s'appeloit donner la *discipline sous la custode*.

(**) Par arrêt du 22 décembre 1682, le parlement condamna un petit garçon de la Ferté-Bernard, à être pendu sous les aisselles pendant deux heures en place de Grève, & à être ensuite fouetté & renfermé à l'Hôpital-Général, pour avoir occasionné la mort de quatre personnes, en mettant du poison dans un pot-au-feu, par ordre de son père.

La même peine fut prononcée par arrêt du 30 juillet 1722, contre le frère de Cartouche, insigne voleur, âgé seulement de quinze ans.

ne peuvent être prononcées que par les cours souveraines.

Quoiqu'en matière civile les mineurs de 14 ans ne puissent point être témoins, suivant la loi *in testimonio* ff. *de testibus*, ils peuvent, en matière criminelle, être reçus à déposer des faits auxquels ils ont été présens, sauf aux juges, en procédant au jugement, à avoir tel égard que de raison, à la solidité, à la nécessité, & aux circonstances de leur déposition : c'est ce qui est autorisé & prescrit par l'ordonnance de 1670, tit. 6, art. 2.

Voyez, sur ce qui regarde cet article, le corps du droit Romain ; les loix civiles de Domat ; Furgolle, sur les instituts ; les ordonnances de 1667 & 1670 ; le journal des audiences ; Rebuffe, Cabassut, d'Héricourt ; Rousseau de Lacombe, &c. Voyez aussi les articles MINORITÉ, MAJORITÉ, EMANCIPATION, &c.

(*Cet article est de M.* BOYSSOU, *avocat au parlement*).

IMPUISSANCE. C'est dans l'acception la plus générale un défaut de moyens pour remplir un objet qu'on se propose.

C'est en jurisprudence, & dans l'union de l'homme & de sa femme, un défaut de moyens pour remplir l'objet du mariage, qui est la procréation des enfans.

Le jurisconsulte, qui doit être chaste & pur comme la loi, se trouve embarrassé en traitant ces matières, qui peuvent réveiller des images voluptueuses : mais en se rendant l'interprète de la loi, il s'oblige à parler avec autant de courage que le législateur, des mystères de la nature ; & ce n'est pas sans doute dans un livre de jurisprudence que

l'imagination viendra chercher ce qui peut en=
flammer les fens. Ici tout eft épuré par la juftice;
qui eft à la fois le guide & l'objet de nos recherches. ,

Les loix civiles & la religion préfident enfemble
à l'union de l'homme & de la femme : les loix
en ont fait un contrat, & la religion un facrement.
L'inftinct le plus aveugle & le plus fougueux de
la nature, eft devenu ainfi, pour l'efpèce humaine,
la fource de fes devoirs les plus facrés, & de fes
obligations les plus étendues. On a penfé que la
religion chrétienne étoit la feule qui eût imprimé
un caractère de fainteté au mariage. C'eft une erreur : c'eft la feule, fans doute, qui l'ait fanctifié
réellement, puifqu'elle eft la feule qui ait une
origine célefte ; mais toutes les autres ont fait intervenir auffi le ciel dans ce grand acte, & par-
tout les dieux ont été pris pour les garans de la foi
conjugale.

Mais le lien du mariage, également facré dans
tous les cultes & fous toutes les loix, n'eft devenu
indiffoluble que fous les loix que notre religion a
prefcrit à toutes les fociétés chrétiennes. En per=
mettant le divorce, Moife, ainfi que Numa, donnoit à l'homme & à la femme le pouvoir de rompre une union où l'un ou l'autre, ou bien tous les
deux enfemble, auroient apporté quelqu'Impuiffance d'accomplir les efpérances qu'ils s'étoient
données : ils pouvoient, en fe féparant, laiffer
ignorer à la fociété les motifs de leur féparation,
& la honte de l'Impuiffance étoit couverte de toutes
les autres caufes naturelles & légales du divorce :
mais fous la loi des chrétiens, le mariage étant
indiffoluble de fa nature, devenoit éternel dès qu'il
étoit accompli : l'homme & la femme ne pou-

voient donc fe féparer après s'être unis, qu'en prouvant qu'il n'y avoit entr'eux qu'un fimulacre de
mariage, & que les loix & la religion n'avoient
pu éternifer des nœuds que la nature ne leur avoit
pas donné le pouvoir de former. Telle eſt l'origine
de toutes ces accuſations d'Impuiſſance, qui ont
été ignorées de l'antiquité, & qui ont produit
tant de ſcandale, & une juriſprudence ſi incertaine
dans les tribunaux de juſtice des peuples modernes,
Juſtinien, qui preſcrivit le premier le divorce par
des loix civiles, eſt auſſi le premier empereur qui
ait promulgué des loix fur l'Impuiſſance. Il n'en
eſt point de plus néceſſaire depuis la prohibition
du divorce. On cherche dans le mariage la con-
ſolation de la vie, & la ſauve-garde de la vertu:
il eſt deſtiné à donner des citoyens à la patrie ; &
l'Impuiſſance de l'un des deux, fait pour tous les
deux le plus grand tourment de la vie, de ce qui
devoit en être le plus grand charme ; & les déſirs
de la nature, irrités vainement par ce qui étoit
deſtiné à les ſatisfaire, deviennent, par l'Impuiſſance, l'attrait le plus terrible du vice, & le danger
le plus invincible pour la vertu ; & la patrie perd
à la fois, par l'Impuiſſance de l'un, tous les fruits
de la fécondité de l'autre.

Il eſt donc on ne peut pas plus important de
connoître toutes les cauſes d'Impuiſſance qui ont
été marquées par les loix civiles & eccléſiaſtiques,
& toutes les eſpèces de preuves qu'elles admettent pour s'aſſurer de cette Impuiſſance, qui doit
avoir le pouvoir de rompre des nœuds indiſſolu-
bles par leur eſſence.

Caractères de l'Impuiſſance.

Pour bien connoître quel étoit l'homme impuiſſant

à remplir le vœu du mariage, les loix devoient connoître d'abord quelles font les qualités qui donnent à
l'homme le pouvoir qui établit pour lui le droit
de fe marier. Il eft évident qu'elles font renfermées
dans les trois facultés fuivantes : 1°. il faut qu'il
ait été organifé par la nature, de manière qu'il
montre, dans ce qui le conftitue homme, tous
les rapports de grandeur que l'on obferve dans
tous ceux qui font propres à la génération. Le
défaut de cette grandeur peut donc être confidéré
comme une caufe & comme un figne d'Impuiffance ; auffi a-t-il été admis par les loix civiles &
eccléfiaftiques : 2°. il faut que la préfence de la
femme que fon cœur a choifie faffe naître dans
fon fang cette chaleur & ce mouvement qui, en
infpirant des défirs, donnent aux organes de l'homme
un mouvement & une étendue qu'ils n'ont point
dans leur état de tranquillité : ces foudaines &
invincibles émotions, ces révolutions rapides font
au dehors les fignes les plus caractérifans de la
puiffance : c'eft ce défordre de la nature qui affure
la confervation des êtres ; auffi les loix ont-elles
prononcé que l'homme qui ne s'enflamme point,
eft Impuiffant, quoiqu'il ait d'ailleurs les apparences les plus impofantes du pouvoir & de la
force. *Frigidus is cenfetur qui licet habeat mem-
brum, habet tamen inutile ad copulam quia ineri-
gibile.*

Il ne faut point chercher ailleurs que dans la
nature, la caufe de cette froideur qui glace les
fens de l'homme Impuiffant : on l'a cherché long-
temps dans les *malifices*, dans les *ligatures ou
nouemens d'aiguillette.* Il feroit trop honteux de
tenir encore devant nos tribunaux ce langage qui
nous a été tranfmis par des efprits aveuglés de

Bb iij

toutes les erreurs de la forcellerie : il ne faut point
que les loix paroissent consacrer ce dont la raison
rougit ; & il est difficile de comprendre pourquoi
les jurisconsultes qui parlent encore, de nos jours,
de *malefice & d'aiguillette*, montrent tant de ménagement pour des choses qui ne tiennent par
rien à tout ce que nous avons de respectable. Les
tempéramens ont plus ou moins d'ardeur, suivant
que le sang est plus ou moins enflammé, & que
les nerfs sont plus ou moins irritables. Toutes les
causes ici sont dans la nature, comme tous les
effets ; elle seule a tous les secrets de cette ma-
gie qui montre l'homme si différent dans son pouvoir & dans son Impuissance : la nature est l'u-
nique magicienne dans toutes ces affaires.

3°. Il ne suffit point à l'homme, pour opérer
ce que la société attend de lui dans le mariage,
que ses organes soient bien constitués, & qu'ils
s'enflamment par les défirs ; il faut encore qu'il
renferme en lui-même les germes de la génération, & qu'il soit capable de les déposer dans
le sein de la femme au moment de leur union.
Les loix n'ont pas dédaigné de nous apprendre
que les eunuques : qui conservent toutes les apparences dans le principal organe, font capables aussi
de tous les mouvemens de la jouissance. La nature
peut avoir fait des eunuques, & ce sont ceux qui
font privés des germes créateurs. Je me servirai
ici, pour résumer tous ces caractères d'Impuissance, du langage des jurisconsultes mêmes : *conformation, mouvement, pénétration & expulsion* ;
voilà ce qu'on exige de l'homme pour qu'il en
mérite le titre ; & quiconque est privé de toutes
ces choses, ou de quelques-unes, ou même d'une
seule, est réputé Impuissant.

Tout a été clair & facile jufqu'à préfent , & nous n'avons pas eu de peine à déterminer les caractères & les caufes de l'Impuiffance, d'après la nature & d'après les loix pofitives qui doivent être fur-tout les autorités du jurifconfulte. Nous aurons plus de peine à fixer les preuves qui doivent donner à la juftice la certitude de l'exiftence de ces caractères, dans l'homme qu'une accufation d'Impuiffance a conduit aux pieds de la juftice. Ici tous les moyens paroîtront infuffifans , & les loix feront incertaines ou même contradictoires, parce que la nature a caché aux légiflateurs les loix qu'elle fuit dans la génération des êtres. Jamais les volontés de la loi ne deviennent plus fenfibles & plus claires, que lorfqu'on s'efforce d'en faire une jufte application. Suppofons donc qu'un homme foit accufé d'Impuiffance, & que la juftice cherche à s'affurer de fon état, la première chofe qu'elle veut connoître, c'eft fa conformation ; des experts l'examinent : que peuvent-ils voir? Ils verront bien d'abord s'il lui manque quelque chofe, ou s'il a tout : mais il eft une partie des organes effentiels à la génération dont ils ne peuvent juger la grandeur, parce que cette grandeur varie avec les impreffions faites fur les fens. Il eft des hommes qui ne fe montrent prefque pas lorfqu'ils font tranquilles, & qui font paroître de grands moyens lorfqu'ils font émus : d'autres au contraire qui font dans le calme même des fens, tout ce qu'ils peuvent jamais être. Il eft donc prefqu'impoffible que les experts prononcent avec quelque certitude fur la conformation extérieure. La nature a, dans ce genre, des bizarreries que l'homme ne pourra jamais foumettre à fes obfervations. Première difficulté d'avoir des preuves de l'Impuiſſance. *Cum probatio per inſpectionem ſit fallax & lubrica.* Déc. de la Rote.

Suppoſons cependant qu'ils prononcent décidément que l'homme eſt bien organiſé : comment pourront-ils ſavoir que ces organes, qui ne ſe montrent à leurs yeux que dans un état de langueur & de mort, reçoivent des déſirs la flamme & le mouvement qui leur ſont néceſſaires pour le grand acte de la nature ? Il eſt bien organiſé, mais il peut être froid, & la frigidité eſt une eſpèce d'Impuiſſance marquée par les loix : *eſt membri, dit Zachias, quamvis optimè conformati, flacciditas quædam & inexcitabilis mollities.*

Croirons-nous, avec Hotman, Hoſtienſis, & Tageran, que les experts ont des ſecrets pour éprouver la ſenſibilité de ces organes ; qu'ils ſavent *les mouvoir* de manière à y appeler la flamme des déſirs, & que c'eſt-là un moyen que la juſtice peut employer pour connoître la vérité que la nature lui cache ? Peut-être qu'en effet ce moyen, quelque révoltant qu'il paroiſſe à la pudeur, pourroit être employé ſans crime, lorſqu'il s'agit de découvrir un fait dont dépend le bonheur de deux êtres, ſi le ſuccès qu'il promet pouvoit jamais avoir quelque certitude : peut-être qu'alors le crime d'Onan feroit un acte légitime, parce qu'il auroit été ordonné par la juſtice : mais il eſt évident que tout ce grand art des experts ne peut donner à la juſtice que des lumières trompeuſes. Quel homme, de quelque puiſſance dont l'ait doué la nature, peut enflammer ſon imagination & ſes ſens, devant des témoins qui l'examinent avec un œil ſévère ? Eſt ce devant des docteurs en médecine que ſes organes pourront ſe mouvoir & s'enflammer ? Eſt-il donné à des hommes

qui ne préfentent à l'imagination que des idées
effrayantes, d'opérer des effets que la nature a ré-
fervés aux grâces & à la beauté? Si ces docteurs
portent leurs mains fur lui, eft-il étonnant qu'il
n'éprouve point ce frémiffement de défirs & cette
puiffance qui fe manifefte fous le tact d'une femme?
Cette épreuve enfin plus alarmante encore pour
la pudeur que le congrès, puifqu'elle offenfe de
plus la nature, eft elle plus digne que le congrès
d'être au rang des épreuves judiciaires? Dans le
congrès, l'homme étoit au moins devant la femme;
il la voyoit, il la touchoit; & s'il pouvoit oublier
un inftant les témoins dont ils étoient environnés,
la nature pouvoit lui donner la force de confommer, fous les voiles de la juftice, l'acte qui devoit démontrer fa puiffance. Mais ici il n'y a point
de femmes, & il y a des témoins; & l'on veut
que ces témoins, qui, dans le congrès, éteignoient
le feu des défirs, fervent ici à les enflammer!
Toute cette théorie, il faut en convenir, eft fondée
fur des idées qui n'ont pas été dictées par une
connoiffance exacte des procédés de la nature; &
l'on a lieu de s'étonner que ces mêmes magiftrats,
dont les lumières ont aboli le congrès depuis un
fiècle, n'aient pas aboli de même cette efpèce
d'épreuve par les experts. Seconde difficulté d'avoir
des preuves de l'Impuiffance.

La troifième eft beaucoup plus forte encore.
Dans les deux premières épreuves, les objets que
l'on doit juger font au moins fous les yeux: leurs
proportions peuvent être déterminées jufqu'à un
certain point, fi l'on ne peut rien affirmer des variations qu'y produit la préfence ou l'abfence des
défirs. Mais, comment pourroit-on parvenir jamais à favoir fi, dans l'acte qui l'unit à la femme,

l'homme peut lui tranfmettre les germes néceffaires à la procréation ? Comment découvrir fi
les organes de fon corps compofent ces germes ré-
productifs de l'efpèce humaine ? Il pourroit les
avoir, fans qu'ils fuffent prolifiques ; mais alors
il feroit ftérile, & non pas impuiffant. Il s'agit de
favoir s'il les a. Mais tout difparoît aux regards
humains, lorfque l'homme & la femme fe confon-
dent dans leurs jouiffances, & les derniers évè-
nemens de cet acte augufte de la nature, font
cachés dans les myftères même de la génération.

Dans l'impoffibilité de trouver dans l'homme
des preuves certaines de fon pouvoir ou de fon
Impuiffance, on a voulu les chercher dans la
femme. Si elle eft vierge, a-t-on dit, il eft démontré que l'homme eft impuiffant. Il ne s'agit
donc plus que de favoir fi la femme eft vierge;
& c'eft en elle que la nature nous laiffe pénétrer
le myftère de la puiffance ou de l'Impuiffance de
l'homme. La jurifprudence, guidée par ce raifonnement, a levé le voile de la pudeur devant la
juftice même ; & des femmes qui parloient de
leur virginité, n'ont pas craint de demander des
épreuves qui devoient la fouiller en la conftatant.
Heureufement, des naturaliftes font venus éclairer
les loix & la juftice, & épargner des outrages inutiles à la pudeur. Il eft prouvé aujourd'hui qu'il
n'eft aucun figne certain de la virginité, & qu'elle
fe dérobe aux regards, comme la vertu qui la
conferve. Tous fe font accordés à dire que, *fallax
eft infpectio an virgo fit*. Zachias a traité cette queftion expreffément, & fa conclufion eft la même:
Virginitatis nulla dantur certa & indubitabiles notæ.
Dans toutes les univerfités de médecine, les thèfes
qu'on a foutenues fur cette matière portent la

même conclusion : *Nulla dantur virginitatis signa.*
Les canonistes n'ont pas tardé long-temps à s'éclairer
des lumières des Naturalistes. Hostiensis, dans sa
somme, Oribasius, Soranus, Eustachius, Ver-
hayen, &c. &c. ont parlé comme les médecins &
les écoles de médecine. Les décrétales même
enfin, qui avoient adopté d'abord cette espèce de
preuve, en ont reconnu le danger : *Nam oculus &
manus obstetricum sæpe falluntur.*

Il seroit difficile en effet de compter les inconvéniens affreux qui naîtroient de la confiance que
donneroit la justice à cette preuve.

1°. Une femme qui auroit réclamé sa virginité,
pourroit être conformée par la nature, de manière
à faire croire qu'elle l'a perdue dans les embras-
semens de son mari ; & au tourment d'être condamnée à être vierge toute sa vie, malgré elle-
même, se joindroit la honte de s'être déshonorée,
en montrant des désirs qu'un homme seul ne
peut satisfaire.

2°. Quand la nature lui auroit donné cette or-
ganisation, que l'on se plaît à supposer toujours
à la virginité, son mari pourroit lui en arracher
toutes les marques, dans la crainte qu'elles ne pussent un jour déposer contre lui ; les fureurs même
de son Impuissance serviroient au mari à se procurer des preuves d'un grand pouvoir ; & la victime infortunée de ses précautions barbares, cesseroit d'être vierge, sans devenir jamais femme.

3°. Parmi les femmes audacieuses qui croi-
roient un homme impuissant, parce qu'il n'auroit
pas la puissance d'assouvir leurs désirs illimités, il
s'en trouveroit sans doute qui seroient assez habiles
pour reprendre toutes les apparences de la virginité : on leur a reconnu ce pouvoir, & ces moyens,

dont elles ne manqueroient pas de faire ufage:
Facile eſt, dit Zachias *, per medicamenta adeo ge-
nitalia feminæ reſtringi poſſe , ut corruptiſſimum,
& ſub agitatiſſimum ſcortum virginem præ ſe ferat.*
Ainſi, les honneurs & les avantages de la vertu
feroient pour la débauche la plus effrontée , &
l'on verroit des virginités formées des mains même
de la corruption la plus profonde.

La nature, plus indulgente que les hommes, n'a
point voulu donner des marques à la virginité,
peut-être pour que les foibleſſes ne laiſſaſſent point
après elle des traces ineffaçables, & que la honte
ne retînt point dans le vice celles qui n'auroient
manqué qu'une fois à la vertu. Nous le répétons,
tout eſt myſtère autour du myſtère de la génération, & la raiſon de l'homme eſt vaine là, d'où
il ne doit approcher que dans le trouble de ſes
ſens & dans le délire de ſa raiſon.

Les canons ont mis en ufage encore d'autres
moyens dans les caufes d'Impuiſſance.

Ils ont ordonné la *cohabitation triennale*. Mais,
comme dit M. de Montefquieu, dans ce genre,
ce qu'on n'a point fait dans trois mois, on ne le
fera point dans trois ans : & en outre, ſi la femme
a raiſon, elle aura perdu , dans les trois années de
la preuve , les plus doux fruits du gain de ſon
procès.

Le concile de Compiegne avoit établi un moyen
bien plus étonnant : il déféroit le ferment au mari;
& ſi le mari juroit qu'il étoit puiſſant, la chofe
étoit prouvée. Il eſt ſingulier que le concile ne ſe
fût pas apperçu que c'étoit lui faire prononcer ſon
jugement à lui-même, & lui donner un moyen
aſſez infaillible de gagner toujours ſon procès. Le
motif des pères du concile de Compiegne eſt en-

core très-remarquable : C'eſt , diſoient-ils , *parce que le mari eſt le chef de la femme* : *quia vir caput mulieris* : mais c'étoit mettre en fait préciſément ce qui eſt en queſtion dans ces ſortes de cauſes. Pour avoir le titre & les droits de mari ſur la femme ; pour être enfin *le caput mulieris*, il faut être autre choſe ; & le ſerment ne prouvoit pas cela.

Nous n'avons pu trouver dans la nature des choſes, & dans les loix, des preuves certaines de l'Impuiſſance. Il eſt curieux & important de parcourir actuellement l'hiſtoire de la juriſprudence de l'égliſe & des tribunaux de la loi civile. Nous verrons les miniſtres des loix eccléſiaſtiques, & les miniſtres des loix civiles, changer de ſiècle en ſiècle de moyens & de preuves, parce que ſans doute on n'en trouvoit point qui puſſent mériter quelque confiance. Cette hiſtoire confirmera tout ce que nous venons de dire.

Dans les premiers ſiècles du chriſtianiſme, les eſpérances de la foi étoient ſi vives, le bonheur de l'éternité paroiſſoit ſi proche à des êtres dont l'imagination en étoit ſans ceſſe occupée, que les maux paſſagers de la terre ne leur paroiſſoient guère mériter la peine d'être prévenus & évités. Des femmes qui ne trouvoient point dans leurs maris le pouvoir de remplir les devoirs du mariage, offroient au ciel le ſacrifice des plaiſirs qui étoient attachés à ces devoirs. Pluſieurs même , ſans doute , ſe félicitoient d'être condamnées à demeurer vierges entre les bras d'un homme, & ce tourment devoit les perfectionner à leurs propres yeux , bien plus encore que les privations du célibat. Nous ne ſuppoſons rien ici. Dans l'hiſtoire de ces ſiècles, on voit des époux ſe priver volon-

rairement des douceurs du mariage, avec la puis-
fance même de les goûter. Il n'est pas étonnant que
dans la poffibilité d'en jouir, ils fê' fiffent une
vertu d'un malheur pour eux inévitable. L'églife
alors n'entendit & ne reçut aucune accufation d'Impuiffance. Dans ce filence de tous les befoins &
de tous les droits de la nature, elle s'accoutuma à
confidérer la loi de l'évangile, *quod deus conjunxit,
homo non feparet*, comme une loi de la difcipline de fes tribunaux. Dans l'impoffibilité de favoir avec quelque évidence fi le mariage avoit été
ou n'avoit pas été accompli, elle craignit bien plus
de rompre des mariages confommés, que de laiffer
fubfifter des mariages qui ne pouvoient jamais
l'être : elle ne voulut point prêter une oreille fenfible à des femmes malheureufes, dans la crainte
de favorifer auffi des femmes coupables : *Tolera-
bilius eft* (dit le pape Innocent III, en parlant de
l'incertitude des preuves fur l'Impuiffance) *ali-
quos contra ftatuta hominum dimittere copulatos,
quàm conjuncta legitimè contra ftatuta domini fepa-
rare*. Si votre mari ne peut vivre avec vous comme
votre mari, vivez avec lui comme fœur, difoit-on
à la femme qui fe plaignoit de l'Impuiffance de
fon mari : & la femme n'ofoit pas répondre qu'elle
n'avoit pas cherché en lui un frère. Telle a été la
difcipline de l'églife Romaine pendant huit à dix
fiècles : *Romana ecclefia confuevit judicare ut quas
tàm quàm uxores habere non poffunt, habeant ut
forores* (Réponfe de Lucius III, au chap. *de con-
fultationi*).

Il réfulte de cette jurifprudence, que l'églife
Romaine étoit perfuadée alors qu'il étoit impoffible d'avoir des preuves certaines de l'Impuiffance.

Il s'en falloit bien que l'église Gallicane eût les mêmes principes dans ces temps.

On traita ces questions au huitième siècle, dans deux conciles tenus à peu près à la même époque, l'un à Verberie en 755, l'autre à Compiegne en 756. Dans le premier, on déclara le mariage nul, par le fait d'Impuissance : dans le second, on admit le serment du mari comme preuve suffisante de la vérité du fait qu'il falloit découvrir. Ainsi l'église Romaine n'admettoit aucune espèce de preuves, parce qu'elle les croyoit toutes mauvaises, & l'église Gallicane admettoit la plus mauvaise de toutes les espèces de preuves, parce qu'elle les croyoit toutes très-bonnes. Ce qu'il y a de remarquable cependant, au milieu même de ces contrariétés, c'est que les deux églises, par des moyens opposés, tendoient au même but. L'église Gallicane, en faisant dépendre le jugement du mari même, qui ne manquoit jamais d'affirmer sa puissance, rendoit les réclamations de la femme toujours inutiles, & c'étoit comme si elle les eût rejetées, ainsi que l'église Romaine.

Vers la fin du douzième siècle cependant, les papes furent obligés de changer la discipline de leurs tribunaux. Les femmes qui ne trouvoient point dans le mariage ce qu'elles y avoient cherché, invoquoient avec force les droits de la nature. *Je veux être mère*, s'écrioient-elles ; *je veux faire des enfans ; c'est pour cela que j'ai pris un mari : mais le mari dont mon erreur a fait choix, a reçu de la nature des sens que rien ne peut enflammer. Je ne puis faire avec lui les enfans dont je voulois être mère. Volo esse mater, volo procreare liberos, & ideo maritum accepi ;*

fed vir quem accepi frigidæ naturæ eft, & non poteft illa facere, propter quæ illum accepi.

L'églife Romaine ne put fermer plus long-temps l'oreille à leurs cris : elle commença donc à recevoir leurs plaintes ; mais d'abord elle en fit dépendre le fuccès du ferment du mari, comme l'églife Gallicane : *ftandum judicio mariti*, &c. chap. *fi quis*. Elle eut recours enfuite à une preuve un peu moins incertaine en apparence, à *la conformation* du mari. C'eft ce que l'on trouve dans le chapitre *accepifti & & ex litteris*. Enfin l'églife Romaine chercha dans la femme même, les preuves de l'Impuiffance de l'homme ; & malgré tous les doutes élevés dans quelques caufes fur le véritable efprit du chapitre, *propofuifti de prob.* on ne peut douter que Grégoire VIII, auteur de cette décrétale, n'ait voulu ordonner la vifite de la femme. Cette preuve parut long-temps la plus forte de toutes. Après fon établiffement, on n'en croyoit plus, ni le ferment, ni la conformation du mari ; le jugement étoit prononcé fur le corps même de la femme, & tous les canoniftes répétoient de concert : *Probatio per afpectum corporis, vincit omnes.* &c. Nous avons déjà vu que la difcipline de l'églife Romaine ne demeura pas long-temps dans cette confiance, & qu'elle apperçut que cette preuve n'avoit pas plus de réalité que toutes les autres ; qu'elle étoit même fujette à de plus grands & de plus cruels abus.

Nous devons faire ici une remarque bien importante.

Jamais l'églife Romaine, quelque efpèce de preuve qu'elle admît, n'a cru pouvoir rendre des jugemens définitifs dans les caufes d'Impuiffance. Elle

Elle a toujours avoué qu'elle avoit été trompée par toutes les espèces de preuves : *Cum appareat ecclesiam fuisse deceptam.* Elle vouloit se réserver des moyens de revenir de ses erreurs ; & c'est pour cela que les jugemens qu'elle prononçoit, n'étoient jamais que conditionnels & provisoires : *Sententia contrà matrimonium lata non transit in rem judicatam.* Si l'homme & la femme qu'elle avoit séparés, donnoient des preuves de puissance & de fécondité dans les nouveaux engagemens qu'ils avoient pu former, elle leur ordonnoit de rompre ces liens nouveaux, & de reprendre ceux qu'ils avoient brisés : *Ad priora connubia redire, priora matrimonia restaurantur.*

Toutes les espèces de preuves admises successivement par l'église Romaine, ont passé successivement aussi dans les tribunaux de l'église Gallicane ; mais les appels comme d'abus qui ont porté ces causes dans nos cours souveraines, ont produit des changemens très-heureux & très-remarquables. Jamais, par exemple, les jugemens qui ont annullé les mariages en France, n'ont été conditionnels & provisoires. On a vu tout de suite combien il seroit dangereux pour l'ordre de la société, que l'union de l'homme & de la femme eût assez peu de stabilité pour qu'on pût ainsi en rompre & en renouer les nœuds plusieurs fois ; & combien il étoit scandaleux pour les mœurs, que la même femme fût portée ainsi des bras d'un mari dans ceux d'un autre, par les loix mêmes qui veillent sur les mœurs & sur la décence publique. Les cours souveraines de France ont étendu à ces causes la maxime générale, *res judicata pro veritate habetur.* Et si dans cette jurisprudence même, la femme peut avoir suc-

cessivement deux maris, elle ne se promene pas
du moins de l'un à l'autre.

„. Il étoit impossible qu'on ne s'apperçût en France
comme à Rome, de l'incertitude de toutes ces
preuves ; & le désespoir enfin d'en trouver qui
puissent tranquillifer la raison & la conscience des
juges, en fit imaginer une que l'on crut infaillible, mais qui, toute aussi fausse que les autres,
auroit été de plus la honte des tribunaux qui
l'ont imaginée, si elle n'avoit pas été assez tôt
abolie. On voit bien que je veux parler du congrès dont on a parlé ailleurs très au long. On
crut prendre la nature sur le fait, & l'on ne vit
point que dans ce genre la nature ne fait rien
dès qu'on la regarde faire.

Il y auroit des résultats très-importans à tirer
de cette discussion. Il en est un qui se présente
tout de suite ; c'est que l'impossibilité même
d'avoir des preuves certaines, doit rendre les
magistrats plus faciles sur la nature de la preuve.
Une chose est bien évidente au moins dans toutes
les accusations d'Impuissance ; c'est que la femme
est malheureuse, & qu'elle ne peut donner à son
mari un bonheur qu'elle ne reçoit point de
lui.

(*Article de M. GARAT, avocat au parlement.*)

IMPUTATION DE PAYEMENT. Compensa-
tion d'une somme avec une autre ; déduction
d'une somme sur une autre.

„. Celui qui est débiteur de plusieurs sommes
principales envers la même personne, & qui lui
fait quelque payement, peut l'imputer sur telle
somme que bon lui semble. C'est ce qui résulte
de la loi 1, *ff. de solut.*

Et quoique régulièrement les intérêts doivent se payer avant le capital, on décide néanmoins que si, en payant, le débiteur déclare qu'il paye sur le capital, le créancier qui veut bien recevoir, ne peut plus par la suite contester cette Imputation.

Si le débiteur de plusieurs sommes ne fait point d'Imputation lorsqu'il paye, le créancier peut la faire par la quittance qu'il lui donne, & cette quittance sert de loi aux parties.

M. Pothier prétend qu'il faut, pour la validité d'une telle Imputation, qu'elle soit équitable; c'est-à-dire, que le débiteur n'ait nul intérêt à ce qu'une dette soit acquittée plutôt que l'autre : mais je crois avec Bachovius, qu'aussi-tôt que le débiteur a consenti à l'Imputation en recevant la quittance qui la renferme, il ne peut plus être admis à contredire cette Imputation, quoiqu'elle ne soit point appliquée à la dette qu'il lui importoit le plus d'acquitter.

Si la quittance porte expressément que la somme payée a été reçue à compte des différentes créances, cette Imputation générale n'est censée comprendre que les créances dont le terme de payement est échu, & pour lesquelles le créancier a action.

Quand l'Imputation n'a été faite ni par le débiteur ni par le créancier, elle se fait de droit sur la créance qu'il importoit le plus au débiteur d'éteindre.

Ainsi le payement en pareil cas doit s'appliquer à la dette liquide, plutôt qu'à celle qui ne l'est pas; à celle qui est exigible, plutôt qu'à celle dont le terme n'est point encore échu; à celle qui emporte la contrainte par corps, plutôt qu'aux dettes purement civiles.

Entre les dettes civiles, l'Imputation doit se faire

sur la dette qui produit des intérêts, plutôt que sur celle qui n'en produit point; sur la dette hypothéquaire, plutôt que sur celle qui n'est que chirographaire; sur la dette pour laquelle le débiteur a donné une caution, plutôt que sur celle qu'il a contractée seul; & enfin sur ce qu'il doit personnellement, plutôt que sur ce qu'il ne doit qu'en qualité de caution d'un autre débiteur.

Si les dettes sont telles que le débiteur ne soit pas intéressé à acquitter l'une plutôt que l'autre, l'Imputation doit se faire sur la plus ancienne; & si ces dettes sont de même date, l'Imputation s'applique aux unes & aux autres, proportionnément à l'importance de chacune.

Dans les dettes qui produisent des intérêts, le payement que fait le débiteur, s'impute en premier lieu sur les intérêts, & le surplus sur le capital. Mais cette décision ne s'applique qu'au cas où le capital est exigible : car si le débiteur d'une rente constituée, avoit par erreur payé au delà de ce qu'il devoit pour les arrérages, il ne seroit pas fondé à demander que ce qu'il auroit payé de plus fût imputé sur le capital de cette rente ; il pourroit seulement répéter cet excédent. La raison en est, que le capital d'une rente constituée n'est pas dû, & qu'on ne présumeroit pas que le créancier eût consenti à ce que sa rente fût rachetée en partie.

Au reste, la règle qui veut que l'Imputation d'un payement se fasse sur les intérêts avant qu'elle puisse avoir lieu sur le capital, ne s'applique pas dans le ressort du parlement de Paris, aux intérêts auxquels un débiteur a été condamné du jour de la demande formée en justice contre lui: ces intérêts étant adjugés comme des dommages

& intérêts occafionnés par la négligence du débiteur, forment une dette diftincte du capital : c'eft
pourquoi, lorfque le débiteur vient à payer une
fomme au créancier fans faire aucune Imputation,
le payement doit s'imputer en premier lieu fur
le capital. Deux arrêts des 8 juillet 1649 &
15 juillet 1706, rapportés au journal des audiences,
l'ont ainfi jugé.

La même jurifprudence eft établie au parlement de Bretagne, comme l'attefte Hevin fur
Frain ; mais il en eft autrement dans les parlemens
de droit écrit : dans tous les cas où le payement
ne fuffit pas pour acquitter le capital & les intérêts, il s'impute en premier lieu fur les intérêts.
C'eft ce qui eft établi au nombre 5 de la fection
4 du livre 4 du traité des loix civiles de
Domat.

On obferve cette même jurifprudence dans le
reffort du confeil fouverain d'Alface. C'eft pour
cela, que par arrêt du 31 juillet 1760, le parlement de Paris a ordonné que les payemens faits
par les fieurs Schevilgné & Néef, fur des billets
paffés en Alface, au profit du fieur Munck,
feroient imputés en premier lieu fur les intérêts
qui étoient échus dans le temps des payemens.

Quand le créancier fe paye par lui-même du
prix d'une chofe qui lui étoit hypothéquée &
qu'il a fait vendre, on fuit pour l'Imputation les
deux règles fuivantes :

1°. L'Imputation doit, en pareil cas, fe faire fur
la créance à laquelle la chofe étoit hypothéquée, quand même l'intérêt du débiteur exigeroit que cette Imputation fe fît fur une autre
créance.

2°. Quand la chofe vendue eft hypothéquée à

C c iij

plusieurs créances, l'Imputation se fait sur la créance dont le droit d'hypothèque est le plus considérable : ainsi lorsqu'une de ces créances a une hypothèque privilégiée, & que les autres n'ont qu'une hypothèque simple, l'Imputation doit se faire, en premier lieu, sur la créance dont l'hypothèque est privilégiée, ensuite sur la créance dont l'hypothèque simple est la plus ancienne ; & enfin si les droits d'hypothèque sont égaux & de même date, l'Imputation doit se faire sur toutes les créances, proportionnément à la valeur de chacune.

Voyez le traité des loix civiles ; le journal des audiences ; les arrêts de Basset & de Catelan ; les maximes journalières ; Hevin sur Frain ; Graverol sur la Rocheflavin ; Brodeau sur Louet ; les questions alphabétiques de Bretonnier ; les œuvres de Henrys ; le traité des obligations ; les arrêts d'Augeard, &c. Voyez aussi les articles Payement, Intérêts, Hypothèque, Privilége, &c.

INALIÉNABILITÉ *du domaine de la couronne.* Voyez le mot *domaine.* Deux questions particulièrement relatives à l'Inaliénabilité de cette espèce de biens, feront la matière de cet article.

1°. De quelle époque le domaine de la couronne est-il inaliénable ?

2°. Le roi peut-il rentrer dans les aliénations faites par les anciens comtes de Provence, de Champagne, ducs de Bourgogne, de Bretagne, & autres provinces nouvellement réunies à la France ?

Il n'y a qu'une loi claire & positive qui puisse opérer une prohibition d'aliéner. Pour le développement de ce principe, on ne peut choisir un guide plus respectable que M. le chancelier d'Aguesseau, qui, dans une cause célèbre concernant la terre de Verteuil, ayant à s'expliquer sur une question de ce genre, s'exprimoit en ces termes:

» Le droit le plus conforme à la nature & la
» loi civile rendent tous les biens patrimoniaux
» & les mettent tous également dans cette grande
» communauté, qui compose la société civile :
» tout est dans le commerce par ces deux
» droits.

» La prohibition d'aliéner est odieuse ; elle
» détruit la liberté naturelle & civile; donc pour
» la rendre perpétuelle, il faut quelque chose
» d'aussi fort & d'aussi puissant que la loi même,
» qui établit la liberté du commerce.

» De là il suit que pour mettre un bien per-
» pétuellement hors du commerce, il faut ou une
» loi ou un usage qui en tienne lieu, ou une
» disposition de l'homme autorisée par la loi.

Quoique l'évidence de ces propositions (ajoute ce grand magistrat) » en établisse suffisamment
» la vérité, on peut encore les confirmer par
» une induction générale, qui achève de la porter
» au dernier degré de clarté & de certitude «.

Que l'on parcoure toutes les espèces de biens qui sont inaliénables, on n'en trouvera aucun qui ne le soit par une loi publique, ou par un usage connu de tout le monde, ou par une disposition publique autorisée par la loi.

M. d'Aguesseau en donne pour exemple les biens d'église, les apanages, les biens substitués, les majorats d'Espagne, les terres de dignité, les anciens fiefs d'Italie, & enfin *le domaine de nos rois*.

Cette loi qu'exige M. d'Aguesseau, existe.

L'édit de 1566 déclare le domaine de la couronne inaliénable. Ce n'eſt cependant pas à cette époque de 1566, qu'il faut fixer cette Inaliénabilité ; elle remonte bien plus haut : en effet, quand l'article premier de cette loi célèbre a dit, que le domaine de la couronne ne peut être aliéné qu'en deux cas ſeulement ; l'un pour, apanage des princes mâles de la maiſon de France ; l'autre à deniers comptans pour la néceſſité des guerres ; quand l'art. 2 a déclaré, que le domaine de la couronne eſt entendu celui qui eſt expreſſément conſacré, uni & incorporé à la couronne, ou qu'il a été tenu & adminiſtré par les receveurs & officiers du roi, par l'eſpace de dix ans, & eſt entré en ligne de compte ; quand enfin l'art. 13 ajoute que les articles ci-deſſus auront force de loi & d'ordonnances, tant pour le regard de l'ancien domaine uni à la couronne, qu'autres terres depuis accrues ou advenues, comme Blois, Concy, Monfort & autres ſemblables ; Charles IX n'a ni donné ni entendu donner une loi nouvelle, & qui ne dût avoir lieu que pour l'avenir.

Le préambule de cette ordonnance ayant pour titre, *réglement général ſur le domaine du roi,* apprend à quiconque feindroit de le méconnoître, les cauſes auxquelles elle a dû ſa promulgation, & qu'elle n'a été que le recueil & le renouvellement de loix plus anciennes.

» Comme à notre ſacre, (dit le roi Charles IX, & c'étoit le ſerment des rois ſes prédéceſſeurs), » nous avons, entre autres choſes, pro- » mis & juré *garder & obſerver le domaine & pa- » trimoine royal de notre couronne,* l'un des prin- » cipaux nerfs de notre état, & retirer les por- ● tions & membres d'icelui, qui ont été aliénés,

» vrai moyen pour foulager notre peuple tant
» affiégé des calamités & troubles paffés ; &
» parce que les *RÈGLES ET MAXIMES AN-*
» *CIENNES* de l'union & confervation de notre
» *domaine*, SONT à aucun affez mal, & aux autres
» peu CONNUES , nous avons eftimé très-néceſ-
» faire de les *faire recueillir & réduire par articles :*
» & iceux *confirmer* généraux & irrévocables,
» *afin que ci-après perfonne n'en puiffe douter* «.

L'ordonnance du domaine de 1566 a donc
été , non une ordonnance nouvelle , *quæ futuris*
tantùm daret formam negotiis , mais le code , la
collection , la mife en ordre des MAXIMES AN-
CIENNES , fur l'union & la confervation du domaine de la couronne , que le fouverain n'a fait
alors que raffembler , confirmer , & rendre plus
notoires.

Le domaine de la couronne étoit donc inaliénable avant l'édit de 1566 : refte maintenant la
queftion de favoir à quelle époque on doit fixer
cette Inaliénabilité.

Il paroît que cette loi étoit inconnue fous les
deux premières races , & même au commencement de la troifième.

A l'égard du temps qui s'eft écoulé fous les
deux premières dinafties , il y en a des preuves
de toute efpèce : en voici quelques-unes.

Les annales de faint Bertin fur l'an 839,
parlant des dons faits par Louis-le-Débonnaire,
difent qu'il donnoit aux uns en fief , aux autres
en toute propriété : *fuorum cum plures non folùm*
proprietatibus , verùm autem beneficiariis donavit
honoribus...... Le célèbre traité d'Andely dépofe
de l'Inaliénabilité des domaines , d'une manière
encore plus précife. On y lit ces paroles remar-

quables au fujet des apanages des reines & des princeffes du fang royal : *Ut fi quid DE NOBIS FISCALIBUS , vel fpeciebus atque præfidio , pro arbitrii fui volontate facere aut conferre cuiquam voluerint , fixâ ftabilitate perpetuò confervetur.* On trouve la preuve du même fait dans les formules de Marculphe. La quatorzième du livre 1 dit bien expreffément, que les biens domaniaux étoient poffédés par les particuliers *propriétairement* , & de la même manière qu'ils l'étoient par le fifc lui-même : *ficut à fifco fuit poffeffum.* Enfin quelle preuve plus tranchante que les partages de la monarchie , dont l'ufage étoit fi fréquent , & les conféquences fi funeftes ? On eft certainement difpenfé d'accumuler les autorités, quand on en rapporte d'auffi décifives.

Les premiers volumes du recueil des ordonnances du louvre, font remplis de chartes particulières de nos rois, qui accordent à différentes villes & feigneuries le privilége de ne pouvoir être aliénées & diftraites du domaine. Si le domaine eût été en effet inaliénable , quel eût été l'objet de ces chartes & de ces priviléges ? Auffi les éditeurs de ces ordonnances difent-ils formellement dans une note inférée au tom. 1, pag. 665 , fur une ordonnance de Philippe-le-Long, du 29 juillet 1318 , *que fous les deux premières races de nos rois , & même fous les premiers rois de la troifième race , le domaine de la couronne n'étoit pas inaliénable.* C'eft au treizième fiècle qu'on fixe ordinairement l'époque la plus éloignée de l'Inaliénabilité de ce domaine ; & en effet, pour peu qu'on jette les yeux fur l'hiftoire des fiècles antérieurs, on y trouve une foule d'exemples d'aliénations faites par nos rois : la première ordonnance pour la révocation de ces aliénations, fut donnée par Philippe-le-Long en 1318. Ce prince ne révoqua pas indistinctement toutes les aliénations, mais seulement les aliénations faites par Philippe-le-Bel son père, & par Louis Hutin son frère : *comme ayant été désordonnément faites, menées & traitées, & à cause de plusieurs grands malices & fraudes qui commises ont été.*

Charles-le-Bel, en 1321, ordonna l'exécution de ce réglement de Philippe-le-Long son prédécesseur ; & plusieurs de nos rois ont rendu à ce sujet différentes loix dont il est inutile de parler.

Depuis ces ordonnances (disent les éditeurs de celles du louvre, dans une note sur la charte de Philippe-le-Long) , » depuis ces ordonnances, » le domaine de la couronne a toujours été tenu » pour inaliénable «.

Il est donc démontré que l'Inaliénabilité du domaine n'a pas été reçue sous les deux premières races de nos rois, ni sous les premiers rois de la troisième ; & quelque faveur que puissent mériter les loix qui l'ont prescrite, on ne peut cependant se dissimuler que ces loix ne sont pas aussi anciennes que la monarchie : c'est ce qui a fait dire au savant annotateur de Lefevre de la Planche, qu'il falloit distinguer deux domaines : » un do- » maine sacré, inaliénable, imprescriptible, & » que nulle force humaine ne peut séparer de » la couronne (c'est tout ce qui est compris » dans l'idée de cette couronne, comme étant » attaché à cette idée par la raison même) ; un » domaine qu'une convention solemnelle, écrite » dans nos loix du royaume, a uni & incorporé » à la couronne, par une fiction qui, en imitant

» la nature, renferme encore ce domaine fous
» l'idée de la couronne : mais une convention
» forme ce lien ; & une convention peut être
» rétractée par une convention contraire, fi de
» nouvelles circonftances font naître un intérêt
» contraire «.

M. le chancelier d'Aguefleau lui-même étoit
bien loin de prétendre que ce domaine eût toujours été inaliénable. Dans fon fecond mémoire
au fujet de la terre de Breval, imprimé au feptième volume de fes œuvres, il dit formellement
qu'il faut diftinguer ici deux temps : *un premier
temps qui a précédé l'ordonnance faite à Moulins
en 1566, fur le domaine du roi: un deuxième temps
qui a fuivi cette ordonnance. Dans le premier
temps, on doutoit encore fi le domaine de la couronne ne pourroit pas être valablement aliéné pour
récompenfe des fervices importans rendus à l'état,&c.*

Auffi Choppin, dans fon traité du domaine, fe
propofant de parler de fon Inaliénabilité, au liv.
2, tom. 1, commence-t-il par citer l'édit de 1566,
comme étant un des plus anciens de ceux qui l'ont
reconnue. Il feroit difficile, d'après des autorités
fi refpectables & fi précifes, de foutenir que le
domaine de la couronne de France a toujours été
inaliénable.

Cependant, fi l'on en croit M. le Bret, dans
fon magnifique difcours, lors de l'enregiftrement
du fameux édit de 1607, l'Inaliénabilité du domaine de la couronne remonte jufqu'au règne de
Hugues Capet. » Il faut tenir pour certain, difoit
» ce grand magiftrat, qu'*entre les loix fondamen-
» tales de cette monarchie*, celle-ci eft une des
» princpales, qui veut que *tous les biens, terres*

» & *feigneuries que poffèdent nos rois, foient ac-*
» *quis à la couronne fitôt qu'on leur a mis le fceptre*
» *en main, & qu'ils ont pris poffeffion de la*
» *royauté*, comme s'ils lui en faifoient un don
» en faveur de ce mariage politique qu'ils con-
» tractent avec elle par leur facre, & pour récom-
» penfe de ce que de fa part elle leur donne la
» jouiffance de tous fes droits & de tous fes hon-
» neurs.

» Quelques grands auteurs, continue M. le
» Bret, difent que cette loi royale dont nous par-
» lons (celle de l'union de plein droit du do-
» maine privé du roi, ou de fes acquifitions au
» domaine de la couronne) fut introduite dès l'o-
» rigine de cette monarchie, &c «.

» Mais la plus faine opinion eft que *Hugues*
» *Capet*, chef de cette troifième race qui règne
» fur nous depuis fix cents & tant d'années, *a été*
» *l'auteur de cette loi fondamentale*, d'autant que
» l'hiftoire nous apprend, qu'élevé au trône, il fe
» vit obligé de le remettre en fon premier éclat,
» qui s'étoit obfcurci par la nonchalance de fes
» prédéceffeurs, & *fit plufieurs loix fouveraines*
» *qu'il jugea propres pour en conferver les fon-*
» *demens jufqu'à l'éternité.*

» La première fut que déformais *le domaine*
» *royal ne fe partageroit plus.*

» La feconde, que nos rois ne jouiroient plus
» du domaine de la couronne, que comme ad-
» miniftrateurs & ufufruitiers, *fans le pouvoir*
» *aliéner.*

» La troifième loi que fit ce grand roi, fut celle
» dont il eft fait mention par les lettres qui ont
» été lues (c'étoit l'édit de 1607), par laquelle
» il ordonna que *le domaine privé des rois feroit*

» *uni à celui de leur couronne* DÈS-LORS *de leur*
» *promotion* : eſtimant que comme ſitôt que les
» fleuves mêlent leurs eaux dans celles de l'océan,
» ils perdent leur nom & ne ſont plus reconnus ;
» de même il étoit convenable que les terres &
» ſeigneuries des nouveaux rois, retournant à leur
» première ſource, fuſſent tellement unies & in-
» corporées au domaine de la couronne, qu'elles
» ne puſſent après en être jamais déſunies & ſé-
» parées ".

Nous avons rapporté ce paſſage en entier, parce
qu'il eſt un des plus beaux monumens de notre droit
public ſur cette matière.

Paſſons maintenant à la queſtion : de ſavoir ſi
le roi peut rentrer dans les aliénations faites par
les anciens ſeigneurs ou ſouverains des provinces
réunies à la couronne.

La règle la plus rigoureuſe qu'on ait pu établir
dans cette matière, c'eſt qu'au moment où une
province eſt réunie à la couronne, ce qui appartenoit à l'ancien ſouverain devient inaliénable
comme le domaine royal dans lequel il ſe confond : mais les aliénations qui peuvent avoir été
faites avant cette réunion, ne peuvent jamais en
recevoir d'atteinte ; & on conçoit ſans peine
quelles injuſtices & quel déſordre entraîneroit la
propoſition contraire : ſi ces aliénations remontent
à des époques où il n'exiſtoit aucune loi qui y fît
obſtacle, la foi publique en garantit pleinement
l'exécution : les propriétaires ſeroient trompés, les
familles ſeroient troublées par des recours infinis,
l'ordre public ſeroit renverſé, ſi une loi poſtérieure
pouvoit autoriſer de ſemblables recherches.

Il ne faudroit point d'autorités ni d'exemples
pour appuyer une vérité qui tient de ſi près au

droit naturel & à l'essence des loix : on pourroit en rapporter autant de preuves qu'il y a de provinces unies ou réunies à la couronne : on se bornera à quelques exemples.

Lorsqu'on éleva la grande question de savoir si les biens que Henri IV possédoit lors de son avènement à la couronne, y avoient été réunis de plein droit, on n'imagina pas que cette prétention du domaine pût porter atteinte aux aliénations faites antérieurement par ce prince & ses auteurs ; & l'édit de 1607, rendu après de si longs débats, ne prononça la réunion qu'à l'époque de l'avènement ; en sorte que les aliénations faites auparavant dans le royaume de Navarre, le duché d'Albret, & les autres terres patrimoniales de ce monarque, demeurèrent irrévocables; & en effet, on voit qu'en 1652, étant intervenu un édit qui ordonna la revente des domaines, il y fut dit, par une disposition expresse, que cet édit seroit exécuté sur tous les domaines & droits qui étoient autrefois dépendans de la couronne de Navarre, mais avec une restriction conçue en ces termes : » A la réserve seulement des aliénations à perpé- » tuité, faites par le feu roi Henri - le - Grand, » notre très-honoré seigneur & aïeul, avant son » avènement à cette couronne de France «.

En 1666 il s'éleva pour la Provence une grande contestation sur l'exécution d'un arrêt du conseil du 5 octobre 1666, par lequel le roi annonçoit vouloir rentrer dans les domaines aliénés par les anciens comtes de ce pays : la noblesse de Provence y forma opposition ; l'affaire fut amplement instruite ; & après un mûr examen, il intervint, le 15 juin 1668, un arrêt du conseil, sur lequel il fut expédié des lettres-patentes qui ont été enregistrées au parlement de Provence.

Cet arrêt maintient » tous les aliénataires dont » les titres étoient antérieurs à l'union du comté » de Provence à la couronne, sans que sa majesté ni ses successeurs puissent prétendre y rentrer, ni avoir droit d'y rentrer en vertu dudit » arrêt du 15 octobre 1666 ; ordonne. que ceux » qui avoient été dépossédés seroient rétablis en » possession & jouissance, nonobstant tous arrêts » contraires, &c. «.

La Franche-Comté offre deux jugemens semblables ; l'un rendu en 1724 , en faveur de la ville d'Arbois ; l'autre du   en faveur du marquis de Beaufremont, pour la seigneurie de Faucogney, aliénée par les souverains de cette province, avant qu'elle fût reunie à la couronne.

.. Il est intervenu aussi le 7 mai 1748 , un semblable arrêt du conseil pour le Dauphiné, au sujet de la terre de Saint-Maurice-en-Triers, qui a jugé que les aliénations faites par les anciens dauphins avant l'union de cette province à la couronne, ne pouvoient être révoquées.

Ces décisions & l'évidence du principe qui les a produites, devoient écarter à jamais toutes les difficultés de cette espèce ; cependant la question vient d'être jugée de nouveau : l'inspecteur du domaine l'avoit élevée contre M. le prince Soubise.

Il s'agissoit des baronnies d'Avaujour, & châtellenie de Clisson, inféodées en 1480 & 1481 par François II', duc de Bretagne, à François de Bretagne son fils naturel.

Ces deux terres étoient parvenues par succession

à

à M. le prince Soubife : l'infpecteur du domaine prétendoit que le décès d'Henri-François de Bretagne, comte de Vertus, baron d'Avaujour, & feigneur de Cliffon, qui eft arrivé le 2 feptembre 1746, fans qu'il ait laiffé d'enfans ni defcendans mâles de fa maifon, avoit opéré le retour de ces terres à la couronne, nonobftant l'exiftence des defcendans des filles.

L'infpecteur du domaine fe fondoit fur cette propofition : qu'à l'époque des inféodations des deux terres, le domaine ducal de Bretagne étoit inaliénable, & devoit fe régir par les mêmes règles que le domaine du roi.

M. le prince Soubife foutenoit au contraire que jufqu'à la réunion de la Bretagne à la couronne, le domaine ducal étoit aliénable; que les ducs avoient pu en difpofer librement & à titre perpétuel.

On fent de quelle importance étoit cette queftion pour la province entière. Il n'y a peut-être pas un feigneur dans cette province qui ne poffède des terres qui ont autrefois appartenu aux ducs de Bretagne : auffi la prétention de l'infpecteur avoit-elle jeté les plus vives alarmes dans l'efprit de tous les propriétaires. M. le prince Soubife devoit donc, autant pour le bien général de cette province, que pour fon intérêt particulier, oppofer à la prétention de l'infpecteur la réfiftance la plus vigoureufe : il a rempli cette obligation d'une manière qui ne laiffe rien à défirer, notamment par un dernier écrit intitulé : *Mémoire pour M. le maréchal prince de Soubife, &c.*

Ce mémoire, le plus bel ouvrage judiciaire qui ait paru depuis que les Aubri, les Bargeton, les Cochin ne font plus, mérite d'être recherché, non feulement par les jurifconfultes, mais par tous ceux qui cultivent l'art du raifonnement; c'eft la raifon même qui parle avec toute la fageffe, toute la dignité qui la caractérife : ce mémoire eft fans nom d'auteur, mais fa fupériorité a d'a-bord dirigé les regards vers M. d'OUTREMONT; effectivement c'eft fon ouvrage.

Ce mémoire n'eft pas fufceptible d'analyfe : au furplus, il fuffit de favoir qu'il a eu tout le fuc-cès qu'il méritoit. Par arrêt du mois de juillet 1779, rendu en la grande direction des finances, M. le prince Soubife a été maintenu dans la propriété des terres & feigneuries d'Avaujour & de Cliffon.

Cet arrêt juge que jufqu'à la réunion de la Bre-tagne à la couronne, les ducs ont pu difpofer de leur domaine, & que les aliénations qu'ils en ont faites font perpétuelles & irrévocables.

(*Article de M. H***, avocat au parlement.*)

INCAPACITÉ. C'eft le défaut de qualité pour faire, pour recevoir, ou encore pour donner ou tranfmettre quelque chofe.

L'Incapacité naît, ou de la nature, ou de la loi, ou de la nature & de la loi conjointement.

De la nature, comme dans le cas de l'enfant né mort ou informe, du fourd & muet, de l'in-fenfé, &c.

De la loi, comme dans l'état du condamné à mort, ou à telle autre peine qui emporte la peine de mort civile, de l'étranger, du bâtard, &c.

De la nature & de la loi, comme dans le cas de la femme mariée, & des conjoints par mariage, &c.

C'est sous ces trois rapports que l'on va traiter des différens incapables : observons que dans presque tous les cas, il faut que la loi confirme les dispositions de la nature.

Il y a une différence essentielle entre les incapables & les indignes : les causes qui rendent un homme indigne de succéder à quelqu'un ou de recevoir de lui par quelque acte de dernière volonté, sont des défauts accidentels, qui proviennent des mœurs & de la conduite de celui qui a la capacité naturelle de succéder, mais qui trouve en lui, & par son propre fait, un obstacle à l'exercer.

Au contraire, les causes qui rendent un homme incapable n'ont aucun rapport à des devoirs envers le défunt ; ce ne sont que des manques de qualités, ou des défauts qui empêchent qu'un héritier puisse recueillir une succession, ou un légataire recevoir un legs.

Il y a cette autre différence entre l'incapable & l'indigne, que le premier est plus ordinairement privé de la faculté de donner que de celle de recevoir. L'indigne a la libre disposition de ses propres biens ; il manque de qualité seulement pour retenir ce qu'il peut avoir reçu depuis son indignité, laquelle n'a aucune influence sur ce qu'il possédoit antérieurement. L'indignité naît d'une action, d'un mot, & l'Incapacité d'un défaut ou d'un vice inhérent à la personne.

Par exemple, une injure grave contre la mémoire d'un testateur, rend indigne de ses libéralités celui qu'il entendoit en gratifier : mais ce légataire indigne à l'égard de ce testateur, ne le seroit pas à l'égard d'un autre envers lequel il n'auroit pas démérité.

L'Incapacité & l'indignité se rencontrent quelquefois dans le même sujet. Par exemple, le meurtrier de son bienfaiteur est tout à la fois indigne & incapable, après la sentence ou l'arrêt de condamnation : indigne de recevoir les libéralités auxquelles il étoit appelé, & incapable de recueillir des successions qui lui seroient échues depuis sa condamnation, & de transmettre les biens qu'il possédoit auparavant à ses propres héritiers.

En général, les Incapacités cessent avec les causes qui les produisent : mais il en est qui ne peuvent cesser ; telle est celle du religieux profès, qui n'a point réclamé contre ses vœux dans le temps utile.

Entre les causes qui peuvent cesser, on distingue celles qui cessent, de sorte que la personne qu'elles rendent incapables, ne cesse de l'être que pour l'avenir, sans que pour le passé il soit fait aucun changement à l'état où elle étoit alors : & celles qui cessent de telle manière que la personne est considérée comme n'ayant jamais été dans les liens de cette Incapacité, & rentre dans l'intégrité de ses droits, au point qu'elle se trouve capable de succession, même de celles qui sont échues pendant qu'elle étoit censée incapable.

Cette différence entre ces diverses sortes d'incapables, est un effet naturel de la différence des causes qui les produisent.

Il est des causes qui peuvent être tellement anéanties, qu'elles peuvent être considérées comme n'ayant jamais été ; & de ce nombre sont celles qui produisent l'Incapacité des religieux & des condamnés à mort.

Le religieux étant dégagé de ses vœux, est considéré comme n'ayant jamais été engagé, parce que la caufe étoit injufte dans fon origine. Il en eft de même du condamné : dès qu'il eft réintégré, il eft confidéré comme n'ayant fubi aucun jugement.

Mais il en eft autrement du bâtard & de l'étranger.

Le vice qui rend le bâtard incapable ne peut être effacé, au point de le faire confidérer comme ayant toujours été légitime.

De même le défaut d'origine de l'étranger ne peut être tellement réparé, qu'il foit regardé comme né dans le pays où il fe fait naturalifer.

Ainfi les fucceffions qui échoient aux bâtards avant la légitimation, & à l'étranger avant fon adoption de fa nouvelle patrie, ne peuvent leur appartenir : ils font confidérés comme n'exiftant pas, & leur qualité ne leur fert que pour l'avenir.

Cela ne peut être autrement : en effet, *le mort faififfant le vif habile à fuccéder*, & le bâtard & l'étranger n'étant *habiles* ni l'un ni l'autre, ils ne peuvent être *faifis* aux termes de cette difpo-fition : il faut donc qu'un autre prenne leur place; autrement la fucceffion refte vacante, & comme telle paffe au fifc.

On pourroit faire d'autres diftinctions, comme de ceux qui naiffent incapables, & de ceux qui le deviennent, &c. ; mais elles fe préfentent natu-rellement ; il feroit fuperflu de les faire ici.

De l'Incapacité qui procède de la nature.

On range dans cette claffe les enfans nés morts ou informes, les impubères, & en général les mineurs, les fourds & muets, les furieux, les imbécilles, les prodigues, & tous ceux auxquels des infirmités ne permettent point de gérer leurs propres biens par eux-mêmes, ou d'en difpofer : les loix qui les déclarent incapables, ne font que confirmer ce que prefcrit la nature.

De l'enfant né mort ou informe.

Il ne fuffit pas qu'un enfant ait vécu dans le fein de fa mère ; il faut encore, pour qu'il foit capable de jouir du double droit d'héritier & de tranfmettre, que fa vie fe foit manifeftée par quelques fignes certains, après qu'il eft venu au monde.

N'ayant jamais pu ufer par lui-même d'aucune efpèce de biens, la loi, ni qui que ce foit, n'eft cenfé avoir eu l'intention de lui donner : il eft donc regardé comme n'ayant pu acquérir, & par conféquent comme ne pouvant rien tranfmettre.

Il ne fuffit pas que l'enfant ait vécu pour qu'il foit capable de tranfmettre : il faut encore qu'il ait la figure humaine. La loi rejette ceux que leur formation extérieure range dans la clafle des monftres ; fur quoi il faut obferver que l'on fe règle fur la forme de la tête plutôt que fur le refte du corps : les caractères de la bête doivent prédominer pour produire l'Incapacité. Bardet, tome 1, liv. 1, ch. 68, rapporte un arrêt, qui a jugé qu'un pofthume inftitué, né monftrueux, ayant un mufeau de finge & un pied fourchu, étoit incapable de fuccéder à fon père, & a déclaré la fubftitution pupillaire ouverte au profit de la mère. /

Dès que l'enfant pouvant être réputé homme, a eu vie quelques inftans feulement, il eft capable de fuccéder.

On met de ce nombre l'enfant que l'on tire du ventre de la mère, après qu'elle est morte, pour peu qu'il lui ait survécu.

» Car, dit Domat, encore bien qu'il ne fût
» pas né lorsque la succession de sa mère a été
» ouverte, l'opération qui le met au monde lui
» tient lieu de naissance : il suffit qu'il ait survécu
» à la mère, & l'on peut dire qu'il lui avoit sur-
» vécu avant sa naissance.

Un tel enfant succède à son père & à sa mère, & transmet leur succession à ceux qui auroient succédé, s'il fût mort après avoir long-temps vécu ; & si son père ou sa mère avoient laissé un testament qui instituât un autre héritier, ce testament seroit annullé par cette naissance.

L'enfant posthume n'est frappé d'aucune Incapacité ; pour peu qu'il vive, il profite de tous les avantages qu'on peut lui avoir faits.

De l'Incapacité des impubères & des mineurs en général.

On auroit pu placer les impubères & les mineurs parmi ceux dont l'Incapacité procède de la nature & de la loi. Il est des hommes en qui la raison devance l'âge ; mais comme ils ne sont qu'une exception, nous avons cru devoir les ranger dans la classe de ceux dont l'Incapacité procède de la nature.

En pays de droit écrit, les impubères, c'est-à-dire les mâles qui n'ont point quatorze ans accomplis, & les femelles qui n'en ont point douze aussi accomplis, ne peuvent disposer en tout ou en partie de leurs biens par aucun acte de dernière volonté : ce qui est de rigueur, au point qu'un

teftament fait par un impubère feroit rejeté, quand
même le teftateur feroit mort étant devenu majeur, & qu'il ne l'auroit point révoqué.

Dans la plupart des coutumes, cette Incapacité ne
ceffe qu'à vingt ans accomplis à l'égard des mâles,
& dix-huit ans à l'égard des femelles, pour la difpofition des meubles & des acquêts, & à vingt-
cinq pour la difpofition des propres, que les coutumes permettent de léguer.

On dit *dans la plupart*, parce que quelques
coutumes ont avancé la majorité. Celle de Normandie, qui la fixe à vingt, permet aux mâles de
difpofer de partie des immeubles à cet âge, & à
feize, des meubles. Celle de Bayonne permet aux
mâles de difpofer à quatorze ans, & aux femelles
à treize.

Suivant un principe qui réfulte de l'ordonnance
de 1735, celui qui n'a pas l'âge pour tefter, ne
peut fervir de témoin dans les teftamens, & même
on eft plus févère fur la capacité du témoin, que
fur celle du teftateur.

» Dans tous les actes, porte l'art. 39, à caufe
» de mort, où la préfence des témoins eft nécef-
» faire, l'âge des témoins fera fixé à celui de vingt
» ans accomplis, à l'exception des pays de droit
» écrit, où il fuffira que lefdits témoins ayent l'âge
» où il eft permis de tefter dans lefdits pays «.

Par arrêt de réglement, rendu au parlement de
Paris le 2 juillet 1708, fuivant les conclufions de
M. Lenain, avocat-général, il eft défendu à tous
notaires de fe fervir, dans les contrats, actes & teftamens qu'ils reçoivent, de témoins qui foient leurs
clercs, ni qui foient au deffous de l'âge de vingt
ans accomplis, fous peine de faux, de nullité defdits contrats, actes & teftamens.

Et par un autre arrêt de réglement, du 25 avril 1709, rendu sur le requisitoire du procureur-général, le même avocat-général portant la parole, il a été ordonné, en expliquant, en tant que besoin, cet arrêt du 2 juillet 1708, que les défenses aux notaires de se servir, pour ces sortes d'actes, de témoins au dessous de vingt ans, n'auroient pas lieu dans les provinces qui se régissent par le droit écrit, ni pareillement dans celles qui se règlent par le droit coutumier, & dans lesquelles il est permis de disposer avant l'age de vingt ans accomplis, dans tous lesquels lieux les notaires pourroient se servir dans les testamens & les codicilles de témoins au dessous de cet âge, pourvu qu'ils eussent atteint celui auquel on y peut tester.

Cependant le commentateur de cette ordonnance, qui rapporte ces arrêts, veut que l'on s'en tienne sévèrement à la lettre de l'art. 39 : » Mais » par l'article ci-dessus de la présente ordonnance, » dit-il, l'âge des témoins, dans tous les actes, à » cause de mort, où la présence des témoins est » nécessaire, est fixé à vingt ans accomplis. Il n'y » a que les pays de droit écrit d'exceptés, dans les- » quels il suffit que lesdits témoins ayent l'âge où » il est permis de tester dans lesdits pays, c'est-à- » dire quatorze ans accomplis.

» Ainsi, ajoute-t-il, il faut tenir à présent sur » le fondement dudit art. 39, que dans tout le » pays coutumier, même dans les coutumes où » l'on peut tester avant l'age de vingt ans, soit » que l'âge des témoins y soit expressément fixé ou » non, lesdits témoins doivent avoir l'âge de vingt » ans accomplis, parce que la présente ordon- » nance déroge à toutes coutumes contraires «.

On suit l'arrêt de réglement du 2 juillet 1708,

concernant l'âge des témoins dans les actes entre vifs.

On entend ici les impubères qui sont hors de la puissance paternelle ; car tout fils de famille qui est sous cette puissance, ne peut faire de testament, excepté de cette espèce de pécule qu'il peut avoir en propre.

Quoiqu'un mineur puisse, d'après les ordonnances & les coutumes, disposer par acte de dernière volonté, il ne peut cependant point accepter de donation entre vifs. D'après l'ordonnance de 1731, une telle acceptation exige un majeur de vingt-cinq ans ; & quoique le mineur puisse en général faire sa condition meilleure, l'acceptation d'une donation entre vifs, qu'il feroit sans se faire assister de son tuteur ou de son curateur, seroit nulle, quand bien même elle lui feroit avantageuse.

Comme il faut vingt-cinq ans, suivant le droit commun, pour ces sortes d'actes, cet âge est également nécessaire pour pouvoir les accepter par soi-même.

Cette faculté de tester avant la majorité, n'est qu'une exception à l'Incapacité où est l'homme, jusqu'à l'instant où il est majeur ; Incapacité qui est telle que l'on ne peut même faire aucun acte d'administration par soi-même. Cette administration regarde le tuteur ; & les pouvoirs de ce dernier y sont entièrement bornés.

De l'Incapacité du sourd & muet.

Le sourd & muet tout ensemble, soit de naissance ou autrement, & qui ne sait ni lire ni écrire, étant incapable de donner aucune marque certaine de sa volonté, ne peut point faire de testament.

Quelque expreffifs que fuffent les fignes par lefquels on prétendroit qu'il auroit manifefté fes dernières volontés, ils ne feroient d'aucune confidération. L'article 11 de l'ordonnance de 1734 des
teftamens, déclare nulles toutes les difpofitions
qui pourroient être rédigées par écrit d'après ces
fignes.

Cependant un teftament qu'un fourd & muet
auroit fait avant d'être attaqué de cette double in-
firmité, fubfifteroit, encore bien qu'elle le rendît
incapable de le confirmer ou de le révoquer.

Il faut que le fourd & muet ne fache pas écrire
pour être dans les liens de cette Incapacité : l'écriture
eft un figne certain de manifefter fes volontés ; l'ordonnance n'a rejeté les autres que parce qu'ils laif-
fent toujours quelques doutes.

Celui qui eft muet fans être fourd, ne peut difpofer, à moins qu'il ne fache écrire ; mais il n'en eft
pas de même de celui qui eft fourd fans être muet :
ce dernier étant capable d'expliquer fes volontés,
ne peut être privé du droit de difpofer.

Quoique les aveugles manquent d'une faculté
pour apprécier ce qu'ils entendent donner, l'ordonnance de 1735, conforme en ce point aux loix
Romaines, confirme leur teftament. Ils font cependant aftreints à avoir un témoin de plus que
ceux qui ont l'ufage de la vue ; & ce témoin, fuivant l'art. 7, doit figner avec les autres.

Du furieux, de l'imbécille & du prodigue.

Les furieux & les imbécilles font incapables
d'adminiftrer leurs propres biens : & telle eft la
faveur de cette Incapacité, qu'elle n'a pas befoin
d'être prononcée par le juge. La fentence qu'il rend

n'eft que déclarative : elle a un effet rétroactif, & remonte au temps où la fureur ou la démence s'eft manifeftée.

Il faut faire preuve de l'inftant précis où la maladie a commencé, ainfi que le décide un arrêt du 2 avril 1708, rapporté par Augeard.

La loi ne fe borne pas à ôter à ces fortes d'incapables la difpofition & l'adminiftration de leurs propres biens & de ceux d'autrui ; elle rejette encore leur témoignage. Privés des qualités effentielles pour approfondir un fait & en diftinguer les différentes circonftances, il feroit dangereux de s'en fervir pour le conftater.

Cette Incapacité eft générale ; elle s'étend à tous les effets civils, au point qu'un arrêt du 27 mars, rapporté au quatrième volume des audiences, déclare qu'ils ne peuvent préfenter aux bénéfices comme patrons laïques.

On tient d'après Baffet, que les infenfés font incapables de contracter mariage ; mais il faut que leur imbécillité foit telle qu'ils ne puiffent être cenfés avoir valablement confenti.

Il faut obferver qu'un acte fait par un homme en démence, mais dont toutes les difpofitions feroient fages, ne pourroit être attaqué lors même que cet état de démence fe feroit manifefté avant cet acte : c'eft ce qui a été décidé par un arrêt folemnel du 2 juin 1734.

L'Incapacité dont les prodigues font frappés, a moins d'étendue ; elle ne commence qu'à l'inftant des premières procédures auxquelles la prodigalité a donné lieu. Il eût été injufte de la faire remonter plus haut, & dangereux d'en retarder l'effet après le jugement. La prodigalité n'eft pas auffi apparente que la démence : elle pourroit fouvent être employée comme un moyen de troubler des acquéreurs de bonne foi. D'un autre côté, si on attendoit à l'inſtant de la ſentence, le prodigue, irrité par la perſpective du frein que l'on ſe propoſeroit de mettre à ſes diſſipations, abuſeroit des délais de l'ajournement & des autres procédures, pour rendre inutile le jugement que l'on provoqueroit contre lui.

Cette raiſon n'empêche pas que ce point ne ſoit controverſé : d'autres prétendent que l'interdiction pour prodigalité, ne commence qu'à l'inſtant de la ſentence d'interdiction. Bourjon tient la première opinion, qu'il aſſure être celle du châtelet.

La prodigalité étant l'effet d'un penchant qui n'a aucune influence ſur les qualités de l'eſprit, celui qui eſt interdit pour cette cauſe, peut ſaiſir un fait ſous tous ſes rapports, & par conſéquent en rendre témoignage.

Les infirmités de la vieilleſſe, qui laiſſent à ceux qu'elles affligent la liberté de l'eſprit, ne font point encourir cette Incapacité.

L'Incapacité dont nous venons de parler, étant un bienfait plutôt qu'une punition de la loi, il eſt évident que ceux qui ſont dans ſes liens ſont capables de recevoir, ſoit par donation entre-vifs, ſoit par teſtament ; ils ſont, à plus forte raiſon, capables de ſuccéder.

Si cependant l'Incapacité eſt prononcée, ils ne peuvent accepter une donation ſans leur curateur.

De l'Incapacité qui procède de la loi.

Ceux dont l'Incapacité procède purement de

la loi, font les condamnés à mort, ou à des peines qui emportent la mort civile ; les étrangers, les adultères, les concubinaires, les bâtards, les religieux profés, & même les novices ; les communautés féculières ou régulières, & généralement tous les gens de main-morte ; les directeurs de confcience, les confeffeurs, & en général tous ceux que l'on préfume avoir affez d'empire fur la perfonne des donateurs & des teftateurs, pour les déterminer à des libéralités qui n'auroient pas un jufte motif ; ceux qui ont renoncé à une fucceffion, & ceux qui font dans une condition fervile.

Nous allons traiter de ces différens incapables, fuivant l'ordre où ils viennent d'être rangés.

Des condamnés.

L'Incapacité des condamnés à mort, ou à quelque autre peine, emportant la mort civile, les exclut des fucceffions, foit teftamentaires, foit *ab inteftat* ; & celles qui pourroient leur écheoir paffent aux perfonnes qui, à leur défaut, auroient fuccédé, fi les condamnés fuffent morts avant qu'elles euffent été ouvertes ; c'eft-à-dire, par exemple, que le fils du condamné fuccède à fon aïeul à qui fon père ne peut fuccéder.

Si cette Incapacité vient à ceffer, les condamnés rentrent dans leur premier état, & deviennent capables de toutes fucceffions, même de celles qui font échues pendant leur Incapacité. Cela les diftingue de l'étranger & du bâtard.

On ne met au rang de ces incapables que ceux qui font jugés définitivement. Jufqu'à cet inftant ils jouiffent de la plénitude de leurs droits, & reçoivent

toutes les fucceffions qui peuvent leur écheoir:
s'ils meurent auparavant, ils confervent le droit
de les tranfmettre.

L'effet de la condamnation ceffe ou par des
lettres du prince, ou par un arrêt qui anulle la
condamnation, & même par un fimple appel, fi
le condamné meurt avant que cet appel foit jugé.
On tient pour maxime en cette matière, que l'appel éteint la fentence.

Il faut excepter ceux qui fe font rendus coupables du crime de lèze-majefté divine ou humaine, dont la vengeance fe pourfuit après la
mort de celui qui l'a commis.

Dans tous ces cas l'Incapacité ceffe pour le paffé,
& les fucceffions qui pourroient être échues au
condamné, lui font acquifes, ou paffent à ceux
qui ont fes droits.

De l'Incapacité des étrangers.

L'Incapacité des étrangers s'étend à tous les
effets civils; ils ne peuvent recevoir ni tranfmettre,
ni par fucceffion, ni par teftament. Le droit de
fuccéder eft attaché principalement à la qualité de
François: fans elle, quelque chers que foient les
titres de fils, de père & d'époux, &c. ils font fans
force, & ne peuvent procurer aucun des avantages que la nature femble y avoir attachés.

Ainfi les étrangers font refferrés parmi nous
aux droits de la nature & des gens.

Cette Incapacité ceffe par des lettres de natu-
ralité pour tous les étrangers en général, & par
un fervice de dix ans pour les gens de guerre en
particulier, fuivant la déclaration du 15 décembre
1775; mais ni ces lettres, ni ce fervice ne

peuvent fervir que pour l'avenir : elles font impuif-
fantes pour les droits échus avant le temps où
elles ont été obtenues, & celui où ce fervice s'eft
accompli, ainfi que nous l'avons remarqué dans
les obfervations générales.

Cette Incapacité eft confidérablement reftreinte
aujourd'hui en faveur des différentes nations qui
ont bien mérité de nos rois ; mais cette faveur ceffe
dès que nous fommes en guerre avec elles : ainfi
les Anglois ne pourroient actuellement invoquer
les priviléges que leur accorde la déclaration de
1739, qui lève l'Incapacité des étrangers Anglois,
Irlandois & Ecoffois, & généralement de tous les
fujets de la Grande-Bretagne qui décèdent en
France, quant à la difpofition des chofes purement mobilières.

Cette déclaration donna naiffance à une conteftation célèbre, qui fut jugée en 1776, au rapport de M. de Glatigny, & dont voici l'efpèce.

Denis O-Konor, décédé en Irlande, mais qui
avoit été long-temps au fervice de France, laiffa
un teftament, par lequel il léguoit une rente conftituée fur un particulier François, à un fieur Ker-
nant, négociant à Eniskilfing, petite ville du
comté de Fermanag en Irlande. Ce legs fut contefté par un fieur Linchagan, officier au régiment
de Dilon.

Le fieur Linchagan invoqua d'abord le principe
général qui exclut les étrangers des fucceffions
légitimes ou *ab inteftat*, & des fucceffions teftamentaires ; d'où il conclut que l'étranger devoit
fe refferrer dans les bornes les plus étroites du privilége ; après quoi il obferva : 1°. que la déclaration ne pouvoit avoir d'effet pour un teftateur
étranger, mort en terre étrangère lors de l'ouverture

ure du testament : 2°. qu'elle n'avoit point donné à l'étranger la concurrence avec le regnicole, droit précieux que le législateur n'avoit point exprimé, & qui ne pouvoit se suppléer : 3°. que la déclaration se bornoit à la disposition des effets purement mobiliers, & qu'une rente constituée est censée immeuble, suivant les loix générales, ou la plupart des coutumes.

L'auteur de cet article écrivoit pour le sieur Linchagan ; ces moyens furent accueillis par l'arrêt.

De l'Incapacité des adultères.

Les adultères & les concubinaires ne peuvent recevoir, des complices de leurs crimes & des compagnons de leurs débauches, ni don, ni legs. Ils sont frappés de cette Incapacité par rapport à l'infamie qui est en eux ; on en excepte cependant quelquefois des legs modiques, & ce retour de la loi, en ce cas, annonce en même temps son dédain : elle ne les leur accorde que comme de simples alimens ; ses soins se bornent à permettre qu'ils puissent exister ; encore cet adoucissement n'a lieu que pour les concubinaires, & non pour les adultères : ces derniers ne peuvent ni se donner, ni se léguer de simples alimens. La loi ne pouvoit les faire participer à la faveur de cette exception, puisqu'elle les juge dignes de mort en une infinité de circonstances.

Il arrive souvent que, pour se soustraire à la rigueur de cette jurisprudence, d'autant plus respectable qu'elle a sa source dans les bonnes mœurs, les femmes se font faire des contrats de constitution ; mais quelle que soit la faveur de ces actes, ils ne sont d'aucune considération dès que l'on en découvre la source.

De l'Incapacité des bâtards.

Quoique les bâtards n'aient pu participer au vice de leur père & de leur mère, & qu'ils soient les victimes plutôt que les complices de leur incontinence, ils ne peuvent recevoir, ni exiger d'eux & de leurs héritiers que de simples alimens: d'un autre côté, ils ne peuvent rien leur transmettre ; la loi détruit tous les rapports que la nature fait naître ; elle brise tous les liens qui unissent les pères & les enfans.

C'est sur ce principe qu'un arrêt du parlement de Paris infirma une sentence du juge de Baugency, qui établissoit une sorte de succession entre la demoiselle Chaubert & son enfant naturel, qu'elle avoit eu du sieur Gourdinau de Chandri, en jugeant que la somme de 6000 liv. adjugée à l'enfant, retourneroit à la mère en cas du prédécès de l'enfant. L'arrêt est du 27 mars 1776. L'auteur de cet article écrivoit pour le sieur Gourdinau.

Il y a cependant quelques coutumes qui appellent les bâtards à la succession de leur mère, concurremment avec les enfans légitimes, & la mère à la succession de ses enfans bâtards, ainsi que cela se pratiquoit à Rome, d'après les senatus-consultes Tertulien & Orphitien : mais ce n'est qu'une exception qui n'empêche pas que la règle contraire ne mérite seule d'être considérée comme notre usage : c'est aussi le plus conforme à l'honnêteté publique & aux bonnes mœurs.

On a traité au mot BATARD, des effets de cette Incapacité, relativement à l'état civil ; & nous traiterons au mot irrégularité, de ceux qu'elle opère relativement à l'état ecclésiastique.

L'Incapacité des bâtards est d'eux à leurs ascendans, & non pas d'eux à leurs descendans ;

ils peuvent tranfmettre à leurs enfans, petits-enfans & autres, foit par donation entre-vifs, foit par fucceffion, foit par teftament, ainfi qu'on a pu le remarquer au mot *Bâtard*; & c'eft ce qui etablit une feconde différence entre l'étranger & le bâtard.

On diftingue entre le bâtard fimple & le bâtard adultérin; le premier eft bien moins odieux que l'autre aux yeux de la loi. Nous n'entrerons point ici dans le mérite de cette diftinction, fuffifamment établie au mot bâtard.

L'arrêt récent, rendu en faveur de Caffe, juge que l'Incapacité du bâtard eft établie au profit des héritiers & non du fifc. Cet arrêt confirme un legs particulier de 600,000 livres.

Le fieur Caffe avoit été légitimé après la mort de fon père, qui avoit marqué fon intention de le faire légitimer.

Cet arrêt ne peut cependant tirer à conféquence, la cour s'étant déterminé par les fins de non-recevoir; il ne peut fervir qu'à confirmer le principe déjà adopté, que l'Incapacité du bâtard n'eft point en confidération du fifc.

De l'Incapacité du religieux.

Les religieux profès font incapables de fuccéder; c'eft l'effet néceffaire de leur renonciation au monde; les vœux qu'ils prononcent les détachent de tous les biens temporels. Entièrement féparés de nous, felon la loi, ils font regardés comme n'étant déjà plus de ce monde : on les place au rang de ceux qui font morts civilement.

Ils peuvent cependant recevoir quelques legs ou quelques penfions modiques, pour fournir à quelques légers befoins : dans ce cas, c'eft le procureur de la maifon qui reçoit cette penfion ou ce legs, & le fupérieur qui en règle l'ufage.

Le legs ou la penfion ne font pas nuls pour être faits au religieux directement, mais on les réduit à leur forme effentielle.

Cette Incapacité du religieux profès ceffe par la nullité de fes vœux, reconnue par fentence ou par arrêt. Le jugement qui les déclare nuls anéantit la caufe de fon Incapacité, qui, dans ce cas, ne peut avoir été que l'effet de la violence, & lui rend tous les droits qui lui étoient acquis avant fa profeffion en religion, & tous ceux qu'il auroit pu acquérir depuis ; ainfi le jugement a un effet rétroactif.

Les novices ne peuvent difpofer en faveur du monaftère où ils doivent faire profeffion, ni d'aucun monaftère, foit du même, foit d'un autre ordre : ce point de jurifprudence eft appuyé de plufieurs arrêts rapportés par Brodeau ; & fur les ordonnances d'Orléans, art. 19, & de Blois, art. 28.

Les teftamens qu'ils font en faveur des perfonnes capables, doivent paroître au temps de leur profeffion, fans quoi ils font regardés comme nuls, ainfi que l'a décidé un arrêt du 24 mai 1655.

L'ordonnance de 1735, art. 11, a érigé cette jurifprudence en loi ; &, pour obvier aux fraudes, elle a voulu que ces teftamens olographes fuffent dépofés devant notaires. » Lorfque, porte cet ar-
» ticle, ceux ou celles qui auroient fait des tefta-
» mens, codicilles, ou autres difpofitions ologra-
» phes, voudront faire des vœux folemnels de
» religion, ils feront tenus de reconnoître lefdits
» actes pardevant notaires, avant que de faire
» lefdits vœux, finon les teftamens, codicilles, ou
» autres difpofitions, demeureront nuls & de
» nul effet «.

On a douté fi un religieux étoit capable d'acquérir à titre onéreux, & l'on s'eſt décidé pour la négative.

Les contrats qu'ils paſſent avec titre ne ſont cependant pas ſans effet : ils n'obligent point, il eſt vrai, le religieux, parce qu'il eſt impoſſible d'obliger un homme qui n'a rien & qui ne peut rien avoir : & tel eſt l'état du religieux profès ; il ne peut même diſpoſer de ſa perſonne : il eſt encore reconnu que le religieux n'a aucune action contre celui avec qui il a contracté ; mais la bonne foi l'emporte ſur ces conſidérations, & ne ſouffre pas que celui qui s'eſt obligé envers un religieux puiſſe prétendre ſe libérer de l acte, en excipant de cette Incapacité. La juſtice rejette ces exceptions odieuſes, & permet au couvent auquel appartient tous les droits que peuvent avoir les membres qui le compoſent, de pourſuivre l'exécution du contrat.

Il en eſt autrement lorſque le religieux a celé ſon état. Celui qui s'eſt obligé envers lui peut alors ſe refuſer à l'exécution de ſes engagemens ; mais il faut pour cela que les choſes ſoient entières, ou qu'elles puiſſent être remiſes au même état qu'elles étoient avant l'engagement.

C eſt un principe généralement adopté, que le religieux ne peut rien poſſéder par lui-même ; il acquiert pour ſon couvent, comme l'eſclave Romain acquéroit pour ſon maître.

Le religieux qui poſsède un bénéfice eſt ſécularifé de droit, pour ce qui concerne ce bénéfice ; il peut recevoir le prix des fermages, & faire tous les actes onéreux concernant l'adminiſtration.

On demande ſi ce religieux peut ſe conſtituer une rente viagère, au moyen des fruits de ſon

bénéfice : M. Richer, qui examine la question dans
son traité de la mort civile, cite un arrêt qui
n'établit qu'un préjugé à cet égard pour la négative : mais l'auteur suppléant au silence de l'arrêt,
démontre l'impossibilité de créer de pareilles
rentes, en observant que les religieux sont obligés
de laisser à leurs supérieurs jusqu'à leur pécule;
ce qu'il justifie par le témoignage uniforme des
auteurs les plus accrédités.

Cette Incapacité n'a pas été la même dans tous
les temps. La loi *deo nobis* &c.... donnoit aux
religieux le droit de succéder, & la novelle 123,
chapitre 41, se bornoit à leur refuser le pouvoir
de rien posséder en particulier : mais les biens
qu'ils recevoient par succession appartenoient au
monastère. Ce droit abusif fut entamé en 1226
par un arrêt célèbre, & se trouve actuellement
presque entièrement aboli. La coutume de Paris,
art. 337, & l'ordonnance de Francois I de 1532,
ont ramené les religieux profès à la sévérité de
leurs vœux, beaucoup adoucie cependant par les
acquisitions que les différens ordres ont faites à la
faveur de la loi *deo*, & de la novelle 123.

En Franche-Comté, les religieux jouissent d'une
exception. Comme cette province n'a été réunie
à la couronne qu'après les édits & déclarations
qui ôtent aux religieux le droit de succéder, on y
suit l'ordonnance de 1581, portée par Philippe II, roi
d'Espagne. Ainsi cette faculté de succéder se trouve
restreinte à l'usufruit des immeubles & à la propriété des meubles. Le parlement de Paris a
donné un arrêt le 28 février 1721, qui est conforme à cette ordonnance, en faveur des religieuses Carmélites d'Artois en Franche-Comté.

Les chevaliers de Malthe sont dans les lieux

de cette Incapacité : ils ont fait plufieurs tentatives pour s'en dégager ; mais tout ce qu'ils ont
pu obtenir, fe borne à pouvoir forcer leurs parens
à leur faire une inodique penfion, lorfqu'après
leur retour en France ils n'ont point de commanderie. Ne recevant rien de l'ordre, qui ne
les nourrit & ne les entretient que pendant leur
féjour à Malthe, il feroit contre tous les principes d'humanité, de livrer à la pitié publique,
des hommes d'une naiffance diftinguée.

Cette penfion ceffe dès qu'ils ont obtenu quelque commanderie ; cette penfion n'étant que
pour leur fimple entretien, auquel alors ils peuvent pourvoir. C'eft même inutilement qu'ils
ont voulu diftinguer entre les commanderies de
grâce, qui ne s'accordent qu'à charge d'équiper
une galère, & les commanderies de tour, qui
font exemptes de charges. Ils ont prétendu pouvoir conferver leur penfion dans le cas des commanderies de grâce : mais le Brun, en rapportant
deux arrêts qui les privent de cette penfion,
obferve que cette diftinction n'a point été admife.

Il y a encore une circonftance où les chevaliers
de Malthe peuvent exiger de leurs parens la fucceffion de leur père & de leur mère ; c'eft quand ils
font pris par les infidèles. Comme l'ordre ne les
rachète jamais, on leur accorde la faculté d'obliger
leurs parens à les racheter aux dépens des biens
dont ils auroient pu hériter : mais ce droit eft limité au montant de leur légitime.

Les religieux qui, comme nous venons de l'expofer, font incapables de fuccéder, le font également de tranfmettre par fucceffion. Tout ce que
peut avoir poffédé un religieux depuis fa profeffion, foit qu'il l'ait acquis par fes travaux, foit

E e iv

qu'il l'ait obtenu de la libéralité de ſes proches,
ou de quelque étranger, retourne au monaſtère ou
à l'abbé.

Les livres, les meubles & les autres biens
que ſe ſont procurés ceux qui ont toujours vécu
en communauté, ſont regardés comme faiſant
partie des propres effets de cette communauté.

Quant au pécule, ce que l'on entend des effets
que laiſſe un religieux pourvu d'un bénéfice, les
abbés commendataires & les religieux n'ont ceſſé
de ſe le diſputer. Les anciens arrêts, tant du parlement que du grand-conſeil, l'ont invariablement
adjugé aux religieux. On diſtinguoit ſeulement
autrefois le cas où l'abbé étoit cardinal : alors
on lui adjugeoit le pécule : mais cette juriſprudence
ancienne, quoique appuyée ſur ſix arrêts, paroît
être abandonnée pour toujours.

La nouvelle juriſprudence eſt fondée ſur ce que
les commanderies ſont perpétuelles & de vrais
titres, & que les commendataires ne différent en
rien des vrais titulaires, pour ce qui concerne le
revenu temporel.

Le rédacteur des loix eccléſiaſtiques ſoutient
que la dernière juriſprudence eſt en faveur des
abbés commendataires, ſur le fondement que l'adminiſtration de tout le temporel des abbayes leur
appartient, de même qu'aux abbés réguliers : la
penſion qu'ils abandonnent à leurs religieux, n'eſt
regardée que comme un revenu qui leur tient
lieu de penſion alimentaire.

Il y a quelquefois des traités entre les abbés
& les religieux, par leſquels le pécule eſt abandonné à ces derniers ; alors ces traités ſont ſuivis ;
mais on les regarde comme une dérogation au
droit commun.

Il y a des chanoines réguliers qui ont des prébendes dans certains chapitres qu'ils font defiervir
par leurs religieux. Un arrêt du 30 août 1714,
rapporté par Duperron dans fon traité du partage des fruits, donne le pécule de ce religieux
au monaftère d'où il a été tiré ; & cela eft bien
jufte, puifque la prébende fait partie de la dot
& de la fubfiftance du monaftère, auquel tout
ce qu'elle produit doit appartenir.

La difficulté eft plus grande par rapport à la
quote-morte (voyez ce mot) ; cette quote-morte
eft le pécule des religieux curés.

Les ftatuts des chanoines réguliers de la con-
grégation de France, art. 5 & 7, défendoient aux
bénéficiers, non-feulement de difpofer de leur
pécule au profit de leurs parens & de leurs amis,
mais même d'en faire des aumônes fans la permiffion de leurs fupérieurs. Telle étoit anciennement leur Incapacité à cet égard, que les ftatuts de l'abbaye de faint Jean-des-Vignes de Soif-
fons défendent au religieux bénéficier d'avoir fes
parens dans fa maifon.

Mais aujourd'hui l'ufage a prévalu fur ces ftatuts. La jurifprudence autorife les difpofitions entre-
vifs, faites par les religieux bénéficiers ; mais fuivant Ricard, la difpofition ne doit pas être à
titre univerfel. Il prétend qu'en ce cas elle doit
être rejetée comme frauduleufe. Un arrêt du 14
juin 1587 a confirmé la donation univerfelle,
faite par Jean Poncet, religieux profès de l'abbaye de faint Pierre de Melun, & depuis curé de
faint Pierre-des-Arcis à Paris, au profit du curé
de faint Jean-en-Grève, auquel il en avoit fait
délivrance de fon vivant.

La faveur de cette exception ne doit pas

s'étendre aux chevaliers de Malthe ; le dépropri-
ment annuel auquel les affujettit l'art. 9 du titre
12 , leur interdit la faculté de difpofer entre-
vifs , même lorfqu'ils font pourvus de commanderies. Tel eft l'avis de M. Richer, qui cite cet
article, dont il s'appuie. Quelques chevaliers de
Malthe ont eu recours au pape, & ont obtenu
des difpenfes aux fins de pouvoir faire de femblables difpofitions ; mais le pape n'ayant aucune
efpèce de droit fur ce qui concerne le temporel,
ces difpenfes ont été déclarées abufives.

M. Richer penfe que cette faculté accordée
aux religieux pourvus de bénéfices doit être
étendue à ceux qui pofsèdent des offices clauf-
traux , dont les revenus font diftincts de la menfe
du monaftère , ainfi qu'aux religieux de certaines
abbayes, qui font dans l'ufage de donner à chaque
religieux fon pécule à prendre fur la maffe commune.

Quoiqu'un fimple religieux n'ait aucune faculté de difpofer, cependant le don mutuel de celui
qui s'eft marié au mépris de fes vœux, eft valable par rapport à la femme , fi toutefois cette
dernière étoit de bonne foi. De même quoiqu'il ne
puiffe tranfmettre par fucceffion, fes enfans héritent:
mais en ces deux cas, c'eft moins une donation & une
fucceffion, qu'une peine infligée par la loi ; dès
que l'état de ce religieux marié eft connu, la
fucceffion eft ouverte. Dès cet inftant, la femme
& les enfans jouiffent de la plénitude dés droits,
qui , dans les autres conditions, ne s'acquièrent que
par la mort. Cette reconnoiffance produit abfolument les mêmes effets que la mort des conjoints
par légitime mariage.

L'Incapacité dans laquelle eſt un religieux d'eſter en jugement, reçoit différentes exceptions.

D'abord elle ceſſe toutes les fois qu'il eſt pour-ſuivi criminellement : dans ce cas, il a la faculté d'eſter ſans l'aſſiſtance ni l'autoriſation de qui que ce ſoit. L'état de mort civile où il eſt, par un effet de ſa profeſſion en religion, ne s'étend pas juſqu'à l'obliger à ſouffrir l'opprobre du crime : mais ce pouvoir, en ce cas, eſt limité à ſe défen-dre, & non pas à attaquer. Cependant ſi le délit dont il a à ſe plaindre eſt grave, le miniſtère public prend ſa défenſe. Les ſupérieurs ſont même en droit de pourſuivre la réparation des injures faites à leurs moines, non par eſprit de vengeance, mais par le droit de prévenir les outrages aux-quels l'impunité pourroit les expoſer.

Il eſt des cas où le religieux peut eſter en jugement ſans autoriſation ; premièrement celui ou il appelle comme d'abus de quelqu'acte ou de quelqu'or-donnance de ſes ſupérieurs. Cette diſtinction eſt fondée ſur la raiſon. Il ſeroit contradictoire qu'on le forçât de rapporter l'agrément de ceux contre leſquels il invoqueroit l'autorité des tribunaux : ce ſeroit lui accorder un droit, & le mettre dans l'impoſſibilité d'en uſer. Deuxièmement, lorſqu'il ſe pourvoit contre ſes vœux, ſoit par la voie de la réclamation, ſoit par celle de l'appel comme d'abus.

Le religieux qui, par ſes grades ou par quel-qu'autre privilége, eſt en droit de requérir un bénéfice, eſt capable de pourſuivre, tant en de-mandant qu'en défendant, tous les procès qu'on l'oblige d'entreprendre, & de ſuivre à cet effet. Des auteurs ont regardé ce droit comme un un abus : mais il eſt appuyé ſur une juriſprudence certaine & invariable.

Il en eſt de même du religieux bénéficier ; il ne conſulte que lui dans le procès qu'il intente ou qu'il ſoutient, pour raiſon des droits de ſon bénéfice ou du pécule qu'il en retire.

On a obſervé au mot autoriſation, que l'épiſcopat affranchit le religieux qui paſſe à cette dignité, de toute eſpèce de dépendance de ſon monaſtère : le paſteur ne peut être ſubordonné à ſes ouailles.

Baſnage, ſur l'article 430 de la coutume de Normandie, prétend que non-ſeulement un eccléſiaſtique ſéculier & régulier, mais même qu'un religieux profès peut être exécuteur teſtamentaire, pourvu qu'il ſoit autoriſé de ſon ſupérieur ; mais il eſt réfuté par d'autres auteurs, & il convient que Guipape a une opinion contraire ; il ſe fonde ſur des diſpoſitions de droit canon, qui ne ſont point ſuivies parmi nous. Ricard, dont le ſentiment en matière de donations fait autorité, dit que ces déciſions ne peuvent être ſuivies en France, où les religieux ſont regardés comme morts pour les effets civils : d'ailleurs, comme le remarque judicieuſement M. Richer, l'autoriſation du ſupérieur ne pouvoit être regardée que comme une caution, & le monaſtère, même en corps, ne ſauroit s'obliger ſans néceſſité : c'eſt une loi commune à tous les gens de main-morte.

L'Incapacité des religieux profès ou non profès ne les empêche pas d'être témoins, lorſque leur témoignage eſt requis en juſtice : l'ordonnance de 1670 non-ſeulement les admet à le rendre, elle enjoint encore à leurs supérieurs de les y contraindre, à peine de saisie de leur temporel & de suspension de leurs priviléges.

Au surplus, leur témoignage n'est pas reçu dans les actes de la juridiction volontaire. Un arrêt du premier avril 1656, rapporté par Henrys, fait défense à tous notaires de prendre des religieux pour témoins dans les actes qu'ils passent : plusieurs autres arrêts ont déclaré nuls des testamens signés par des religieux comme témoins ; & cette jurisprudence a été érigée en loi par l'ordonnance de 1735.

Les exceptions introduites par cette ordonnance, suivant les articles 25, 27 & 33, tombent : 1°. sur les curés réguliers pour les testamens ou autres dispositions à cause de mort, dans l'étendue de leurs paroisses, & ce seulement, ajoute le législateur, dans les lieux où les coutumes ou statuts les y autorisent expressément, & en y appelant avec eux deux témoins : 2°. sur les aumôniers des troupes & des hôpitaux, par rapport aux testamens, codicilles & autres dispositions à cause de mort de ceux qui servent dans les armées : 3°. sur tous les ecclésiastiques réguliers, curé desservant, vicaire ou autre prêtre, chargés d'administrer les sacremens aux malades en temps de peste ; mais dans tous ces cas, il faut qu'ils soient assistés de deux témoins.

L'ordonnance de 1747 a terminé les débats des jurisconsultes par rapport aux substitutions, & a fixé la jurisprudence. Un grand nombre d'auteurs prétendoit que la mort civile du religieux ne donnoit point d'ouverture au fidéicommis. L'art. 14 de cette ordonnance ne fait aucune différence entre celle du religieux & celle qui réfulte d'une condamnation : « Dans tous les cas, » porte cet article, où la condamnation emporte » la mort civile, elle donnera lieu à l'ouverture » du fidéicommis, comme la mort naturelle ; » ce qui fera pareillement obfervé à l'égard de » ceux qui auront fait profeffion de la vie reli- » gieufe ».

On demande fi un religieux qui avoit la jouif- fance d'un ufufruit ou d'une penfion viagère, avant de faire profeffion, le conferve, ou le cou- vent pour lui, jufqu'à fa mort naturelle.

Quant à l'ufufruit, Fevret a penfé que lorfque le monaftère eft capable de poffpéder *proprium in communi*, comme le font aujourd'hui la plupart des couvens, il en jouit jufqu'à l'inftant de la mort de l'ufufruitier, à l'exclufion même du re- ligieux : mais cet auteur s'appuyoit fur d'anciennes décifions, & la jurifprudence a totalement changé. Cette obfervation n'a point échappé à l'auteur du traité de la mort civile ; & l'on tient pour maxime, d'après les ordonnances que l'ufufruit eft réuni à la propriété, & qu'ainfi, ni les hé- ritiers du religieux, ni le couvent, ne peuvent en profiter.

» Ce qui a pu occafionner la jurifprudence con- » traire, dit M. Richer, c'eft que l'on doutoit » alors (au temps de Fevret) fi la mort civile don- » neroit ouverture à la fubftitution ; & les raifons » qui portoient à croire qu'un fidéicommis pou- » roit toujours réfider fur une feule tête qui n'exif- » tât plus dans la fociété, déterminoient à croire » que l'on pouvoit pareillement y affeoir un ufu- » fruit : mais depuis que la fauffeté des motifs » qui appuyoient cette erreur a été univerfelle- » ment reconnue, & que la nouvelle ordonnance

" touchant les fubftitutions, a fixé la jurifprudence
" à cet égard, il n'y a plus de variation touchant
" l'ufufruit, par la profeffion en religion ".

Pour ce qui eft de la rente viagère, le religieux
peut fe la réferver fur les biens qu'il quitte, ou
la recevoir de fes parens ou de toute autre perfonne, à titre de libéralité, ainfi qu'on l'a expofé ;
mais lorfque des religieux font poffeffeurs d'une pareille rente, elle s'éteint *ipfo facto* : c'eft une' conféquence néceffaire de leurs vœux, dont l'un eft
celui de pauvreté : il y a cependant une exception ;
c'eft lorfque le débiteur de cette rente s'oblige à
la continuer.

La femme qui fe confacre après fa viduité, perd
la jouiffance de fon douaire ; elle peut feulement
retenir une penfion modique fur les héritages fujets au douaire, s'il n'y a pas d'autres biens : cette
jurifprudence a fa fource dans les arrêtés de M. de
Lamoignon. C'eft au juge à déterminer cette penfion, qui ne doit jamais excéder de fimples alimens. On penfe, d'après Poquet de Livoniere,
qu'elle eft maîtreffe d'en difpofer, avant l'émiffion
de fes vœux, en faveur de qui elle juge à propos :
cela cependant pourroit être contefté.

De l'Incapacité des communautés.

Dans l'ancien droit, toutes les communautés,
fans diftinction, étoient dans une Incapacité abfolue
de recevoir des libéralités ; elles ne pouvoient
même accepter de legs particuliers quelque modiques qu'ils puffent être. Cette Incapacité avoit
fa fource dans ce penchant naturel à tous les hommes & à toutes les fociétés, d'accroître leurs poffef-

fions; défir qui ne pouvoit être que nuifible au corps politique.

Cependant une interdiction trop générale parut contraire au bien public; auffi en diminua-t-on la rigueur. Les premières exceptions furent introduites en faveur des colléges : l'éducation des enfans dans les temps de barbarie, juftifioit cette préférence. Ces colléges eurent la faculté de profiter, non de difpofitions générales, mais feulement de legs particuliers. Conftantin dégagea les communautés des liens de cette Incapacité, & ne mit aucune diffé rence entr'elles & les autres citoyens; mais l'abus de la loi en fut bientôt le remède; elles furent remifes, à quelque chofe près, dans leur première impuiffance.

Aujourd'hui la jurifprudence fuit un fage tempérament; elle permet aux communautés approuvées & fondées en lettres-patentes, de profiter des libéralités, pourvu cependant que ces libéralités ne foient pas trop étendues.

Voici à cet égard les maximes confacrées par les arrêts: Toute difpofition particulière, faite fans fraude & fans excès, eft valable, foit de meubles, foit d'immeubles; & pour ce qui eft des difpofitions générales, ou on les annulle, ou on les modifie, de manière que les héritiers du fang n'aient point trop à s'en plaindre.

Il eft indifpenfable de rapporter ces arrêts : le premier du 13 décembre 1700, a réduit un legs univerfel fait par un curé au profit de l'hôpital de la manufacture de Bordeaux, & a- adjugé le furplus aux parens collatéraux. On obfervera que l'ufage eft de donner les trois quarts aux héritiers: mais il y avoit cela de particulier dans l'efpèce, que

le

le curé avoit difposé de fon patrimoine de fon vivant en faveur des fiens.

Le fecond, du 7 juillet 1712, adjuge aux héritiers de la veuve Grégoireau les biens qu'elle avoit légués à l'hôpital Saint André de Bordeaux, à la charge d'en rendre feulement le quart à cet hôpital ; & pour la liquidation de ce quart on n'a fait aucune attention à différens legs faits aux héritiers par la teftatrice.

Les difpofitions du troifième arrêt rendu le 18 août 1716, font conformes à celui-ci : il en eft de même de ceux des 4 feptembre 1720, & 27 août 1731.

Le plus fameux de ces arrêts eft celui qui a été rendu fur le teftament du fieur Pannetier, fait au profit de l'hôpital-général. Le grand confeil réduifit à 40000 livres le legs de 140000 livres fait à cet hôpital : le fieur Pannetier s'expliquoit cependant de manière à donner la plus grande faveur à cette difpofition ; » Réfléchiffant, difoit-» il, fur les biens confidérables que la providence » m'a envoyés ; fans que j'en aye fait aux pauvres » une pârt proportionnée, je donne, &c... J'ef-» père que mes enfans ne feront point bleffés de » cette difpofition, leur laiffant d'ailleurs une fuc-» ceffion bien fuperieure à ce que j'aurois pu ef-» pérer «.

Ces réductions à l'égard de l'hôpital-général femblent bleffer l'article 45 de l'édit du mois d'avril 1645, où remonte la fondation. Il eft permis par cet édit » aux directeurs de recevoir » tous dons, legs & gratifications univerfels ou » particuliers, foit par teftament, donations entre-

» vifs, ou à caufe de mort « : mais ce n'en eft qu'un fage tempérament ; ce qui étoit avantageux, même néceffaire dans fon établiffement, pourroit être très-nuifible & très-dangereux aujourd'hui qu'il y a des fonds fuffifans.

Cette jurifprudence eft fi conftante maintenant, qu'il paroît fuperflu de l'appuyer d'un plus grand nombre d'arrêts ; il en a cependant été rendu quelques autres, dont nous nous contenterons de rapporter la notice la plus fuccinte : l'un de ces derniers arrêts, rendu au parlement le 14 août 1739, en faveur des héritiers du fieur de Villiers, a confirmé la fentence des requêtes du palais du 17 mars 1739, qui réduifoit à 80000 livres un legs univerfel de 300000 livres fait au profit des frères de la charité, quoique ce legs fût deftiné pour fonder un nouvel hôpital.

L'arrêt du fieur de Chilly, chanoine de Noyon, a été rendu dans une efpèce particulière ; ce qui fait voir que les cours ont quelquefois égard aux circonftances. Le fieur de Chilly avoit laiffé à fes héritiers, par fon teftament, fes propres, qui étoient fort peu de chofe, & avoit légué fes autres biens, montans à 34000 livres, aux pauvres enfermés de l'hôpital de Noyon : une tante & une nièce réclamèrent contre cette difpofition ; elles étoient dans l'indigence, & s'en faifoient un moyen ; cependant le legs ne fut réduit qu'à 28000 livres : on n'en adjugea que 6000 livres à cette tante & à cette nièce, fur le fondement qu'elles devoient s'imputer cette indigence dont elles prétendoient fe prévaloir.

Le dernier arrêt notable rendu au rapport de M. l'abbé Tudert, le 29 août 1761, fut délibéré, a réduit à 1124 livres de rentes fur la ville, un legs univerfel de 104500 livres fait par le fieus Dupré, au profit de l'hôtel-dieu de Paris.

La déclaration du mois de mai 1774 fembleroit s'oppofer à ces réductions : mais cette jurifprudence ayant prévalu contre les édits antérieurs, & n'en étant confidérée que comme un fage tempérament, on croit que cette déclaration ne l'a point abrogée.

L'article 14 de l'édit du mois d'août 1749 prononce plufieurs fortes d'Incapacités contre les gens de main-morte ; il leur eft défendu, par cet article, d'acquérir, recevoir ou poffèder aucuns fonds de terre, maifons, droits réels, rentes foncières ou non rachetables, même des rentes conftituées fur particuliers : il eft vrai qu'ils peuvent s'en relever en obtenant des lettres-patentes, lefquelles lettres, par une difpofition précife de cet article, doivent être regiftrées ; » ce qui fera, » eft-il dit, obfervé, nonobftant toutes claufes » ou difpofitions générales qui auroient pu être » inférées dans les lettres-patentes ci devant obte- » nues par les gens de main morte, par lefquels » ils auroient été autorifés à recevoir ou acquérir » des biens fonds indiftinctement, ou jufqu'à con- » currence d'une certaine fomme «.

L'article 15 de cet édit comprend dans cette prohibition les biens mixtes, c'eft à-dire les immeubles fictifs.

L'article 16 bannit toute diftinction entre les différentes manières d'acquérir : » Voulons, dit le » roi, que la difpofition de l'article 14 foit exé- » cutée à quelque titre que lefdits gens de main- » morte puiffent acquérir lefdits biens y mention-

» nés, foit par ventes, adjudication, échange;
» ceffion ou tranfport, même au payement de ce
» qui leur feroit dû, foit par donation entre-vifs
» pure & fimple, ou faite à charge de fervice ou
» fondations, & en général pour quelque caufe
» gratuite ou onéreufe que ce puiffe être «.

L'article 17 a eu pour objet d'empêcher les
fraudes contre cette loi : toutes les difpofitions di-
rectes qui tendent à faire paffer ces fortes de
biens au pouvoir des gens de main-morte, font
déclarées nulles : » ou qu'au lieu de donner, eft-
» il dit, directement lefdits biens auxdits gens
» de main-morte, celui qui en auroit difpofé
» auroit ordonné qu'ils feroient vendus ou régis
» par d'autres perfonnes, pour leur en remettre
» le prix ou les revenus «.

Il réfulte encore de cet article, que, pour échapper à la rigueur de la loi, il ne fuffit pas que
les difpofitions foient faites à charge d'obtenir des
lettres-patentes ; on s'en tient ftrictement à la
lettre de l'article 14, qui veut que les lettres-
patentes foient antérieures à l'acte.

Il n'y a d'excepté que les rentes conftituées fur
le roi ou fur le clergé, les diocèfes, pays d'état,
villes ou communautés : les gens de main-morte
font capables de ces acquifitions ; ils ne font point,
en ce cas, obligés d'obtenir des lettres-patentes :
l'article 18 qui introduit cette exception, les en
difpenfe pour celles qu'ils avoient acquifes antérieurement.

La faveur accordée aux fondations ne fait point
exception. Il ne peut, fuivant l'article 19, être
donné ni acquis pour leur exécution, que les
rentes de la qualité exprimée dans l'article 18;

lorfque ces fondations font faites par difpofition de dernière volonté ; & lorfqu'elles font faites par des actes entre-vifs, il faut avoir obtenu des lettres-patentes, pour qu'il puiffe être donné ou acquis pour leur exécution, aucun des biens mentionnés en l'article 14 : ces lettres-patentes, fuivant les articles 19 & 20, doivent être enregiftrées ; & on ne les obtient qu'après avoir rendu un compte au roi & de la nature & de la valeur des biens qui en font l'objet, ainfi que de l'utilité & des inconvéniens de l'acquifition.

L'enregiftrement des lettres-patentes qui lèvent cette incapacité, doit fe faire fur les conclufions du procureur-général, & après qu'il a été informé de la commodité ou de l'incommodité de l'acquifition ou de la fondation. Une autre formalité non moins nécefaire, eft la communication de ces lettres au feigneur dont les biens font tenus immédiatement, foit en fief, foit en roture, ou à celui qui a la juftice : » même aux autres per-» fonnes (art. 21) dont nofdites cours de parle-» ment ou confeils fupérieurs jugeroient à propos » de prendre les avis ou le confentement ; & s'il » furvient des oppofitions, foit avant ou après » l'enregiftrement defdites lettres, il y fera ftatué » fur les conclufions de nofdits procureurs-géné-» raux, ainfi qu'il appartiendra «.

L'article 22 prononce des peines contre les notaires & officiers qui entreprendroient de porter atteinte à ces différentes difpofitions : » Défen 'ons, » y eft-il dit, à tous notaires, tabel ions ou au-» tres officiers, de paffer aucun contrat de vente, » échange, donation, ceffion ou tranfport des » biens mentionnés en l'article 14, ni aucun bail

» à rente, ou conftitution de rente fur des particu-
» liers, au profit defdits gens de main-morte,
» ou pour l'exécution defdites fondations, qu'a-
» près qu'il leur fera apparu de nofdites lettres-
» patentes & de l'arrêt d'enregiftrement d'icelles,
» defquelles lettres-patentes & arrêt il fera fait
» mention expreffe dans lefdits contrats ou autres
» actes, à peine de nullité, d'interdiction contre
» lefdits notaires, tabellions, ou autres officiers,
» des dommages-intérêts des parties, s'il y écheoit,
» & d'une amende qui fera arbitrée fuivant l'exi-
» gence des cas, laquelle fera appliquée; favoir,
» un tiers au dénonciateur, un tiers à nous, & un
» tiers au feigneur, dont les biens feront tenus
» immédiatement ; & en cas qu'ils foient tenus
» directement de notre domaine, ladite amende
» fera appliquée à notre profit pour les deux
» tiers «.

Les gens de main-morte, ainfi qu'il réfulte de
l'article 25 du même édit, font incapables d'exercer aucune action en retrait, foit feigneurial, foit
féodal, à peine de nullité. Denifart obferve fur
cet article, qu'ils peuvent céder leur droit à qui
bon leur femble, & cite l'arrêt du 13 août 1762.
Cette opinion eft érigée en loi par la déclaration
du 26 mai 1774, regiftrée le premier juin fuivant.
» N'entendons, porte l'article 7 de cette déclara-
» tion, empêcher que les gens de main-morte ne
» puiffent céder le retrait féodil ou cenfuel, ou
» droit de prélation à eux appartenans dans les
» lieux, où, fuivant les loix, coutumes & ufages,
» cette faculté leur a appartenu jufqu'à préfent,
» fans néanmoins que ladite ceffion puiffe être
» faite à d'autres gens de main-morte, ni qu'ils

» puiſſent recevoir, pour prix de la ceſſion, autre
» choſe que des éffets mobiliers, ou des rentes
» de la nature de celles qu'il leur eſt permis d'ac-
» quérir, dérogeant à cet égard à la diſpoſition
» de l'art. 25 de l'édit du mois d'août 1749.

Lorſque les biens ſpécifiés en l'article 14 tombent au pouvoir des gens de main-morte, en
vertu des droits attachés à leurs ſeigneuries, ils
doivent les mettre hors de leurs mains dans l'eſpace d'un an, à compter du jour que ces biens
leur ſont dévolus ; & il ne leur eſt pas permis de
les faire paſſer à d'autres gens de main-morte, ni
d'en employer le prix à acquérir des biens de cette
qualité ; & faute de s'en deſſaiſir dans ce délai, cès
biens ſont réunis au domaine du roi, ſi la ſeigneurie eſt dans ſa mouvance immédiate : » & ſi,
» ajoute l'article 26, elle relève des ſeigneurs par-
» ticuliers, il leur ſera permis, dans le délai d'un
» an après l'expiration dudit temps, d'en de-
» mander la réunion à leurs ſeigneuries ; faute de
» quoi ils demeureront réunis de plein droit à
» notre domaine, & les fermiers, ou receveurs de
» nos domaines, feront les diligences & pourſuites
» néceſſaires pour s'en mettre en poſſeſſion «.

L'art. 5 de la déclaration du mois de mai 1774,
en interprétant celui-ci, a reſſerré les liens de cette
Incapacité : » Pourront pareillement, porte cet
» article, leſdits gens de main-morte donner à cens
» ou à rentes perpétuelles les biens à eux apparte-
» nans ; mais dans le cas où ils y rentreroient,
» faute de payement des rentes ou acquittement
» des charges, ils ſeront tenus d'en vuider leurs
» mains dans l'an & jour, à compter de celui
» qu'ils en ſeront rentrés en poſſeſſion ; & ne

» pourront, en aliénant de nouveau lesdits biens,
» retenir sur iceux autres & plus grands droits
» que ceux auxquels lesdits biens étoient assujettis
» envers eux avant qu'ils y rentrassent ; & sera la
» disposition du présent article, observée dans tous
» les cas où il adviendra des fonds aux gens de
» main-morte, en vertu des droits attachés aux
» fiefs, justices & seigneuries qui leur appartien-
» nent, & de tous autres droits généralement ;
» & faute par les gens de main-morte de mettre
» lesdits biens hors de leurs mains dans l'an
» & jour, voulons que la disposition de l'article
» 26 de notre édit du mois d'août 1749, soit exé-
» cutée à cet égard, nous réservant néanmoins de
» proroger ledit délai, s'il y a lieu, ce qui ne
» pourra être fait que par lettres-patentes enre-
» gistrées dans nos cours de parlement & con-
» seils supérieurs «.

Les difficultés qui se sont élevées sur cet édit,
ont fait rendre divers arrêts. Le sieur Taboureau
d'Orvalle ayant légué, outre 6000 liv. une rente
de 200 liv. à prendre sur tous ses biens à perpétuité, pour l'établissement de deux lits à l'hôpital
de Tours, cette disposition fut attaquée quant aux
200 liv. de rente

Sur la demande en délivrance de legs, le juge
du châtelet ordonna qu'il seroit fait un fonds pour
sûreté de la rente léguée : il y eut appel de la part
des héritiers ; on soutenoit de leur côté que cette
sentence contenoit une double contravention à
l'édit : 1°. en ce qu'elle rendoit l'hôpital de Tours
propriétaire d'une rente constituée sur particuliers :
2°. en ce qu'en obligeant à faire un fonds pour sûreté
de cette rente, elle exposoit ce fonds à passer aux
gens de main-morte.

On répondit pour l'hôpital, qu'il ne demandoit ni une rente foncière, ni une rente sur particuliers, mais seulement une rente perpétuelle, de la nature de celles que les gens de main-morte pouvoient posséder, & que l'affectation des biens du testateur à cette rente avoit moins pour objet d'en déterminer la nature que d'en assurer le payement ; que l'on n'avoit qu'à lui donner des rentes sur le roi , ou 4000 liv. d'argent , il en seroit fait emploi sur le roi ou sur le clergé, &c.

Les moyens proposés de la part de l'hôpital l'emportèrent ; l'arrêt du 27 juin 1760, au rapport de M. Titon , condamne les héritiers à fournir pour 200 liv. de rente en contrats sur la ville ou sur le clergé, ou autres de pareille nature.

Un arrêt solemnel du parlement de Paris, rendu le 29 décembre 1762 , a déclaré valables les offres que faisoient les héritiers du fondateur d'une messe quotidienne , chargés de faire 300 liv. de rente à une église paroissiale de Doulens , de donner une rente de pareille somme sur les aides & gabelles.

Les marguilliers contestoient ces offres , sur le fondement que les rentes sur les aides & gabelles, se payant à Paris , il falloit leur offrir plus de 300 livres , à cause des frais de quittance & de réception, & port d'argent : l'arrêt n'eut point égard à ces moyens , & ne leur accorda aucun supplément.

Cette jurisprudence ne peut plus être citée, la déclaration du mois de mai 1774 ayant dérogé à l'édit de 1749, à l'égard des hôpitaux & autres établissemens de charité, ainsi que des *églises pa-*

roiſſiales, fabriques d'icelles, écoles de charité,
tables ou bouillons des pauvres des paroiſſes.

L'article 9 de cette déclaration leur permet de
recevoir & de retenir les biens de toute nature
qui leur feront légués ou donnés, » en conſidé-
» ration de la faveur que méritent les hôpitaux
» & autres établiſſemens mentionnés en l'article
» précédent : voulons que les diſpoſitions de der-
» nière volonté par leſquelles il leur auroit été
» donné, depuis l'édit du mois d'août 1749, ou
» leur feroit donné à l'avenir, des rentes, biens-
» fonds & autres immeubles de toute nature, foient
» exécutées, dérogeant à cet égard, &c. «

L'article 8 de la déclaration du 9 juillet 1758,
regiſtrée le 14, autoriſe les gens de main-morte
à acquérir des rentes que la ville de Paris étoit
autoriſée, par cette déclaration, à conſtituer, pour
faire les fonds deſtinés à acquérir du roi les droits
rétablis par l'édit du mois de décembre 1743;
la même permiſſion ſe trouve accordée par l'article
9 de la déclaration du 10 décembre 1758, pour
d'autres rentes conſtituées par la ville de Paris;
& par l'article 7 de l'édit du mois de mai 1761,
regiſtré le 19 juin ſuivant, qui a permis à l'ordre
du Saint-Eſprit de faire un emprunt de deux
millions.

Les gens de main-morte ſont incapables de
demander le partage ou le triage des biens com-
munaux. Deniſart cite l'exemple de l'évêque
d'Arras, qui, n'ayant pu demander celui des marais de Vitri en Artois, dont il étoit ſeigneur,
obtenu des lettres-patentes, regiſtrées au parlement, leſquelles l'ont autoriſé à aliéner la juſtice
vicomtière ſur ces marais, & l'acquéreur a obtenu

le triage par arrêt de la grand'chambre, le mercredi 20 janvier 1762.

Par acte du 1 juin 1716, le sieur Laurenceau avoit, pour fondation d'une messe en l'église paroissiale de saint Laurent de Nogent-sur-Seine, constitué 100 livres de rente affectée & assignée sur une maison & vingt arpens désignés au contrat, à condition que le rachat de cette rente ne pourroit se faire en argent, mais seulement en donnant des héritages & fonds équipollens à la valeur de la rente.

Les héritiers, pour se libérer de cette rente, offrirent à la fabrique une rente de pareille somme de 100 livres sur les aides & gabelles.

La fabrique voulut contester les offres des héritiers, par la raison que le fondateur avoit décidé que la rente ne pourroit s'éteindre qu'en donnant des héritages équipollens; elle ajoutoit que c'étoit aux héritiers qui prétendoient se libérer à se retirer devers le roi pour obtenir des lettres-patentes & faire cesser l'Incapacité résultante de l'édit de 1749.

Les héritiers répondirent que cette Incapacité étoit personnelle à la fabrique, & que c'étoit à elle à la faire cesser : ils ajoutoient qu'elle ne pouvoit refuser une rente sur l'état qui devoit tenir lieu de celle que constituoit l'acte de la fondation: Denisart, qui cite l'arrêt, observe que la question souffrit de grandes difficultés ; mais enfin, la cour, conformément aux conclusions de M. Joly de Fleury, déclara valables les offres des héritiers : cet arrêt est du 9 juin 1762.

Un autre arrêt du 8 juillet 1766, au rapport de M. l'abbé Tudert, a décidé une question remarquable. L'abbé de Lina, docteur en Théologie de la maison de Sorbonne, avoit fait une disposition par son testament, *pour la bonne œuvre dont il étoit convenu avec M. l'évêque d'Amiens.* Cette disposition fut confirmée sur le fondement qu'il s'agissoit de l'érection d'une chapelle, & que l'édit de 1749 ne défend de semblables établissemens, qu'au défaut de lettres-patentes, & qu'il étoit incertain si elles seroient refusées.

De l'Incapacité de ceux qui ont les autres sous leur direction ou sous leur puissance.

Les confesseurs & les directeurs de conscience ne peuvent recevoir par testament de leurs pénitens, encore moins de leurs pénitentes, dont le cœur est plus facile à s'alarmer, & que par conséquent on peut plus aisément déterminer à des libéralités indiscrètes.

Il paroit nécessaire d'observer à l'égard des confesseurs, qu'il faut, pour opérer cette Incapacité, qu'ils le soient d'habitude. Un confesseur qui seroit appelé pendant la maladie dont seroit décédé le testateur, qu'il n'auroit point confessé auparavant, ne devroit pas, ce semble, être compris dans cette prohibition, à moins que le testament ne fût postérieur à la confession qu'auroit faite le malade ; puisqu'elle ne pourroit être censée être le motif qui auroit déterminé la libéralité dont le testateur l'auroit gratifié : autrement ce seroit enchaîner son zèle, & le punir en quelque sorte de remplir ses devoirs.

Un arrêt de la grand'chambre du 14 mars 1698, a condamné les carmes de la ville

d'Angers à rendre aux héritiers de la demoifelle Sara , différentes fommes qu'elle leur avoit
données de fon vivant, dans le temps que plufieurs d'entr'eux étoient fes directeurs. On leur
reprochoit d'avoir abufé de la fituation de cette
fille , & de leur pouvoir fur fón efprit. Ils l'a-
voient attirée dans une de leurs maifons , s'é-
toient emparés de fes papiers , & de tout ce
qu'elle pouvoit poff'éder ; il ne lui reftoit rien à
fa mort.

Un arrêt de la deuxième des enquêres a déclaré nul un legs fait aux récolets de Nevers , par la
dame Nion , fur le fondement qu'elle avoit pour
directeur un religieux de cet ordre.

Les aumôniers & les officiers des hôpitaux
militaires, même les couvens dont ces aumôniers
font membres , ne peuvent recevoir par teftament des foldats qui y décèdent.

Les apothicaires , les chirurgiens & les médecins ne peuvent recevoir par teftament des malades qu'ils traitent ; il femble que la loi ait voulu
mettre leur art à l'abri des reproches & des
foupçons qui pourroient naître d'un évènement
malheureux , & que la malignité auroit pu attribuer à un coupable intérêt ; d'ailleurs l'attache-
ment qu'infpire à un malade tous ceux qui peuvent contribuer à lui rendre la fanté , emporte
la reconnoiffance au delà de fes juftes bornes.

Quoique cette Incapacité dérive de l'ordonnance même , & que la jurifprudence des arrêts
y foit conforme , elle n'eft cependant pas toujours
fuivie à la rigueur ; cette jurifprudence a admis
de juftes exceptions. La proximité du médecin
avec le malade qu'il traite , leurs liaifons , leur
amitié reconnues , lèvent cette Incapacité. Un

arrêt du 18 janvier 1662 , rapporté au journal des audiences, a confirmé le legs d'un médecin, au chirurgien qu'il avoit employé dans sa maladie Un autre arrêt du 31 août 1665 a confirmé le legs fait par un malade à son chirurgien, qui étoit son intime ami. Il seroit à craindre de donner trop de faveur à ces exceptions, & s'il étoit permis de se relâcher de la rigueur des principes , ce seroit en faveur des apothicaires; l'inspection des médecins doit rassurer sur les médicamens qu'ils administrent : aussi un arrêt solemnel du 27 février 1740 a confirmé le testament fait en faveur du sieur Pial apothicaire, quoiqu'il eût fourni les drogues & les médicamens à la testatrice , pendant la maladie dont elle étoit décédée. La sentence du châtelet dont étoit appel , l'avoit ainsi jugé.

Il faut pour opérer cette Incapacité, que l'état que l'on exerce donne une certaine autorité, un ascendant capable de déterminer le donateur ou le testateur par quelque vue incompatible avec la liberté nécessaire pour disposer. Un avocat, un procureur, un agent d'affaires, un mandataire, qui tous remplissent un ministère purement dépendant des personnes qui les emploient, sont capables de toutes sortes de dispositions ; on ne leur suppose point assez d'autorité pour forcer les libéralités qu'on leur fait ; d'ailleurs l'honneur attaché à la personne de l'avocat , justifie plus particulièrement cette exception en sa faveur.

Les tuteurs , les curateurs , les administrateurs, les précepteurs ou pédagogues , & les maîtres dans quelque métier ou art que ce soit, sont dans les liens de cette Incapacité.

Toute espèce de libéralité doit s'exercer sans

contrainte. La loi a juſtement craint que ceux
qui ont quelque autorité ſur les autres, ne fuſſent
portés à en abuſer pour lès dépouiller : elle a
encore eu envie d'éteindre une foule de conteſ-
tations auxquelles ces ſortes de diſpoſitions donnoient naiſſance. François I les proſcrivit par ſon
ordonnance de 1539 :» Nous déclarons, porte
» l'article 131 de cette ordonnance, toutes les
» diſpoſitions qui feront ci-après faites par leſ
» donateurs ou teſtateurs au profit de leurs tu-
» teurs, curateurs, gardiens ou bailliſtres & au-
» tres, ou autres adminiſtrateurs, nul & de nul
» effet & valeur «.

La cupidité des tuteurs, des curateurs & des
autres compris dans l'article 131, chercha à ſe
dégager des liens de cette loi, à la faveur des
perſonnes interpoſées ; mais Henri II oppoſa
auſſi-tôt un frein à ce nouvel abus, & par ſon
ordonnance de 1549, il défendit les diſpoſitions,
» qui frauduleuſement feront faites durant le
» temps de l'adminiſtration, à perſonnes inter-
» poſées directement ou indirectement « : ces
deux articles ont été réunis dans l'article 276
de la coutume de Paris ; mais elle y a ajouté
quelques reſtrictions : » Les mineurs, y eſt-il dit,
» ne peuvent donner ou teſter directement ou
» indirectement pendant le temps de leur ad-
» miniſtration ; peuvent toutefois diſpoſer en
» faveur de leur père, mère, aïeul ou aïeule,
» ou autres aſcendans, encore qu'ils ſoient de
» la qualité ſuſdite, pourvu que lors du décès
» du teſtateur, leſdits père, mère ou autres aſ-
» cendans ne ſoient remariés «.

Dans l'ancienne juriſprudence, c'eſt-à-dire
dans celle qui a précédé le règne de François I

& de Henri II, on examinoit ſi cette contrainte avoit déterminé les donateurs ; mais aujourd'hui on ne ſe livre plus à cet examen : les diſpoſitions d'un incapable ſeroient le fruit de la liberté la plus entière, qu'elles ſeroient rejettées ; la préſomption de la loi l'emporte ici ſur le fait même.

La coutume de Normandie à étendu cette Incapacité aux préſomptifs héritiers des tuteurs.

Les tuteurs ſubrogés, les tuteurs *ad hoc*, de même que les curateurs aux cauſes, ne ſont point dans le cas de cette prohibition, n'ayant aucune ſorte d'adminiſtration des biens, & étant privés de toute eſpèce d'autorité ſur la perſonne, on ne peut redouter de leur part aucun effet de cette contrainte ; ſource principale de cette Incapacité.

On a agité la queſtion de ſavoir, ſi la femme d'un tuteur ou d'un curateur, ou d'autres adminiſtrateurs compris dans l'article 276, pouvoient recevoir des diſpoſitions entre-vifs ou teſtamentaires ; la cour s'eſt décidée pour la négative, par un arrêt du 13 août 1760, rendu au rapport de M. Poitevin de Villers, entre Jeanne-Marie le Gai & Simon Bruyn.

Il ſemble que Deniſart ait voulu établir une diſtinction ſur cet arrêt ; mais il eſt dans les principes. Il eſt certain qu'un tuteur peut porter auſſi loin, & peut-être même plus loin, les complaiſances pour ſa femme, que pour ſes enfans ; l'expérience de chaque jour juſtifie cette vérité, alors elle peut l'exciter à uſer de contrainte.

L'intérêt public a donné naiſſance à l'Incapacité prononcée contre les précepteurs & les autres perſonnes chargées de l'éducation des enfans ; il étoit à craindre que ceux-ci ne favori-

ſaſſent

saffent les penchans de leurs élèves, pour les déterminer à user d'une reconnoissance injuste & préjudiciable aux mœurs.

Pour ce qui est des apprentifs à l'égard des maîtres, l'Incapacité où sont les uns de donner, & les autres de recevoir, est fondée sur les sévices dont ceux-ci pourroient user. Comme un compagnon n'est point exposé à ces sévices, il n'est point compris dans cette prohibition.

L'ordonnance de Philippe IV défend au client de donner à son juge & aux enfans de son juge.

Les greffiers des geoles, & les geoliers ne peuvent recevoir des prisonniers détenus dans les prisons où ils font leurs services.

On doit avoir remarqué, que d'après le texte tant des ordonnances que de la coutume, l'Incapacité résultante d'une administration quelconque, est bornée à la durée de cette administration; dès qu'elle est finie, les administrateurs sont capables de toutes sortes de dispositions : ce qui s'entend des confesseurs, des directeurs de conscience, des tuteurs, des curateurs, & généralement de tous ceux dont nous venons de traiter dans cette division.

L'administration du tuteur n'est censée avoir cessé, qu'après la reddition de son compte de tutelle, & le payement du reliquat; son Incapacité dure par conséquent jusqu'à cet instant.

Ceci n'a pas toujours lieu à l'égard des enfans des tuteurs; ils sont capables de recevoir quoique ce compte ne soit point rendu; mais il faut pour cela que les tuteurs ayent prédécédé le donateur.

L'éloignement du tuteur ne le fouftrait point à la rigueur des ordonnances.

L'article 276 n'exempte de cette Incapacité que les père & mère & les autres afcendans : cependant un arrêt du 7 feptembre 1592 a confirmé une difpofition en faveur d'un oncle tuteur ; mais cet oncle étoit le plus proche parent du teftateur.

Ceux qui ont renoncé à une fucceffion font mis au rang des incapables : nous n'en traiterons point ici. Le vrai fiége de cette matière eft au mot *Renonciation.*

On ne peut rien dire de certain concernant l'Incapacité attachée à la domefticité ; en général, on regarde les domeftiques comme incapables de recevoir des difpofitions univerfelles de la part des maîtres qu'ils fervent, ce qui encore n'eft point fans exception. Un arrêt du 7 octobre 1755 a infirmé une fentence du châtelet, qui réduifoit à 20000 livres un legs de 126000 livres fait par le fieur de la Forcade à la demoifelle Piéters, fille de fon portier. On remarquoit de la part de la légataire qu'elle avoit reçu du teftateur une éducation des plus brillantes, & conforme en tout à celle qu'il avoit donnée à fa propre nièce, dont il prenoit beaucoup de foin : ce n'étoient que des collatéraux qui réclamoient, & le teftateur leur laiffoit encore des biens confidérables ; il étoit d'ailleurs l'artifan de fa fortune. Les moyens que fit valoir M^e. Doucet, plaidant pour la légataire, décidèrent la cour en fa faveur. Cependant cet arrêt doit être regardé comme un arrêt d'exception; la cour en a rendu un autre le 11 août 1713, qui a réduit à 300 livres, par forme de récompenfe de fervices, un legs de 50000 livres fait à un valet-de-chambre.

Deux arrêts, dont les difpofitions font auffi contraires, diminuent beaucoup la confiance que l'on doit au principe ; & il vaut mieux convenir que les cours fe font réfervé le droit de décider, fuivant les circonftances, le mérite des légataires & les facultés du teftateur. L'intendant n'eft point mis au rang des incapables.

De l'Incapacité qui procède de la nature & de la loi conjointement.

Nous mettons dans cette dernière divifion la femme & les conjoints par mariage.

Cette Incapacité n'eft point fondée fur un fait, mais feulement fur une préfomption de la foibleffe ou de l'empire des fexes ; & voilà pourquoi nous difons qu'elle procède de la nature & de la loi.

De la femme.

Les légiflateurs n'ont pas attribué à la femme la même étendue d'autorité qu'à l'homme ; elle eft frappée de plufieurs fortes d'Incapacités : c'eft ainfi qu'elle ne peut prétendre aux fonctions du facerdoce, & qu'elle ne peut exercer aucune charge publique telles que celle de juge ; elle ne peut même gérer des tutelles ni des curatelles.

Cette Incapacité, dont la femme mariée ou non mariée eft frappée, concernant les fonctions de la religion & de l'état, eft abfolue ; mais celle qui concerne les tutelles & les curatelles, reçoit plufieurs modifications ; elle peut ceffer par rapport aux enfans, cela eft même de droit commun ; mais il eft d'exception à ce même droit qu'elle

soit curatrice de son mari ; & cette exception se
rencontre rarement ; on en cite néanmoins divers
exemples ; celui d'une femme instruite du commerce de son mari est même assez fréquent.

Bourjon, commentant l'arrêt du 17 avril 1734,
qui établit la marquise de Menars curatrice à l'interdiction de son mari, remarque qu'il est contraire
à l'usage du châtelet, & qu'il semble que cet arrêt
doive faire admettre que, soit pour cause de démence
ou de prodigalité, la femme peut être curatrice de
son mari : sur quoi nous observerons que le doute
que manifeste cet auteur, qui jouit d'une estime
méritée, doit être changé en certitude : l'exception adoptée par cet arrêt ne détruit pas l'usage
général qui se pratique particulièrement au châtelet. L'Incapacité, prononcée en ce cas contre la
femme, n'est fondée que sur une présomption de
la loi ; & cette présomption cesse à ses propres
yeux dès qu'elle a des témoignages positifs. Il est
des femmes supérieures à leur sexe ; & dès que
cette supériorité est attestée & reconnue, le juge,
devant qui la contestation est portée, peut y avoir
égard. Nous convenons cependant qu'il seroit dangereux de donner trop d'extension à ce principe.

On ne s'étendra point ici sur les différens actes
dont les femmes sont incapables, ayant eu occasion d'en traiter dans différens articles : on a pu
voir aux mots *autorisation* & *femme*, que la femme
mariée est dans une Incapacité absolue ; elle jouit
de l'état de son mari, sans participer en rien à son
pouvoir ; elle ne peut en exercer que la portion
qu'il veut bien lui confier, & seulement pour
autant de temps qu'il veut : il n'y a que la mort
de son mari, ou la sienne propre, qui puisse la
dégager de ces liens. Devenue veuve, elle veille

à tout ce qui la concerne, & peut difpofer en tout ou en partie, de fes biens felon les loix.

Suivant le droit commun, le mari & la femme font dans une efpèce d'Incapacité; ils ne peuvent s'avantagér, ni par donation, ni par teftament; mais ils fe rachètent de cette Incapacité à la faveur du don mutuel.

La plupart des coutumes fe font oppofées à ce que l'un des conjoints pût recevoir de l'autre fans en marquer une récompenfe proportionnée : elles ont voulu qu'un don fût balancé par un autre don; c'eft ainfi qu'elles ont garanti, favoir, la femme de la violence & de la tyrannie du mari, & le mari des piéges & de la féduction de la femme.

» Homme & femme, porté l'art. 182 de la » coutume de Paris, conjoints par mariage, conf- » tant icelui, ne peuvent s'avantagér l'un l'autre » par donation entre-vifs, par teftament ou or- » donnancé de dernière volonté, ne autrement, » ne indirectement, en quelque manière que ce » foit, finon par don mutuel «.

Ils ne peuvent déroger à cet article, ni fe ré- ferver la faculté d'y déroger, même par contrat de mariage : ainfi jugé par arrêt d'audience le 27 juin 1619.

Suivent les différentes coutumes qui font con- formés ou contraires à ce point de jurifprudence.

Coutumes.	Chapitres ou titres.	Articles.
Melun,		234.
Auxerre,		128.
Frampes,		141.
Calais,		72 & 79.

Coutumes.	Chapitres ou titres.	Articles.
Sens,		71.
Dourdan,		95.
Senlis,		143.
Clermont,		124.
Troyes,		84.
Chaumont,		68.
Vitry,		113.
Laon,		50.
Chartres,		27.
Choulni,		12.
Boulenois,		95.
Pérone,		110.
Artois,		89.
Nivernois,	23	27.
Montargis,	11	3.
Orléans,		280.
Grand-Perche,		98.
Berri,	8	1.
La Marche,		290.
L'Ifle,		52.
La Salle de l'Ifle,	12	16.
Cambrai,	7	19.
Normandie,		422.

Celle-ci ne connoît pas le don mutuel.

Bourbonnois,		226.
Labourt,	9	31.
Bar,		82.
Sedan,		126.
Tournai,	14	8.

La coutume de Valois ajoute, art. 151, qu'ils pourront fe donner l'un à l'autre, en récompenfe de vente d'héritages, de *grandes méliorations d'hé-*

ritages, par bâtiment ou autrement, & au feur
& raison du dommage & diminution de biens qu'au-
roit eu celui à qui sera fait ledit don par récom-
pense.

Et celle du duché de Bourgogne, chap. 4,
art. 7 : » Si ce n'est du consentement des plus pro-
» chains parens vivans, qui devroient succéder au
» mari ou la femme, qui feroient lesdits traités,
» donations ou contrats, suppose que lesdits con-
» trats aient été validés par serment, si autre-
» ment, par le traité de mariage, il n'étoit entr'eux
» convenu «.

Charles Dumoulin n'approuve point cette disposition ; il la trouve très-captieuse, & faite pour
éluder le droit commun & la coutume. Cette convention, ajoute-t-il, est certainement très-licen-
cieuse, & ne doit pas être admise indifféremment.

Suivant la coutume de Montfort, art. 149, les
conjoints par mariage, lorsqu'ils n'ont point d'enfans, ce qui s'entend même de ceux qu'ils auroient
pu avoir d'un précédent mariage, peuvent se donner & s'avantager l'un & l'autre par donation entre-
vifs, de tous leurs meubles & conquêts immeubles, avec le quint de leurs propres, pour en jouir
par usufruit. Le survivant doit acquitter les charges
ordinaires, les obsèques, les funérailles ; il doit
encore entretenir les lieux *en bon & suffisant état,*
& donner caution.

» Contrat que fait femme avec son mari, porte
» la coutume du Maine, art. 340, entre-vifs, si-
» ce n'est par don mutuel, comme dit est, ou
» avec les parens de son mari, au préjudice & alié-
» nation de l'héritage, ou autres choses immeubles,
» n'est valable «.

Celle de Noyon n'a point admis cette Incapa-
Gg iv

cité. Suivant l'article 21, les conjoints par mariage peuvent se donner entre-vifs tous leurs meubles & conquêts-immeubles, même moitié de leurs héritages propres en usufruit, pourvu cependant qu'ils n'aient point d'enfans, soit de leur mariage, soit d'un autre, auquel cas ils ne se peuvent avantager l'un l'autre que de leurs meubles, acquêts & conquêts immeubles, & sauf *la légitime aux enfans.*

La coutume de Ponthieu n'admet point cette distinction des enfans; elle permet à la femme & au mari de disposer en faveur l'un de l'autre de la totalité de leurs meubles, acquêts & conquêts, & du quint, *soit viager, soit hérédital, de tous leurs héritages situés en comté de Ponthieu.*

Ribemont, art. 48-49: » Mari & femme ne » peuvent faire aucune donation par entr'eux, » constant leur mariage, de leur propre, ni de » leurs acquêts & conquêts à perpétuité, ni pa- » reillement de leurs meubles, quand il y a en- » fant, soit dudit mariage ou d'autre; mais quand » ils n'ont aucuns enfans, se peuvent donner l'un » à l'autre leurs meubles à perpétuité, & les ac- » quêts & conquêts immeubles à usufruit «.

; Amiens, art. 106, interdit aux époux toutes dispositions entre-vifs; mais elle leur permet de s'avantager par testament & ordonnance de der- nière volonté, de la totalité » de leurs biens-meu- » bles, dettes & conquêts immeubles, & avec » le quint de leurs propres héritages, à toujours » ou à vie, ainsi que bon leur semble, au cas » toutefois qu'il n'y ait enfans dudit mariage, » ou d'autre précédent; & s'il y en a, ne peuvent » donner l'un à l'autre que par usufruit «.

La coutume d'Anjou contient des dispositions

particulières ; elle permet, par l'article 321 ; les
donations du mari à la femme même, *liberis ex-*
tantibus, ce qui, suivant la remarque de Dumoulin, n'est pas réciproque. Suivant l'article 325 de
cette coutume, la femme ne peut donner à son
mari que par don mutuel.

Bourbonnois, art. 226 : » Le mari, durant le
» mariage, ne peut faire aucune association, ou
» autre avec sa femme, enfans de sadite femme
» d'autre lit, ni autre èsquels elle doive ou puisse
» succéder *immediate, nec è contra*, la femme
» au mari, à ses enfans, ou autres èsquels le mari
» doive succéder *immediate*, supposé que lesdits
» contrats soient validés par serment, si ce n'est
» en contrat de mariage, ou contrat de don mu-
» tuel d'entre le mari & la femme «.

La prohibition de cette coutume n'est que pour
les dispositions entre-vifs, & non pour les testamens : c'est la remarque de Dumoulin.

La coutume d'Auvergne, d'après le chap. 14,
art. 39-46 : le mari peut donner à sa femme tout
ou partie de ses biens, excepté la légitime des
descendans ; mais ce pouvoir est interdit à la
femme ; elle ne peut faire, à son propre préjudice,
aucune association, aucune donation, ni aucune
sorte de contrat avec son mari, ou à son profit,
ou d'autre à qui le mari puisse succéder.

Charles Dumoulin ajoute en tout ou partie,
à moins que les descendans ne soient communs.
Cet auteur propose la question lorsqu'elle donne
du consentement de ses frères, ses propres héritiers, & répond que ce consentement ne légitime
point la donation, quand bien même les frères
s'engageroient à la garantir, à moins cependant
qu'elle ne fût mutuelle ou à titre onéreux.

La coutume de Lodunois, chapitre 25; article 8, permet les donations simples entre le mari & la femme, soit nobles, soit roturiers; mais elle exige qu'elles soient confirmées par testament; & suivant celle de Poitou, il suffit que de semblables dispositions ne soient point révoquées en mourant. Suivant les articles 209, 212, 213 de cette dernière coutume, » le mari peut donner à sa femme, & la femme » à son mari, tant par donation mutuelle que sim- » ple, par testament, ou autrement, tous ses » meubles, acquêts & conquêts immeubles, & » la tierce partie de ses propres, à perpétuité, soit » qu'il y ait enfans ou non : toutefois où le survi- » vant des conjoints donataires se remarieroit, & » qu'il y eût enfans dudit mariage, ou autre, en » ce cas, ledit don d'acquêts immeubles, & tierce » partie d'héritages, ne vaudra que par forme » d'usufruit seulement; & quant aux meubles à » perpétuité, & où lesdits enfans précéderoient » ledit donataire, ledit don d'acquêts & conquêts, » & tierce partie d'héritages, vaudra à perpétuité.

» Quant aux donations simples, si le donataire » va de vie à trépas avant le donateur, ladite do- » nation est par ledit décès révoquée, & est de » nulle valeur; aussi donation entre mari & femme » se confirme par mort taisiblement, si elle n'est » révoquée d'eux en quelque manière ou par » quelques contrats qu'elle soit faite, & est révo- » cable jusqu'à la mort de celui qui donne, & » se peut la donation simple révoquer en l'ab- » sence de partie, tant expressément que taisi- » blement, en aliénant la chose donnée, ou au- » trement en ordonnant «.

Labourt, tit. 9, art. 5, permet au mari & à la femme de, *ensemble & d'un commun consen-*

tement, disposer de leurs conquêts entre-vifs, de se les donner l'un à l'autre ; mais il faut qu'il règne une parfaite égalité dans les choses que l'on donne ; il faut encore qu'ils laissent à leurs enfans une portion quelconque de leurs acquêts : cette portion n'est point réglée ; quelque modique qu'elle soit, cela suffit : c'est ce que marquent ces mots, *si peu soit-il*, dont se sert la coutume.

L'article 70 de la coutume de Sens explique le motif de l'Incapacité qu'elle introduit ; c'est, dit-elle, pour obvier aux fraudes.

Elle interdit toutes dispositions entre conjoints, soit entre-vifs, soit testamentaires : il en est de même de celle d'Auxerre, article 228 ; de Senlis, article 143 ; de Blois, 174 ; de Bretagne, art. 215, & du Grand-Perche, tit. 4, art. 98 : ces coutumes sont absolues, & ne distinguent point s'il y a des enfans, ou s'il n'y en a pas.

La coutume de Clermont, art. 132, borne la faculté de se donner entre conjoints, à l'usufruit des meubles, acquêts & conquêts immeubles : elle a assujetti le survivant, qui veut profiter de cette disposition, à faire un inventaire des biens qu'il reçoit, & à donner caution suffisante ; & lorsqu'il y a des enfans, il est tenu » de les nourrir, entretenir » suffisamment, les envoyer à l'école, faire ap- » prendre un métier selon leur état, & lesdits » enfans venus en âge, leur bailler leur juste part » & portion desdits meubles, acquêts & conquêts » immeubles ainsi laissés audit survivant «.

Mante, article 146, permet aux conjoints qui n'ont point d'enfans, ni de leur mariage, ni d'un précédent, de s'avantager par testament & ordonnance de dernière volonté, de la totalité de leurs meubles, acquêts & conquêts immeubles, même

du quint des propres , en payant , par le donataire , les charges ordinaires , c'eſt-à-dire , les dettes,
les obsèques & les funérailles.

Rheims, art. 291 : » Homme & femme conjoints
» par mariage , ſe peuvent avantager l'un l'autre
» par teſtament & ordonnance de dernière vo-
» lonté , de tous leurs menbles & conquêts im-
» meubles faits durant le mariage en propriété ,
» & de la moitié de leur naiſſant & acquêts faits
» auparavant ledit mariage , en uſufruit ſeulement,
» ſoit qu'il y ait enfans dudit mariage ou d'autre ,
» ou non , réſervant toutefois la légitime aux
» enfans «.

» Si , porte l'article 263 , ſondit mari lui avoit
» fait legs généraux ou univerſels , elle les pourra
» accepter , ſi bon lui ſemble ; mais en les pre-
» nant , ſera forcloſe & privée deſdits douaire
» & apport mobiliaire , & prendra ſeulement les
» héritages avec leſdits legs «.

Cé que Dumoulin prétend devoir s'obſerver,
nonobſtant le teſtament du mari.

Noyon , article 19 , permet , entre conjoints,
de diſpoſer par teſtament , en faveur l'un de
l'autre , de tous les meubles , acquêts & conquêts
immeubles , & du tiers des propres s'ils ſont en
cenſive , & du quint ſeulement s'ils ſont en fief,
pourvu qu'ils n'aient point d'enfans ni l'un ni
l'autre ; autrement ils ne pourroient diſpoſer que
des meubles , acquêts & conquêts immeubles ré-
ſervés aux enfans.

Péronne ; article 111 , donne au mari & à la
femme la même liberté qu'aux étrangers ; ils
peuvent ſe donner , par teſtament , tous leurs meubles , acquêts & conquêts immeubles , & le quint
de leurs propres féodaux , & le tiers des propres

cenfuels, à la charge cependant par eux de payer les dettes mobiliaires, obsèques & funérailles du défunt, & de donner la légitime aux enfans.

La coutume de Normandie, article 422, défend au mari de donner à fa femme, même aux parens de fa femme.

Dans les coutumes qui ont admis cette Incapacité, les pères & les mères ne peuvent difpofer en faveur de leurs enfans, ou des enfans de l'un d'eux, nés d'un mariage précédent.

' Mais il faut pour cela qu'ils aient des enfans l'un & l'autre ; autrement celui qui n'a point d'enfant peut 'donner aux enfans de l'autre. Cette jurifprudence remonte aux temps les plus reculés : on cite, entre autres arrêts, celui de M. de Heres, rendu en la deuxième des enquêtes, du 4 juillet 1587, contre les héritiers du fieur Babée. N'ayant point d'enfans, il avoit légué fes meubles & acquêts à la fille de fa femme, avec quelques autres héritages de fes propres : fon teftament fut confirmé ; plufieurs arrêts conformes fe font joints à celui-là, & ont fixé cette jurifprudence.

L'édit des fecondes noces, qui défend les avantages exceffifs en faveur des feconds maris, comprend dans fa prohibition les pères, mères, & les enfans defdits maris, ou toute autre perfonne que l'on peut préfumer avoir été interpofée par dol ou par fraude.

Cette Incapacité, dont les conjoints font frappés, s'étend à leur père & mère. D'après ce principe, un arrêt folemnel du 23 avril 1699, au rapport de M. Joly de Fleury, en faveur de M. le duc de Noirmantiers & conforts, déclare nul le legs univerfel fait par le marquis de Torci, au profit de la marquife de la Tour, mère de fon mari.

. Les frères & les sœurs de la femme ou du mari ne font point compris dans cette prohibition. Un arrêt du 27 février 1731, confirmatif d'une fentence des requêtes du palais , a ordonné la délivrance d'un legs de 80000 livres , au profit de M. Guinet, maître des comptes, par fa belle-fœur , femme de M. Guinet, confeiller d'état. Cet arrêt obligea M. Guinet à affirmer qu'il ne prêtoit fon nom ni directement ni indirectement; d'où il faut conclure que l'héritier eft recevable à contefter de femblables difpofitions toutes les fois qu'il croit qu'elles font faites en fraude.

_ Toutes les Incapacités ont cet effet qui leur eft commun, que non feulement on ne peut difpofer en faveur d'un incapabe , mais même que les difpofitions appelées *fideicommis tacite* , où l'on donne à quelque perfonne interpofée pour faire paffer à un incapable, ou l'hérédité entière , ou quelques legs, font annullées , & à l'égard de l'incapable , & à l'égard de celui qui prête fon nom à cette fraude.

Voyez Defpeiffes ; Henris ; Bardet ; Breton-nier ; Argou ; les différens arrêtiftes, & les autorités dont eft fait mention dans les différentes divifions. Voyez auffi EXHEREDATION , LEGS, MINEURS, TUTEURS , RENONCIATION , SUCCESSION , TES-TAMENT , &c.

(*Cet article eft de M. MONTIGNY, avoc. au parl.*)

INCENDIE. On peut confidérer les Incen-dies fous le rapport qu'ils peuvent avoir à l'ordre public, & fous celui qu'ils ont aux intérêts des par-ticuliers entr'eux.

Dans l'ordre public, le premier foin des juges de police doit être de prévenir les Incendies par

des réglemens fages & févèrement exécutés. Le
détail de tous ceux que l'on a faits fur cette matière importante nous mèneroit trop loin : en voici
quelques-uns des plus remarquables.

Un arrêt du parlement de Paris du 7 décembre
1628, rapporté par Bardet, a ordonné aux habitans
de Janville en Beauffe, d'avoir dans leurs maifons
des engins & crochets de fer pour remédier aux
Incendies.

Un arrêt du parlement de Rouen, du 27 novembre 1717, fait défenfes à tous ouvriers de
faire ou conftruire des cheminées de bois, à peine
de cent livres d'amende ; ordonne de pourfuivre
comme incendiaires volontaires ceux qui iront fu-
mer dans les écuries, étables & autres pareils
endroits ; & défend à toute perfonne d'envoyer
chercher du feu chez les voifins par des enfans au
deffous de l'âge, de douze ans ; & à qui que ce
foit d'en donner, à peine de cent livres d'amende.

Des ordonnances de police rendues pour la ville
de Paris, les 21 juin 1726 & 20 janvier 1727,
obligent chaque particulier d'avoir dans fa maifon
un puits avec corde, poulies, un ou plufieurs fceaux,
&c. à peine de 100 livres d'amende.

Il y a fur la même matière une autre ordonnance rendue pour la même ville, le 30 janvier
1735, qui contient vingt-un articles.

Lorfque malgré toutes les précautions prifes par
les juges de police pour prévenir les Incendies,
il en eft arrivé quelqu'un, c'eft aux juges chargés
de la punition des crimes à en rechercher & en
punir les auteurs.

Remarquez cependant qu'on ne peut régulièrement prendre la voie criminelle en cette matière,
que lorfque l'Incendie eft arrivé par dol, malice
& deffein prémédité.

Les loix Romaines ne font point uniformes fut
la peine à laquelle doit être condamné un incendiaire volontaire. La loi 12, §. 1, dig. *de Incendio*,
veut que l'on expofe aux bêtes toutes les perfonnes
de la lie du peuple qui feront convaincues d'avoir
excité un Incendie dans une ville ; & à l'égard
des perfonnes d'une certaine condition, qui feront
atteintes du même crime, elle laiffe à l'arbitrage
du juge de les condamner à être décapitées ou à la
déportation.

La loi 28, §. 12, dig. *de pœnis*, s'explique un
peu différemment, & néanmoins confirme la diftinction infinuée par celle que nous venons de
rapporter, entre la ville & la campagne. Tous les
incendiaires volontaires, porte cette loi, font punis
de mort, lorfqu'ils ont commis leur crime dans
l'enceinte d'une ville, & le plus fouvent on les
condamne à être brûlés vifs : mais s'ils n'ont mis
le feu qu'à une chaumière ou à une métairie, on
les punit moins févèrement.

La loi 9, dig. *de Incendio*, condamne à être
fuftigé & enfuite brûlé vif celui qui met le feu à
un édifice quelconque, ou à un magafin de bled
placé près d'une maifon.

La loi 16, §. 9, dig. *de pœnis*, nous apprend
qu'il y avoit en Afrique & en Myfie des peines
d'une févérité particulière établies contre les incendiaires de moiffons & de vignobles ; mais elle ne
nous dit pas quelles étoient ces peines.

Dans notre jurifprudence, la punition des incendiaires volontaires doit être proportionnée au degré
de méchanceté & de malice qui a fait commettre
le crime. Celui qui mettroit le feu à une églife,
à un dépôt d'actes publics, à un magafin de munitions de guerre, &c. feroit fans contredit puni
plus

plus févèrement que celui qui le mettroit à une maifon particulière. Du refte, on doit prefque toujours punir ce crime de mort ; il faut des circonftances bien particulières pour porter les juges à remettre cette peine au coupable (*).

Un des cas où l'on doit févir avec le plus de rigueur contre les crimes de cette nature, eft lorfque l'Incendie eft précédé d'une menace par écrit de mettre le feu, faute par les perfonnes à qui cette menace eft adreffée de dépofer à certain jour & en un certain endroit une fomme d'argent défignée.

On trouve dans le recueil des réglemens pour le reffort du parlement de Flandre, une ordonnance du roi du 6 mars 1685, par laquelle fa majefté ayant eu avis qu'il avoit été femé des billets par perfonnes inconnues dans les gouvernemens de Lille & de Cambrai, par lefquels on menaçoit de brûler, faute d'apporter de l'argent en la quantité & aux lieux & jours défignés ; que même on étoit venu à l'effet de ces menaces : » déclare qu'elle fera payer comptant à chacun de » ceux qui découvriront & donneront moyen d'ar- » rêter les auteurs & complices de pareils billets

---

(*) Voët dit en fon commentaire fur le digefte, titre *de Incendio*, que fuivant l'ordonnance criminelle de Charles-Quint & les placards de Hollande, les incendiaires doivent toujours être pendus ; que fouvent on les jette au feu après les avoir étranglés, & que quelquefois même on les condamne à être brûlés vifs.

Un placard de Philippe-le-Bon, rendu pour les Pays-Bas le 14 août 1459, défend d'affifter ou de loger les incendiaires, fous peine de la vie, & promet rémiffion à celui qui tuera un homme atteint de ce crime. Cette loi fe reffent un peu du temps où elle a été faite.

» & exécutions, une fomme de 300 livres pour
» chacun des coupables qu'ils dénonceront; comme
» auffi amniftie & pardon dudit crime à ceux qui,
» en étant complices, accuferont les autres cou-
» pables d'icelui : & afin que les coupables foient
» punis felon que leur crime mérite, fa majefté
» veut & entend que ceux qui pourront être ap-
» préhendés & arrêtés, foient conduits à la plus
» prochaine place de guerre, pour par le confeil
» de guerre qui y fera tenu (*), être condamnés
» à être brûlés vifs, s'il fe trouve qu'ils aient
» effectivement brûlé quelque maifon, ou roués
» s'ils n'ont fait qu'écrire & envoyer ou jeter des
» billets «.

Le genre de crime contre lequel févit cette
loi, s'appelle dans les Pays-Bas *fommations*, &
l'on donne le nom de *fommeurs* à ceux qui en font
coupables. Un arrêt du parlement de Flandre du
mois de mai 1770, rendu au rapport de M. de
Warenghien de Flory, a condamné un jeune homme
de Cambrai à être rompu vif & jeté au feu, pour
avoir fait à fon oncle plufieurs *fommations*, accom-
pagnées de blafphêmes & d'injures contre la perfonne du roi.

Un arrêt de la même cour, du 7 mars 1777,
rendu au rapport de M. Hériguer, a déclaré le
nommé Cordier, habitant de Taifnières-lez-Mal-
plaquet, duement atteint & convaincu d'avoir
. . . . . » méchamment, proditoirement & par
» haine, incendié la grange de . . . . . d'avoir
» fommé, écrit & porté un billet de fommation

___

(*) Cette attribution aux confeils de guerre n'a point
eu d'effet. Ce font les juges ordinaires qui inftruifent &
jugent ces fortes de procès.

» auprès de la maison d'Ambroise Capouillet son
» beau-frère, à Hou, de lui porter une somme
» dans un endroit près du jardin dudit Capouillet ;
» d'avoir été lever cette somme d'environ trente-
» un écus, & d'avoir menacé ledit Capouillet
» qui le voyoit, de le tuer s'il le disoit. . . . . «.
En conséquence, le même arrêt a condamné ce
monstre à être conduit sur la place d'Avesnes ,
avec un écriteau autour de lui, conçu en ces
termes, *parricide, incendiaire, sommeur & assassin*,
pour y faire amende honorable, avoir le poing
coupé, être ensuite rompu vif, jeté au feu, &
réduit en cendres.

Un Incendie causé par une faute lourde ou
une négligence grossière, doit-il être puni de
même que s'il avoit été commis par dol &
malice ? La règle *culpa lata est dolo proxima &
dolo æqui paratur*, sembleroit devoir le faire penser ainsi ; mais cette règle n'a lieu qu'en matière
civile : tous les interprètes conviennent qu'il seroit
trop rigoureux d'en faire l'application aux matières criminelles. Il ne faut cependant pas conclure
de là, que celui qui a causé un Incendie par une faute
lourde ou une négligence grossière, doive toujours
être à l'abri des poursuites du ministère public : il
est des circonstances criantes où les auteurs de l'Incendie, sans pouvoir être punis aussi sévèrement
que s'ils avoient agi par dol ou par malice ,
doivent néanmoins l'être d'une manière qui puisse
épouvanter les personnes négligentes, & assûrer
la tranquillité publique. La loi 3, §. 1, dig.
de officio præfecti vigilum, veut qu'en pareil cas
le juge ordonne la peine du fouet, ou au moins
une admonition : *Et quia plerùmque Incendia
culpá fiunt inhabitantium , aut fustibus castigat*

eos qui negligentiùs ignem habuerunt, aut severâ interlocutione comminatus, fustium castigationem remittit. La loi 9, dig. *de Incendio,* & la loi 28, §. 12, dig. *de pœnis,* portent que les Incendies causés par simple négligence, seront seulement punis par des condamnations de dommages-intérêts ; mais qu'en cas d'insolvabilité de la partie condamnée, ces peines pécuniaires seront converties en châtimens légers : *Si verò casu, id est, negligentiâ, aut noxiam sarcire jubetur, aut si minùs idoneus sit, leviùs castigatur.* Ce sont les termes de la première des deux loix citées. Au reste, on sent qu'il n'est pas possible de fixer des règles certaines sur cette matière ; tout dépend des circonstances & de la sagesse du juge (*).

On demande si le crime d'Incendie est un cas royal. L'affirmative ne souffre aucune difficulté, dans le cas où ce crime a été commis sur une église ou sur un édifice public, parce que ce sont des lieux soumis plus particulièrement à la protection du roi, & à la vigilance de ses officiers.

Il en seroit de même si l'on avoit mis le feu en tout autre endroit avec émotion populaire ou force publique, parce que l'article 11 du titre 1 de l'ordonnance du mois d'août 1670, met les émotions populaires & la force publique au rang des cas royaux.

L'ordonnance ne s'explique pas sur l'Incendie en général. Peut-on dire que son silence soit une exclusion de ce crime de la classe des cas royaux ?

(*) Voyez l'article 3 du titre 24 de la coutume de Bayonne, rapporté ci-après.

Non, car après avoir fait l'énumération des délits de cette nature, elle ajoute : *& autres cas. expliqués par nos ordonnances & réglemens* ; ce qui fait entendre clairement qu'il faut regarder comme cas royaux tous les délits, qui, quoique non détaillés, peuvent néanmoins être considérés comme étant de même nature. La loi a donc laissé la question entière par rapport à l'Incendie.

L'article 55 de la coutume de Touraine, porte, que les seigneurs hauts-justiciers ne peuvent connoître de *boutement de feu*. Bacquet en son traité des droits de justice, chapitre 6, rapporte un ancien arrêt du parlement de Paris, qui renferme la même disposition.

Si ces décisions particulières pouvoient faire une loi générale, le crime d'Incendie seroit sans contredit du nombre des cas royaux ; mais la jurisprudence y est contraire. Bruneau partie 2, titre 3, dit avoir vu plusieurs arrêts rendus à la Tournelle en matière d'Incendie, sur l'appel de juges de seigneurs : Chorier sur Guipape, livre 4, section 8, cite un arrêt du parlement de Grenoble du 20 juin 1683, par lequel la connoissance d'un semblable crime a été renvoyée au juge du seigneur du lieu où il avoit été commis ; & Bretonnier sur Henrys, tome 1, livre 2, question 5, dit avoir vu plusieurs jugemens rendus par des officiers de justices seigneuriales, contre des bergers & autres personnes accusées d'avoir incendié des granges de laboureurs.

Enfin, la question a été jugée *in terminis*, par deux arrêts très-précis de la tournelle criminelle du parlement de Paris ; le premier, du 3 mars 1741 ; le second, du 17 du même mois. Dans l'espèce de celui-ci, rendu sur les plaidoieries

de MM. de Laverdy & Gueau de Reverſaux ;
& les concluſions de M. d'Agueſſeau, il s'agiſſoit
de l'Incendie de quinze maiſons d'un village
dépendant du comté de Beauvais. L'évêque &
comte de Beauvais ſoutenoit que ce crime n'étoit
pas un cas royal ; & en conſéquence, il demandoit que les officiers du bailliage de Beauvais
fuſſent condamnés à renvoyer l'accuſé devant ſes
juges. L'arrêt a prononcé conformément à cette
demande.

Les loix Romaines puniſſoient par la peine du
quadruple, les vols qui ſe commettoient dans les
maiſons en proie aux flammes. Comme les actions
pénales n'ont plus lieu dans nos mœurs, nous
n'obligeons les auteurs de ces eſpèces de vols,
qu'à une reſtitution ſimple envers les particuliers ſur qui ils les ont commis, ſauf au miniſtère public à prendre contre eux la voie extraordinaire.

Les Incendies conſidérés par rapport aux actions
qu'ils font naître entre les particuliers, forment
la matière de pluſieurs queſtions intéreſſantes.

Le principe général, eſt que tous ceux qui
ont cauſé un Incendie par leur faute, ſont reſponſables des dommages-intérêts ſoufferts par
les perſonnes à qui appartenoient les maiſons ou
les choſes incendiées.

Ainſi un boulanger qui a été cauſe en ſe li-
vrant au ſommeil près de ſon four, qu'il en eſt
ſorti du feu, dont il eſt réſulté un Incendie, doit
indemniſer ceux qui ont eſſuyé quelques pertes
par cet accident. C'eſt la déciſion expreſſe & tex-
tuelle de la loi 27, §. 9, dig. *ad legem aquiliam.*

Celui qui ayant un four pratiqué dans un mur
mitoyen, n'a pas l'attention de faire réparer ce

mur, lorfqu'il le voit prefque confumé par le feu, eft garant envers fon voifin, de l'Incendie que cette imprudence peut occafionner. C'eft ce que décide implicitement le §. 10, de la loi citée.

La loi 30, §. 3, du même titre, propofe une efpèce fort remarquable. Un laboureur met le feu dans fon champ pour détruire les mauvaifes herbes, les ronces, les épines qui l'infectoient : le feu gagne un bois, une moiffon ou un vignoble qui fe trouve auprès, & le confume; on demande fi le laboureur doit répondre de cet accident. La loi diftingue fi le laboureur eft en faute ou s'il n'y eft pas : elle décide qu'il eft en faute, s'il a choifi pour cette opération un jour qu'il faifoit grand vent; ou s'il n'a point pris toutes les précautions néceffaires pour empêcher le feu de fortir de fon champ. Dans l'un & l'autre cas, elle le condamne aux dommages-intérêts. Mais s'il n'eft point en faute, s'il a pris toutes les mefures que l'on pouvoit exiger de lui; fi, par exemple, les progrès du feu ont été occafionnés par un vent impétueux, qu'il n'a pas été poffible de prévoir ni de prévenir, en ce cas, la loi veut que le laboureur foit abfous.

Gayl & Voët mettent, & avec raifon, dans la claffe de ceux qui doivent fupporter les dommages-intérêts des Incendies, celui qui en tirant un coup de fufil fur un oifeau perché au haut d'une maifon couverte de paille, a mis le feu dans cette maifon.

Les mêmes auteurs ajoutent, qu'en général celui qui a donné lieu à un Incendie, doit en payer les dommages-intérêts, non feulement à la perfonne qui en a été la première victime, mais encore à tous ceux qui en ont souffert depuis l'endroit où le feu a commencé, jusqu'aux plus éloignés : *Neque enim dubium*, dit Voët, *quin de omni detrimento, exprobatâ primâ culpâ pro fluente, teneatur.*

Doit-on conclure de là, que tout homme qui a mis le feu dans sa propre maison, par une de ces fautes dont le droit le rend responsable, est tenu d'indemniser ses voisins du dommage que leur a causé le progrès du feu? La coutume de Bretagne décide que non, en ne donnant action aux voisins, que dans le cas où celui qui a mis le feu dans sa maison a eu l'intention de nuire. Voici ce que porte l'article 644 de cette coutume : » Et quand le feu ard la maison d'aucun, » & la maison d'un autre périsse par le même » feu, si lui ni ses adhérens ne l'y mettent » pour faire dommage à celui à qui elle est ou » à autres, il n'est tenu en rendre aucunes » choses «.

Bardet rapporte deux arrêts des 7 décembre 1628, & 22 juin 1633, qui ont adopté la même opinion. Dans l'espèce du premier, il s'agissoit d'une vieille femme qui avoit mis le feu à la maison & à quatre autres, en brûlant du chaume & de la paille dans son foyer. Ce n'étoit sûrement pas pour elle une faute très-légère de s'être chauffée avec des matières aussi combustibles, & par conséquent aussi dangereuses ; cependant elle fut mise hors de cour & de procès, sur les demandes de ses voisins. Dans l'espèce du second arrêt, quelques circonstances sembloient provoquer la condamnation de celui à la maison duquel l'Incendie avoit commencé. Le locataire étoit un maréchal à qui le propriétaire avoit imposé

par fon bail, l'obligation de faire à fes frais une
forge & une cheminée. Cette cheminée avoit
été mal faite; le feu y avoit pris en 1628, &
avoit confumé une partie de la maifon. Le maréchal avoit continué d'y demeurer; & en 1631,
il étoit furvenu un nouvel Incendie, qui avoit
brûlé cette maifon avec quatre autres. On mettoit
en fait, qu'après le premier Incendie, le propriétaire avoit promis aux voifins de faire déloger
le maréchal; on ajoutoit qu'après le fecond, il
avoit indemnifé un des voifins, & l'on infiftoit
fortement fur ce que le métier de maréchal
porte avec foi le péril du feu. Malgré tout cela,
les parties furent encore mifes hors de cour.

La coutume de Bayonne a mieux pourvu à la
fûreté des voifins, que ne l'ont fait celle de
Bretagne, & les arrêts que nous venons de citer.
Voici ce qu'elle porte fur cet objet, titre 24,
articles 1, 2 & 3.

» Quand au moyen du feu qui fe prend en un
» four commun de ladite ville, les maifons cir-
» convoifines ou autres font brûlées, ou abattues
» pour éviter plus grand feu & dommage, le
» feigneur du four eft tenu réparer le dommage
» tant des maifons brûlées que perdues, ou meu-
» ble qui s'eft perdu & gâté, de la valeur duquel
» meuble font crus par ferment les perdans
» & endommagés.

» Si un tel dommage vient par feu venant
» d'autre maifon particulière, le feigneur d'icelle
» & conducteur, s'il y en a, l'un pour l'autre,
» & chacun pour le tout, eft tenu réparer tel
» dommage.

» Et fi le feu eft advenu par dol, coulpe
» ou fraude d'aucun qui n'eft folvable, il eft

» prins au corps , précédent d'information , & puni
» corporellement felon l'exigence du cas «.

Les termes de ce dernier article , *par dol* ,
coulpe ou fraude , prouvent clairement que le cas
de dol n'eft point le feul dans l'efprit de cette
coutume , où celui qui a mis le feu à fa maifon ,
eft tenu d'indemnifer fes voifins ; mais qu'il eft
foumis à la même obligation en cas de fimple
faute.

La jurifprudence moderne eft conforme à cette
difpofition. Il y en a , dit Denifart , plufieurs
arrêts rendus il y a quelques années , contre la
dame Henry , propriétaire d'une maifon en laquelle
elle demeuroit fur le pont-aux-changes.

C'eft ce qu'ont encore jugé deux autres arrêts
cités par le même auteur ; le premier , rendu
le 18 août 1735 , au rapport de M. de Titon ,
en la cinquième chambre des enquêtes , a confirmé plufieurs fentences des bailliages de l'ar-
chevêché de Paris & de Créteil , par lefquelles
le fieur de Varas étoit condamné aux dommages-
intérêts de fes voifins incendiés , par la communication du feu qui avoit commencé dans l'endroit
habité par fon jardinier.

Le fecond arrêt eft du 22 août 1743 : il a été
rendu en la deuxième chambre des enquêtes , au
rapport de M. de la Villoniere , & il a confirmé
une fentence du bailliage de Saint-Dizier , par
laquelle le fieur Louis , notaire & procureur
en ce bailliage , étoit condamné aux dommages-
intérêts de fes voifins incendiés comme lui , par
un feu qui avoit eu fon origine dans fa maifon.

La loi 11 dig. *de prætoriis ftipulationibus* , dit
que , *fæpè ad exiguam fummam deducitur quànti
cujufque intereft*. Cette règle , ou plutôt cet ufage

doit s'appliquer principalement aux dommages-
intérêts d'un voisin incendié, par la communication d'un feu commencé chez son voisin, lorsque
d'ailleurs il n'y a ni dol ni faute lourde de la
part de ce dernier. L'arrêt que nous venons de
rapporter en est la preuve & l'exemple ; il réduit
à 1500 livres les 3000 livres de dommages-intérêts que le sieur Louis avoit été condamné
de payer par la sentence, qui lui avoit elle-même
fait des modérations considérables, eu égard au
rapport des experts.

Le principe de compassion & d'humanité qui
a dicté cet arrêt, & un semblable du 2 août 1654,
rapporté par Henrys, a fait admettre une autre
règle que Denisart nous retrace en ces termes :

» Lorsque les personnes incendiées par la faute
» d'un voisin qui l'a été lui-même, sont indem-
» nisées de leur perte, ou par la décharge des
» tailles & de la capitation qui s'accorde ordinai-
» rement dans ces cas là, ou par les secours que
» des personnes charitables donnent aux incen-
» diés, ceux-ci ne peuvent exercer de recours
» contre les propriétaires des bâtimens où l'In-
» cendie a commencé. Voici l'espèce de l'arrêt qui
» a décidé ce point de droit.

» Edme Guyot, & autres voisins de la maison
» appartenante au nommé Quentin, maréchal à
» Bureaux, incendiés par la communication du
» feu qui avoit pris chez Quentin, sans qu'on
» pût savoir comment, demandèrent que ce par-
» ticulier fût condamné à faire rétablir leurs mai-
» sons, & à les indemniser de leurs pertes, ayant
» prouvé que l'Incendie avoit commencé par la
» grange de Quentin : il intervint sentence au
» bailliage de Saint-Florentin le 14 août 1741,

» qui condamnoit Quentin à faire réparer les mai-
» fons, & à payer le dommage de fes voifins, à
» dire d'experts. Quentin ayant appelé de cette
» fentence, il allégua en la cour que ceux qui le
» pourfuivoient avoient été plus qu'indemnifés,
» tant par l'exemption de la taille & autres impo-
» fitions, que par les quêtes en grains & en ar-
» gent, & par les fecours des autres habitans,
» qui avoient travaillé *gratis* pour les incendiés.
» La cour, touchée de ces raifons, a, par arrêt
» rendu le premier août 1744, au rapport de M.
» Beze de Lys, en la deuxième chambre des en-
» quêtes, admis la preuve des faits articulés par
» Quentin, fauf à fes parties adverfes à faire preuve
» contraire. Ainfi, elle a jugé, que fi Quentin prou-
» voit que Guyot & autres avoient été indem-
» nifés de leurs pertes par tout autre que par lui-
» même, à titre de quête, de remife de tailles,
» &c. Quentin devoit être déchargé de leurs de-
» mandes «.

Il y a, comme on fait, trois fortes de fautes;
favoir, la groffière, la légère & la très légère : de
là naît la queftion de favoir à quel degré il faut
avoir porté une faute pour être refponfable de
l'Incendie qui en eft réfulté ?

Il faut diftinguer fi l'auteur de la faute étoit
obligé par un contrat ou un quafi contrat, de veiller
à la confervation de la chofe incendiée, ou s'il
n'y étoit point tenu.

Dans le premier cas, on fous-diftingue fi le
contrat ou quafi-contrat s'eft fait pour le feul intérêt de celui qui a caufé l'Incendie, ou s'il a eu
pour objet l'utilité commune des parties, ou enfin,
fi l'avantage du propriétaire de la chofe incendiée
en a été la feule fin.

Lorſque le contrat ou quaſi-contrat s'eſt fait pour le ſeul intérêt de celui qui a cauſé l'Incendie, la faute très-légère, c'eſt à-dire la moindre que l'on puiſſe commettre, donne lieu à l'action en dommages-intérêts : c'eſt ce qui réſulte de la maxime conſacrée par le ſuffrage de tous les interprètes, que nous devons répondre de nos fautes très légères dans tous les contrats dont notre utilité particulière eſt le ſeul objet. Ainſi, point de doute que celui à qui j'ai accordé, pour un certain temps, l'habitation gratuite de ma maiſon, ne ſoit garant de l'Incendie arrivé par ſa faute même très-légère. Je dis *pour un certain temps*, parce que ſi l'habitation n'avoit été concédée qu'à titre de précaire, le conceſſionnaire ne répondroit que de ſa faute lourde. La loi 23, dig. *de regulis juris*, & la loi 8, §. 3, dig. *de precario*, y ſont formelles. C'eſt une exception à la règle générale : le légiſlateur a voulu par là compenſer le déſagrément d'être obligé de ſortir d'une maiſon au moindre ſigne *de la volonté du propriétaire*, ce qui arrive le plus ſouvent lorſqu'on s'y attend le moins.

Si le contrat ou quaſi contrat a pour objet l'utilité commune des parties, la faute lourde & la faute légère ſont régulièrement les ſeules dont on doive répondre en matière d'Incendie, parce qu'en général, *ubi utriuſque utilitas vertitur, ut in empto, ut in locato, ut in dote, ut in pignore, ut in ſocietate, & dolus & culpa præſtatur*. Ce ſont les termes de la loi 5, §. 2, dig. *commodati* (Remarquez que le mot *culpa* ſignifie ici faute légère : la ſuite du texte que nous venons de citer le prouve très-clairement ; & la loi 8, §. 3, dig. *de rebus auctoritate judicis*, &c. nous fait voir qu'on le prend toujours en ce ſens). Ainſi le

vendeur d'une maison qui a été brûlée avant que
la tradition n'en eût été faite à l'acheteur, n'en est
pas moins en droit de s'en faire payer le prix,
lorsqu'il n'a pas occasionné l'Incendie par une faute
lourde ou légère C'est ce qui résulte des termes
de la première des loix citées, *ut in empto*. Un
mari n'est pas non plus tenu, en pareil cas, de
reconstruire une maison dotale qui a été brûlée,
ut in dote. Il en est de même d'un associé, relativement à un magasin commun entre lui & son
associé, qu'un Incendie a consumé, *ut in so-
cietate*. C'est aussi ce qu'on doit décider à l'égard
d'un créancier qui avoit en nantissement ou en
vif-gage un édifice appartenant à son débiteur, *ut
in pignore* (*). Enfin, il faut porter le même jugement par rapport à un locataire, *ut in locato*.

(*) C'est aussi la disposition expresse de la loi 9, §. 3,
D. *de rebus auctoritate judicis*, &c. Voici ce qu'elle porte
à ce sujet : *Si deteriora prædia facta fuerint . . . . vel ædificia exusta, in pignore creditor non tantùm dolum malum,
verùm culpam quoque debet*. Il ne s'agit, dans ces termes
de la loi, que du gage ou nantissement conventionnel. Les
jurisconsultes Romains pensoient tout autrement par rapport au gage ou nantissement judiciaire, c'est-à-dire que
le créancier chirographaire qui avoit été envoyé par le juge
en possession des biens de son débiteur, n'étoit tenu des
Incendies survenus aux édifices, que quand il les avoit
occasionnés par dol ou faute grossière ; c'est ce que portent les
termes suivans de la loi citée : *Est præterea quæsitum si deteriora prædia facta fuerint, sine dolo malo creditoris, vel ædificia
exusta . . . . sine dolo tamen malo, an teneatur. Et ap-
paret eum non teneri, quia dolo malo caret, eritque melior
ejus conditio, quàm in pignore creditoris, &c*. La grande
glose dit à ce sujet : *Pignus prætorium & conventionale
differunt. Missus enim ex primo decreto in possessionem,
non tenetur circà prætorium pignus de levi culpâ, quemad-
modùm creditor conventionalis in pignore hypothecario*.

Cette dernière décision n'est cependant pas sans contradicteurs. Saligny, en son commentaire sur la coutume de Vitry, est d'avis que le locataire, en cas d'Incendie, est tenu de sa faute très-légère envers le propriétaire ; mais son système, rejeté d'ailleurs par Godefroy, Bertrand, Balde, Lublerus & Rousseau de la Combe, est suffisamment réfuté par les termes de la loi citée, *ut in locato*. Il est vrai qu'il est certains cas où le locataire répond de sa faute même très-légère; mais celui dont nous parlons n'est point de ce nombre; témoin Voët, sur le digeste, titre *locati conducti*, qui en fait l'énumération en ces termes : *Illud monuisse suffecerit culpæ levissimæ nullam in hoc contractu præstationem esse, nisi quis eam pacto in se receperit, aut pro custodiâ mercedem acceperit* (l. 40, dig. h. t.), *aut artificium professus sit* (l. 9, §. pen. dig. h. t.). Saligny fonde son opinion sur quelques arrêts rapportés au journal des audiences, livre 1, chapitre 20 ; mais, répond très-bien Rousseau de la Combe, dans les espèces de ces arrêts, on voit qu'il ne s'y agit de rien moins que de fautes très-légères.

A l'égard des contrats qui ne concernent que l'avantage de celui dont la chose a été incendiée, il n'y a régulièrement que la faute lourde, toujours assimilée au dol en matière civile, qui peut

---

Cette différence ne peut plus être d'aucun usage dans nos mœurs, parce que parmi nous les créanciers qui tiennent les biens de leurs débiteurs en saisie, n'en jouissent point par leurs mains, à l'exception cependant des *tenans par loi* dans la coutume du chef-lieu de Valenciennes, où, par cette raison, ils ne doivent répondre que de leurs fautes lourdes. Voyez l'article TENUE PAR LOI.

fonder une action en dommages-intérêts de sa part. Ainsi, un concierge qui ne reçoit point de gages, n'est point tenu d'un Incendie causé par sa faute légère, parce que la gratuité de ses fonctions le fait considérer comme un dépositaire pur & simple: *Quia nulla utilitas ejus versatur apud quem deponitur, meritò dolus præstatur solus*, dit la loi 5, §. 2, dig. *commodati*. Rousseau de Lacombe dit cependant, après Lublerus, que » le concierge » *etiam sine mercede*, est tenu envers le maître ∞ de l'Incendie arrivé par sa faute très-légère, » *quia sola rei custodia facit in custode præsumere* » *culpam*, l. 21, dig. *de rei vindicatione* «. Mais cette raison prouve trop; il en résulteroit que tout dépositaire est garant de ses fautes même très-légères; ce qui est absolument faux. Ce n'est point assez qu'on puisse présumer un concierge, *custos*, en faute, pour l'en rendre responsable; il faut encore que cette faute soit du nombre de celles dont il est obligé de garantir les suites; ce qu'on ne peut pas dire d'une faute très-légère, par rapport à un dépositaire, ni conséquemment à un concierge sans gages (*).

Les tuteurs, les mandataires, les *negotiorum gestores*, les exécuteurs testamentaires, en un mot, tous les administrateurs des biens d'autrui, sembleroient, par une suite de la règle que nous venons d'établir, ne devoir répondre, en matière d'In-

---

(*) Voyez au mot *Faute*, ce qu'il faut décider relativement au cas où des effets déposés ont été consumés par un Incendie survenu dans la maison du dépositaire. Ajoutez ce que porte à ce sujet l'article 643 de la nouvelle coutume de Bretagne, & ce qu'a écrit Daigenrré sur l'article 598 de l'ancienne.

cendie,

cendie, que de leurs fautes lourdes : mais il en eſt
tout autrement ; on leur impute juſqu'à leurs fautes
légères, & quelquefois même très-légères. Cette
exception eſt écrite dans une infinité de loix ; l'intérêt public, & la nature des ſoins que demande
une adminiſtration, ont concouru pour la. faire
admettre.

On croiroit, d'après cela, que le commiſſaire
établi à une ſaiſie devroit également répondre au
débiteur de ſes fautes légères ; cependant la choſe
n'eſt pas ſans difficulté. On' a vu plus haut que
la loi 9, §. 5, dig. *de rebus auctoritate judicis*, &c.
exempte d'abord de la preſtation des fautes légères, les créanciers mis par juſtice en poſſeſſion
des biens de leur débiteur, & qu'elle en charge
enſuite les créanciers, munis d'un gage ou nantiſ-
ſement conventionnel. Après ces deux diſpoſitions,
elle ajoute : *Eadem cauſa eſt curatoris bonorum :*
nam & is tenetur ut creditores. A quelle eſpèce de
créanciers faut-il rapporter ces mots *ut creditores* ?
Eſt-ce aux créanciers ſaiſiſſans, ou aux créanciers
nantis d'un gage contractuel ? Si c'eſt aux premiers,
le commiſſaire n'eſt tenu que de ſa faute lourde ;
ſi c'eſt aux ſeconds, il doit garantir ſes fautes légères. Dumoulin, ſur la coutume de Paris, §. 9,
gloſſ. 7, n. 9 & 10, eſt pour ce dernier parti : *Non*
comparatur, dit-il, *curator bonorum cum credito-*
ribus in poſſeſſionem miſſis, ſed cum creditore qui
pignus ex conventione habet in quo, & dolum &
culpam præſtare tenetur. La raiſon qu'il en donne
eſt ſpécieuſe, & ſemble néceſſiter cette interprétation : *Omnis adminiſtrator rei alienæ, ſive publi-*
cum munus ſuſtineat, ſive privatum, præſtat dolum
& culpam. Adminiſtrat autem curator bonorum rem
alienam, rem non ſolùm creditorum ſed & debitoris :

nam utrifque tenetur in factum actione, d. l. 9 ;
p. & §. 3. *Igitur utrifque dolum & culpam præftat.*

Quelque refpectable que foit cette autorité,
il ne faut pour la détruire qu'une réflexion infiniment fimple. Les créanciers faififfans ne font tenus
envers le débiteur que de leurs fautes lourdes ; le
commiffaire n'eft que leur homme, leur repréfen-
tant ; il ne doit donc pas être fujet à une exactitude
plus gênante qu'ils ne le font eux-mêmes : *Qui per
alium facit*, *per fe ipfum facere videtur.* Il eft vrai
que tout adminiftrateur eft tenu envers celui dont
il régit les biens, de l'Incendie arrivé par fa faute
légère : mais un commiffaire de faifie n'adminiftre
pas au nom du débiteur ; il ne gère que les affaires
des créanciers. La loi citée par Dumoulin ne prouve
rien moins que le contraire ; l'action *in factum*,
qu'elle donne au débiteur contre le commiffaire,
n'eft pas fondée fur un contrat, puifqu'il n'en eft
point intervenu entre eux, mais fur la fimple équité :
Tametfi enim, dit Matthieu, célèbre jurifconfulte
Hollandois, *curator cum debitore non contrahat,
æquum tamen eft debitori in factum actione teneri,
fi quid dolo malo commiferit. Sic creditor quoque
in poffeffionem miffus debitori in factum tenetur,
tametfi non debitoris*, *fed fuum negotium gefferit.*
De auctionibus, lib. 1, cap. 7, n. 24.

Faut-il entendre indéfiniment la propofition que
nous venons d'établir ? Zazius & d'Argentré font
pour l'affirmative ; mais Alberic, Angelus & Matthieu prouvent nettement qu'elle ne doit avoir lieu
que du commiffaire au débiteur ; car, difent-ils,
le commiffaire eft tenu envers les créanciers de
fes fautes légères, parce qu'il adminiftre en leur
nom, parce que ce font leurs intérêts qu'il régit,
leurs affaires qu'il conduit, & qu'en général un

adminiftrateur répond de fes fautes légères envers celui qui l'a établi. Les bornes d'un fimple article ne nous permettent pas de donner à cette thèfe tout le développement dont elle eft fufceptible ; il faut voir dans les auteurs mêmes que nous venons de citer, les raifons & les textes dont ils l'appuient.

Lorfque celui qui a caufé un Incendie n'étoit obligé, ni par un contrat, ni par un quafi-contrat, de veiller à la confervation de la chofe brûlée ; c'eft par l'action de la loi Aquilia qu'on doit le pourfuivre : or, il eft de principe que *in lege Aquiliâ & leviſſima culpa venit* (*) ; il doit donc répondre de fa faute même très-légère.

Cette conféquence paroît fort fingulière à la première vue. Nous venons de voir une foule de cas où la faute légère, & même la faute lourde, peuvent feules fonder une action en dommages-intérêts contre celui qui s'eft conftitué, par une convention expreffe, le gardien de la chofe incendiée : comment donc peut-on faire fupporter à un homme qui ne s'eft engagé à rien, la peine d'une faute très-légère ? Ce n'eft pas tout : l'action de la loi Aquilia peut concourir avec des actions produites par des contrats. Celui, par exemple, qui a fouffert du dommage par le fait de fon locataire, a le choix de le pourfuivre par l'action *locati*, ou par l'action *legis Aquiliæ* : s'il opte la première, le locataire ne répondra que de fes fautes légères : s'il opte la feconde, le locataire fera donc tenu de fes fautes très-légères ? Comment adopter de pareilles idées ?

(*) Ce font les termes de la loi, D. *ad legem Aquiliam.*

Ne précipitons rien; il ne s'agit que de distinguer les objets pour voir s'évanouir ces contradictions apparentes.

Dans le droit comme dans la nature, il y a deux sortes de fautes, *culpa commissionis sive in faciendo, & culpa omissionis, sive in non faciendo.* Cette distinction, établie par la loi 91, dig. *de verborum obligationibus,* est d'un grand usage en cette matière.

La loi Aquilia n'a point sévi contre les fautes de pure omission, c'est-à-dire contre les simples négligences. C'est ce qu'établit évidemment Zoez, Vinnius, Voët; & c'est ce que décident la loi 13, §. 2, dig. *de usufructu,* la loi 57, dig. *locati,* l'action de la loi 91, dig. *de verborum obligationibus.* Si donc la loi Aquilia est plus rigoureuse que les actions produites par la plupart des contrats, en ce qu'elle n'a besoin, pour avoir lieu, que de la faute la plus légère, elle l'est infiniment moins en ce qu'il faut nécessairement que cette faute ait été commise *in faciendo*; au lieu qu'en matière de contrats, il suffit d'une simple omission ou négligence. C'est ainsi que les légiflateurs Romains ont balancé les avantages & les inconvéniens respectifs des diverses actions.

D'après cela, il est sensible que si un locataire a donné lieu à un Incendie par une faute très-légère *in faciendo,* il doit en répondre, en vertu de la loi Aquilia; mais que si la faute, par lui commise, n'est que *in omittendo,* son propriétaire n'a contre lui que l'action *locati,* dans laquelle n'entrent point les fautes très-légères.

De cette distinction naît une conséquence remarquable. Lorsque le feu prend à une maison par le dehors, il est certain qu'on ne peut pas présumer que le locataire y ait donné lieu. Supposons cependant qu'il ait pu l'éteindre dans le principe, & qu'il ne l'ait pas fait, sa faute ne sera pas *in faciendo*, mais *in omittendo*. La loi Aquilia sera donc sans effet dans cette circonstance : ainsi le locataire sera bien tenu d'indemniser son propriétaire, parce que celui-ci a contre lui l'action *locati* ; mais il ne sera tenu à rien à l'égard de ses voisins incendiés par le progrès du feu, parce qu'ils n'ont pas d'action *ex lege Aquiliâ*, la seule qu'ils puissent exercer lorsque la matière y est disposée.

Observez que très-souvent on doit considérer comme fautes *in faciendo*, des fautes qui ne paroissent au premier abord que *in omittendo*. On en a vu plus haut des exemples dans les loix concernant le boulanger endormi près de son four, & le laboureur, qui a laissé gagner jusqu'à une forêt ou une moisson voisine le feu qu'il avoit mis aux ronces & aux mauvaises herbes de son champ. Les fautes de ces personnes sembleroient ne devoir passer que pour des omissions ; mais on les punit comme si elles étoient *in faciendo*, parce que le dommage qui en est résulté a été causé, comme dit Voët, *committendo & omittendo simul. Deliquerunt hi omnes*, ajoute cet auteur, *suscipiendo officium ac susceptum non adimplendo. Liberum erat ipsis artem operamve suam non addicere, at addictam implere necesse erat ; in quo dum cessent, suscipiendo æquè ac non adimplendo peccasse intelliguntur.*

C'est une question importante de savoir quels sont les cas où les fautes commises par des tiers dans le degré requis par les loix, pour fonder une action en matière d'Incendie, nous obligent aux mêmes dommages-intérêts que si elles étoient de notre propre fait.

Il faut encore diftinguer ici, comme fur la queftion précédente, le cas où l'on eft obligé, par contrat ou quafi-contrat, à la garde de la chofe incendiée, d'avec celui où l'on n'eft pas tenu d'y veiller.

La loi 25, §. 4, dig. *locati*, décide que le fermier eft refponfable du dommage caufé à fa métairie par une perfonne que des motifs de haine & d'inimitié ont portée à lui nuire : *culpa autem ipfius & illud adnumeratur, fi propter inimicitias ejus vicinus arbores exciderit.* On doit dire la même chofe en matière d'Incendie.

La loi 11 du même titre porte, que le locataire ne doit répondre des Incendies arrivés par la faute de fes domeftiques, ou de fes hôtes, que dans les cas où il auroit été lui-même en faute d'avoir pris à fon fervice, ou reçu chez lui des perfonnes de la part defquelles il y avoit lieu de craindre de pareils accidens : *Mihi ità placet ut culpam etiam eorum quos induxit præftet fuo nomine etfi nihil convenit : fi tamen culpam in inducendis admittit, quod tales habuerit vel fuos, vel hofpites.*

La loi 11, dig. *de periculo & commodo rei venditæ*, renferme abfolument la même difpofition, relativement au vendeur, dont les domeftiques ont incendié, par leur faute, une maifon qu'il n'avoit pas encore livrée à l'acheteur. Voici comme ce texte eft conçu : *Si vendita infula combufta effet, cùm incendium fine culpâ fieri non poffit, quid juris fit ? Refpondit : Quia fine patris-familias culpâ fieri poteft, neque fi fervorum negligentiâ factum effet, continuò dominus in culpâ erit. Quamobrem fi venditor diligentiam eam adhibuiffet in infulâ cuftodiendâ quam debent homines frugi & diligentes præftare, fi quid accidiffet, nihil ad eum pertinebit.*

La jurifprudence Françoife paroît en ce point plus rigoureufe que le droit Romain. Chopin, fur la coutume d'Anjou, *lib.* 1, *tit.* 4, *cap.* 44, & Bafnage, fur l'article 453 de la coutume de Normandie, font d'avis, qu'en ces fortes de cas, le maître du logis doit indiftinctement répondre de fes domeftiques, de fes penfionnaires, de fes hôtes, & même de fes fous-locataires. C'eft auffi ce que décident implicitement les articles 8 & 9 du chapitre 117 des chartes générales du Hainaut; & c'eft ce qu'ont jugé plufieurs arrêts du parlement de Paris : Chopin, à l'endroit cité, en rapporte un du 25 février 1581, par lequel un locataire a été condamné, purement & fimplement, à réparer la maifon incendiée par l'imprudence de fon domeftique. Nous en trouvons un autre dans le journal des audiences, du 3 décembre 1605, par lequel, faute par le locataire d'avoir vérifié que l'Incendie furvenu à fa maifon provenoit d'ailleurs que de fa faute ou de celle de fes domeftiques, il fut condamné aux dommages-intérêts du propriétaire. Le même recueil nous fournit un troifième arrêt du 3 mars 1663, qui a condamné un maître à réparer cent cinquante toifes de bâtimens brûlés par la faute de fon domeftique, à un château du comte de Maurevert, où ce maître avoit été reçu à coucher, comme ami, par le concierge.

Farinacius, & quelques autres auteurs cités par Lublerus, tiennent que le maître ou père de famille n'eft pas tenu de l'Incendie arrivé par la faute des laboureurs ou autres ouvriers qui travaillent par fon ordre dans fa métairie ou dans fa maifon. Cet avis peut paffer, à certains égards, pour conforme à celui des jurifconfultes Romains;

mais on peut inférer de ce que nous venons de dire, que la jurisprudence Françoise ne l'a pas admis.

Lublerus, & un grand nombre d'auteurs qu'il cite, estiment toujours, d'après les loix Romaines, qu'un maître n'est pas non plus responsable de l'Incendie arrivé par la faute d'un étranger ou d'un ami qu'il a reçu chez lui, soit pour y coucher une seule nuit, soit pour y demeurer constamment. Papon, Bouchel & Joannes Galli rapportent même un arrêt de 1387, par lequel M. de Polleville, conseiller au parlement de Paris, a été déchargé envers le collége de Sorbonne, dont il étoit locataire, de l'Incendie arrivé dans sa maison, par la faute d'un parent qui demeuroit avec lui : mais Dumoulin, Chopin & Mornac regardent cet arrêt comme très-suspect ; & à tout évènement, il y a lieu de croire, d'après les monumens plus récens de la jurisprudence Françoise, que l'on jugeroit tout autrement aujourd'hui.

Voyez ce qu'on a dit au mot BAIL, sur la question de savoir si un locataire qui tient hôtel garni ou hôtellerie, & qui a loué la maison sur ce pied, est tenu de l'Incendie causé par les étrangers qu'il loge.

Dans le cas où celui dont les domestiques ont occasionné un Incendie dans une maison dont il n'étoit pas constitué gardien par contrat ou quasi-contrat, il faut sous-distinguer si ses domestiques ont commis la faute en remplissant les fonctions auxquelles il les avoit employés, ou hors de ces fonctions.

Dans la première hypothèse, le maître est responsable du fait de ses domestiques, la chose parle d'elle-même : dans la seconde, les incendiés n'ont action que contre ceux-ci.

La raifon de différence entre ce dernier cas &
celui d'un locataire envers fon propriétaire, eft,
dit M. Rouffeau de Lacombe : » Que fi le loca-
» taire eft tenu (indiftinctement) de l'Incendie
» arrivé par la faute de fes domeftiques, envers
» le propriétaire, c'eft parce que le locataire eft
» *cuftos domûs* envers le propriétaire, au lieu que
» le propriétaire qui habitoit fa maifon, ou fon lo-
» cataire, n'ont contracté aucun engagement envers
» les voifins «.

Cette raifon nous conduit à dire, avec Bafnage,
fur l'article cité de la coutume de Normandie, &
d'Argentré, fur l'article 599 de l'ancienne coutume
de Bretagne, que le propriétaire qui ne demeure
point en fa maifon n'eft tenu de rien envers fes
voifins, dont les maifons ont été brûlées par un
Incendie commencé dans la fienne, par la faute
de fon locataire. C'eft d'ailleurs ce qu'on peut inférer de la loi 1, §. 4, dig. *de his qui effuderint*,
&c. On a cependant vu plus haut, que la coutume
de Bayonne en décide tout autrement ; mais
c'eft une difpofition locale qui ne peut être étendue hors de fon territoire.

Une des queftions les plus controverfées qu'il
y ait fur le fait des Incendies, eft de favoir fi,
dans l'incertitude comment le feu a pris à une
maifon, c'eft au défendeur en dommages-intérêts
à prouver que l'Incendie eft arrivé fans une de
ces fautes dont il doit répondre, ou fi c'eft au
demandeur à vérifier le contraire. Nous fuivrons
encore ici la diftinction propofée plus haut entre
ceux qui font obligés par contrat ou quafi-contrat
de veiller à la confervation de la chofe incendiée,
& ceux qui n'y font pas tenus.

Dans l'hypothèfe du premier membre de cette

diftinction , fi le défendeur en dommages-intérêts eft un de ceux qui ne répondent que de leurs fautes lourdes, il paroît que dans le doute il doit être abfous. La raifon en eft fimple : la faute lourde eft toujours affimilée au dol en matièie civile ; *Magna culpa dolus eft* , dit la loi 226 , dig. *De regulis juris*. Or , il eft certain que le dol ne fe préfume jamais , & que celui qui l'allegue doit toujours en donner la preuve : *Qui dolo dicit factum aliquid , licet in exceptione , docere dolum admiffum debet* : ce font les termes de la loi 18 , §. 1 , dig. *de probationibus*. Ainfi point de difficulté dans ce premier cas.

Mais que doit-on décider par rapport à ceux qui répondent de leurs fautes légères ou très-légères ? *Hic labor , hoc opus eft*.

Mathieu *de afflictis* , Gayl , Mafcardus , Mynfingère , Chriftin , Zoèz , Berlichius , Perèz , Bouvot , Henrys , Voët , & plufieurs autres auteurs , foutiennent que dans le doute on ne doit pas préfumer la faute , mais le cas fortuit ; en forte que , fuivant eux , le demandeur en dommages-intérêts doit être débouté , s'il ne prouve pas que le défendeur , ou ceux dont il doit répondre , font en faute. Cette opinion a été fuivie par quelques arrêts du parlement de Dijon , cités par Bouvot , au mot *brûlement* , & par un du parlement de Flandre , du 9 juin 1696 , rapporté par Deghewier. Les chartes générales du Hainaut l'on auffi adoptée , en en exceptant néanmoins le cas où le locataire auroit fous-loué fans l'agrément du propriétaire (*).

_____

(*) Voici ce que portent les articles 8 & 9 du chapitre 117 de ces loix :

» Si le feu fe prenoit en quelque maifon , ou autre édifice

D'un autre côté, Vinnius, Fachini, Afande, Kinskot, Mollerus, d'Argentré, le Brun le criminaliste, Balde, Lublerus, Defpeiffes, Bafnage, Rouffeau de Lacombe, Pothier, en un mot la plupart des auteurs font d'avis que c'eft au défendeur en dommages-intérêts à prouver que ni lui ni fes domeftiques ne font en faute, & qu'il doit être condamné, s'il ne juftifie que le feu a pris par cas fortuit, ou qu'il a été communiqué par une maifon voifine où il avoit commencé. Nous avons nous-mêmes fuivi cette opinion au mot BAIL, & elle a été confirmée par le plus grand nombre des arrêts intervenus fur cette matière. Le journal des audiences nous en fournit deux du parlement de Paris, des 3 décembre 1605, & 16 février 1614. Baffet en rapporte deux du parlement de Grenoble, des 30 janvier 1648 & 12 mai 1624. Bafnage en a confervé un du parlement de Rouen, du 11 décembre 1657. Tous ces arrêts ont été rendus contre des locataires en faveur de leurs propriétaires. Telle eft auffi la jurifprudence du parlement de Touloufe, fuivant le témoignage de M. Catellan. Deux arrêts récens prouvent que c'eft encore celle du parlement de Paris; l'un eft du 29 mars 1756, l'autre du 3 août 1777. Voici l'efpèce du premier; le fecond fera mieux placé fous une queftion fubfidiaire que nous traiterons ci-après.

» tenu à louage, le louager ne fera tenu à quelque reftitution, s'il n'eft trouvé coupable ou fes domeftiques.
» Mais fi ledit louager, fans le gré de l'héritier, rendoit en arrière aucunes maifons, édifice ou portion, & advint feu en aucun d'iceux, celui premier louager fera tenu à reftitution vers l'héritier, le tenant entier d'avoir fon recours fur l'arrière-louager «.

Les moulins bannaux de Charleville appartenant à M. le prince de Condé, ayant été incendiés pendant une nuit du mois de juillet 1754,
sans qu'on pût découvrir la cause ni l'auteur de
cet accident, le prince demanda que les fermiers-
généraux de ses domaines de ·Charleville, &
leurs sous fermiers fussent condamnés solidairement
à les faire rétablir. De leur côté, les fermiers-généraux prirent des conclusions en garantie contre
les sous fermiers. Par sentence des requêtes du
palais, du 2 juin 1755, les fermiers - généraux
& l'un des sous-fermiers furent déchargés ; mais
le sieur Pérard fut condamné à faire reconstruire
les moulins brûlés, & même à en payer les fermages échus depuis l'Incendie, sur ce qu'il avoit
déclaré qu'il n'entendoit faire aucune contestation,
& qu'il s'en rapportoit à la justice & à la géné-
rosité du prince. Le sieur Pérard interjeta appel
de ce jugement ; & comme sa déclaration n'avoit
pas été acceptée, il prit des lettres de rescision
pour la révoquer. Le prince appela aussi du chef
de la sentence, qui déchargeoit les fermiers-généraux & l'un des sous fermiers. On disoit contre
lui, qu'on ne pouvoit imputer à ceux qu'il pour-
suivoit, ni faute légère, ni faute très - légère,
puisq l'on ne connoissoit pas la cause du désastre;
que d'ailleurs on ne devoit pas confondre des fermiers de moulins bannaux avec des locataires de
maisons, parce que personne ne peut entrer dans
une maison particulière malgré celui qui l'habite,
au lieu que les moulins bannaux sont, par leur
destination, remplis le jour & la nuit de gens de
toute espèce. Le prince répondoit, que par une
présomption légale, on rejette sur le locataire ou
fermier la cause de l'Incendie arrivé à la maison

qu'il occupe, jusqu'à ce que le locataire établisse lui-même que l'embrasement a eu une cause extérieure, telle que le feu du ciel, la malice des hommes, la communication du feu par une maison voisine, &c.; qu'on ne pouvoit tirer aucune conséquence de ce que les moulins étoient bannaux, parce qu'il résultoit d'un procès-verbal en bonne forme qu'ils étoient fermés, qu'ils ne tournoient pas, & que le meûnier & sa femme étoient couchés au moment où le feu prit. Sur ces raisons est intervenu l'arrêt cité, au rapport de M. Bochard de Saron, qui infirme la sentence, condamne tous les fermiers-généraux & sous-fermiers solidairement, à faire reconstruire les moulins, & les sous-fermiers à garantir les fermiers-généraux.

On ne peut pas citer d'autorités plus respectables pour établir que dans le doute c'est au défendeur en dommages-intérêts à justifier qu'il n'est point en faute : mais des autorités ne sont pas des raisons; voyons donc sur quoi est fondée cette opinion, & tâchons de répondre aux objections de ses antagonistes.

La loi 3, §. 1, dig. *de officio præfecti vigilum*, porte que, *plerùmque Incendia culpâ fiunt inhabitantium*. La loi 11, dig. *de periculo & commodo rei venditæ*, est encore plus formelle; elle déclare que *Incendium sine culpâ fieri non potest*. Voilà donc une présomption légale que tout Incendie arrivé dans une maison, a sa cause dans l'imprudence de ceux qui l'habitent : & comme, suivant les principes retracés plus haut, le maître du logis ou père de famille qui est tenu par contrat ou quasi-contrat de veiller à la conservation de la maison, répond indistinctement des fautes

commifes par tous ceux qui demeurent avec lui;
il ne doit point y avoir de difficulté à dire que
c'est à lui à prouver que ni lui ni ceux dont il
est responsable ne sont en faute, & qu'à défaut
de cette preuve il doit être condamné. A cette raison décisive sans doute, d'Argentré en ajoute une
bien digne de considération : ses termes sont précieux ; les voici : *Pro locatore manifesta ratio fa-*
cit, quia cùm dominus ædes suas alteri locaverit,
non licet posthàc domino inquirere quid in suo sed
conducto fiat, nec ullâ ratione sibi potest prospicere,
nec curiosus esse debet quàm sedulis aut diligen-
tibus servis aut famulitio conductor utatur ; alieno
enim ut suo conductor utitur, etiam dominum pro-
hibendo. Quid igitur adferri potest cur non præstet
quod non nisi ab eo caveri potest, non nisi ab eo
aut familiâ admitti ? Justa causatio locatoris hæc
est, nisi tu conduxisses, ædes mihi mea salvæ sta-
rent ; ubi conduxisti, exclusisti me ne mihi prospi-
cerem, ne prohiberem Incendium, quod te aut tuos
immisisse necesse est, cùm aliundè non potuerit.
Sur l'ancienne coutume de Bretagne, article 599.

» Si cela n'étoit pas, ajoute M. Dulauri, en
» ses arrêts de Malines, jamais les locataires
» ne seroient responsables de l'Incendie des mai-
» sons qu'ils habitent ; car il seroit très-difficile,
» pour ne pas dire impossible, de prouver que
» le feu a pris par leur faute : car dans la maison
» il n'y a ordinairement que le locataire, sa femme,
» ses enfans & ses domestiques, lesquels n'au-
» roient garde de dire la vérité; & quand ils
» la diroient, leur témoignage ne serviroit de
» rien, parce que ce cas n'est pas un de ceux
» où l'on puisse admettre le témoignage des
» domestiques «.

De tous les auteurs qui ont foutenu l'opinion contraire, Voët est celui qui a mis le plus d'ordre & de jour dans fes objections ; nous allons les parcourir fuccessivement.

Première objection. Les premières règles de droit nous enseignent que la preuve doit toujours retomber fur le demandeur, & que, faute par lui de justifier ce qu'il avance, le défendeur doit être renvoyé abfous.

Réponfe. Cette maxime eft, comme toutes les autres, fujettes à bien des exceptions : une des plus notoires, eft pour le cas où le demandeur a en fa faveur la préfomption de droit ; ce qu'on ne peut pas dans notre efpèce contefter au propriétaire, puifque les loix citées déclarent formellement, que les Incendies font toujours préfumés venir de la faute de ceux qui demeuroient dans les maifons incendiées.

Deuxième objection. La loi 51, dig. *pro focio*, met en principe, que tout homme eft préfumé exact & diligent, tant que le contraire n'eft pas prouvé. Cette préfomption doit d'autant plus avoir lieu ici, que l'intérêt du locataire incendié l'obligeoit autant que celui du propriétaire, à veiller à la confervation de la maifon.

Réponfe. La loi 51, dig. *pro focio*, dit feulement qu'on ne doit point préfumer le dol, & cela eft vrai ; mais elle ne dit pas qu'on ne doit point préfumer la faute dans l'occupeur d'une maifon qui a été incendiée ; & comment le diroit-elle, tandis que la loi 3, §. 1, dig. *de officio præfecti vigilum*, & la loi 11, dig. *de periculo & commodo rei venditæ*, établiffent formellement le contraire ?

Troifième objection. Les deux textes qu'on vient

de citer, n'appliquent à aucun individu particulier la préfomption de faute dont ils parlent. Cette préfomption eft donc vague, indéterminée; ainfi point de raifon pour l'adapter à telle perfonne plutôt qu'à telle autre. Tout ce qui peut en réfulter, c'eft que quelqu'un des habitans de la maifon incendiée eft en faute; mais cela ne fuffit pas pour fonder une action en dommages-intérêts; il faut pour cela défigner & fpécifier la perfonne qui a commis le délit ou l'imprudence.

Reponfe. Dès que la préfomption. de faute milite entre tous les habitans de la maifon en général, il eft certain qu'elle doit auffi militer entre chacun d'eux en particulier. La loi 1, §. 10, & la loi 2, dig. *de his qui effuderint*, prouve nettement qu'en pareil cas celui à qui la faute a caufé quelque tort, a droit de fe pourvoir contre chacun des préfumés coupables. En voici les termes : *Si plures in eodem cœnaculo habitent, undè dejectum eft, in quemvis actio dabitur, cùm fanè impoffibile eft fcire quis dejecifset vel effudifset.*

D'ailleurs, en matière d'Incendie, le maître du logis ou père de famille répond de tous fes commenfaux. Il y a donc une préfomption fpécifique contre lui; & certainement il n'en faut pas davantage pour donner lieu à une action en dommages-intérêts.

Il ne faut pas conclure de ce que nous venons de dire, ni des textes que nous venons de citer, que les domeftiques, les enfans de famille, les penfionnaires, les voyageurs puiffent être pourfuivis en leur nom, pour les dommages-intérêts du propriétaire de la maifon dans laquelle ils fe font trouvés lors de l'Incendie. La préfomption générale de faute, ne donne action que contre
le

le maître du logis ou père de famille. Pour agir contre quelqu'un des autres habitans, il faudroit prouver qu'il eſt réellement en faute. C'eſt ce que décide la loi 6, §. 4, D. *nautæ, caupones, &c.* par rapport à la queſtion de ſavoir, ſi l'on peut agir contre les matelots, *nautæ,* d'un vaiſſeau ſur lequel a été commis un vol ou cauſé quelque dommage, ou ſi l'on doit borner ſon action à la perſonne du capitaine, *exercitor.* Ce texte eſt ainſi conçu : *Poſſumus autem furti vel damni injuriæ actione uti cum nautis, UT CERTI HOMINIS FACTUM ARGUAMUS. Et ſi cum exercitore egerimus, præſtare ei debemus actiones noſtras.*

La diſpoſition de la loi 1, §. 10, & de la loi 2, dig. *de his qui effuderint,* n'a lieu que pour le cas où il ſe trouve dans une ſeule maiſon pluſieurs locataires ou habitans principaux; en ce cas, il eſt vrai de dire que chacun d'eux eſt tenu ſolidairement du dommage cauſé par ſa faute préſumée, ou celle des perſonnes dont il doit répondre : & ce qui prouve que ces loix n'entendent pas comprendre les domeſtiques, les enfans de famille, les hôtes paſſagers, dans leur diſpoſition, c'eſt que le §. 9 de la première la déclare expreſſément ainſi : *Hoſpes planè,* porte ce texte, *non tenebitur quia non ibi inhabitat, ſed tantiſper hoſpitatur : ſed is tenetur qui hoſpitium dederit. Tantùm autem intereſt inter habitatorem & hoſpitem, quantùm intereſt inter domicilium habentem & peregrinantem.*

Pothier, Aſande, & quelques autres auteurs penſent que s'il y a pluſieurs chefs de famille dans une maiſon, aucun d'eux n'eſt tenu de l'Incendie lorſqu'on ignore par où le feu a commencé. Ce que nous venons de dire, & les textes que

nous venons de citer, prouvent au contraire invinciblement que le propriétaire a contre chacun
d'eux une action folidaire. Il feroit en effet bien
fingulier que l'on fût fans action, dans le cas
où le nombre des locataires multiplie les pré-
fomptions de faute, tandis que les auteurs cités
eux-mêmes en accordent une, dans le cas où
il ne fe trouve dans la maifon qu'un feul chef
de famille, & que par conféquent la préfomption de faute eft moins confidérable. Ce fyftême
n'a donc en fa faveur ni les difpofitions des loix,
ni les fimples lumières de l'équité : ajoutons qu'il
a été profcrit formellement par un arrêt de la
grand'chambre du parlement de Paris, du 3
août 1777. En voici l'efpèce ; elle eft remarquable.

Une ferme avoit été incendiée dans un temps
où elle étoit habitée par deux fermiers, dont l'un
ne faifoit que d'y entrer en vertu d'un bail tout
récent, & l'autre alloit en fortir parce que fon
bail étoit près d'expirer. Cet accident occafionna
des conteftations entre le propriétaire & les fermiers. Ceux-ci prétendoient que le dommage
caufé par l'Incendie devoit retomber fur le propriétaire, attendu le défaut de preuve d'aucune
faute de leur part. Le feigneur fit par provifion
eftimer ce dommage, & confentit par grâce
à en payer la moitié. Par fentence du châtelet,
il lui fut donné acte de fon offre, & les deux
fermiers furent condamnés à payer l'autre moitié.
Sur l'appel, ces derniers formèrent l'un contre
l'autre des demandes en garantie. Le fermier
entrant, difoit que l'Incendie avoit commencé
par la grange occupée alors par le fermier fortant ;
qu'on devoit conféquemment le préfumer occa-

fionné par la faute de celui-ci. Le fermier fortant au contraire, difoit que le fermier entrant occupoit alors le corps du logis où fe confervoit le feu ; que c'étoit fa faute d'en avoir laiffé échapper des étincelles, qui probablement avoient occafionné l'Incendie.

La caufe portée à l'audience de la grand'chambre, M. l'avocat-général Séguier, a dit, qu'à défaut de preuve que l'Incendie eût été caufé par une force majeure ou cas fortuit, on devoit l'attribuer à la faute d'un des fermiers ; & que dans l'incertitude de favoir qui des deux avoit commis cette faute, ils devoient tous deux en fupporter les dommages-intérêts. En conféquence, il a eftimé qu'il y avoit lieu de mettre l'appellation au néant, condamner les appelans en l'amende & aux dépens, & fur leurs demandes refpectives en garantie, les mettre hors de cour. L'arrêt a adopté ces conclufions.

Quand il s'agit d'une action dirigée par des voifins ou autres perfonnes envers qui le principal habitant ou locataire de la maifon, par laquelle a commencé l'Incendie, n'eft engagé par aucun contrat ou quafi-contrat, il ne paroît pas, d'après ce que difent Alexandre, Dumoulin, Henrys & Saligny, que l'on doive juger de même que dans l'hypothefe précédente. Il eft bien vrai que le feu eft toujours préfumé venir de la faute des habitans de la maifon ; mais dans le doute, on doit croire que cette faute eft du nombre de celles qui ne confiftent qu'en pures omiffions ou négligences, & que l'on appelle pour cela *in non faciendo*. Or, nous avons vu plus haut que ces fortes de fautes ne donnent ouverture à aucune action de la part des voifins & autres, envers lefquels celui par la maifon de qui le feu a commencé, n'eft point obligé par contrat ou quafi-contrat : *Hæc culpa*, dit un des auteurs cités, *non poteft trahi ultrà defidiam & fimplicem negligentiam, id eft, in omittendo, quæ non venit in actione legis Aquiliæ.*

Nous ne diffimulerons pas cependant que quelques arrêts paroiffent avoir abfolument affimilé ce cas à celui dans lequel le défendeur en dommages-intérêts eft obligé par contrat ou quafi-contrat envers le demandeur. Tel eft particulièrement celui du 22 août 1743, que nous avons rapporté plus haut. » Cet arrêt, dit Denizart, eft fondé » fur ce que le cas fortuit ne fe préfume pas en » fait d'Incendie, s'il n'eft pas prouvé. La pré-» fomption de droit, eft que le feu qui a » pris dans une maifon a été caufé par la faute » ou par la négligence de celui qui l'habite, ou » de fes domeftiques dont il eft refponfable » dans ce cas «. Sans doute que l'on n'aura pas réfléchi lors de cet arrêt, à la différence des fautes qui donnent lieu à l'action de la loi *Aquilia*, d'avec celles qui peuvent fonder une action de contrat ou quafi-contrat ; mais cette différence, pour n'avoir pas été fentie dans une occafion, n'en eft ni moins réelle, ni moins digne d'attention.

La loi *Rhodia*, & l'ordonnance de la marine, du mois d'août 1681, veulent que quand la tempête ou les ennemis obligent à jeter dans la mer une partie du chargement d'un vaiffeau pour fauver le refte, les propriétaires du navire & des effets fauvés foient tenus de contribuer aux pertes. Quelques interpretes ont inféré de là, que quand une maifon a été abattue pour em-

pêcher la communication de l'Incendie aux édifices voisins, les propriétaires de ces autres édifices doivent contribuer au désintéressement de
celui dont la maison a été abattue. L'article 645
de la coutume de Bretagne adopte expressément cette opinion (*), & d'Argentré nous apprend qu'elle est aussi érigée en loi par plusieurs
statuts municipaux d'Italie.

Rousseau de la Combe décide le contraire,
sur le fondement d'un arrêt du 2 juillet 1657,
rapporté au journal des audiences. Si son avis
n'avoit pas d'autre appui que cet arrêt, on pourroit le rejeter sans autre examen; car dans l'espèce de ce jugement, le feu étoit déjà parvenu
à la maison qui avoit été abattue; & tout le
monde sait qu'en pareil cas il n'est point dû de
dédommagement.

La raison de Voët est plus judicieuse; il rend
d'abord compte de l'opinion de ceux qui admettent la contribution en cas d'Incendie, comme
en cas de jet dans la mer; puis il ajoute : *Sed*

(*) *Cet article est ainsi conçu :*
» Quand feu est ébrandi en plusieurs maisons, l'on peut
» abattre les maisons prochaines pour appaiser & éteindre le
» feu & afin que les autres soient sauvées, & tous ceux
» de qui on peut appercevoir que leurs maisons aient été
» sauvées, sont tenus à dédommager ceux à qui les maisons
» ont été abattues, chacun à la discrétion de justice «.
Il ne faut pas regarder comme contraire à cette disposition
un arrêt du parlement de Rennes du mois d'octobre 1660,
rapporté par Sauvageau, qui déboute une femme dont la
maison avoit été abattue pour en conserver d'autres, de sa
demande en contribution contre les voisins. Il étoit prouvé
que la maison étoit déjà brûlée en partie lorsqu'elle fut abattue ; & d'ailleurs, la propriétaire avoit gardé fort long-
temps le silence.

*utì lege deſtituitur, itá æquitate non ſuſtinetur hæc
opinio ; cùm non eadem Incendii, quæ jaɔûs,
ratio ſit. Contributionem fieri ob jaɔum ab omnibus
æquum erat, quia jaɔlu non faɔo periculum im-
minebat æquale rebus omnibus navi veɔis tàm
ſalvis quàm jaɔlis. At non itá ex orto Incendio
æqualis ad omnem viciniam ſpeɔat damni metus,
ſed ad proximos maximus, minor ad remotiores.*

Mais au moins celui qui, ſans ordonnance de
juſtice, & pour mettre ſa maiſon à l'abri de
l'Incendie, a abattu celle de ſon voiſin avant
que le feu n'y fût parvenu, ne doit-il pas être
condamné à la faire reconſtruire ? Il faut diſ-
tinguer ſi après l'abattis le feu eſt parvenu juſqu'à la maiſon abattue, ou s'il s'eſt éteint auparavant. Dans le premier cas, le propriétaire de
la maiſon abattue n'a point d'action, parce qu'on
ne lui a fait aucun tort; mais il en a une dans
le ſecond, parce que ſa maiſon n'auroit point
été brûlée, ſi on l'avoit laiſſée ſur pied. Cette
diſtinction eſt clairement établie par la loi 7,
§. 4, dig. *quod vi aut clàm.* En voici les
termes :

*Eſt & alia exceptio de quâ celſus dubitat an
ſit objicienda : ut putà ſi Incendii arcendi cauſâ
vicini ædes intercidi, & quod vi aut clàm mecum
agatur, aut damni injuriâ. Gallus enim dubitat
an excipi oporteret, quod Incendii defendendi
cauſâ faɔum non ſit ? Servius autem ait ſi id
magiſtratus feciſſet, dandam eſſe : privato non eſſe
idem concedendum. Si tamen quid vi aut clàm
faɔum ſit, neque ignis uſque eo perveniſſet,
ſimpli litem æſtimandam. Si perveniſſet, abſolvi
eum oportere. Idem ait eſſe, ſi damni injuriâ aɔum
foret, quoniam nullam injuriam aut damnum dare
videtur æquè perituris ædibus.*

La loi 49, §. 1, dig. *ad legem Aquiliam*, propose la même question, & semble décider que le propriétaire de la maison abattue n'a point d'action, soit que le feu y soit ou n'y soit pas parvenu après l'abattis : *Et five pervenit ignis, five antè extinctus est, existimat legis Aquiliæ actionem cessare.* Mais cette loi n'est point contraire à celle du titre *quod vi aut clàm*. L'une veut que l'action de la loi Aquilia cesse lors même que le feu s'est éteint avant de parvenir à la maison abattue ; parce que dans le droit Romain, cette action étoit pénale, & emportoit toujours une condamnation qui excédoit les dommages intérêts, peine qu'il n'auroit pas été juste de prononcer contre celui qui, en abattant une maison pour arrêter les progrès d'un Incendie, a moins songé a nuire à son voisin, qu'à pourvoir à sa propre sûreté. L'autre loi au contraire, veut que dans le cas où le feu n'est point parvenu à la maison abattue, il y ait lieu à une simple action en dommages-intérêts, *simpli litem æstimandam.* Il n'y a donc pas d'antinomie dans ces deux textes.

Bardet rapporte un arrêt du 26 février 1624, par lequel les dommages intérêts du propriétaire d'une maison brûlée ont été préférés aux autres créanciers, fur les marchandises du locataire.

Voyez *le traité de Lublerus* de Incendio ; *Farinacius* ; *Bouchel au mot* Incendie ; Bertrandi confilia ; *Saligny en fes obfervations à la fin de fon commentaire fur la coutume de Vitry* ; *Henrys, tome* 1, *livre* 4, *queftion* 49 ; *le traité des matières criminelles de Roussçeau de la Combe* ; *la jurifprudence civile du même auteur* ; *la collection de jurifprudence* ; Menochius, de arbitrariis judiciis ; *le commentaire de Voët fur le digefte* ; *Afande*, decifiones fenatûs Frifici ; *les arrêts de Bardet* ; Faⱥhinæi controverfiæ ; *Gaylii*, obfervationes practicæ, &c.

Voyez auffi les articles BAIL, FAUTE, DéPÔT, DOMMAGES-INTÉRETS, &c.

(*Cet article eft de M. MERLIN, avocat au parlement de Flandre.*)

INCESTE. Conjonction illicite entre ceux qui font parens ou alliés au degré prohibé par les loix.

La peine de l'Incefte eft plus ou moins rigoureufe ; on la proportionne au degré plus ou moins proche de parenté ou d'alliance : ainfi la mort eft la punition de l'Incefte d'un fils avec fa mère ou fon aieule, ou d'un père avec fa fille ou fa petite-fille. Guillaume de Nangis rapporte, dans fa chronique de l'année 1211, qu'une dame de Château-Girande fut jetée vive dans un puits, que l'on combla enfuite de pierres, parce qu'elle avoit eu commerce avec fon fils & avec fon frère.

Et la Rocheflavin cite un arrêt du 12 février 1536, par lequel une mère & un fils furent condamnés à être brûlés vifs, pour réparation de l'Incefte qu'ils avoient commis enfemble.

La peine de mort a pareillement lieu relativement à l'Incefte d'un fils avec fa belle-mère, ou d'un mari avec la fille de fa femme.

Quelques auteurs, tels que Farinacius & Julius-Clarus, penfent que l'Incefte du beau-père avec fa bru, ou du gendre avec fa belle-mère, ne doit pas être puni de mort. Julius-Clarus cite à ce fujet un arrêt du 15 mars 1549, qui ne prononça que la peine du fouet, contre une femme qui avoit eu commerce avec son gendre. Mais la Rocheflavin rapporte, *livre 2*, *lettre I*, *titre 3*, un arrêt sans date, par lequel un gendre & sa belle-mère, coupables d'Incefte, ont été condamnés à être pendus & enfuite brûlés.

Quelques auteurs, entre autres Joffe, Damhouder & Lange, prétendent qu'on punit de mort l'Incefte du frère avec la fœur. En effet, Automne rapporte un arrêt de l'année 1580, par lequel le parlement de Bordeaux condamna un frère & une fœur, coupables de ce crime, à avoir la tête tranchée.

Il y a d'autres auteurs qui penfent qu'en pareil cas on doit prononcer une peine grave, mais qui ne foit pas la mort naturelle.

Quant à l'Incefte du frère avec sa belle-fœur, ou de la fœur avec son beau-frère, Farinacius & Julius-Clarus penfent qu'il doit être puni d'une peine arbitraire. Ce dernier auteur cite un arrêt du 17 novembre 1548, qui ne prononça que la peine du fouet pour un pareil Incefte.

Damhouder & Boërius difent que l'Incefte de l'oncle avec sa nièce, ou du neveu avec sa tante, eft puniffable du dernier fupplice; mais Farinacius prétend que la peine de mort ne doit pas avoir lieu en cas pareil; & cet avis eft conforme à la jurifprudence actuelle. Cependant il y a des exemples qu'on a puni ce crime de mort, lorfqu'il s'eft trouvé aggravé par les circonftances. En 1584, l'hôte de la bergerie du petit-pont à Paris, fut brûlé à la place Maubert, pour avoir rendu enceintes deux de fes nièces.

A l'égard de l'Incefte d'un coufin-germain avec sa coufine-germaine, on ne le punit communément d'aucune peine afflictive ni même infamante, fur-tout quand ce font des perfonnes libres : cela

eſt fondé ſur ce que le droit civil autoriſe le mariage entre eux, & que parmi nous ils peuvent
auſſi ſe' marier avec diſpenſe.

Celui qui a commerce avec la mère & avec
la fille, ou celle qui a affaire au père & au fils,
commettent un Inceſte, qu'on a coutume de punir
de mort. Papon cite un arrêt du 9 octobre 1548,
par lequel le parlement de Touloufe condamna
un notaire à ê're décapité, pour avoir eu commerce avec la mère & avec la fille.

Mais on punit d'une moindre peine l'Inceſte
de celui qui a commerce avec la tante & avec la
nièce, ou de celle qui a commerce avec l'oncle
& avec le neveu. Papon rapporte un arrêt du 12
ſeptembre 1548, par lequel le parlement de Tou-
louſe condamna aux galères un particulier coupable de ce crime.

On ne doit pas non plus punir de mort l'Inceſte de celui qui a eu commerce avec les deux
ſœurs, ou de celle qui a eu commerce avec les
deux frères.

Si la parente avec laquelle on commet un Inceſte, eſt une perſonne débauchée, cela contribue
à faire diminuer la peine, à moins qu'il ne ſoit
queſtion d'un Inceſte en ligne directe.

L'ignorance de fait eſt auſſi une raiſon pour
excuſer ce crime : mais comme on eſt cenſé coh-
noître ſes proches parens, il faut que cette ignorance ſoit établie ſur de fortes préſomptions jointes
au ſerment de l'accuſé.

On appelle *Inceſte ſpirituel*, la conjonction illicite entre les perſonnes alliées par une affinité
ſpirituelle, comme le parrain & la filleule.

Quelques théologiens ſe fondant ſur d'anciens
canons qui appellent *filles ſpirituelles*, les pénitentes des confeſſeurs, ſoutiennent que l'admi-

niftration du facrement de pénitence produit une
alliance fpirituelle ; mais le plus grand nombre
eft d'un avis contraire, & s'appuie fur l'autorité
de Boniface VII, qui déclare expreffément que
l'alliance fpirituelle ne fe contracte que par les
facremens de baptême & de confirmation : c'eft
auffi la doctrine de faint Thomas.

Mais fi le crime d'un confeffeur avec fa pénitente n'eft pas proprement un Incefte fpirituel,
non plus qu'un pareil crime d'un curé avec fa paroif-
fienne, il n'en eft pas moins févèrement puni par
les canons, qui étendent les peines indiftinctement
à tous les prépofés, comme vicaires & habitués
de paroiffes.

Le commerce avec une religieufe n'eft pas feulement un Incefte improprement dit, mais encore un adultère & un facrilége, fuivant la glofe
du canon *virginibus*.

L'Incefte, de quelque efpèce qu'il foit, doit
être mis au nombre des cas privilégiés.

Le commerce d'un confeffeur avec fa pénitente
fait vaquer de plein droit les bénéfices dont ce
confeffeur peut être pourvu.

Ce crime a d'ailleurs fouvent été puni du dernier fupplice.

Par arrêt du 18 juillet 1624, le parlement de
Paris condamna un curé de Baugé à faire amende
honorable & à être pendu, pour avoir féduit une
de fes paroiffiennes.

Par un autre arrêt du 31 janvier 1660, le parlement de Grenoble condamna un prêtre à être
pendu, pour avoir abufé du facrement de con-
feffion, & pris plufieurs libertés avec plus de cent
femmes lorfqu'il les confeffoit.

Par un autre arrêt du 22 juin 1673, rapporté
au journal du palais, & confirmatif d'une fentence

du lieutenant-criminel du châtelet de Paris, un prêtre, directeur de religieuses, qui avoit abusé d'une de ses pénitentes, fut condamné à être pendu.

Enfin, par un autre arrêt du 11 janvier 1735, le parlement de Touloufe a condamné un particulier à avoir la tête tranchée, pour réparation du crime d'Incefte commis avec une religieufe.

Il paroît néanmoins qu'on s'eft plufieurs fois relâché de la févérité introduite par les arrêts qu'on vient de rapporter. Nicolas Beugnet, curé de St. Paul, qui avoit abusé d'une de ses paroiffiennes, fa pénitente, & fait fabriquer des actes faits fur un regiftre de baptême, ne fut condamné qu'à l'amende honorable & au banniffement perpétuel, par l'arrêt que prononça contre lui le confeil d'Artois, le 21 décembre 1693.

Par un autre arrêt du 12 juin 1707, rendu au parlement de Paris, le fieur le Normand, curé de St. Sauveur de Péronne, n'a été condamné qu'à un banniffement de neuf ans, pour avoir eu commerce avec une religieufe, fa pénitente.

Voyez Profper Farinacius, práxis & theoria criminalis; Julius-Clarus, practica criminalis; les arrêts de Papon, & ceux de là Rocheflavin; le journal du palais; les notes de Duperrai fur l'édit de 1695; le traité de la juftice criminelle de France; les arrêts de Baffet; le code pénal; le dictionnaire des arrêts, &c. Voyez auffi les articles MARIAGE, ADULTÈRE, CONCUBINAGE, CAS ROYAL, &c.

INCIDENT. On appelle ainfi une conteftation qui furvient dans le cours de l'action principale: ainfi, lorfque fur une demande en payement de la fomme énoncée dans une promeffe, le défendeur refufe de reconnoître l'écriture ou la fignature, c'eſt un Incident qu'il faut juger préalablement.

Les Incidens ſont de deux ſortes; les uns ſont des préalables, ſur leſquels il faut d'abord ſtatuer, comme les renvois, les déclinatoires; les autres ſont des acceſſoires de la demande principale, & ſe jugent en même temps.

INCOMPATIBILITÉ. On ſe ſert de ce terme pour annoncer que deux choſes ne doivent pas ſe rencontrer en même temps dans la même perſonne.

Nous diviſerons cet article en trois parties : nous traiterons dans la première, de *l'Incompatibilité des bénéfices* ; dans la ſeconde, de *l'Incompatibilité des offices* ; enfin, dans la troiſième, de *l'Incompatibilité des qualités d'héritier & de légataire.*

PREMIÈRE PARTIE.

Incompatibilité des bénéfices.

Nous avons déjà parlé au mot *Compatibilité*, de cette matière ; mais comme elle n'y a point été approfondie, c'eſt ici le moment d'entrer dans tous les détails qu'elle exige.

Dans les premiers ſiècles de l'égliſe, il étoit inutile d'établir des règles pour mettre des bornes à l'ambition & à la cupidité des eccléſiaſtiques. L'égliſe poſſédoit en commun tous ſes biens, & cette communauté écartoit toute idée d'envahir ou de réunir pluſieurs portions du patrimoine de l'égliſe : auſſi ne trouve-t-on aucun canon dans les conciles antérieurs à celui de Calcédoine, qui ſoit relatif à l'Incompatibilité des bénéfices. Par ce dernier concile, il fut réglé (*) : » qu'un clerc ne pouvoit

_____
(*) Can. 2. cauſ. 21. q. 1. c. 1. dig. 89.

» en même temps être compté dans le clergé de
» deux villes , de celle où il avoit été ordonné
» d'abord , & de celle où il avoit passé par ambi-
» tion ; que ceux qui se feroient ainsi éloignés de
» la pureté de la discipline, seroient rendus à la
» première église; enfin , que si quelqu'un avoit
» été transféré dans une autre église , il n'auroit
» plus aucune part aux affaires de la première, &
» des oratoires & hôpitaux qui en dépendent, sous
» peine de déposition «.

Plusieurs autres conciles renouvelèrent les défenses prononcées par le concile de Calcedoine, &
maintinrent , par des réglemens sévères , la pureté
de la discipline ; mais d'après un synode tenu à
Rheims au mois de juillet 874, par Hinemar,
archevêque de cette ville, il paroît que le relâche-
ment & la corruption s'etoient glissés dans l'église
de France, puisqu'on voit ce prélat reprocher avec
force à plusieurs prêtres de son diocèse, de s'être
rendus coupables de bigamie spirituelle, en réu-
nissant plusieurs bénéfices.

Si dans le commencement du neuvième siècle ,
quelques bénéficiers osèrent posséder plusieurs bénéfices en même temps , l'introduction des com-
mendes , & la facilité des unions , rendirent ces
exemples très-fréquens vers la fin du même siècle:
» On crut alors (dit Vanespen (*)) que les fonc-
» tions & les obligations d'un bénéfice, même à
» charge d'ames, pouvoient être acquittées par un
» autre : ce qui dispensoit naturellement de la ré-
» sidence personnelle. Les ecclésiastiques, séduits
» par leur avarice, détournèrent le sens des ca-

_____

(*) Vanespen, jus ecclef. p. 2. t. 2. de benef. n. 6.

» nons, qui, par des motifs bien oppofés à leurs
» vues, avoient permis la pluralité des bénéfices
» par la voie des unions «.

Sous le pontificat d'Alexandre III, l'abus de la
pluralité des bénéfices étoit porté à un tel point,
que ce pape fit inférer dans le troifième concile de
Latran, tenu en 1179, un canon précis & formel
pour remédier à cet abus; mais ce canon ne fut
point exécuté.

En 1215, Innocent III fit ordonner, par un
canon du quatrième concile de Latran : » Que
» quiconque, ayant un bénéfice à charge d'ames,
» en recevroit un autre de même nature, feroit
» privé de plein droit du premier de ces deux bé-
» néfices; & que s'il vouloit le retenir, il feroit
» privé de l'un & de l'autre; que le collateur con-
» féreroit librement le premier bénéfice; & que
» s'il différoit plus de fix mois, la collation feroit
» dévolue au fupérieur; que le pourvu de ce fe-
» cond bénéfice à charge d'ames feroit contraint
» de reftituer les fruits qu'il en auroit perçus «. Ce
concile ne donnoit qu'au faint fiége la faculté d'accorder des difpenfes de ces règles aux eccléfiaftiques diftingués par leur naiffance ou par leurs
lumières.

La pluralité des bénéfices fut condamnée & défendue par plufieurs réglemens poftérieurs; mais
l'abus n'en a pas moins fubfifté. Peu de temps
avant le concile de Trente, le fcandale étoit fi
grand, qu'on ne rougiffoit pas de réunir la poffeffion de 2, 3, & quelquefois 4 évêchés. Ce concile contient contre cet abus, des décrets qu'il eft
effentiel de rapporter : » Nul (y eft-il dit),
» de quelque dignité, grade & prééminence
» qu'il puiffe être, ne pourra, contre les règles

» des saints canons, accepter ou garder tout à la
» fois plusieurs églises métropolitaines ou cathé-
» drales, soit en titre ou en commende, ou sous
» quelque nom que ce soit, puisqu'un homme
» doit s'estimer très-heureux de réussir à bien gou-
» verner une seule église, & à y procurer l'avan-
» cement & le salut des ames qui lui sont com-
» mises. Quant à ceux qui maintenant tiennent plu-
» sieurs églises contre la teneur du présent décret,
» ils seront obligés, en gardant seulement celle
» qu'il leur plaira, de se défaire des autres dans
» six mois, si elles sont à l'entière disposition du
» saint siége , & si elles n'y sont pas dans un an;
» autrement , lesdites églises seront regardées
» comme vacantes de ce moment-là , excepté seu-
» lement celle qui aura été obtenue la dernière.

» Quiconque à l'avenir acceptera ou gardera
» plusieurs cures à la fois , ou autres bénéfices
» incompatibles par voie d'union , pendant leur
» vie, en commende perpétuelle, ou sous quel-
» que autre nom ou titre que ce soit, contre les
» saints canons, & particulièrement contre la cons-
» titution d'Innocent III, sera privé desdits béné-
» fices de droit, suivant la disposition de cette cons-
» titution, & en vertu du présent canon.

» L'ordre de l'église étant perverti quand un
» seul ecclésiastique occupe les places de plusieurs,
» les sacrés canons ont saintement réglé que nul
» ne devoit être reçu en deux églises ; mais, parce
» que plusieurs, aveuglés d'une malheureuse pas-
» sion d'avarice, & s'abusant eux-mêmes , sans
» qu'ils puissent tromper dieu, n'ont point de
» honte d'éluder, par diverses ruses, des ordon-
» nances si bien établies, & de tenir à la fois plu-
» sieurs bénéfices ; le saint concile désirant de ré-
» tablir

» tablir la difcipline néceffaire pour la bonne con-
» duite des églifes, ordonne, par le préfent décret,
» qu'il enjoint être obfervé à l'égard de toutes
» perfonnes fans diftinction, quand elles feroient
» revêtues de la dignité de cardinal, qu'à l'avenir
» il ne foit conféré qu'un feul bénéfice eccléfiaf-
» tique à une même perfonne. Si cependant ce
» bénéfice n'eft pas fuffifant pour l'entretien hon-
» nête de celui à qui il eft conféré, il fera permis
» de lui conférer un autre bénéfice fimple fuffi-
» fant, pourvu que l'un & l'autre n'exigent pas
» refidence : ce qui doit avoir lieu, non feulement
» à l'égard des églifes cathédrales, mais encore
» de tous autres bénéfices, tant réguliers que fé-
» culiers, en commende, & à quelque titre qu'ils
» foient poffédés.

» A l'égard de ceux qui préfentement tien-
» nent plufieurs églifes paroiffiales, ou une églife
» cathédrale avec une églife paroiffiale, ils feront
» abfolument contraints, nonobftant toutes dif-
» penfes & unions à vie, n'en retenant feulement
» qu'une paroiffiale ou une cathédrale, de quitter,
» dans l'efpace de fix mois, les autres églifes,
» autrement elles feront vacantes de plein droit;
» & comme telles, pourront être conférées libre-
» ment à des perfonnes capables, & ceux qui les
» poffédoient avant ne pourront, en fûreté de
» confcience, après ledit temps, en retenir les
» fruits. Cependant le faint concile fouhaite que
» felon que le fouverain pontife le jugera à propos,
» il foit pourvu, par la voie la plus commode qu'il
» fe pourra, aux befoins de ceux qui fe trouve-
» ront obligés de réfigner de la forte «.

Si le concile de Trente n'a pas détruit entiérement les abus que la pluralité des bénéfices

entraînoit, il a au moins opposé une forte digue au torrent de la dépravation qui exiſtoit auparavant. Tout le monde ſait que les embaſſadeurs de Charles IX demandèrent la ſuppreſſion entière de la pluralité des bénéfices. Les ſucceſſeurs de ce monarque ſe ſont toujours oppoſés aux tentatives de la cupidité des eccléſiaſtiques ; & les parlemens, par leurs arrêts, ont concouru avec le légiſlateur, pour détruire un abus ſi contraire à la pureté de la diſcipline.

C'eſt un principe certain en France, que les dignités, les cures, les prébendes, & généralement tous les bénéfices qui exigent réſidence, ſont des bénéfices incompatibles.

Suivant l'article 73 de nos libertés, & l'article 11 de l'ordonnance de Blois, les diſpenſes accordées par le pape pour poſſéder des bénéfices de la nature de ceux dont nous venons de parler, ne peuvent être exécutées en France, que lorſqu'elles ont été confirmées par le roi.

Les membres de pluſieurs chapitres, en vertu des priviléges qui leur avoient été accordés par le ſaint ſiége, poſſédoient, dans le dernier ſiècle, des bénéfices incompatibles ; tels que des cures avec leurs canonicats. Cet abus a donné lieu à pluſieurs réclamations, ſur leſquelles il eſt intervenu des arrêts qui l'ont proſcrit. Ces arrêts ſont rapportés dans les mémoires du clergé, dans le journal des audiences, & dans le traité du dévolut de M. Piales, t. 2, p. 2, chap. 7 & 8.

Cette juriſprudence, en proſcrivant la poſſeſſion d'un canonicat & d'une cure, a autoriſé la réunion de ces deux bénéfices, lorſqu'elle a été faite ſelon les formalités requiſes.

Aujourd'hui il exiſte peu d'exemples de cures

réunies à des canonicats, & dont les fonctions soient remplies par le même ecclésiastique. Les chapitres sont obligés, dans ce cas, de présenter à l'évêque du diocèse des vicaires perpétuels.

Suivant le droit canonique Romain, l'acceptation d'un second bénéfice opère la vacance du premier ; mais cette règle ultramontaine n'est pas reçue parmi nous. Nous regardons comme un principe certain, que le bénéficier qui possède deux bénéfices incompatibles, peut les conserver pendant une année entière, qui ne commence à courir que du jour de sa possession paisible ; mais avant l'expiration de l'année, il est obligé de choisir celui des deux bénéfices qu'il veut conserver. Lorsqu'il laisse écouler ce terme sans faire son option, le premier bénéfice dont l'ecclésiastique a été pourvu est censé vacant. Ce principe est fondé sur la disposition de l'article 11 de l'ordonnance de Blois, & de la déclaration du 13 janvier 1742, & sur un arrêt de réglement du 15 mars 1661, qui est rapporté dans le journal des audiences.

En 1664, le parlement de Paris ayant supplié le roi de publier une loi qui fixât la destination des revenus de l'un des deux bénéfices incompatibles, 17 ans après parut la déclaration de 1681, dont les dispositions importantes méritent d'être transcrites ici.

» Louis, &c. Ayant été informé que plusieurs
» ecclésiastiques de notre royaume, après s'être
» fait pourvoir de deux bénéfices incompatibles,
» comme de deux cures, ou d'un canonicat ou
» dignité dans une église cathédrale ou collégiale,
» & d'une cure ou d'autres bénéfices incompa-
» tibles de droit, jouissoient du revenu desdits

» bénéfices, fous prétexte qu'ils ont un an pour
» opter celui qu'ils voudront conferver, & que
» le temps pour en faire l'option étant paffé,
» ils fe faifoient fufciter des procès par collufion
» & intelligence, pour jouir toujours du revenu
» defdits bénéfices, nous aurions, pour empêcher
» un abus auffi préjudiciable au bon ordre &
» à la difcipline de l'églife, fait expédier plu-
» fieurs arrêts & déclarations fur ce fujet, por-
» tant entre autres chofes, que les pourvus de
» deux cures, ou d'un canonicat, ou dignité, &
» d'une cure, foit qu'il y ait procès, ou qu'ils
» les poffèdent paifiblement, ne jouiront que
» des fruits du bénéfice auquel ils réfideront
» actuellement & feront le fervice en perfonne ;
» & comme nous avons 'eu avis que le même
» abus recommence en plufieurs diocèfes de ce
» royaume, & qu'il eft important d'y pourvoir :
» à ces caufes.... nous avons, en confirmant les
» précédens arrêts & déclarations donnés fur ce
» fujet, dit, déclaré, déclarons & ordonnons.. que
» lorfqu'une même perfonne fera pourvue de deux
» cures, ou d'un canonicat, ou dignité, & d'une
» cure, ou de deux autres bénéfices incompa-
» tibles, foit qu'il y ait procès ou qu'il les poffède
» paifiblement, le pourvu ne jouira que des fruits
» du bénéfice où il réfidera actuellement & fera
» le fervice en perfonne, & que les fruits de l'autre
» bénéfice ou des deux, s'il n'a réfidé & fait le
» fervice en perfonne en aucun, feront employés
» au payement du vicaire ou des vicaires qui au-
» ront fait le fervice, aux réparations, ornemens
» & profits de l'églife dudit bénéfice, par ordon-
» nance de l'évêque diocéfain, laquelle fera exé-
» cutée par provifion, nonobftant toutes appel-

» lations simples & comme d'abus, & tous autres
» empêchemens auxquels nos juges & officiers
» n'auront aucun égard. Si donnons en mande-
» ment, &c ".

Quelques années après la publication de cette
loi, on agita au parlement de Paris la question de
savoir si, pendant l'année de l'option, l'ecclésiastique
pourvu de deux bénéfices incompatibles, quoique
la jouissance des revenus de ces bénéfices lui fût
interdite, pouvoit jouir des droits honorifiques
attachés à l'un & à l'autre benéfice. L'illustre chancelier d'Aguesseau, qui étoit alors avocat-général,
porta la parole dans cette affaire, & fut d'avis que
le bénéficier pouvoit jouir des droits honorifiques.
Les conclusions de ce magistrat furent suivies par
l'arrêt qui fut rendu le 20 juillet 1693 en faveur
d'un chanoine de Montmorillon, qui étoit en
même temps pourvu d'une cure, & qui étoit encore dans le terme fixé pour choisir l'un ou l'autre
de ces deux bénéfices incompatibles.

Non seulement les bénéfices qui exigent une
résidence personnelle sont incompatibles, les places
des colléges & les bénéfices sujets à résidence le
sont également : c'est ce qui a été jugé par un
arrêt du 17 décembre 1703, qui est rapporté dans
le journal des audiences.

Depuis cet arrêt, il en a été rendu un de réglement le 15 décembre 1716, qui a ordonné, sur les
conclusions de M. le procureur-général, » que
» les statuts de l'université de Paris seroient exé-
» cutés ; en conséquence que ceux qui possédoient
» des places dans les colléges & des bénéfices
» sujets à résidence & incompatibles avec leurs
» places, seroient tenus d'opter incessamment ;
» sinon permis aux collateurs d'y nommer ".

Par le même arrêt, il a été enjoint au sieur Bonnedame, pourvu en même temps d'un canonicat dans l'église de Noyon, & de la place de procureur du collége de Dainville, de faire, dans le délai de trois mois, son option du canonicat ou de la place de procureur du collége, sinon & à faute de ce faire, la place de procureur seroit vacante & impétrable.

Cependant il a été jugé par un arrêt du parlement de Paris, rendu le 28 mai 1732 en faveur du principal du collége de Cambrai de Paris, que le principal pouvoit réunir à sa principalité une chapelle de l'église de saint Honoré de Paris, qui exigeoit résidence, à moins que *le titulaire ne fût employé au service du roi ou autrement.* Cette clause, qui a été insérée dans la fondation de cette chapelle, a été sans doute le motif qui a déterminé le parlement à faire une exception à la règle générale établie par sa jurisprudence.

Par une déclaration du 25 janvier 1717, il a été ordonné : » Que les religieux mendians trans-
» férés dans un ordre capable de posséder des
» bénéfices, ne pourroient en posséder deux, ni
» une pension avec un bénéfice, ni deux pensions,
» & que les lettres-patentes qui seroient accordées
» sur les brefs obtenus en cour de Rome par les
» religieux mendians transférés, pour pouvoir
» posséder des bénéfices ou pensions, ne seroient
» expédiées qu'à la charge de se conformer à cette
» déclaration «.

Le parlement de Paris, par arrêt du 13 mars 1721, a débouté un religieux capucin transféré dans l'ordre de saint Benoît, d'une demande en maintenue du prieuré de Lemigny, qu'il avoit formée en vertu d'un brevet de régale, parce qu'il possédoit déjà un autre prieuré.

Les officiers de la chapelle & oratoire du roi ont obtenu en 1727 une déclaration qui porte : » Que tous bénéfices ou offices dans les églises » cathédrales & collégiales (autres que les digni- » tés & prébendes), chargés par les fondations » ou par l'usage d'un service personnel & conti- » nuel, seront censés incompatibles avec les » charges de la chapelle & oratoire du roi «.

Par la même déclaration, qui a été enregistrée au grand conseil le 5 mai 1727, il a été ordonné » que les titulaires de pareils offices & bénéfices » ne pourroient être pourvus des charges de la » chapelle & oratoire, qu'en se soumettant de » résigner lesdits offices ou bénéfices dans le temps » de droit «.

Voyez les libertés de l'église gallicane ; le traité de l'abus par Fevret ; les mémoires du clergé ; les loix ecclésiastiques de d'Héricourt ; le recueil de jurisprudence canonique, par Rousseau de la Combe ; le dictionnaire des arrêts de Brillon ; le journal des audiences ; Duperray dans ses questions sur le concordat ; Louet, &c, Voyez aussi les articles BÉNÉFICE, COMPATIBILITÉ, UNION, &c.

SECONDE PARTIE.

Incompatibilité des offices.

Nous avons rapporté au mot *Compatibilité,* les principes qui autorisent, dans de certains cas, la réunion de deux offices sur la tête d'une seule personne ; il nous reste ici à rappeler les règles qui s'opposent à cette réunion de plusieurs offices dans les cas fixés par les loix ou par la jurisprudence : c'est ce qu'on appelle *Incompatibilité d'offices*.

: Quoique des charges soient incompatibles, on peut détruire cet obstacle en obtenant du roi des lettres de compatibilité. Voyez à cet égard ce que nous avons dit à l'article *Compatibilité*.

La défense de posséder en même temps deux offices incompatibles, n'est point fondée sur des loix récentes & sur une jurisprudence moderne ; elle tire son origine des plus anciennes loix du royaume. En effet, Philippe IV, par son ordonnance de 1302, renouvela cette défense ; ce qui prouve que cette prohibition existoit avant cette loi. Depuis ce temps, Charles VII, en 1446, l'ordonnance de Blois, celle de Moulins & celle de François I, de 1535, ont formellement défendu de réunir en même temps deux offices incompatibles.

L'ordonnance de 1535 contient à cet égard la disposition la plus précise : » Nul (y est-il dit) » ne peut tenir deux offices incompatibles ; si au- » cun en impètre deux sans faire mention du pre- » mier, le premier sera vacant ; s'il les détient » tous les deux par trois mois, sans déclarer au- » quel il veut s'arrêter, ils seront tous deux » vacans «.

L'ordonnance d'Orléans a renouvelé les mêmes défenses, & ses dispositions sont aussi formelles que celles des loix que nous venons de citer : ainsi le principe qui défend de posséder en même temps deux offices incompatibles, est fondé sur les ordonnances les plus solemnelles du royaume.

En général les offices royaux sont incompatibles ; il y en a cependant plusieurs qui peuvent se posséder en même temps, en obtenant, comme on l'a déjà obfervé, des lettres du grand fceau, par lefquelles le roi déroge au principe général ; mais il y a d'autres offices dont la réunion ne peut être autorifée dans aucun cas & fous quelque prétexte que ce foit.

Comme c'eft dans la jurifprudence qu'on trouve les différentes applications qui ont été faites du principe général, nous allons en rapporter les monumens.

Quatre arrêts rendus les 11 & 22 décembre 1671, le 22 février & le 2 avril 1672, ont jugé que deux offices royaux, l'un de bailli & l'autre de prévôt, ne pouvoient être poffédés par la même perfonne. Dans l'efpèce jugée par ces arrêts, le titulaire eft on ne peut pas plus favorable, puifqu'il avoit obtenu des lettres de compatibilité : mais le parlement s'éleva contre un pareil abus, & condamna le titulaire à opter l'un ou l'autre des deux offices.

Les commiffions données par les fermiers-généraux ont toujours été regardées comme incompatibles avec des charges de judicature : c'eft ce qui a été folemnellement jugé par un arrêt rendu contre un lieutenant-général d'un bailliage royal, le 5 juillet 1734 : le parlement ordonna au lieutenant-général d'opter, & lui fit defenfes de faire les fonctions de fa charge jufqu'à ce qu'il eût opté.

Les charges de receveurs des décimes & de receveurs des confignations, font regardées comme incompatibles avec les charges de judicature. Conformément à ce principe, un arrêt rendu contre un avocat du roi de Moulins, qui étoit en même temps receveur des confignations ; un autre arrêt rendu contre un lieutenant particulier de Sens, qui étoit en même temps receveur des décimes, ont condamné ces deux officiers à opter : nous n'avons pu trouver la date du premier arrêt ; le fecond eft du 14 février 1751.

Plufieurs loix formelles & plufieurs arrêts ont déclaré les offices de procureurs & de notaires incompatibles. Un édit du mois de février 1740, pour le bailliage de Meaux : un autre édit du mois de novembre 1741, pour le bailliage de Semur en Auxois : enfin un édit du mois de feptembre 1760, pour le bailliage de Moulins, contiennent les défenfes les plus précifes de réunir en même temps la poffeffion d'un office de procureur, & d'une charge de notaire.

La jurifprudence eft conforme à ces loix.

Deux arrêts du parlement de Paris du 17 février 1725 & du 9 décembre 1730, ont ordonné à deux procureurs de Crépi en Valois, qui étoient en même temps notaires, d'opter fous les peines de droit.

En 1744, le parlement rendit un arrêt le 2 juin, par lequel il ordonna à tous les procureurs de la ville de Bar-fur-Aube, qui étoient notaires, d'opter dans fix mois ; & faute par eux de faire cette option, le dernier office par eux acquis fut déclaré vacant.

En 1762, le parlement de Paris a également condamné les procureurs de Saint-Quentin, qui étoient notaires, à opter fous les mêmes peines.

Ainfi on doit regarder comme un principe certain, que les offices de procureurs & de notaires font incompatibles.

Cependant dans les petites villes où n'y a que des

juridictions inférieures, on tolère la réunion de ces offices. Un arrêt rendu par le parlement de Paris le 19 mars 1753, semble autoriser cette tolérance. Il résulte en effet de cet arrêt, que les procureurs peuvent être en même temps notaires dans la ville de Roye en Picardie ; & conformément à cet usage, le substitut du procureur du roi a été autorisé à posséder en même temps sa charge de substitut, qui lui donnoit le droit de postuler, & celle de notaire qu'il avoit acquise.

Les offices de juges royaux sont incompatibles avec des offices de juges seigneuriaux : plusieurs arrêts ont confirmé ce principe.

Le procureur du roi de la maîtrise de Bourges réunissoit en même temps l'office du juge de l'abbaye de Plein-Pied : l'inspecteur du domaine ayant réclamé contre cet abus, par arrêt du conseil du 11 août 1733, il a été ordonné au procureur du roi d'opter dans six mois ; & que faute d'opter dans ce délai, l'office de procureur du roi seroit vacant.

Un autre arrêt du conseil du 14 août 1742, a ordonné au sieur Garde-Muret, maître particulier des eaux & forêts de Chauny, qui étoit en même temps bailli de plusieurs justices seigneuriales, d'opter dans le délai de six mois, sous les peines prononcées par l'arrêt du 11 août 1733.

La jurisprudence des autres cours du royaume est conforme à celle du conseil.

Un arrêt rendu le 13 février 1685 par le parlement de Toulouse, a défendu aux juges royaux d'exercer les fonctions de juges des seigneurs, sans avoir obtenu du roi des lettres de compatibilité.

Deux autres arrêts de la même cour, du 8 mai

1717 & du 28 mai 1720, ont renouvelé les mêmes défenses.

Par un arrêt de la cour des aides de Paris, du 20 septembre 1737, il a été ordonné que » les » officiers de l'élection de la ville de Meaux, qui » posséderoient des offices de juges dans les justices » seigneuriales, seroient tenus d'opter dans trois » mois laquelle des deux charges ils entendoient » exercer, ou de juges dans lesdites justices sei- » gneuriales, ou d'élus en ladite élection de Meaux; » sinon, & à faute de ce faire dans ledit temps, & » icelui passé, que la charge d'élus en ladite élec- » tion seroit déclarée vacante & impétrable au » profit du roi «.

Une déclaration du roi du 23 octobre 1680, a décidé que les offices de judicature étoient absolu-ment incompatibles avec les charges de la mai-son du roi & des princes. Les dispositions de cette loi ont été confirmées par les édits du mois d'août 1705, de septembre 1706, & par une déclaration du 19 avril 1727.

Par un arrêt du 6 mars 1731, il a été jugé qu'une charge de maître des comptes & un office de lieutenant-général d'un duché, étoient incompa-tibles. Cet arrêt a été rendu sur les conclusions de M. l'avocat-général Gilbert de Voisins, en faveur de la princesse de Conti, contre le sieur Faure.

Le parlement de Toulouse, par une suite du principe de l'Incompatibilité entre les charges des juridictions royales, & les offices des justices sei-gneuriales, a rendu le 10 juillet 1714 un arrêt qui a fait défenses aux procureurs des juridictions royales d'exercer les fonctions de greffiers dans les justices seigneuriales.

Voyez le recueil des édits, ordonnances & déclarations ; le dictionnaire des arrêts de Brillon ; le journal des audiences, &c. Voyez aussi les articles COMPATIBILITÉ, JUGES, OFFICES, &c.

TROISIÈME PARTIE.

Incompatibilité des qualités d'héritier & de légataire.

Le droit commun, conforme en cette partie au vœu de la nature, défend toute inégalité dans le partage des successions. C'est par une suite de ce principe, que, suivant le droit commun du royaume, on regarde la qualité d'héritier & celle de légataire comme incompatibles.

» Cette Incompatibilité (dit Bourjon) étant
» établie pour maintenir l'égalité entre les héri-
» tiers, n'est point absolue ; elle leur est seule-
» ment relative, parce que c'est pour eux seuls
» que la loi l'a établie. De là il suit (ajoute le
» même auteur), que contre un légataire universel
» étranger, & même contre un enfant qui auroit
» cette qualité, un enfant peut être en même
» temps héritier & légataire ; ce principe est fondé
» sur que la coutume n'a pas établi l'égalité pour
» les légataires, parce que ce sont eux qui la
» rompent.

» Cette réunion de qualité de légataire & d'hé-
» ritier, qui a lieu contre un légataire universel
» étranger, a lieu même contre un frère qui se-
» roit légataire universel. De cette Incompatibilité
» relative, il résulte que le legs fait à un des
» enfans qui se porte héritier, est caduc, rela-

» tivement à fes cohéritiers, s'il n'y a pas de legs
» univerfel.

» De l'égalité requife entre enfans héritiers
» (continue Bourjon), il fuit que la donation
» faite par le père au fils devient caduque, lorf-
» que le fils accepte la fucceffion du père ou
» d'un autre afcendant qui lui a fait la donation.
» Sans cette jufte précaution, un père ou un aieul
» feroit maître d'éluder la loi qui veut que la
» condition des enfans foit égale.

» Tout enfant donataire eft donc obligé de rap-
» porter à la maffe ce qui lui a été donné, ou
» moins prendre s'il eft héritier.

» Comme le vœu de l'égalité entre enfans, eft
» le principe de l'Incompatibilité admife entre
» les qualités d'héritier & de légataire, l'Incom-
» patibilité n'a pas lieu dans plufieurs cas : 1°. le
» légataire univerfel ne peut pas l'oppofer, parce
» que (comme on l'a déjà remarqué) c'eft lui qui
» rompt l'égalité : 2°. le légataire univerfel étran-
» ger eft non feulement non-recevable à oppofer
» l'Incompatibilité, mais encore l'enfant légataire
» univerfel «.

Tous les principes que nous venons de tranf-
crire ont été puifés par Bourjon dans l'efprit de la
coutume de Paris, dont l'article 300 eft conçu
ainfi : » Aucun (porte cet article) ne peut être
» héritier & legataire d'un défunt enfemble.

Cette difpofition de la coutume (dit Ferrière)
eft fondée fur ce que le titre d'héritier empêche
celui de légataire ; parce que l'héritier étant fu-
brogé, par fa qualité, à tous les droits du défunt,
& étant maître de tous fes biens, il ne peut pas
être légataire même en ligne collatérale, autrement

il feroit créancier de la fucceffion, & par conféquent de lui-même ; ce qui feroit abfurde.

Il y a cependant une exception à ce principe ;
elle eft fondée fur la difpofition de l'article 301
de la coutume de Paris. Cet article porte : » Peut
» toutefois entre - vifs être donataire & héritier
» en ligne collatérale «. Par cette difpofition, la
coutume s'eft conformée au principe admis, qu'en
ligne collatérale les chofes données ne font point
fujettes à rapport.

Si la coutume de Paris renferme une difpofition
claire, précife, & conforme au droit commun dans
l'article 300, plufieurs coutumes s'en font écartées,
& contiennent des difpofitions différentes fur cette
matière. Comme la variété des difpofitions des
coutumes eft infinie, nous nous bornerons à celles
de la coutume de Paris, qui forme elle-même le
droit commun du royaume : elle fert d'ailleurs de
règle dans le filence des autres coutumes ; & il y
en a plufieurs qui ne parlent point de l'Incompatibilité entre les qualités d'héritier & de légataire.
Quant aux coutumes qui renferment des difpofitions contraires, ceux qui font foumis à leur empire doivent les confulter & s'y conformer.

Par arrêt rendu le 11 mars 1581, il a été jugé
que l'article 300 de la coutume de Paris doit être
obfervé entre toutes fortes d'héritiers, tant entre
les afcendans héritiers des meubles & acquêts, que
les collatéraux héritiers des propres. Dans l'efpèce
de l'arrêt ci-deffus cité, il a été décidé qu'un père,
héritier des meubles & acquêts de fon fils, ne
pouvoit pas être en même temps légataire du quint
de fes propres.

Un légataire univerfel peut être légataire particulier : il n'y a aucune Incompatibilité entre ces

deux qualités. On trouve dans le journal des audiences un arrêt du 26 avril 1649, qui a décidé cette question d'une manière précise. » Ricard, » dans son traité des donations, dit que l'article » 300 de la coutume de Paris, qui déclare les » qualités d'héritier & de légataire incompatibles, » reçoit une exception, & que, pour bien connoître » cette exception, il faut distinguer quatre diffé- » rentes espèces, qui forment quatre questions.

» Il faut distinguer (dit Ricard) : 1°. si celui » qui est héritier d'une certaine nature de biens, » comme de propres paternels, peut être légataire » d'une autre nature de biens : 2°. si la diversité » des coutumes peut faire compatir les deux qua- » lités d'héritier & de légataire : 3°. si une per- » sonne, habile à succéder dans une coutume, & » exclue dans une autre, peut être héritière dans » la première de ces coutumes, & légataire dans » l'autre : 4°. enfin, si celui qui est habile à suc- » céder dans toutes les coutumes, peut renon- » cer dans quelques-unes pour y prendre son legs, » & conserver sa qualité d'héritier dans les autres.

» Ricard prétend qu'il n'y a que dans le troi- » sième cas ci-dessus proposé que l'on peut réunir » les qualités d'héritier & de légataire «.

Le sentiment de Ricard est conforme à la juris-prudence : en effet, un arrêt rendu le 23 mars 1739, en faveur de M. Coignet, conseiller au par-lement, a jugé qu'on ne pouvoit opposer l'Incom-patibilité proposée par la coutume, lorsqu'il s'agit de biens situés dans deux coutumes, dont l'une appelle le légataire à succéder, & l'autre l'exclut.

La même exception au principe général, admis par l'article 300 de la coutume de Paris, avoit déjà été consacrée par un arrêt rendu le 22 juillet

1698,

1698, en faveur de la dame veuve du sieur Maucarel.

» Mais Ricard ajoute que dans les autres cas, » ni la différence des biens, ni celle des coutumes, » ne peuvent rendre les qualités d'héritier & de » légataire compatibles.

» En effet (dit cet auteur), 1°. la qualité d'hé- » ritier est indivisible : on ne peut donc la réduire » à une certaine espèce de biens, ou à une cou- » tume particulière : elle est universelle ; & si un » héritier, appelé pour recueillir partie d'une suc- » cession, accepte l'hérédité, & que les autres re- » noncent, l'hérédité entière lui accroît en entier : » 2°. ce qui constitue un héritier, c'est le vœu » des loix, réuni avec la volonté de la personne » qu'elles ont désignée. Le concours de ces deux » conditions rend héritier, & par conséquent in- » habile à réunir la qualité de légataire, qui est » incompatible avec celle d'héritier «.

Dumoulin est d'un avis contraire à celui de Ri- card : il pense qu'on peut en général être héritier & légataire dans deux coutumes différentes : mais Ricard oppose à l'opinion de Dumoulin celle des jurisconsultes ; & il démontre que le célèbre Du- moulin s'est laissé séduire par une erreur, & qu'il a pris une exception admise par la jurisprudence pour un principe général.

Quant à la diversité des biens, quelques auteurs ont voulu admettre des exceptions ; mais leur opi- nion choque évidemment l'esprit de la coutume & le vœu du droit commun.

Augeard rapporte un arrêt qui a décidé le qua- trième cas. Cet arrêt, rendu le 13 juillet 1705, entre madame la duchesse d'Aumont & madame de Châtillon, a jugé que madame d'Aumont, étant appelée par la loi pour recueillir tous les biens de son père, ne pouvoit être légataire des biens de son père, qui étoient situés dans la coutume de Paris, & héritière des biens situés dans les coutumes de Picardie & de Normandie.

Plusieurs arrêts ont jugé, d'une manière positive, qu'il faut avoir un droit égal pour proposer l'Incompatibilité. En effet, par arrêt rendu le 17 mai 1677, il a été jugé qu'il n'y a que l'héritier, en pareil degré, qui puisse faire usage de l'Incompatibilité. Le même principe a été confirmé par l'arrêt rendu le 23 mars 1739, en faveur de M. Coignet, conseiller au parlement.

L'exception admise par l'article 301 de la coutume de Paris, a donné lieu à la question de savoir si un père peut être héritier des meubles & acquêts de son fils, & donataire entre-vifs de ses propres.

On trouve dans le journal du palais & dans le journal des audiences, deux arrêts, qui ont décidé que la qualité d'héritier, & celle de donataire, étoient incompatibles dans la personne du père; mais plusieurs auteurs, entr'autres Ricard & le Brun, pensent que, malgré ces deux arrêts, dont le premier est du 24 novembre 1644, & le second du 9 août 1687, l'Incompatibilité ne peut être opposée au père. Ces jurisconsultes combattent les motifs de ces deux arrêts, en disant que le prétexte qui les a déterminés n'est pas juste, parce que si la coutume défend les avantages faits en ligne directe, la loi n'a eu en vue que la ligne directe descendante, & non la ligne directe ascendante. De là ils concluent que les deux arrêts qui ont admis l'Incompatibilité dans l'espèce ci-dessus proposée, sont contraires aux vrais principes; &

il faut en effet convenir que le fentiment de Ricard & de le Brun paroît conforme au véritable efprit de la coutume.

Par arrêt du 14 mars 1730, il a été jugé qu'un héritier fubftitué à un légataire pouvoit, après la mort de ce dernier, recueillir le legs, & qu'on ne pouvoit lui oppofer l'Incompatibilité entre les deux qualités d'héritier & de légataire. Cet arrêt qui a été rendu en faveur de M. le Pileur, confeiller au parlement, eft fondé fur ce que l'héritier dans cette efpèce ne réuniffoit pas dans la fucceffion deux qualités, puifque ce n'étoit que par la mort du premier légataire qu'il avoit recueilli le legs.

Par un autre arrêt du 19 février 1734, il a été jugé que les qualités d'héritier & de légataire particulier n'étoient pas incompatibles à l'égard d'un légataire univerfel, qui avoit renoncé à la fucceffion pour s'en tenir à fon legs. Cet arrêt a été rendu en faveur des mineurs de Broglie, & de mademoifelle de Chatillon.

En 1711, on agita la queftion de favoir fi la qualité *de fils aîné & de principal héritier*, qui avoit été donnée à Louis de Bourbon Condé, dans fon contrat de mariage, étoit compatible avec la qualité de *légataire univerfel & de donataire*; il fut jugé par arrêt du 5 mars de la même année, que ces qualités étoient incompatibles.

En Normandie, on regarde qu'il n'y a point d'Incompatibilité entre la qualité d'héritier des propres paternels, & la qualité de donataire des propres maternels. Un arrêt rendu le 7 août 1755, par le parlement de Rouen, l'a ainfi jugé.

Quant aux ufages particuliers qui font admis par les différentes coutumes du royaume, en matière d'Incompatibilité des qualités d'héritier & de légataire, il faut (comme nous l'avons déjà obfervé) confulter les difpofitions de ces coûtumes, & la jurifprudence qui a expliqué, confirmé ou modifié ces loix.

Voyez les différentes coutumes du royaume ; le journal des audiences ; le journal du palais ; Ricard, le Brun, Bourjon, Auzannet, Augeard, le Maître ; le dictionnaire des arrêts, &c. Voyez auffi les articles DONATION, LEGS, HÉRITIER, RAPPORT, RÉSERVES COUTUMIÈRES, SUCCESSION, &c.

(*Cet article eft de M. DESESSARTS, avocat au parlement, membre de plufieurs académies.*)

INCOMPÉTENCE, C'eft l'état du juge qui n'a pas le pouvoir de connoître d'une conteftation.

On diftingue l'Incompétence matérielle, *ratione materiæ*, de l'Incompétence perfonnelle, *ratione perfonæ*.

La première a lieu lorfqu'un juge connoît d'une matière attribuée à un autre juge ; comme fi un official connoît d'une chofe profane entre laïques ; un tribunal d'attribution d'une queftion réfervée aux juges ordinaires, & réciproquement.

L'Incompétence *ratione perfonæ*, eft quand dans des matières de fon reffort un juge prononce entre des perfonnes qui ne font point fes jufticiables ; comme quand dans une caufe perfonnelle, les parties font domiciliées fous une autre juridiction, ou qu'elles ont leurs caufes commifes pardevant d'autres juges.

Le vice de l'Incompétence matérielle est radical, & ne peut se couvrir, ni par l'acquiescement, ni par la comparution des parties : c'est de cette espèce d'Incompétence qu'il faut entendre l'axiome, *qu'il n'appartient point aux parties de se donner des juges.* Dans ce cas, le tribunal incompétent doit se dépouiller d'office; & il peut être pris à partie, si l'Incompétence est notoire. Les termes dont se sert l'article 1, titre 6 de l'ordonnance de 1667, font connoître comment les tribunaux peuvent se dessaisir : cette loi leur enjoint *de renvoyer les parties pardevant le juge qui doit connoître de l'instance, ou d'ordonner qu'elles se pourvoiront* Si le tribunal qui se dessaisit est supérieur, il peut se servir du terme de renvoi, qui dénote une supériorité; mais s'il est égal ou inférieur, il ne lui conviendroit pas de renvoyer; il doit seulement ordonner que les parties se pourvoiront devant tels juges qu'il appartiendra.

Nous avons expliqué au mot *Compétence*, & aux articles qui concernent les différens tribunaux, quels sont les limites de leurs juridictions & de leurs pouvoirs respectifs, & quels sont les principes d'après lesquels on peut décider leur Incompétence; il ne nous reste qu'à rendre compte des formalités qu'il faut observer dans l'instruction de ces jugemens.

En premier lieu, l'Incompétence doit se proposer par les parties dans le tribunal même dont elles veulent décliner la juridiction : elles n'ont que le droit d'y proposer leur déclinatoire, sauf à interjeter appel comme de juge incompétent. Il y a un arrêt de réglement du parlement de Nanci du 15 février 1760, qui fait défense d'interjeter appel comme de juge incompétent, de simples permissions d'assigner, à moins de justes motifs exposés dans une requête, & établis sur les pièces qui doivent y être jointes.

Cependant ce principe reçoit quelques exceptions.

1°. MM. des requêtes du palais & de l'hôtel font juges de leur compétence ; ils évoquent, ils retiennent les causes, & cassent les sentences des autres juges qui ont passé outre, nonobstant leurs sentences d'évocation ou de rétention.

2°. Quelques auteurs pensent que quand il s'agit d'une Incompétence *ratione materiæ*, l'assigné peut s'adresser au juge qu'il prétend compétent, & faire assigner pardevant lui le demandeur, pour voir ordonner la cassation de l'assignation.

3°. Les cours d'église ne peuvent jamais être juges de leur compétence : ainsi celui qui est assigné pardevant un official qu'il prétend incompétent, doit s'adresser au juge royal, & lui demander, que sans s'arrêter à l'assignation, il soit procédé pardevant lui, ou pardevant le juge seigneurial, à qui la connoissance de la contestation peut appartenir.

En second lieu, le renvoi doit être demandé avant *la contestation en cause*, c'est-à-dire, avant qu'il ne soit intervenu aucun réglement ni appointement en conséquence des défenses fournies : en effet, l'ordonnance de 1669, tit. 4, art. 1, veut que les privilégiés ne puissent se prévaloir de leur *committimus*, que pour les causes entières & non contestées, parce qu'en procédant volon-

tairement devant un juge, lorfque fon Incompétence n'eft pas matérielle, on eft cenfé fe foumettre à fa juridiction. Cette règle reçoit encore
des exceptions.

1°. L'Incompétence matérielle peut être propofée en tout état de caufe, même fur l'appel
après le jugement définitif, les parties ne pouvant donner aux juges un caractère que la loi
leur refufe : cependant au parlement de Paris,
on a toujours beaucoup d'égard aux fins de non-
recevoir tirées du confentement des parties.

2°. Le juge à qui appartient la connoiffance
de la conteftation, peut la revendiquer en tout
état de caufe, parce que les parties n'ont pu préjudicier aux droits de fa juridiction.

Il faut obferver que les juges royaux étant
les juges naturels des vaffaux des hauts-jufticiers
de leur reffort, font compétens pour décider
leurs conteftations en première inftance ; les hautes-
juftices étant le patrimoine des feigneurs, ont été
établies en leur faveur, le plus fouvent au préjudice des habitans : d'où il réfulte que les feigneurs
doivent eux-mêmes intervenir pour requérir le
renvoi.

Quand le feigneur n'intervient que fur l'appel,
on n'a pas coutume de renvoyer, mais on juge
l'appel au fond, en ajoutant, *fauf le droit du feigneur en autre cas* : cependant des arrêts ont caffé
les pourfuites faites, & renvoyé devant le juge
dont la juridiction étoit revendiquée ; ainfi, un
arrêt rendu en la troifième chambre des enquêtes
du parlement de Touloufe, le 23 février 1734,
fur la requête en intervention de la marquife de
Ma'aufe, a caffé une fentence donnée par le féné-

chal de Rodés, au préjudice de la justice de Saint-Cosme, quoique l'appel fût déjà conclu & distribué.

En troisième lieu, les questions d'Incompétence doivent être jugées sommairement, sur le champ & à l'audience, sans appointer les parties, ni réserver & joindre au principal, lors même qu'il en est délibéré sur le registre.

Il est d'usage dans les siéges inférieurs, de renvoyer à une autre audience pour prononcer sur le fond, afin de donner le temps aux parties d'interjeter appel, si bon leur semble, du jugement de compétence. Mais cet usage n'a pas lieu dans les cours souveraines, qui doivent cependant juger la compétence & le fond par deux arrrêts séparés, pour ne pas cumuler l'un avec l'autre.

Les juges-consuls peuvent prononcer sur le déclinatoire & sur le fond par un seul & même jugement. Les lettres-patentes du 7 mars 1718, qui maintiennent les prieurs & consuls de Montpellier dans ce droit, attestent que tel est l'usage de toutes les justices consulaires du royaume.

Il y a aussi des circonstances où l'instance de compétence est chargée de tant de titres, qu'il est permis d'appointer : par exemple, quand la situation de l'héritage est contestée, quand on n'est pas d'accord sur la juridiction dans laquelle le domicile du défendeur est situé, le juge peut en pareille circonstance, avant de faire droit sur le renvoi requis, ordonner la preuve de la situation des biens contentieux ou du domicile du défendeur, tant par titres que par témoins ; & si après la preuve respective, l'instance se trouve chargée de manière à ne pouvoir être jugée à l'audience, le juge peut rendre un appointement en droit. *Ea quæ rarò accidunt, non funt fub lege.* L. 94 ff. *de regulis juris.*

A plus forte raifon, quand la juridiction eft conteftée par les feigneurs intervenans ; c'eft le cas d'un appointement en droit, puifqu'il eft queftion d'examiner leurs titres terriers & d'autres pièces en fi grand nombre, qu'il feroit prefque impoffible de juger à l'audience.

En quatrième lieu, l'appel comme de juge incompétent, eft fufpenfif, & doit empêcher les premiers juges de paffer au jugement du fond. Il faut d'abord que la juridiction dans laquelle on doit procéder foit certaine & réglée.

C'eft fur ce fondement, que par arrêt rendu le 6 août 1743, entre la dame la Chapelle & le fieur Fontourton, toute la procédure faite en la fénéchauffée de Guéret, au préjudice de l'appel, a été déclarée nulle, & les parties ont été renvoyées au bailliage d'Iffoudun : conformément à cette maxime, l'ordonnance de Lorraine fur la procédure civile, titre 13, article 3, permet d'intimer & de prendre à partie les juges, s'ils ont paffé outre nonobftant l'appel d'Incompétence. Cette règle n'a pas lieu, comme on l'a vu plus haut, pour les fentences confulaires : il en eft de même des jugemens préfidiaux ; l'article 19 de l'édit de juillet 1777, porte que l'appel n'en eft point fufpenfif, & qu'il ne peut être accordé d'arrêt de défenfes de les exécuter ; les préfidiaux peuvent, nonobftant l'appel, ftatuer fur le fond ; & fi le jugement de compétence eft infirmé, celui qui intervient fur le fond eft lui-même fujet à l'appel.

En cinquième lieu, les appels des jugemens

d'Incompétence doivent se porter immédiate-ment dans les cours, chacune dans leur ressort : c'est la disposition de l'article 21 du titre 2 de l'ordonnance du mois d'août 1737.

Cette loi ne parle à la vérité que des appels des sentences rendues sur déclinatoire ; mais on ne doit faire aucune distinction. En effet l'article 27 ajoute, que les conflits de juridiction en matière civile ou criminelle, entre les premiers juges ressortissans en la même cour, y doivent être réglés & jugés par voie d'appel, & sur les conclusions de M. le procureur-général en la même cour, lors même qu'il n'y a point d'appel interjeté par les parties.

En conséquence de ces loix, par un arrêt du premier juillet 1767, rendu en la grand'chambre, il a été fait défenses aux bailliages de recevoir aucun appel d'Incompétence ; & la cour a ordonné que l'arrêt contenant réglement à cet égard seroit envoyé aux bailliages & sénéchaussées.

Mais nous croyons qu'il ne faut pas confondre les appels *comme de juge incompétent*, avec ceux qui seroient qualifiés, *tant comme de juge incompétent, qu'autrement duement* : il faut suivre à l'égard des uns & des autres, les dispositions de la déclaration du 20 août 1732, faisant réglement entre les parlemens & les présidiaux de Bretagne.

Cette loi veut que les appellations qui ne seront qualifiées que comme de juge incompétent, déni de justice ou de renvoi, soient portées directement au parlement, de quelque siége ou juge qu'elles soient interjetées, sans que le parlement puisse retenir le jugement du fond ; mais qu'à l'égard des appellations qui tomberoient aussi sur le fond du jugement, étant qualifiées, tant comme de juge incompétent déni de 'justice ou de renvoi, qu'autrement, elles ne puissent être relevées directement au parlement, & qu'elles soient portées pardevant le siége supérieur, pour y être statué sur le fond de la contestation, de la même manière que si les appels étoient purs & simples.

Les cours de parlement ne pouvoient autrefois prononcer sur la compétence des présidiaux ; mais suivant les articles 17 & 18 de l'édit de 1777, les appellations des jugemens de compétence des présidiaux doivent être portées dans les parlemens, pour y être jugées comme matières sommaires, sans avoir égard aux acquiescemens donnés par les parties depuis l'appel relevé.

Par les articles 14 & 15 de cette loi, ces jugemens ne sont sujets à l'appel que dans le cas où le présidial auroit retenu la cause pour la juger en dernier ressort : si l'une des parties s'étoit pourvue au parlement, & l'autre au présidial sur l'appel de la même sentence des juges inférieurs, il doit être sursis à toute procédure, jusqu'à ce que le présidial ait prononcé sur sa compétence à peine de nullité.

En sixième lieu, aux termes de l'ordonnance de 1667, les appellations de déni de renvoi & d'Incompétence, doivent être vidées au parquet, par l'avis de MM. les avocats & procureurs-généraux.

Conformément à un arrêt du conseil du 27 juin 1693, rendu entre MM. les gens du roi du parlement de Dijon, la décision doit être donnée au parquet, à la pluralité des voix re-

cueillies par M. le premier avocat-général, &
paraphée par celui de ces magiftrats qui doit
porter la parole à l'audience pour la réception
de l'appointement.

L'ordonnance de 1667 ayant ordonné, fans
aucune diftinction, que les appellations de déni
de renvoi & d'Incompétence feroient vidées par
l'avis de MM. les avocats & procureurs-généraux, elle eft cenfée leur avoir attribué ce droit
à l'égard de tous les fiéges qui font du reffort
médiat ou immédiat du parlement : en conféquence, par une lettre de M. le chancelier
d'Aguelfeau, adreffée à MM. du parquet du
parlement de Dijon, il a été décidé qu'à l'inftar de
ce qui fe pratique au parlement de Paris, toutes
les appellations comme de juge incompétent des
fentences rendues par les juges inférieurs des eaux
& forêts de Bourgogne, doivent être réglées par
l'avis de MM. les gens du roi du parlement, de
même que les appels femblables qui feroient in-
terjetés dans d'autres matières que celles des
eaux & forêts. Un ufage contraire, dit ce magiftrat, feroit incapable de préjudicier aux règles
de l'ordre public.

En vertu de ces principes, il faut décider,
felon M. Serpillon, que les appellations de déni
de renvoi ou d'Incompétence, ne peuvent être
jugées dans les officialités métropolitaines ou
primatiales, & qu'elles doivent l'être au parquet des
parlemens.

Les appels d'Incompétence en matière criminelle ne font point du reffort du parquet, mais
doivent fe porter à la tournelle : c'eft ce qui a été
décidé par un arrêt avifé au parquet le 22 juillet
1767, entre M. le duc de Nevers, & M. le duc

de Béthune. M. Serpillon rapporte des arrêts qui établissent que telle est la jurisprudence du parlement de Bourgogne.

En Lorraine, les arrêts sur les appels qualifiés comme de juges incompétens, ne sont point avisés au parquet, mais portés directement à l'audience, sur les conclusions de MM. les gens du roi; l'ordonnance du duc Léopold n'ayant point à cet égard les mêmes dispositions que celle de 1667.

En septième lieu, conformément aux dispositions de l'ordonnance du mois de novembre 1774, s'il survient quelques difficultés sur la compétence des chambres d'un parlement, ou d'une autre cour souveraine, elles doivent être portées aux chambres assemblées, que M. le premier président est tenu de convoquer.

Dans le cas où ces difficultés ne peuvent être conciliées dans l'assemblée des chambres, celles entre lesquelles elles sont élevées doivent envoyer chacune un mémoire à M. le chancelier, pour, sur le compte rendu par ce magistrat, être statué par sa majesté, ainsi qu'il appartiendra.

Il en est de même quand il survient quelque contestation entre les officiers de quelques-unes des chambres, & MM. les avocats & procureurs-généraux, concernant leurs fonctions, les droits & privilèges de leurs offices.

A l'égard des contestations sur la compétence, ou des conflits de juridiction, élevés entre des cours établies dans la même ville, ils doivent être terminés dans une conférence des gens du roi des deux cours, & au conseil s'ils sont d'avis différens : c'est également au conseil que doivent se porter les conflits élevés entre les cours qui ne font point établies dans la même ville.

Voyez les loix citées dans cet article ; les commentaires de Bornier, de Jousse, de Serpillon, de Salle, & de Bornier sur l'ordonnance de 1667, &c. Voyez aussi les articles RÉGLEMENT DE JUGES, COMPÉTENCE, RENVOI, PARQUET, PRÉSIDIAUX, CAS PRÉVÔTAUX, PRÉVÔTS DES MARÉCHAUX, JUSTICES SEIGNEURIALES.

(*Article de M. HENRY, avocat au parlement.*)

Fin du tome trentième.

CORRECTIONS.
TOME XXVII.
Article *Gardes-maneurs.*
Page 33 , ligne pénultième , aucune part , *lifez* aucun pacte.
Article *Garde-noble.*
Page 265 , ligne 32 , ils font habiles , *lifez* ils ne font pas habiles.
Article *Gouvernance.*
Page 487 , ligne 14 , juges , *lifez* fiéges. Ligne 16 , 1740 , *lifez* 1540.
Page 496 , ligne 4 , 1628 , *lifez* 1718.
Page 502 , ligne 8 , du , *lifez* des.

TOME XXVIII.
Article *Greffier du gros.*
Page 369 , ligne 7 , 1694 , *lifez* 1594.
Article *Habitation.*
Page 540 , ligne 31 , Pérère , *lifez* Péreze.
Page 541 , ligne 29 , *auguftus* , lifez *anguftus.*

TOME XXIX.
Article *Halle-baffe.*
Page 25 , ligne 30 , effacez cette ligne en commençant aux mots *il eft intervenu* , & les quatre fuivantes.
Article *Hérédité.*
Page 118 , ligne 14 , *perfona* , lifez *perfonæ.*
Page 119 , ligne 6 , comme , *lifez* connue.
Article *Héritier.*
Page 131 , ligne 1 , différées , *lifez* déférée.
Page 144 , ligne 33 , mais voici , &c. effacez tout ce qui eft depuis cette ligne inclufivement jufqu'à la fin de la note , & voyez l'article *inftitution d'Héritier* , fection 1.
Page 161 , ligne 6 , renonçant , *lifez* renoncé.
Page 163 , ligne 24 , 1696 , *lifez* 1686.
Page 166 , ligne 6 , inftitutions , *lifez* reftitutions.

Page 178, ligne 8, s'étendre, *lisez* l'étendie:

Page 181, ligne 6, présent, *lisez* premier.

Page 187, ligne 1, rang, *lisez* fang.

Page 202, ligne 16, *effacez* de la coutume.

Page 209, ligne 25, effacez tous les guillemets qui se trouvent depuis cet endroit jusqu'à la ligne 15 de la page
suivante.

Page 244, ligne 27, héritier, *lisez* hériter.

Article *Homme de fief*.

Page 317, ligne 16, médiatement, *lisez* immédiatement.

Page 336, ligne pénultième, censure, *lisez* conjure.

Les tomes **XXXI** & **XXXII** *paroîtront en janvier*
1780.